Iris Christina Kloos
Dating Queen

W0231118

www.fontis-verlag.com

«Ein Freund steht immer zu dir.» (Sprüche 17,17)

Eigentlich ist jede einzelne Frau in meinem Leben erwähnenswert,
und ich könnte jeder einzelnen mein Buch widmen.
Aber Francesca ist seit zwanzig Jahren an meiner Seite, und wir gehen
zusammen durch dick und dünn. Ihr gilt meine Widmung im Besonderen.
Danke, Francesca, für Deine Art, Deine Liebe, Deine Treue und sagen-
hafte Weisheit! Thank you, Franci!

Iris Christina Kloos

# Dating Queen

*Wie ich mein Glück online suchte
und analog irre Erfahrungen machte*

**Bibliografische Information der Deutschen Nationalbibliothek**
Die Deutsche Nationalbibliothek verzeichnet diese Publikation in der Deutschen
Nationalbibliografie; detaillierte bibliografische Daten sind im Internet über
www.dnb.de abrufbar.

Der Fontis-Verlag wird von 2021 bis 2024
vom Schweizer Bundesamt für Kultur unterstützt.

Umschlag: Spoon Design, Olaf Johannson, Langgöns
Satz: InnoSet AG, Justin Messmer, Basel
Bild (U1 + Klappe): popovartem/Shutterstock.com
Bild Grafik Klappe: abstract_art7/Shutterstock.com
Gedruckt in der Tschechischen Republik

ISBN 978-3-03848-235-2

# Inhalt

# Vorwort:
## Szenen eines (Liebes-)Lebens

Dieses Buch beinhaltet alles, was das Leben nur bieten kann: Es ist lustig, es ist gemein, es ist zum Heulen, es ist zum Schreien, es ist humorvoll, es ist schrecklich. Es ist ein Trauerspiel, eine Liebesaffäre, ein einziges Hoch, ein brutales Tief, ein Drama, eine Tragödie, ein Genuss, eine Romanze, eine Komödie, ein Horror, eine furchtbare Enttäuschung, eine Ermutigung, ein Tiefschlag, ein Spektakel, ein Abenteuer, eine Desillusion, eine Gaunerei, eine Freude, eine einzige Irreführung, manchmal auch (Entschuldigung!) eine «Verarschung» ohnegleichen. Ja, das ist es. Aber es ist auch noch viel mehr – vielleicht am Ende sogar eine Hymne auf die Liebe ...

All die hier geschilderten Erlebnisse knüpfen an mein bisheriges Leben an. Und das geht, in Kurzform, so: Eine Kindheit, die geprägt war von Entbehrungen, Alkoholismus, Mobbing, Schlägen und Schikanen in der Schule. Eine schwere, triste, überwiegend unglückliche und verlorene Kindheit. Das Leben einer jungen Erwachsenen voller Missbrauch, vor allem auch geistiger Natur. Ein Leben in Süchten und Abhängigkeiten, in ungesunden Beziehungen und Verbindungen, in Unbeständigkeit und ohne festen Boden. Bis ...

... mein Ex-Mann in mein Leben trat und mich zu der glücklichsten Frau auf Erden machte, 23 Jahre lang. Ein von diesem Zeitpunkt an schließlich gelingendes und erfülltes Leben. In dem mir auch Jesus begegnete, persönlich und in nie erwarteter Weise. Ein Leben, das ich unterm Strich sehr gerne gelebt habe. In dem ich endlich angekommen war. Ich fühlte mich akzeptiert, geliebt und gebraucht. Es wurde ein Leben, das für mich nahezu perfekt schien. Ich dankte Gott jeden Tag für dieses Geschenk.

Ich ging auf die Fünfzig zu, war glücklich und zufrieden. An meiner Seite ein wunderbarer Ehemann, den ich ohne Ende liebte, und das immer mehr. Dazu zwei Söhne, die mir beide große Freude bereiteten. Daneben hatte ich die beste Mutter der Welt, die besten Geschwister, eine

Zwillingsschwester und eine beste Freundin, war gesegnet mit netten Bekannten und einem tollen Umfeld.

Meine zwei Arbeitsstellen machten mir mehr als Spaß, und sie ließen mir auch genügend Raum und Zeit für die schönen Dinge des Lebens. Ich hatte allen Grund, dankbar zu sein. Und ich war es auch. Aus tiefstem Herzen. Täglich.

Mein Mann und ich hatten eine sagenhaft wunderbare Beziehung und eine kleine und sehr glückliche Familie. Wir waren alle gesund und hatten von allem genug. Auch wenn wir finanziell gesehen eine sogenannte «working poor»-Familie waren – wir hatten «uns». Nur das zählte in unserer Welt. Wir liebten uns als Familie, und wir liebten uns als Ehepartner. Wer uns kannte, hielt uns für ein Traumpaar. Und das waren wir auch.

Doch die Dinge entwickelten sich anders. Es kam zu einer gewaltig herausfordernden Bruchstelle, und ich musste bereit sein, mein Leben, wie es sich danach vor mir ausbreitete, nochmals ganz neu anzunehmen und es irgendwie in Angriff zu nehmen.

Die Erlebnisse in diesem Buch knüpfen an die vergangenen glücklichen Tage an, aber auch an die Zeiten der Verzweiflung. Müsste ich die Bruchstelle beschreiben, würde ich es so tun: Es erschien mir wie ein erneut geraubtes und zerbrochenes Leben, ein Leben voller Schmerz, tiefster Trauer und größter seelischer Not. Ein Leben, das ich so ganz sicher *nicht* leben wollte, geprägt von riesiger Besorgnis, Einschränkungen und Unsicherheiten.

Davon handelt dieses Buch jedoch nicht!

Nein, hier geht es um anderes: ums Wiederaufstehen, ums «sich ausstrecken nach Neuem», wenn auch nur von einem sehr spezifischen Aspekt her – der Partnersuche. Um genauer zu sein: Es geht um meine Suche nach einem neuen Ehemann mittels christlicher Dating-Portale.

Mein Buch handelt weniger von der emotional und kräftemäßig gewaltig anstrengenden Seite meines Wiederaufstehens, den Tausenden von

Tränen, Kämpfen und Tiefen, die ich durchlebte und zum großen Teil auch überwand. Sondern weit mehr von der emotional extrem anstrengenden *Verarbeitung* all der Enttäuschungen mit Männern, den Verletzungen aufgrund ihrer Worte und ihres Verhaltens und der zunehmenden Hoffnungslosigkeit, auf diese Art überhaupt einen passenden Partner zu finden.

Ich hoffe, das Buch lässt Dich an meinen Erlebnissen teilhaben. Es gibt einige heitere Geschichten, und ich gehe davon aus, dass Du immer mal schmunzeln kannst, lachen kannst, den Kopf schütteln und das Ganze oft belustigend, aber auch spannend und unterhaltend finden wirst. Vielleicht kannst Du einige der beschriebenen Dinge und Begegnungen fast nicht glauben. Das kann ich verstehen. Wenn Du selbst nie solche Erfahrungen gesammelt hast mit Online-Datings, klingt vieles bestimmt geradezu unglaublich. Ich weiß, ich weiß! …

Ich bin mir sicher: Jede Frau und jeder Mann unter euch Leserinnen und Lesern, die auf einer solchen Plattform den zukünftigen Partner gesucht haben, können meine Erfahrungen teilen und bestätigen. Es sei denn, der erste Kontakt war gleich ein «Volltreffer» oder ein «Match», wie man es im Online-Dating-Jargon nennt. Soll es ja auch geben. Es gibt aber zehntausende Geschichten da draußen, die in eine ganz andere Richtung laufen! Hier sind nur einige wenige davon.

Es sind meine ganz persönlichen Erfahrungen, und es sind nicht mal alle, weil ich die ganz banalen à la «Hallo, wie geht es dir?» natürlich weglassen habe. Und das waren unzählige. Und ich habe vier, fünf Geschichten weggelassen, die einfach auch zu berührend und zu traurig sind, um hier präsentiert zu werden. Ebenso wie einige weitere, die es schlicht und ergreifend nicht wert sind und die keine Aufmerksamkeit verdient haben.

Zwei, drei gehässige Nachrichten teile ich mit euch, aber seid versichert: Es geht noch schlimmer. Es gibt immer auch gemeine Kommentare, bei denen man aufschreien möchte: «Mann, geht's noch?!» Aber denen gebe ich hier bewusst keine Bühne.

Mir ist auch durchaus bewusst, dass dieses Buch nicht alle unter euch voll ansprechen und befriedigen kann. Das muss es ja auch nicht. Junge Menschen mit wenig Lebenserfahrung oder mitten in der ersten glücklichen Beziehung können mit meinen Schilderungen vielleicht nur wenig anfangen. Verheiratete Menschen und glückliche Paare tragen in der Regel (so hoffe ich wenigstens) auch nicht das Gefühl der Einsamkeit in sich, den unbändigen Wunsch, jemanden neben sich und bei sich zu haben und das permanente Bewusstsein, dass «etwas fehlt», zu eliminieren. Und so kennen sie vielleicht auch den Drang nicht, über Dating-Portale einen Partner zu suchen. Ich denke, sie alle sind auch nicht meine erste Zielgruppe.

Im letzten Kapitel werde ich Tipps und Tricks für das Online-Dating vermitteln. Denn ich weiß, wie blauäugig man (und vor allem frau) in eine solche Sache hineingehen kann. Man kann vorbeugen und schlechte Erfahrungen, mögliche Schmerzen und Verletzungen von Anfang an minimieren, vielleicht sogar teilweise vermeiden, wenn man gut informiert an die Sache rangeht. Denn gerade bei den christlichen Plattformen kann man sich fast nicht vorstellen, was für «komische Fische» sich in diesen «Singles-Haifischbecken» tummeln …

Gegen Ende meiner Online-Suche, als ich total entspannt – aber auch völlig desillusioniert – neue Nachrichten empfangen habe, konnte ich unseriöse Anfragen sofort erkennen. Aber bis es so weit war, bis ich clever und erfahren genug war, dauerte es beinahe zwei Jahre, in denen ich unzählige aufreibende Frust-Erlebnisse und maximale Enttäuschungen zu verarbeiten hatte.

Um ein Haar hätte dieses Buch zu einer totalen Abrechnung mit der Männerwelt führen können. Es sah lange danach aus, als ob das ganze Abenteuer als eines aus der Abteilung «Außer Spesen nichts gewesen» bezeichnet werden müsste – und als ob es «da draußen» nur so wimmelt von höchst merkwürdigen Männergestalten. Lange fühlte ich mich im falschen Film, war nur selten positiv beeindruckt und dachte viel öfter: «Komplett daneben, völlig Balla-Balla, der Typ!»

Aber ganz am Ende – ach, das beschreibe ich dann ganz hinten im

Buch! Du wirst schon sehen. Ich wünsche Dir jedenfalls viel Spaß beim Lesen meiner Geschichten. Und genieß es, dass Du nur Zuschauerin und Zuschauer sein darfst hier und nicht selber mitbeteiligt sein musstest in diesem Geschehen! Ich sag Dir, schön war das nicht …

Good luck, Iris Christina Kloos

# 1 | Wie alles begann

Es war der Valentinstag, und der Postbote hatte mir soeben ... nein, keine Blumen, sondern einen Brief übergeben. Und damit war es offiziell: Ich war jetzt eine geschiedene Frau. Nach 23 gemeinsamen Jahren! Unsere Ehe – und dadurch mein Leben – war jedoch bereits eineinhalb Jahre vorher zerbrochen. Das führte zu einer tiefen Lebens- und Sinnkrise und, abgesehen vom bedrohlich tiefen Schmerz, vor allem zu einer Zeit intensiver Reflexion auf der Basis von Gesprächen und «Therapien».

Ich nahm in diesen 18 Monaten mit meiner ältesten Freundin Silke an diversen ICL-Sitzungen teil – «älteste» nicht in Bezug auf ihr Alter, sondern im Sinne einer 33-jährigen Freundschaft. Diese Sitzungen der Christlichen Lebens- und Eheberatung halfen mir über vieles hinweg. Ich besuchte auch den Kurs «LSL» («lieben-scheitern-leben»), ein Angebot, um Trennung und Scheidung aufzuarbeiten, stieg später in dieses Team mit ein und arbeitete fortan in diesen Kursen mit. Ich verarbeitete unser persönliches Ehe-Drama also aktiv und zielorientiert. Und ich erstellte eine Homepage und schrieb meine Geschichte auf. Das Schreiben half mir, das Erlebte irgendwie in Worte zu fassen. Dazu las ich einiges an Fachliteratur – ausgewählte Bücher.

Nach diesen Monaten der harten und überaus mühseligen Arbeit an mir selber war ich nun bereit, vorwärts zu gehen und einigermaßen frei meine Fühler auszustrecken: Ich wollte sehen, «was der christliche Markt so an Männern hergibt»! Denn ich hatte die innere Gewissheit, dass Gott mich «wiederherstellen» wollte und dass ich auf eine «Qualitätsbeziehung» hoffen durfte. So jedenfalls mein Eindruck in den Gebetszeiten, den ich auch als eine Verheißung verstand. Ich vertraue Gott aus ganzem Herzen. Also auch in dieser Sache.

Die Wiederherstellung erlebte ich zuerst mal in Form von unglaublichem Gewichtsverlust und geradezu unfassbarer Verjüngung. Menschen, die mich flüchtig kannten, etwa Lehrer, Verkäuferinnen, Postboten, Bekannte oder Nachbarn, erkannten mich nicht mehr. Kein Witz! Sogar mein Hausarzt, der mich seit über zwanzig Jahren kannte, konnte mich nicht mehr einordnen, zumal ich bereits wieder meinen Mädchennamen angenommen hatte.

Nun ging es darum, an der Verheißung für diese «Qualitätsbeziehung» festzuhalten und sie proaktiv zu suchen. So dachte ich mir das jedenfalls. Es mag sein, dass ich mit diesen Aktivitäten und Aktionen trotz allem Gottvertrauen das Geschehen schon mal in die eigenen Hände nehmen und dem ganzen Prozess Beine machen wollte. Nur wusste ich das zu diesem Zeitpunkt noch nicht.

Ich stand in der Hälfte und somit in der Blüte meines Lebens. Ich war 48 und Mutter von zwei beinahe erwachsenen Söhnen. Hinter mir lag die wohl größte Verwandlung, die ein Mensch durchmachen kann. Ich war von einer glücklichen Ehefrau zu einer unfreiwilligen Single Woman geworden (ich werde später noch mehr darüber erzählen); von einer «alten» übergewichtigen Frau zu einem bunten Paradiesvogel. Und obwohl ich jetzt einen grauen Buzz-Haarschnitt trug, sah ich um zehn Jahre jünger aus und bedeutend weiblicher als noch zwei Jahre zuvor mit 33 Kilo mehr auf den Rippen und braun gefärbten Haaren …

Da ich unsere Ehe so lange als eine überaus glückliche Verbindung erlebt hatte, ich mich dort geliebt wusste und meinen Ehepartner zurücklieben durfte, wollte ich jetzt nicht dauerhaft allein bleiben. Weil ich aber in jenen Tagen keine christlichen Gemeinden oder Veranstaltungen mehr besuchte, war es für mich relativ schwierig – oder menschlich gesehen sogar unmöglich –, einem christlichen Mann zu begegnen, geschweige denn, einen solchen kennenzulernen und als Partner zu finden. Aus diesem Grund entschloss ich mich einen Tag nach dem Empfang der Scheidungsurkunde, die christliche Dating-Plattform «Chringles» zu besuchen.

Denn hey, meine Freundin hatte ihren Ehemann online kennengelernt, zwei weitere Bekannte ebenso. «Darum wird es bei mir auch klappen. Ganz bestimmt sehr, sehr schnell!», davon war ich überzeugt.

Hier erzähle ich nun von meinen Erfahrungen, die ich nicht nur bei «Chringles», sondern bei ganz verschiedenen christlichen Plattformen gemacht habe. Viele davon zum Beispiel bei «Himmlisch-Plaudern».

Ich hatte auch einen Abstecher auf «Funky Fish», eine Plattform, die bevorzugt für Holländerinnen und Holländer sowie Englisch sprechende Leute geeignet ist. Da gab es vom System her nur einen einzigen Treffer –

der für mich jedoch keiner war. Genau wie bei «Your Love», bei denen ich zwölf potenzielle Partnervorschläge erhielt. Die jedoch allesamt schon länger nicht mehr online und folglich nicht mehr «aktiv» waren. Also ein Reinfall. Dort empfand ich jedoch das Ausfüllen der Fragen als sehr angenehm und schön. Ich fand deren gesamte Website sehr gelungen und charmant, aber zwölf inaktive Partnervorschläge sind natürlich nicht das, was frau sich in ihren Träumen gewünscht hat ...

Es ist geradezu unglaublich, was man auf christlichen Plattformen erlebt und erfährt. Ich stelle mir vor, unzählige Frauen (und sicher auch manche Männer) sind schon nach kurzer Zeit heillos überfordert und wahlweise auch enttäuscht, entsetzt, frustriert, vor den Kopf geschlagen, verletzt und/oder desillusioniert. Weil man ja Hoffnungen, Kraft und Zeit investiert, und das nicht zu knapp – und hinterher noch viel geknickter und trauriger aus der Sache herauskommt, als man es zuvor beim Reingehen ja eigentlich bereits gewesen ist.

Mir ging es jedenfalls so. Und trotzdem gab ich die Suche nicht zu schnell auf. Und wenn ich alles zusammennehme und mir so anschaue, kann ich immerhin sagen: Einige dieser Erlebnisse haben im Nachhinein sogar ein paar sehr witzige Komponenten, selbst wenn viele dabei sind, die einfach nur nachdenklich stimmen.

Der Großteil der Kontakte ist ganz bestimmt zum Kopfschütteln! Es gab auch eine Menge verurteilende, belehrende, vorwurfsvolle, aggressive und moralisierende Kommentare seitens der Männerwelt; Dinge, welche keine Frau braucht, die eine Beziehung sucht. Diverse Männer zerbrechen sich in den Kontakten zum Beispiel den Kopf über meine Tattoos. Natürlich sprechen sie mir dabei auch gerne gleich noch meinen Glauben ab.

Anfangs verletzten mich diese Dinge sehr. Denn sie sind total deplatziert. Aber gegen das Ende hin ließen sie mich manchmal sogar kalt, und ich konnte schmunzeln darüber.

Wohlgemerkt, ich möchte hier gar nicht etwa mit der «Spezies Mann» als solcher ins Gericht gehen, denn ich liebe sie ja eigentlich, die Männer! Doch gewisse Kommentare und Texte aus Männerhirn und Männerhand hatten dann schon auch den Charakter von Selbstoffenbarungen ...

Ich bin sicher, dass es auf Dating-Portalen eine Menge aufrichtiger, authentischer und ehrlicher Männer gibt, die auf diese Weise nach echter Liebe suchen. Aber ich bin unglaublich wenigen von dieser Sorte begegnet. Leider. Die meisten waren furchtbar oberflächlich und wollten einfach nur möglichst schnell zu einem Ziel gelangen. *Ihrem* Ziel.

**Wichtig: Ich habe selbstverständlich restlos *alle* Namen und Spitznamen und *alle* Online-Namen und Adressen der Personen auf den Plattformen geändert. Auch habe ich die Namen von Kindern, Ehefrauen, Partnerinnen, Ex-Frauen, Verwandten, Bekannten, Freunden und Tieren geändert. Genauso die Namen von Ortschaften, Regionen, Locations und Institutionen. Ich habe auch jeweils die Anzahl der Haustiere, die Zahl der Kinder und die Benennung ihres Geschlechts «angepasst», habe verändert, wer welches Instrument spielt und welchen Sport betreibt. Auch alle Berufe sind geändert, denn der Persönlichkeitsschutz soll voll und ganz gewahrt bleiben.**

**Denn nicht wahr: Mit wem ich geschrieben und telefoniert habe, wen ich konkret getroffen und also gedatet habe – es ist hier völlig egal und ohne Belang und Bedeutung. Weil es hier in diesem Buch darum nicht geht. Es geht um etwas anderes: um die Gesamterfahrung als Ganzes.**

**Trotzdem habe ich selbstverständlich versucht, ganz eng bei den konkreten Fakten und bei der Wahrheit – oder zumindest bei *meiner* Wahrheit – zu bleiben. Alle beschriebenen Ergebnisse sind echt und haben sich so zugetragen. Etliche Unterhaltungen in Mails und Briefen sind im O-Ton und ohne jede «Retuschierung» wiedergegeben, andere Gespräche, etwa am Telefon, schrieb ich während des Anrufs oder hinterher aus meinem Gedächtnis nieder und veränderte sie auch noch ein wenig – zum Schutze aller Beteiligten. Denn wie gesagt: Wer hier «Täter» sucht, «Spuren» und «Fährten», der ist in diesem Buch im falschen Film. Der muss «Tatort» schauen!**

Ich hätte mir ja im Traum nicht vorstellen können, dass ich so lange suchen würde – und dass ich auf dieser Reise derart viele crazy Erfahrungen machen würde. Im Grunde war ich zwei Jahre lang auf diesen Plattformen unterwegs! Ob ich am Ende noch fündig geworden bin, werde ich euch später im Buch noch berichten.

Am Ende des Buches gebe ich eine E-Mail-Adresse bekannt. Weil ich mich freuen würde, eure ganz persönlichen Online-Dating-Geschichten zu hören. Das braucht natürlich eine gewisse Portion Mut (ich weiß, wovon ich hier spreche!), kann aber für mich spannend und horizonterweiternd und für euch erleichternd, vielleicht sogar befreiend sein. Übrigens dürfen da sehr gerne auch Erfahrungen von Männern zum Zug kommen!

Also, schreibt mir ungeniert. Ich fände das klasse.

Und übrigens: Ich schreibe dieses Buch unter meinem *richtigen* Namen. Auch hier war mir die Authentizität und Ehrlichkeit wichtig, wenn auch mit Herzklopfen.

So, und jetzt: Let's go!

# 2 | Die Plattform «Chringles»

Als ich mein Scheidungsurteil in den Händen halte, bedeutet das für mich, dass ich nun auch offiziell frei bin und weder moralisch noch gesetzlich weiterhin an meinen Ex-Mann gebunden bin. Und da ich nun offiziell «frei bin», einen neuen Partner zu suchen, melde ich mich noch am gleichen Tag bei «Chringles» an.

### Erster Schritt: Die Anmeldung

Mit klopfendem Herzen suche ich im Internet die Seite «Chringles» auf. Eine Dating-Plattform für Christinnen und Christen. [Chringles = christliche Singles.] Meine Freundin Katharina erzählte mir, dass eine Bekannte von ihr ihren Mann über «Chringles» kennengelernt habe. Sie richte nun ihre Hochzeit aus und kümmere sich bereits um die Deko. «Also: Chringles! Hier wartet mein Mann!», denke ich bei mir. Sie legen dort Wert darauf, dass die Klienten gläubige und praktizierende Christen sind. Das Versprechen von «Chringles» klingt verlockend: *«Jede Woche zwei Liebespaare.»*

Wow! 5.000 christliche Singles, die genau wie ich einen Partner, eine Partnerin suchen. «Hier werde ich fündig!», denke ich mir. Die Anmeldung ist unkompliziert. Zuerst Fragen zur Person: Herkunft, Größe, Zivilstand und nächstgelegene Stadt. Danach kann ich mit einigen Worten etwas zu mir sagen, mich beschreiben oder das, was für mich wichtig ist. Anschließend die Frage, wie ich mir den potenziellen Partner oder die Partnerschaft vorstelle. Und zu guter Letzt lade ich Fotos von mir hoch.

Dieses Profil ist nun für alle registrierten Männer und Frauen zugänglich und ersichtlich. Für den zahlenden Kunden füllt man weitere Rubriken aus. Dieser kann dann viel mehr sehen. Er erfährt auch meine Einstellung zu Themen wie: Familie, Freizeit, Glauben, Berufsleben und Beziehungsfragen.

Es braucht doch einige Zeit, bis man die Fragen seriös beantwortet hat. Mir macht das unglaublich viel Spaß, und man kann hier das eigene Verhalten und Leben bestens reflektieren. Denn den Charakter oder die persönlichen Eigenschaften zu beschreiben – ob positiv oder negativ –, das benötigt Konzentration auf sich selbst. Da schreibt man kein Wort und keinen Satz leichtfertig, alles will gut überlegt sein. Für mich eine Bereicherung. Ich möchte gewissenhaft arbeiten.

Die Seite ist schön gestaltet, sie ist übersichtlich und einfach in der Handhabung. Ich löse sehr optimistisch ein Abonnement für die nächsten drei Monate. Der Beitrag von fünfzig Schweizer Franken ist geradezu billig im Vergleich zu säkularen Plattformen. Also, wer wagt, gewinnt. Und ich will ja gewinnen!

«Chringles» schreibt: «Seit dem Onlinegang der Plattform verzeichnen wir ein enormes Wachstum. Inzwischen kommen jeden Tag bis zu 15 christliche Singles dazu. Unter den über 5.000 Singles finden sich pro Woche durchschnittlich zwei Liebespaare.»

Minuten später: Es ist geschafft! Ich bin angemeldet und suche meinen zukünftigen Ehemann doch tatsächlich auf einer christlichen Dating-Plattform. Ich bin aufgeregt und freudig gespannt. Denn hier bin ich: eine von 15 Neulingen an diesem Tag und hoffentlich bald die eine Hälfte des Liebespaars, das die Plattform wieder verlassen kann. (Nebenbei: «Chringles» sagt nicht, in welchem Zeitraum sich die Liebespaare finden.)

So bin ich optimistisch, dass es bei mir sehr schnell geht. Mit diesen Aussichten und der Verheißung, an die ich glaube, muss es bestimmt schnell gehen: «Schon bald liegt mir sicher mein Zukünftiger zu Füßen!»

Ich schließe also ein Abonnement ab, damit ich mehr als nur das Alter, die Größe und die Umgebung meines potenziellen Partners sehen kann, wie die «Gratisversion» sie mir zeigt, sondern auch seine Antworten zu Glaube, Beruf, Sport und Hobbys. Ich bin optimistisch, dass ich nur immer wieder mal auf den Bildschirm schauen und halbwegs geduldig warten muss, bis mich hier mein zukünftiger Mann findet.

Die Ernüchterung jedoch folgt auf dem Fuß – und nicht mein Ehemann! Erstens gibt es in meiner Altersklasse kaum Männer. Vielleicht um die siebzig, wovon die meisten jedoch «nicht passen», aus verschiedenen Gründen. Dazu kommt, dass die wenigsten das Profil «anständig», also: aussagekräftig, ausgefüllt haben.

Ich checke bestimmt vier, fünf oder sechs Mal pro Tag meinen «Posteingang», aber die ersten drei Tage passiert nichts. Gar nichts. Einfach nichts.

In meinem Profil steht klar, dass ich «old school»-Werte liebe und dass ich warten werde, bis der Mann einen Schritt auf mich zu tun wird. Abgesehen davon, dass ich gänzlich aus der Übung bin und nicht mehr weiß, wie man auf Männer zugeht, würde ich gerne «umworben und erobert werden» (so schrieb ich es). Also muss das Signal von dem Mann her kommen.

Jeden Abend, bevor ich schlafen gehe, gleich nach dem Aufstehen am Morgen und noch einige Male den Tag hindurch (okay, vielleicht sind es in Wahrheit doch mehr als sechs Mal täglich?!) gehe ich auf die Seite und checke den «Briefkasten» oder stöbere durch die Profile der Männer. Aber es sind immer wieder dieselben Profile. Nur eine Handvoll Männer, die mir gefallen und zu meinen Kriterien passen würden – und mich hoffentlich bald entdecken und anschreiben werden. So stelle ich mir das vor.

Aber es passiert nichts. Kaum jemand schaut mein Profil an. Ich kann nachschauen, wer sich für mich «interessiert» hat.

Nun gut, wenn da gar keine Reaktion kommt, werde ich wohl trotzdem aktiv werden müssen. Ich habe meinen «Suchkriterien-Filter» bereits eingestellt. Ich suche einen 45- bis 55-jährigen Mann, über 175 cm groß und im Radius von 150 km wohnhaft. Er muss NR [Nichtraucher] sein und keine Kinder mehr wollen. Nach meinen Kriterien bleiben somit noch 38 potenzielle Partner. So schnell hat sich die Zahl von 5.000 bzw. 2.500 reduziert! Und von diesen 38 sprechen mich optisch lediglich drei Männer an.

Ich beschließe, als Ersten den Lehrer anzuschreiben. Es passiert daraufhin – nichts! Ein Tag lang nichts, zwei Tage lang nichts, drei Tage lang nichts. Er hat die Nachricht gelesen (das sehe ich), aber es folgt keine Reaktion. Es wird nie eine kommen.

Danach schreibe ich eben dem Koch. Es passiert: nichts!

Und auch der Mechaniker findet es nicht nötig, auch nur ein «Nein danke» kundzutun, nachdem er meine Nachricht gelesen hat. Niemand schreibt zurück.

Meine Auswahl erweitert sich nicht. Es kommen einfach keine Neuanmeldungen dazu. Obschon «Chringles» jeden Tag 15 neue Anmeldungen verbucht, sind es anscheinend nicht die «Best Ager» über 50 und nicht zwingend Männer. Jedenfalls sind sie nicht in meiner Altersklasse zu finden.

Mittlerweile habe ich durchschaut, dass die meisten Männer «Passivmitglieder» sind. Die Sache ist es ihnen nicht wert, für drei Monate knapp fünfzig Franken zu bezahlen. Wenn ich mir das so überlege: Auf so jemanden kann ich eigentlich sowieso sehr gerne verzichten.

Wenn man die Auswahl einmal «ausgeschöpft» hat, dann ist «Sense». Doch kurz bevor ich meinen Account löschen möchte, kommt doch noch eine Nachricht. Ich freue mich riesig. Zuerst denke ich, der nette Herr ist 48. Denn sein Nickname lautet «Corvin49», aber es ist der Jahrgang, wie sich wenig später herausstellt. Also ist sein Alter 71.

Zuerst begreife ich nicht so ganz, weshalb ich eine Nachricht von ihm bekomme. Denn in meinen «Suchkriterien» ist festgehalten, dass das Wunschalter meines Partners höchstens 7 Jahre älter als mein eigenes sein sollte. Ich bin ganz neu hier und verstehe noch nicht, dass mich *jeder* Mann, der das tun möchte, kontaktieren kann. Und dass die Suchkriterien natürlich nur meine *eigenen* Kriterien berücksichtigen. Wie es das Wort eigentlich schon sagt.

Ich bin zu diesem Zeitpunkt wirklich noch gänzlich unerfahren, war noch nie auf einer Plattform und, ja, vielleicht auch ein wenig naiv. Ein liebenswerter Charakterzug von mir, der mich aber schon oft dumm, kindlich oder blöd aussehen ließ ... zumindest in *meinen* Augen.

# 3 | Der erste Kontakt: Corvin49

Es war mein allererster Kontakt, und ich hatte ihn mir wirklich anders erhofft! Aber «Qualitätsbeziehung» kann ja allerhand bedeuten! Ich möchte offen sein, selbst wenn dieser Mann fast dasselbe Alter hat wie meine Mutter. Gleichzeitig bete ich innerlich, dass Gott es nicht ernst meint mit einem Partner, der mein Vater sein könnte ...

*«Guten Abend, junge Dame, welch interessante Antworten auf die Fragen. Du hast gute Werte. Da Du schreibst, was Du Dir wünschst, denke ich, dass ich Dir schreiben sollte. Ich könnte es Dir mit Sicherheit geben. Deine Wünsche erfüllen. Alles, was Du Dir wünschst, habe ich in meinen bisherigen Ehen leider nicht erleben dürfen. Leider bin ich einiges älter, aber durch die Gnade Gottes gesund und fit. Mich stört der Altersunterschied jetzt nicht, und ich finde Dich sehr attraktiv auf Deine Art.*

*Übrigens kenne ich Hans privat und bin befreundet mit ihm. Du magst ja die Gnade auch so.*

*Freue mich auf Dein Feedback und sende Dir liebe Grüße. Sitze gerade auf einem Tretboot auf dem See. Corvin.»*

«Hallo Corvin: ‹Attraktiv auf meine Art›. Danke für das hoffentlich nett gemeinte Kompliment.

Das tut mir wirklich sehr leid, dass Dir die Liebe verwehrt wurde. Und dann gleich mehrere Male!

Ich finde es wirklich immer traurig, wenn Ehen oder Beziehungen nicht schön sind und dann scheitern.

Magst Du ein wenig darüber reden? Bist Du schon lange Single? Es wäre Dir von Herzen zu gönnen, dass Du nochmals so richtig geliebt würdest und lieben dürftest. Ich jedenfalls glaube, dass es das gibt und dass das geht. Vielleicht wirst Du ja hier fündig … Um ehrlich zu sein, stelle ich mir nicht unbedingt einen Altersunterschied von 23 Jahren vor … Ohne Dich ablehnen zu wollen.

Danke für Deine Zeilen. Ich fühle mich geehrt und wertgeschätzt!

Ich schicke Dir liebe Grüße und wünsche gute Nacht aus den Bündner Bergen. Gottes Segen. Christina.»

*«Liebe Christina, ich finde, Du kannst das nicht von vornherein verneinen. Weshalb können wir nicht zuerst mal Nummern austauschen und so ein wenig in Kontakt kommen? Man weiß nie im Leben … Gott segne auch Dich. Corvin.»*

Wir haben Nummern ausgetauscht. Und WhatsApp-Nachrichten geschrieben.

Aber bereits nach einigen wenigen Messages war Schluss. Er hat eingesehen, dass es komisch für mich ist, wenn er eine Frau an seiner Seite hat, die ein paar Jahre jünger ist als seine eigenen Kinder.

Aber dieser erste Kontakt mit einem fremden Mann auf der Dating-Plattform war doch nett. Wenn auch überhaupt keine «Option» für mich. «Hoffentlich geht es noch vielversprechender weiter!», überlege ich.

# 4 | Martina sucht ebenfalls!

Nun kommt doch noch ein wenig Schwung in die Sache. Als ich mich am nächsten Tag erneut bei «Chringles» einlogge, habe ich eine «1» im Posteingang. Will heißen: Eine Nachricht ist eingegangen. Gespannt öffne ich sie.

*«Hi Christina, na, so sieht man sich wieder. (Zwinker-Smiley) Ich wünsche Dir viel Glück bei der Partnersuche, und ich hoffe, Du hast mehr Glück als ich. In meiner Altersgruppe werde ich nicht fündig! Liebe Grüße, Martina.»*

«Hey Martina, Du auch hier?! Ja, ich muss sagen, ich habe mir auch mehr erhofft, viel mehr! Ich bin seit zehn Tagen dabei und hatte nur einen Kontakt. Ich habe bestimmt dreißig Profile durchgelesen, aber es ist nichts wirklich Spannendes dabei. Du, P. hat mir ‹Himmlisch-Plaudern› empfohlen, vielleicht suche ich dort weiter. Auch Dir ganz viel Glück und Segen und bis bald, Christina.»

Wie witzig! Martina, 15 Jahre jünger als ich, hat mit mir den LSL-Kurs gemacht und leitet auch weiterhin Sitzungen. Natürlich sind wir alle irgendwie auf der Suche nach Liebe.

Auf «Chringles» meldet sich eine Woche lang niemand mehr. Ich werde von niemandem angeschrieben, niemand liest mein Profil. Und ich werde auch nicht schreiben, obwohl ich «Aktivmitglied» bin und es tun könnte. «Das Angebot» erweitert sich einfach nicht.

Mein Mann ist hier nicht zu finden. Nach nicht einmal einem Monat lösche ich mein Profil und lasse die Mitgliedschaft auch nicht bis zum Ende auslaufen, so enttäuscht bin ich!

Das habe ich mir anders vorgestellt. In drei Wochen ist ein einziger Mann (der einigermaßen interessant sein könnte) zu der Gruppe meines Alters hinzugekommen, daher würde es ewig dauern, um irgendwann wieder mal ein, zwei neue ansprechende Profile lesen zu können. Das hier ist ganz einfach nur äußerst langweilig.

Natürlich hätte ich das Abo noch laufen lassen können. Aber ich war ja auf der Suche. Ich dachte: «Irgendwo wartet mein Mann, und ich muss mich nur bemerkbar machen und vorstellig werden.» Ja, so dachte ich.

Schwer enttäuscht, aber doch auch mit Elan und neuen Erwartungen nehme ich das nächste «Projekt» in Angriff.

## 5 | Die Plattform «Himmlisch-Plaudern»

Von einem Schulungs-Teilnehmer, den ich bei einem LSL-Kurs kennengelernt habe, wird mir die Plattform «Himmlisch-Plaudern» empfohlen. Es sollen sich hier 25.000 Schweizerinnen und Schweizer tummeln, und das Verhältnis von Frau und Mann sei 51 % zu 49 %. Wenn das nicht vielversprechend ist, weiß ich auch nicht. Fünf Mal mehr christliche Singles als auf «Chringles». Gut! Dann werde ich dort mein Glück wohl mal versuchen.

Die Anmeldung und die Nutzung der Plattform ist hier gänzlich kostenlos. Auf «HP» sucht man nicht nur den potenziellen Lebenspartner, sondern auch Menschen nur «zum Plaudern». Wird auf anderen Plattformen Wert darauf gelegt, dass man ungebunden ist, ist das hier völlig egal. Du kannst verheiratet sein und Menschen suchen und finden, die ebenfalls gebunden sind – oder eben nicht. Ich möchte nicht darüber urteilen, wenn Christen solche Sachen machen. Es gibt bestimmt Menschen, die «nur» Freundschaft suchen. Aber ich stehe dem Ganzen mittlerweile sehr skeptisch gegenüber.

Auch die Glaubensrichtungen der Leute sind bei «HP» sehr breitgefächert. Hier geht es jedoch nicht um andere Menschen, um deren Glauben und Vorlieben, sondern es geht um mich! Und ich weiß, was ich für eine Einstellung habe und was ich suche. Und nur das ist in meinem Fall für mich relevant.

Zuerst muss ich meine E-Mail-Adresse angeben, meine Größe und meine religiöse Orientierung. Hier wird zunächst nach dem Glauben gefragt. Es scheint also trotzdem christlich und seriös zu sein.

Nach der Prüfung meiner Daten und der Freischaltung meines Profils kann ich meine Angaben zur Person vervollständigen. Ach du meine Güte! Hier füllt man Dutzende Fragen aus. Zum Beispiel wird gefragt, wie man zum Glauben kam, welche Rolle er im eigenen Leben spielt. Welchen biblischen Lieblingsvers man hat und weshalb. Was einem im Gottesdienst wichtig ist und ob man einen Partner mit anderer Glaubensrichtung akzeptieren könnte.

Schon bald kommen die ersten «Lächeln-Emojis» angeflogen. Ach so, hier verschickt man also Lächeln. Na, dann lächle ich einfach mal kräftig zurück.

Es dauert nicht lange, und die ersten Blumen werden mir ins «Postfach» gelegt. Die kann man bekommen, sobald ein Lächeln erwidert wurde. Und kaum habe ich mich richtig umgesehen hier, habe ich bereits die ersten Nachrichten im Briefkasten. Die meisten lauten etwa so: *«Hi»*, *«Na Du»*, *«Hallo, wie geht's?»*, *«Schön, bist Du da!»*

Huch, wie spannend! Da geben sich einige Männer aber sehr viel Mühe! Nach der Flaute bei «Chringles» bin ich überrascht, wie schnell hier Reaktionen kommen – und wie viele davon. Wenn auch, wie gesagt, auf einem sehr oberflächlichen Niveau.

Hier gibt es so viel zu entdecken und gefühlt unendlich viele Optionen. Es ist alles ein wenig unübersichtlich, und die Werbung auf der Plattform stört doch beträchtlich.

Neben den «Lächeln-Emojis» und den Blumen gibt es auch den «Briefeingang», den «Briefausgang» und die «Nachrichten». Und wenn man selber aktiv suchen möchte, hat es die «Suchfunktion». Hier kann man Männer suchen nach: Alter, Größe, Distanz, Online-Status, gebunden oder nicht, Kinderwunsch ja oder nein. Außerdem: «Wunsch nach Ehe?» «Nach Beziehung?» Nach «Was sich eben ergibt»? Oder nur nach «Plaudern»?

Man kann auf das eigene Profil schauen und findet heraus, wer als Letztes dein «Interessent» war. Daneben gibt es auch «Fotoalben, Blogs, Events, Gemeinden, Freunde, Tagebuch und Notizen», außerdem verschiedene «Gruppen», in denen man Mitglied werden kann, oder «Foren», in denen man sich zu bestimmten Themen austauschen kann.

Alles in allem ist das fast zu viel, und andauernd schiebt sich irgendwelche Werbung dazwischen. Aber nun, so wird dieses «Himmlisch-Plaudern» finanziert und ist deswegen gänzlich gratis für Frauen und Männer.

Eigenartig und gewöhnungsbedürftig empfinde ich hier die Werbung von «Parship» oder auch von anderen «Konkurrenten», genauso wie die der Telefonanbieter für Sex-Hotlines und Erotik-Angebote. Auch für Tarot-Karten und andere esoterische Angebote wird geworben. Man erwartet sowas einfach nicht auf einer christlichen Website. Doch so finanziert sie sich.

Es ist nicht allein der Inhalt, der mich stört, sondern dass man permanent davon unterbrochen wird, wenn man ein Profil lesen möchte. Aber auch bei «Himmlisch-Plaudern» gibt es die Möglichkeit, eine Mitgliedschaft einzugehen und dafür zu bezahlen, damit die Werbung ausgeschaltet wird. Ich werde das im Moment nicht machen, weil ich nicht weiß, wie hier die Sache ausgeht.


Ich teile mit euch mein Originalprofil, damit ihr euch ein Bild von mir machen und sehen könnt, wie ich mich dort beschrieben habe. Bei «HP» findet man den «Beschreib» auf der ersten Seite, und im «Interview» auf der zweiten Seite kann man noch unzählige Fragen beantworten. Natürlich hatte ich auch Fotos reingestellt, mit denen ich mich «beworben» habe. Das erste Mal noch als Brünette, mal mit Hund, mal im Ganzkörper-Bild. Das zweite Mal zeigte ich mich mit grauem Kurzhaarschnitt.

Da ich meinen Zukünftigen suchte, war mir Transparenz sehr wichtig. Vielleicht auch hier wieder ein wenig naiv, aber ich würde es wieder so tun. Oder zumindest ähnlich. Ich habe zum Beispiel relativ bald mein Profilbild mit Ganzkörperansicht (von hinten im Rock fotografiert) wieder gelöscht, weil ich immer auf meine dort gut sichtbaren Bein-Tattoos angesprochen wurde. Ich habe sie aber jedem gezeigt, der *wirklich* an mir interessiert war.

Genauso ansprechend fand ich Profile von Männern, die zu sich stehen und unkompliziert mit Infos und gegebenenfalls mit Bildern umgehen. Ich musste allerdings im Verlauf der nächsten Monate und Jahre noch lernen, dass man nicht unbedingt allzu offen sein sollte. Davon später mehr.

Das Ausfüllen des Profils nimmt, wenn man es seriös machen will, auf dieser Plattform riesig viel Zeit in Anspruch. Aber auch hier ist ein großer

Nutzen vorhanden: die Reflexion, das Nachdenken über sich selber. Ich frage mich beim Ausfüllen immer wieder: «Wer bin ich? Was mag ich? Was mag ich nicht?» Und ich entdecke Altes und Neues – und Verschüttetes.

Nach 23 Beziehungs-Jahren, in denen ich ganz für die Familie da war, aber nur wenig für die eigene Identität getan habe, nach all den Jahren, in denen ich – aus eigener Entscheidung, und ohne dass es jemandes Schuld oder Fehler war – sozusagen familien-abhängig unterwegs war, aber fast nie mich selber lebte, ist das ganz schön schwierig. Aber gleichzeitig eben auch sehr bereichernd und spannend.

Ganz gewissenhaft beantworte ich also Frage um Frage. Lies selbst!

## 6 | Mein Profil bei «Himmlisch-Plaudern»

| | |
|---|---|
| Geschlecht: | Frau |
| Ich bin: | geschieden |
| Für: | Beziehung |
| Alter: | 49 Jahre |
| Ort: | 7000 Chur |
| Entfernung: | (zum Interessenten) |
| Bundesland: | Graubünden |
| Region: | Chur |
| Größe: | 1.73 m |
| Gewicht: | keine Angabe |
| Glaubensrichtung: | Ich bin Christ |

### Beschreibung von Fraubunt

- Ich trage raspelkurze und graue Haare.
- Ich erfülle dadurch nicht alle weiblichen Attribute, fühle mich jedoch trotzdem sehr weiblich, wohl und zufrieden in meinem Körper.
- Achtung! Ich bin bunt, sehr bunt!! Nicht nur in Bezug auf Lebenserfahrungen und Lebensjahre, sondern auch in Bezug auf meine Haut. Mich zieren einige Kunstwerke.

- Also, mein erster Eindruck kann täuschen: Ich bin nicht die graue Maus, wie Man(n) auf den ersten Blick denken könnte. Sicher nicht «jedermanns Geschmack»!

**Ich mag ...**

- Ich liebe die Gnade. Ich mag Brunchen, lange Spaziergänge, Babys, guten Sex (aber selbstverständlich nur mit meinem Mann!), Cola Zero, Tulpen, Pünktlichkeit und wenn Mann weiß, was Mann will! Wenn er «old school» ist und den ersten Schritt macht, initiativ ist! Mann eben.

**Ich mag nicht ...**

- Menschen abhängig vom Handy, dauernd an Gadgets! Richtende und verurteilende und übereifrige Christen. Raucher und übertriebenes Trinken. Negative und nörgelnde Menschen. Ich mag keine Meeresfrüchte und Kutteln. Keine Horrorfilme und keine große Hitze.

**Man trifft mich ...**

In der Natur, am Fluss, auf dem Berg, in der Stadt, bei der Arbeit.

## Glaubensfragen

**Fraubunts Weg zum Glauben: Wie hat Fraubunt von der frohen Botschaft erfahren?**

- Durch meine Mutter, als ich 8 Jahre alt war. Aber erst mit 30 Jahren eine Umkehr erlebt. Mit 45 Jahren die Gnade kennengelernt.

**Was ist Fraubunt am Glauben besonders wichtig?**

- Die Gnade.

**Welche Rolle spielt für Fraubunt der Glaube bei der Lebensplanung?**

- Mehr Regie als Rolle.

**Wie lebt Fraubunt den eigenen Glauben?**

- Täglich.

**Lieblingsbibelvers von Fraubunt:**

- Ich schaffe Recht und Gerechtigkeit allen, die Ungerechtigkeiten erleiden. Psalm 103,6

**Dieser Vers ist Fraubunt aus folgendem Grund besonders wichtig:**

- Weil es ein Rhemawort für mich ist.

Ist Fraubunt in einer Gemeinde aktiv?

- Nein.

Ist Fraubunt in christlichen Vereinen oder Organisationen aktiv?

- Ich arbeite bei den LSL-Kursen mit («lieben-scheitern-leben»).

Kann Fraubunt sich vorstellen, mit einem Partner zusammen zu leben, der einer anderen Konfession angehört?

- Ja.

## Dinge zu Fraubunt

Wie beschreibt Fraubunt den eigenen Charakter?

- Ich bin nach Reinhold Ruthe beinahe je zu gleichen Teilen: beständig, beziehungsorientiert und freiheitsliebend.
- Ich bin bunt, treu, empathisch, liebevoll, mütterlich, direkt, lebendig und immer positiv.
- Aber auch tendenziell unordentlich und manchmal auch ungeduldig, vor allem mit mir selbst. Manchmal naiv und leichtgläubig.

Mit welchem Dialekt spricht Fraubunt?

- Bündnerdeutsch, aber auch Hessisch und Sizilianisch.

Hat Fraubunt einen Führerschein?

- Nein.

Was macht Fraubunt beruflich?

- Ich arbeite im Sozialbereich.

Hat Fraubunt Kinder?

- Ja.

Raucht Fraubunt?

- Nein.

Wie wohnt Fraubunt im Moment?

- Schön.

## Fraubunt und das Leben

Wo war Fraubunt zuletzt im Urlaub?

- Davos.

**Treibt Fraubunt Sport?**

- Ich spaziere exzessiv, haha. Crosstrainer. Zumba. Trekking. Bowling. Bin ausdrücklich für Neues offen.

**Hat Fraubunt Haustiere? Welche?**

- Nops.

**Welchen Hobbys frönt Fraubunt?**

- Spazieren. Lesen. Schreiben. Fotografieren. Freundinnen treffen.

**Welche Laster hat Fraubunt?**

- Keine mehr!

**Was hört Fraubunt für Musik?**

- Querbeet. Worship. Das Lied «The blessing», und zwar in allen Versionen. Welch wunderbarer Song!

**Spielt Fraubunt ein Instrument?**

- Nö.

**Von was ist Fraubunt Fan?**

- Tattoos. Bärtige Männer. Tulpen. Babys. Gute Bücher und Filme.

**Was schaut Fraubunt im TV besonders gern?**

- Biografien. Thriller. Krimis. Drama. Actionkracher. Aber grundsätzlich wenig.

**Wann steht Fraubunt in der Regel auf?**

- Früh, aber Du darfst gerne liegen bleiben.

**Was ist für Fraubunt kitschig?**

- Nichts.

**Wie beschreibt Fraubunt den eigenen Kleidungsstil?**

- Leger. Casual. Sportlich. Extravagant. Dem Anlass angepasst.

**Kann Fraubunt Blut sehen?**

- Als Frau?!

**Was kann Fraubunt besonders gut? Hat Fraubunt Talente?**

- Ich kann gut Frau sein. Weiblich, sinnlich.
- Ich kann annehmen, lieben.
- Ich kann gut in meinen von Gott gegebenen Gaben wandeln.

**Hat Fraubunt einen Tanzkurs absolviert?**

- Nie.

## Dinge, die Fraubunt liebt

**Film/e?**

- Ein Stern auf Erden. Fireproof. Der Weg. Casino Royale.

**Lied/er?**

- The blessing (in allen Versionen). The Rose (Bette Midler). Red Rocks Worship.

**Getränk/e?**

- Cola Zero. Wasser.

**Süßigkeit/en?**

- Ja bitte! Am liebsten schwarze Schokolade.

**Buch/Bücher?**

- Bibel. Biografien. Sachbücher. Ratgeber. Ab und an skandinavische Thriller.

**Schauspieler/in?**

- Liam Neeson. Giovanni Ribisi. Joaquin Phoenix. Jason Statham. Helen Mirren. Judi Dench. Meryl Streep. Jodie Foster. Kate Winslet.

**Tier/e?**

- Schildkröten. Hummeln. Elefanten. Faultiere.


## Fraubunt, die Liebe und die Anderen

**Wie stellt Fraubunt sich eine Beziehung vor?**

- Bitte harmonisch. Auf Augenhöhe, aber dass ich Frau sein darf. Ich stelle mir vor, dass ich (betend) hinter meinem Mann stehe und er schützend vor mir.
- Mit allen Gaben und Bestimmungen. Und nein, ich bin nicht devot, nicht unterwürfig, aber sehr selbständig! Die Beziehung soll unkompliziert, voller Liebe, Respekt und Wertschätzung sein. Auch noch nach Jahrzehnten! [«devot» setzte ich später hinzu – wegen Seite 182!]
- Gelebte Sexualität, bei der beide auf die Kosten kommen.
- Ich möchte ihn gerne «ganz» machen und er mich bitte auch. Wichtig ist mir das «Eins-Sein».
- Das geht für mich vorläufig auch ohne Trauschein, aber nicht ohne Treue! Ohne Zusammenziehen, aber nicht ohne Verbindlichkeit ...

33

**Wie definiert Fraubunt Liebe?**
- Sich einander gegenseitig schenken, mit allem, was wir sind.

**Wie soll der Traumpartner sein?**
- Er soll wissen, was er will.
- Selbstbewusst und selbständig, größer als ich und Nichtraucher.
- Wenn Du jetzt Glatze und Bart trägst und behaart bist, wärst Du auch optisch mein Traummann.
- Aber darauf lege ich keinen Wert. Ich bin auch nicht Pamela Anderson, haha. Nein, er soll mich als Frau schätzen und lieben, und dann bin ich glücklich.
- Falls er gerne kocht, wäre es ein Traum.
- Auf keinen Fall nur «getrennt». Verhältnisse müssen geklärt sein. Altlasten sollten weitgehend akzeptiert und verarbeitet sein! (Ansonsten gibt es die LSL-Kurse.)

**Was schätzt Fraubunt an anderen Menschen?**
- Ehrlichkeit. Transparenz. Ganz wichtig: Machen, was man sagt. Pünktlichkeit. Wenn jemand gnädig ist.

**Was hat für Fraubunt Vorrang? Eine Freundschaft oder eine Beziehung? Warum?**
- Beides ist schön. Geht Hand in Hand ...
- Aber ich suche hier kein Plaudern und keine Freundschaft. Ich habe schöne Freundschaften. Ich suche den Einen: meinen Mann ...

**Ist für Fraubunt der optische Eindruck wichtig?**
- Ja, auch. Aber das Wichtigste ist: gepflegt sein und gut riechen! Schöne Stimme und Hände.

**Was interessiert Fraubunt am anderen Geschlecht am meisten?**
- Hahaha! Nein, im Ernst: ein gnädiger Mann!

**Wie kann man Fraubunt beeindrucken?**
- Indem man(n) authentisch und echt ist. Ehrlich und direkt.

## Dinge, die Fraubunt denkt

**Hat Fraubunt ein Lebensmotto?**
- Das Beste kommt noch!!! Am Ende wird alles gut. Wenn es nicht gut ist, ist es nicht das Ende.

**Wen wollte Fraubunt schon immer mal treffen?**

- Meinen Ehemann. Darum nicht nur treffen, sondern auch behalten!

**Wovor hat Fraubunt Angst?**

- Ein Kind zu verlieren. Verlust. Fliegen.

**Auf welche Tugenden/Werte achtet Fraubunt?**

- Old school. Pünktlichkeit.

**Wo wäre Fraubunt jetzt gerade am liebsten?**

- Hier.

### Fraubunt als User hier

**Ist es Fraubunt wichtig, dass andere User ein Foto von sich im Profil haben?**

- Ja.

**Sieht Fraubunt es als selbstverständlich an, jede Nachricht zu beantworten?**

- Ja.

**Würde Fraubunt sich auf ein Date einlassen?**

- Ja.

**Was steht für Fraubunt in einem gutem Profiltext?**

- Hauptsache, einige Fragen sind beantwortet!!!
- Die Männer sind ja echt minimalistisch.
- Dann bitte echt, ehrlich und authentisch.
- Wie soll *frau* einen Eindruck oder Interesse bekommen bei ausschließlich «Ja»- und «Nein»-Antworten (wenn überhaupt)?!

**Legt Fraubunt Wert auf Grammatik und Rechtschreibung?**

- Nein.

### Dinge, über die man spricht

**Wie sieht Fraubunts «Traumtag» aus?**

- Dass wir gemeinsam aufwachen. Ich den Kaffee oder das Frühstück ans Bett bringe. Wir uns lieben und danach vielleicht einen Gottesdienst besuchen. Oder ein Museum. Oder in die Natur fahren, zu Familie oder Freunden. Zum Wandern gehen oder einen Ausflug machen.

- Wir den Abend bei einem tiefen Gespräch ausklingen lassen, (nachdem Du für mich gekocht hast, hihi) oder bei Musik oder einem Film. Und danach gemeinsam und erfüllt einschlafen ...
- Wie hieß die Frage noch mal? «Traumtag» oder «Sonntag»?

# 7 | Skyscraper textet mich voll

Mit «Skyscraper» befinde ich mich in meinem ersten richtigen Nachrichten-Austausch. Nun ja, hier schreibt mir ein gläubiger Mann, der 13 Jahre älter ist als ich. Er scheint «old school» zu sein und wagt den ersten Schritt. Und er ist tatsächlich fähig, mehr als nur ein bis drei Worte zu formulieren und als bloß «Hallo, wie geht's?» zu schreiben. Er sieht ganz nett aus, und ich fühle mich nicht gleich abgestoßen. Das passierte erst später. Nachdem ich mit ihm telefoniert habe.

Er erkundigt sich nach meinem Tag, meinem Wohlempfinden und macht mir mehr als nur ein Kompliment zu meinem Beschrieb. Er fühle da «eine Verbundenheit und Sicherheit, dass ich seine Frau sein könne». *«Ich habe bei dir ein ganz gutes Gefühl!»*

Das geht mir nun doch ein wenig gar schnell, und ich frage zuerst mal nach dem Wetter an dem anderen Ende der Schweiz. Nachdem wir also ein wenig belangloses Geplänkel hinter uns gebracht haben, wird er wieder konkreter.

Er scheint sehr interessiert an meiner «unverbrauchten Art» (bin ich das?), wie er meint: «Gottesfürchtig und hingegeben.» Er verspricht mir sehr bald, mich auf Händen zu tragen und dass ich mich immer wie eine Frau fühlen darf bei ihm. Denn so habe Gott mich erschaffen, und dadurch würde ich Gott ehren. Er wird mir zeigen, wie sich eine Frau richtig benehmen soll. Wie sie sich zu verhalten hat. Und wie sie sich unterzuordnen hat. Ups ...

Anstatt ihn da bereits ohne Weiteres «in den Wind zu schießen», gehe ich doch tatsächlich darauf ein, damit wir mal einen Schritt weitergehen und telefonieren können. Sein «Frauenbild» scheint nämlich nicht ausschließlich von Gesetzlichkeit und Unterordnung geprägt zu sein, sondern er ist auch der Meinung, dass eine Frau durchaus schwach und bedürftig sein darf, «weil sie das ist und Schutz und Führung braucht»!

«Ja, genau!», denke ich da, «genau das brauche ich so sehr in dieser Zeit!» Mein Ex-Mann war nämlich immer mein «Wegweiser» gewesen, mein Orientierungspunkt; er kannte sich aus und führte mich liebevoll durch mein Leben. Darum spricht so ein Satz jetzt genau in meine momentane Lage. (Anders kann ich mir das heute, wo ich dieses Buch schreibe, nicht mehr erklären.)

Auch kribbelt es einige Male in meinem Bauch, wenn er beschreibt, wie er seine zukünftige Frau «verwöhnen möchte». Sowas kommt bei mir an, das muss ich zugeben. Weil das genau meinen Werten entspricht. Seine Zukünftige würde «ihm immer genügen» und dürfe sich bei ihm «weiblich und angenommen fühlen, geborgen und wertgeschätzt».

Er beschreibt das sehr «biblisch», vielversprechend und ansprechend. So viel scheint zu stimmen und «gesund» und akzeptabel zu sein für mich, und das mit der «Strenge und Härte», die er wiederholt erwähnt, kann ich ja erstmal ausblenden. Und man darf nicht vergessen, dass ich tatsächlich geglaubt habe, dass ich meinem Mann hier unverzüglich begegnen werde.

Das sind Dinge, die ich heute nicht mehr verstehen kann. Und weshalb sagte ich so viele Male «Ja», wenn ich doch «Nein» meinte? Weshalb so viele Kompromisse? Weshalb nicht sofort die Erkenntnis, dass etwas ganz und gar nicht stimmt? Das Bewusstsein, dass hier etwas aus dem Ruder läuft, habe ich zwar oft, übergehe es jedoch regelmäßig.

Weshalb lasse ich mich anfangs immer und immer wieder auf Situationen ein, die ich doch ganz klar *nicht* will?

Wahrscheinlich vor allem deshalb, weil ich bis dahin nie ein durchgängig selbstbestimmtes Leben geführt habe und diese Lektion des «Steh zu dir selbst!» erst in den nächsten Monaten und Jahren auf mich zukommen wird!


Das war zu dieser Zeit einfach so. Ich war unerfahren in all diesen Dingen und wusste noch nicht, dass ich auch Rechte habe. Dass ich mich auch meinerseits von Geschmack und Bedürfnissen «leiten lassen» darf!

*«Hallo Fraubunt, wie war Dein Tag und wie geht es Dir? Ich fühle da eine Verbundenheit und einen leisen Verdacht, dass Du eine passende Partnerin sein könntest.*

*Was Du in Deinem Profil in den verschiedenen Abschnitten beschreibst, finde ich sehr ansprechend. Besonders in den Bereichen ‹Ich mag› und ‹Ich mag nicht›. 100% deckungsgleich sind die meisten sicher nicht. Aber wichtig für mich, dass Du Dich als Frau wohlfühlst, das magst und dass Du die Rollen-Zuteilung befürwortest. Eine Frau hat sich unterzuordnen, damit sie dem Mann Ehre bereitet. Aber somit auch dem Herrn. Wiederum wird sie geliebt, behütet und beschützt, weil sie das in der heutigen Zeit mehr denn je braucht. Ich würde das gerne für Dich übernehmen und Dich auf Händen tragen, wenn Du Dich hinzugeben weißt.*

*Sich kennen – und wirklich lieben – zu lernen ist ein Prozess, der Zeit braucht. In diesem Prozess, wenn er für beide befriedigend verläuft, findet meist auch noch einmal eine weitere Annäherung auf der Interessenebene statt. Diese sollte jedoch nicht im Vordergrund stehen. Vielmehr, dass die Frau des Hauses weiß, wozu sie erschaffen wurde und was ihre Bestimmung ist. Ich denke, Du weißt das, denn Du schreibst, dass Du ‹old school› magst.*

*Ein paar Zeilen von Dir? Danach gerne ein Anruf! Lonnie»*

«Hey Lonnie, danke für Deine Zeilen. Ich finde, Interessen oder was man mag oder nicht mag, müssen überhaupt nicht deckungsgleich sein.

Jeder braucht Raum, und jeder darf individuell sein. Im Idealfall, so meine ich, ist man sich ähnlich. Den Charakter finde ich fast wichtiger.

Aber natürlich hast Du recht, es ist ein Wachsen. Ein miteinander Wachsen. Ich glaube schon, dass ich das traditionelle Frauenbild befürworte, sehr sogar. Aber gewisse Worte wie: ‹hingegeben sein› oder ‹Rollenzuteilung›, ‹Unterordnung› usw. können heikle Worte sein. Das muss natürlich geklärt werden. Über alledem steht die Wertschätzung. Wichtig! Ganz wichtig! Klar, wir können gerne miteinander telefonieren. Ich bin gespannt, wie Deine Stimme klingt und was wir uns zu erzählen haben. Liebe Grüße, Christina.»

*«Liebe Christina, für ein gegenseitiges Verstehen, Abtasten und Kennenlernen halte ich das Hin- & Hersenden von Texten für nicht wirklich geeignet, da Menschen Gott sei Dank keine Maschinen sind, sondern lebendige Wesen mit Sinnen der Wahrnehmung und Ausstrahlung … falls Du verstehst, was ich meine?*

*Da das Netz keine Privatsphäre hat, schreibe ich nur äußerst ungern dort. Lass uns deswegen wie gesagt auf das Medium Telefon umsteigen! In meinem Profiltext hatte ich erläutert, warum. Ruf doch an, Nummer hier.»*

Als er mir seine Telefonnummer gibt, schlägt mir das Herz bis zum Hals. Ich fühle mich wie ein Teenager, der etwas Verbotenes tut. Gar nicht so einfach, zum Hörer zu greifen und bald mit einem wildfremden Mann zu telefonieren. Dennoch wage ich es, und eigentlich bin ich sehr erleichtert, als er *nicht* abnimmt.

Einige Stunden später kontaktiert er mich doch wieder schriftlich, und fragt weshalb ich nicht angerufen habe … denn, so schärft er mir ein: *«Ein Ja sei ein Ja!»*

Als ich ihm erkläre, dass ich angerufen habe und er es gerne nachkontrollieren könne, sagt er mir, er besitze kein Telefon mit einer Display-Anzeige. Gott sei Dank! Denn nach dem Telefonat, das wir gleich danach führen, bin ich äußerst froh, dass er meine Telefonnummer nicht hat!

Wir telefonieren eine knappe Stunde. Das heißt, in dieser ganzen Zeit redet nur er, und er redet und redet und redet und kommt kaum zum Luftholen. Ich habe zuvor in meinem ganzen Leben noch nie jemanden erlebt, der einen derartigen Redeschwall von sich gibt!

Er erklärt mir, wie die Christen heute drauf sind. *«Alles vom wahren Glauben abgefallene Menschen. Ungläubige. Niemand, der sich noch nach Gott ausrichtet. Zu dem Wahren, Einzigen und Ewigen! Alle sind selbstsüchtig, eifersüchtig und nicht mehr heilig. Die heutigen Christen unterscheiden sich nicht mehr von ‹der Welt›. Sie füllen Stadien, um Musik zu machen, und unterscheiden sich nicht mehr von den Nicht-Gläubigen. Wohlstandsprediger erobern Bühnen und Fernseh-Studios und prahlen mit Geld und Erfolg. Sie lassen sich die Gesichter operieren und frönen den Äußerlichkeiten!»* [Äääähmm, hat er mein Profil richtig gelesen?] *«Sie schreiben Bücher und lassen sich bezahlen, anstatt selbstlos und mittellos zu leben, wie es wahren Christen aufgetragen wird.»*

Mir wird er immer unheimlicher. Jedes Mal, wenn ich ihn zu unterbrechen und meine Sicht der Dinge zu erläutern versuche, ermahnt er mich zum Zuhören und erklärt mir meine Stellung, die doch eine Zuordnung «im Schweigen» ist, wenn er redet!

Anstatt den Hörer auf die Station zu knallen und so das Gespräch zu beenden, höre ich seinen wirren Ausführungen weiter zu.

Er hat seine *«liebe Mühe mit charismatischen Christen, die nur der Welt frönen, sich nicht läutern und heiligen wollen».*

Er möge lieber keine christliche Gemeinschaft mehr, das ist bloß Zeitvertreib und hat keinen Sinn. Nun will er nur noch alleine und ausschließlich mit seiner Frau Gemeinschaft haben. Die Welt mag er schon gerade gar nicht mehr: *«Unsere Welt steht Kopf, die Menschen haben ihre Herkunft, den Anstand und gutes Benehmen vollständig vergessen»,* ganz besonders die Verantwortlichen der Europa-Politverbrecher-Bande, diese Blutsäufer und Diebe. *«So wie der moderne und oft gottlose Mensch heute lebt, mit dem hab ich nix mehr zu tun. Und dementsprechend bleibt dann nur eine andere Welt zur Begegnung.»*

Welche Welt er damit meint, kann ich in dem Moment nicht nachvollziehen.

Er empfindet mich hingegen – ganz so wie sich selbst – als «unangepasst» und dadurch sehr geeignet für ihn!

Er möchte mich *zuerst als Mensch erkennen, danach als Freundin und zu guter Letzt als Frau. Seine Frau. Sein Ein und Alles.* Ich soll ihm hingegeben sein – ihm, und *nur* ihm.

Mir schwirrt der Kopf. Ich wurde in der letzten Stunde mit so vielen Worten, Meinungen und wirren Thesen bombardiert, dass ich ganz durcheinander bin. Ich hatte nur ein einziges Mal den Mut, ihn richtig zu unterbrechen. Aber jetzt kann und will ich nicht mehr!

Zuerst versuche ich ihm beizubringen, dass wir wohl viel zu weit voneinander entfernt leben. «Du wohnst ganz am anderen Ende der Schweiz, das wird schwierig werden. Ich denke, vielleicht auch unmöglich, um etwas Stabiles aufzubauen!»

Das lässt er nicht gelten. Er möchte «keine Ausreden hören!» Ich teile ihm dann mit, dass wir nicht zusammengehören, weil wir nicht vom gleichen Glauben an Gott sprechen. Dass mir die Gemeinschaft mit Christen sehr wohl etwas bringt und mich seine Negativität stört. Dass er urteilt und nicht gnädig ist. Dass er nichts stehenlassen kann und ausschließlich Fehler sucht. Dass er denke, nur *er* liege richtig mit allem.

Darauf antwortet er, sein Beruf sei Informatiker, und gerade beim PC-Reparatur-Service müsse er tagtäglich Fehlerquellen suchen und finden. Danach müsse er die Fehler beheben. Er fühle sich somit auch von Gott gerufen und dafür eingesetzt, bei Menschen und Christen Fehler zu finden und zu korrigieren. Auch wenn die meisten Menschen nichts davon hören wollen. *«Sie werden jedoch erkennen, was sie davon haben werden!»*

Ich habe genug. Mir reicht es. Dieses erste Telefonat ist ein absoluter Reinfall. Ich bin total ernüchtert. Damit habe ich nicht gerechnet. Ich ging davon aus, dass wir ein schönes, normales Gespräch führen werden. Das hier aber fühlt sich absurd an. Ich hoffe also, dass noch angenehmere Kontakte folgen werden. Am besten nur noch eines: das mit meinem zukünftigen Mann. Und Lonnie vom Fehlersuch- und Reparatur-Service – wird's *nicht* sein!

Dieses erste ungewöhnliche Erlebnis hallt noch einige Tage lang nach. Ich bin erschrocken, wie dieser Lonnie als Mann und Christ «drauf» ist. Welche Einstellung und welche Anschauungen er zum Glauben, zum Leben und zu anderen Christen hat. Und ich frage mich auch: Wenn so ein Typ sich «Christ» nennt, was für eine Visitenkarte ist das fürs Christentum? …

Ich muss es erst lernen, solche Erlebnisse einfach abzuhaken und hinter mir zu lassen. Und muss erkennen, dass sogenannt «christliche Männer» sich unter Umständen in keinster Weise unterscheiden von all den anderen Herrschaften dieser Welt. Verdruckst gläubig, halbgläubig, andersgläubig, ungläubig – manchmal sind sie fast alle gleich. Auch wenn man – wie ich zuvor – eine ganz andere Vorstellung davon hat!

Dazu muss ich lernen, mich schon gar nicht erst auf irgendeinen Dialog einzulassen, der so «wirr» ist. Von der Art werden aber noch einige kommen. Nur weiß ich das an dieser Stelle noch nicht. Weil ich doch glaube, mein Mann wartet auf mich, so dass ich ihn nur finden muss. Oder er mich.

Ein Beispiel für wirre Nachrichten im wahrsten Sinne des Wortes liefert die folgende Unterhaltung, ich muss sie originalgetreu wiedergeben. Es wurde bis auf die Namen und Kleinigkeiten kaum etwas verändert, es wurden auch keine Fehler korrigiert. Genau so, wie im nächsten Kapitel dargestellt, haben mich die Nachrichten dieses Schreiberlings erreicht. Ich muss gestehen, dass ich diesen Herrn leider nicht verstanden habe und ihn deshalb auch nicht wirklich berücksichtigen konnte ...

# 8 | Firefox, die Erste

*«Grunzi oder weniger schweinzerisch grüss göttin*

*No foto no fun*

*Ich sollte jetzt wissen, wer Du bist und das mit den drei angaben; kurze graue haare, kunst am bhaut und sozialwörk: Du bist mutter und kontakt*

*Göttin mit uns ist Dir*

*Ich denke die zukunft ist vor uns, wirklich. So einfach und doch so gemeint; Alles kommt gut und sie ist unsere hoffnung! – diese gute regel der entwicklung, der drang der zeit mit der zukunft. Ein rad mit kraft und ... vollkommen! NAME isch Nino.»*

Hoppalla! Was schreibt man darauf? Ich möchte ihm natürlich nicht eine verletzende Abfuhr erteilen oder ihn einfach nur ignorieren und bin deswegen ein wenig ratlos. Ich versuche es so:

«Hallo Nino. Danke für Deine Zeilen. Ich habe gesehen, dass Du ziemlich weit weg wohnst. Ich würde meinen Mann gerne hier in der Nähe kennenlernen. Aber für Deine Zukunft alles, alles Gute und Schöne! Liebe Grüße, Christina.»

*«Gruzi Frau. Oder Göttin. Entschuldige die ungläubige haltung oder besser die angst, die mir sagt ‹Du lügst und es wird ganz schlimm!›*

*Ich habe fragen nach meinem gott oder was die geschichten mit bedeutung in lagerferien waren habe ich noch zu denken.*

*Der Gott, der logisch auch Göttin ist ist eine wahre wundermaschine. So gut sind seine taten, er kann mich lehren, heilen oder retten oder glücklich machen. Seine lebendigen und beseelten geschöpfe sind hingezogen zu den unbeschreiblich starken und wunderbaren momenten der kompletten harmonie; keine angst und kein zweifel oder hindernis in den gedanken sind da, nur der gute wille und der glaube machen wunder. Rettung und Glück und wandlungen aber auch opfer mit liebe für andere. Jesus war echt und ein erwecker und opfer der simplen ‹helfer› der römertyrannei mit menschen handel und einer riesigen gewalt gegen kinder und farbige und soldaten und fremde oder simpel foltertodesmethoden: kreuzigen. Ich möchte ein mensch sein, der das böse verhindert. – Bei sich und den nächsten oder ein bisschen weiter.*

*Bin nicht halbjung sondern halbtot. Hundert ist tot und halb ist ... weiß nicht. Nicht halb jung, das wäre 25.*

*Ich denke ich kann mich entwickeln, ein pflegefall bin ich nur im rahmen der psychiatrie. Ich möchte ein problem verhindern und auch den normalfall, mit rückfall und ‹medi›-kniefall für ewig ... es ist auch ökonomisch mein problem. Hatte eine beratschaft und ... weiter denke ich vertraue ich Dir nicht – oder besser persönlich von person zu person. Bin nicht so erfreut über manche grobe handlung und einstellung in gewis-*

*sen kreisen. Bin kein trottel und kein engel, kein rechter und kein büezer. Kein junky und bänker. Kein loser und kein sunyboy!*

*Bin chli optimist, liebe ist wenig aufgeben und viel erleben und erhalten und zusammenhalten. Es ist ein riesen wunsch und aufgeben ist halt manchmal nicht zu verhindern. Morgen zürich ich*

*Hoffe die zweisamkeit ist für mich da und ich gebe und gebe ... und zurück ist nicht der plan und die zukunft ist gut!*

*Nino heiße ich und ich wünsche Dir gute nacht und viel glück und eine beziehung zur liebe – gott ist das.»*

Was sage ich nun darauf? Mich einfach nicht zu melden, täte mir leid. Ich stelle mir einen Mann vor, der es nicht leicht hat im Leben und bestimmt überall Ablehnung erlebt. Ich entscheide mich wiederum für folgende Worte:

«Guten Morgen, Nino, danke für Deine netten Worte und Erklärungen. Es tut mir wirklich leid, aber ich kann Dir sicher sagen, dass Du nicht mein Mann bist!

Ich habe mit Gott etwas abgemacht, und das erfüllst Du leider nicht ... Du wohnst ja auch so weit weg.

Aber ich habe Deine Tiefe gespürt und Deine Lebendigkeit, Deine Offenheit und Ehrlichkeit! Merci dafür!

Ich denke, wenn man so ein Profil macht, muss man sehr sensibel sein und gut aufpassen. Darum habe ich das so mit Gott abgesprochen, dass Er aufpasst.

Und ich merke schnell und sage auch, wenn es für mich *nicht* stimmt!

Nino, ich suche keinen halbtoten, sondern einen sehr lebendigen und gesunden jüngeren Mann. Darum danke noch mal für Deine Worte. Aber Du musst nicht mehr schreiben. Ich werde es auch nicht mehr tun!

Nur damit Du das weißt und nicht enttäuscht bist! Es braucht ja alles Zeit.

Von Herzen wünsche ich Dir Deine Prinzessin. Aber ich bin es nicht. Gottes Segen, Christina.»

*«Dann auch gut und noch mehr, gott verrät mir was er mit Dir geredet hat. Habe mir gesagt Du bist eine schöne farbige und …*

*Halbtot ist halt nur die wahrheit, geh und finde den treffer und nicht den pflegefall …! Du bist wenigstens nicht verletzend.*

*Gott macht mich vielleicht bekannt mit der person bei der ich gut ankomme, eine alte taube und lahme, die mich gut gebrauchen kann für die pflege und den rolator holen und gamen …*

*Horror diese schlacht mit samsung sony ich telefon ich ich ich will dich nicht verliern!»*

«Nein, Nino. Du kannst mich nicht verlieren, weil du mich nicht besitzt. Ich werde nicht noch einmal schreiben. Liebe Grüße, Christina.»

Bald kommen weitere Kontakte hinzu. Einer davon ist Charles. Er ist zwar bedeutend weniger wirr, aber bei ihm wird ziemlich schnell ziemlich viel Druck aufgebaut. Das ist jedenfalls mein Empfinden. Meine Meinung, meine Anliegen und meine Bedürfnisse werden nicht gehört, geschweige denn berücksichtigt.

Für mich stimmt es mit Charles schon von Anfang nicht, aber natürlich versuche ich mich nett, höflich und taktvoll aus der Misere zu ziehen. Ich lerne: müsste ich eigentlich nicht. Er wird es nämlich auch nicht tun! – Das nächste Kapitel zeugt davon.

# 9 | Charles macht Druck

*«Guten Tag Fraubunt, Du scheinst eine sehr interessante Frau zu sein, etwas zu bunt, aber ich könnte es mögen. Ich bin noch Single und hätte Interesse, Dich kennenzulernen, falls Du es natürlich auch möchtest. Bin neugierig auf Dich. Wohne zur Zeit in Deutschland, bin aber ursprünglich aus England.*

*Habe eigentlich vor, bald in die Schweiz umzuziehen, daher habe ich mich hier eingeschrieben, um möglicherweise eine geeignete Schweizer Frau zu finden, die mit mir das Leben teilen möchte.*

*Gerne können wir auch telefonieren, mal über WhatsApp oder so?*
*Warte nun erst mal auf Deine Rückmeldung. Have a great Sunday! Gree-*
*tings, Charles.»*

«Hello Charles, danke für Deine Worte. Ist es okay für Dich, wenn wir uns zuerst mal einige Zeilen schreiben, bevor wir dran denken, Nummern auszutauschen?

Ich finde, es gibt Dinge, die wir vorher gerne gegenseitig abchecken können, bevor wir weiter nach vorn schauen.

Ich musste lachen: ‹eine geeignete Frau zu finden› – was heißt *geeignet* für Dich? Warst Du nie verheiratet?

Falls nein: Warum nicht? Oder andersrum: Wie lange dauerte Deine längste Beziehung?

Ui, komplexe Fragen, ich weiß. Das sind eben solche, die ich gerne zuvor geklärt hätte. Hoffe, das ist okay für Dich?! Sonst bitte sagen ... Ich mag Transparenz ...

Ja, Du musst wissen, dass ich *sehr bunt* bin. Ich bin stark tätowiert, und es wird tendenziell mehr, nicht weniger, haha. Wenn ich Dir jetzt schon zu bunt bin, dann passt es nicht! Damit muss man(n) umgehen wollen und können ...

Ansonsten mag ich die Gnade. Jesus ist für uns ans Kreuz, er hat meine Vergangenheit, meine Sünden getilgt und mich als begnadigte Tochter vor sich gestellt.

Das macht mein Leben aus. Das *ist* mein Leben! Egal, was war oder was sein wird. Er ist Gnade in Person, und das erfüllt mich ... Ich gehe jetzt spazieren, und vielleicht bis bald! Liebe Grüße, Christina.»

*«Hello, dear Christina, danke für Deine schnelle Nachricht. Nun will ich Dir auch antworten: Nein, ich war noch nie verheiratet und freue mich, Deine Bekanntschaft zu machen.*

*Du wirst hoffentlich meine Zeilen mit viel Freude lesen. Du musst wissen, dass ich nicht gerne schreibe, auch weil es Mühe kostet, weil ich Engländer bin. Aber für Dich mache ich das jetzt. Weil Du wer Spezielles bist.*

*Es klingt alles gut, was Du schreibst, und Du bist mir sehr sym-*

*pathisch. Ich bin auch immer sehr direkt und mag keine Menschen, die nicht wissen, was sie wollen, right?*

*Ich schreibe eigentlich nicht so gerne, wie gesagt. Telefoniere lieber, deshalb schlage ich vor, dass ich Dir jetzt meine Handy/Natelnummer gebe. So kannst Du mich gerne über WhatsApp kontaktieren, kannst schreiben oder telefonieren.*

*Dann werden wir sehen, ob Du die geeignete Frau für mich sein könntest … Alles aber unter Vorbehalt! Nur dass Du das weißt. Sage niemals nie, oder?! Never say never again!*

*Hier nun die Nummer. Ich erwarte Deinen Anruf. Lass Dir aber die Zeit, die Du brauchst. Ich laufe schon nicht weg. Habe keine Angst vor Frauen. Best wishes, Charles.»*

«Guten Morgen, Charles, danke für Deine Zeilen und Deine Nummer. Um ehrlich zu sein, ist es mir nicht sehr wohl dabei, gleich die Nummern zu tauschen, wie ich zuvor schon gesagt habe. Klar, es wäre total zeitsparend, das sehe ich ein. Und ich verstehe das total.

Aber Du bist auch bereits länger hier auf dieser Website und hast vielleicht auch mehr Erfahrung auf diesem Gebiet gesammelt …

Ich dachte, dass man sich erst ein bisschen schreibt und dann die Nummern austauscht … Das wäre mir einfach lieber. Ich möchte aber nicht umständlich sein. Findest Du es nicht sinnvoll, erst einige Fragen zu klären, bevor man zusammen chattet oder telefoniert? Ich gebe meine Nummer nicht so schnell weiter … Gar nicht!

Ich habe zuerst ein paar sehr grundlegende Fragen, und ich meinerseits finde es sinnvoll, erst mal gewisse Antworten zu bekommen, bevor man weitergeht und Privatnummern rausgibt. Aber ich verstehe auch, wenn das für Dich nicht so interessant ist. Kein Problem.

Ich würde vorher gerne die Dinge wissen, die *nicht* in einem Profil stehen … Aber für heute und die kommende Woche wünsche ich Dir viel Segen und Schutz. Liebe Grüße, Christina.»

*«Hey Christina, es ist für mich auch so in Ordnung, wenn Du mit mir nicht gleich telefonieren möchtest. Interesse ist für mich auf jeden Fall*

*da, Dich besser kennenzulernen. Frage mich ruhig gezielt bitte, und ich werde Dir so ehrlich wie möglich antworten. Natürlich vertraue ich Dir dann auch 100%, dass Du diese meine persönlichen Infos für Dich behältst und nicht weitergibst.*

*Es gibt auch sicherlich überall negative Menschen, die vielleicht meine ehrlich übermittelten Daten weiterleiten könnten, oder?*

*Gehe vom Besten und Guten aus. Habe halt früher schlechte Erfahrungen gemacht, wo ich eben too honest alles leichtsinnig erzählt habe von mir, und dann musste ich feststellen, dass andere dieses Wissen über mich weitererzählt haben. Und daher sollte man persönliche Sachen von sich nicht jedem anvertrauen, oder?*

*Wie denkst Du darüber? Würde mich freuen, dazu Deine Meinung zu hören.*

*Ich habe nichts zu verbergen, ich bin halt so, wie ich bin, you know. Ich möchte Dich jetzt besser kennenlernen und persönlich treffen. Und natürlich möchte ich auch oft mit Dir telefonieren, und dann merkt man bald, ob wir zusammengehören oder nicht.*

*Ich merke, dass es für mich zu viel wird, immer zu schreiben, darum können wir doch jetzt wirklich zum Telefon wechseln. Wir sind doch nicht vom letzten Jahrhundert, don't you think? Ich möchte Deine Stimme hören und nicht von Dir lesen.*

*Hoffe, Du bist meiner Meinung. Have a beautiful day, und ich wünsche Dir auch einen prima Wochenanfang. Bis bald. In Liebe und Vertrauen, Charles.»*

«Danke, Charles, dass Du Dir die Zeit genommen hast und mir so ausführlich geschrieben hast. Ich weiß es zu schätzen, gerade wenn Du nicht gerne schreibst. Ich habe das zur Kenntnis genommen!

Gerne würde ich auch zur Kenntnis genommen werden und meinen Wunsch respektiert sehen, dass ich keine privaten Daten wechseln möchte. Einfach momentan noch nicht.

Ich glaube, dass es so keinen Sinn macht. Ich möchte nicht, dass Du Dich genötigt fühlst, mir zu schreiben. Du hast noch so viel instabile Situationen in Deinem Leben, dass ich nicht noch zu mehr Stress beitragen möchte. Das wäre mein letztes Ziel! Ich wünsche Dir einen schönen Tag und Gottes Segen, Christina.»

*«Dear Christina, Du kannst nun selber wählen. Entweder wir telefonieren jetzt, oder wir lassen es ganz mit uns. Ich glaube, wir würden gut passen, aber ich muss das übers Telefonieren rausfinden.*

*Jetzt liegt es an Dir. Entweder Du rufst mich an oder schreibst bald ein WhatsApp, oder Du kannst es für immer bleiben lassen. Ich will jemand, der auch auf mich hört und mir vertraut. Hoffe bis gleich, Charles.»*

Ob er immer noch wartet???

Es ist wie ein «Schlag vor den Bug». Es ist nicht gerade «die feine englische Art», wie man sie von einem Gentleman erwartet. Mir war zwar von Anfang an klar, dass er nicht mein Mann wird. Zu viel Druck. Aber trotzdem lässt es eine kleine Enttäuschung zurück. Denn bei der Kontaktaufnahme dachte ich noch, dass hier ein netter Mann – im besten Fall: *mein* Mann – schreibt.

Es wurde dann einfach eine weitere Erfahrung. Ich lerne: Männer reagieren (natürlich) anders und gehen anders vor.

## 10 | Magister68: Dreist und blöd

Eine ähnlich «nette» Nachricht lässt mir Magister68 zukommen.

*«Hallo Frau bunt. Ich habe Dein Profil gesehen. Du lebst keine hundertzwanzig Kilometer von mir entfernt. Ich wohne in der schönen Ostschweiz und baue zur Zeit an einem neuen Haus.*

*Es wäre praktisch, eine Frau kennen zu lernen, die in weniger als anderthalb Stunden erreichbar wäre, aber ich würde nie eine Frau wie Dich suchen.*

*Momentan verfolge ich einen anderen Kontakt, gezwungenermaßen viel, viel weiter entfernt als jetzt Du, und dadurch umständlich. Gestern*

*hatten wir aber ein Date, und es sieht vielversprechend aus. Freundliche
Grüße, Dave.»*

«Hallo Dave, danke für Deine Zeilen. Ich bin froh, dass Du etwas in Aussicht gestellt bekommen hast. Gerade jetzt, in der für Dich harten Zeit, wo Du Dein Haus baust. Schon stressig, stelle ich mir vor: Arbeit, Haus und Frau. Na dann, viel Kraft und Gottes Segen für alles, Christina.»

Ich bin mir nicht ganz sicher, ob Dave den ironischen Unterton in meinen Zeilen herauslesen konnte. Keine Ahnung. Aber es war so eine Nachricht, bei der ich mich schon fragte: Was denkt sich ein Mann wohl dabei, wenn er meint, mir das alles mitteilen zu müssen? Behalte es doch ungeniert für dich, Sonnyboy, wenn du ein anderes Date hast, wenn es sich mit der Lady verheißungsvoll entwickelt und ich, Achtung Pointe!, *nicht* dein Typ bin.

Er war es übrigens auch nicht. Mit all den schönen und gestellten Fotos vor dem Haus und dem Auto, dazu mit Bügelfaltenhose und completely overdressed – und gerade deshalb auch sehr steif, als ob er einen Besen auf den Rücken geschnallt hätte. Dennoch war ich nicht darauf gefasst gewesen, dass mich so ein wunderbarer Herr der gehobenen Extraklasse so stilvoll und persönlich anschreibt, nur um mir mitzuteilen, dass ich *nicht* sein Typ bin ... Hey, das ist mir doch bewusst, hombre, und ich schreibe das ja auch schon in meinem Profil! Ich brauche keine Kontaktaufnahme, um genau das zu hören. Capito?

Nach einigen Tagen habe ich erneut eine «1» im Briefkasten und ich bin gespannt auf eine hoffentlich charmante Nachricht «meines Mannes».

## 11 | Cadillac, die Erste

Es gibt einige Männer, die den Eindruck erwecken, dass sie über keinerlei Zeit verfügen und immer zügig ans Ziel kommen wollen. Ich aber möchte gerne «gesehen werden», und in meiner Vorstellung «umwirbt» ein Mann eine Frau und ist nicht berechnend und hat auch nicht nur *ein* Ergebnis im Auge. Cadillac macht wenig Worte:

*«Hallo Du! Schönes Profil ... leider kann ich Foto nur per WhatsApp senden ... hast Du Mut ... denn Mut muss man im Leben haben!! 079/xxx xx xx. LG Fabian.»*

«Guten Morgen, Fabian. Danke für Deine Zeilen. Das stimmt, Mut muss man im Leben haben. Ich glaube, ich beweise momentan in meinem ganzen Leben ausschließlich Mut. Mut zum Neuanfang. Mut für Neuanfänge. Mut für Himmlisch-Plaudern. Wäre es Dir recht, wenn wir kurz einige Male hin und her schreiben? Ich hatte da ein schräges Erlebnis am Telefon. Darum frage ich. Liebe Grüße, Christina.»

*«Nein, auf Schreiben habe ich keine Lust, und wie gesagt, mutig soll sie schon sein! Lg F.»*

Ups! Auch wenn ich so jemanden locker unter «Armleuchter AG» verbuchen könnte, fühle ich mich nach dieser Nachricht wie vor den Kopf gestoßen! Ich hätte wirklich nicht gedacht, dass Männer in meinem Alter derart rücksichtslos sein können. Außerdem weiß ich zwar, dass ein Christ auch «nur ein normaler Mensch» ist, aber die Erwartung ist trotzdem vorhanden, dass so ein Christ doch ein wenig feinfühliger sein könnte.

Ich werde jedoch im Verlauf der nächsten Monate noch eines Besseren belehrt. Fabian und sein Cadillac waren nur das Vorspiel.

## 12 | Michael und sein Fehlerkatalog

Ein etwas älterer Herr lächelt mir zu. Mittlerweile weiß ich Bescheid, wie das bei «Himmlisch-Plaudern» läuft. Ich lächle also auch. Anschließend bekomme ich die Blumen geschickt. Diese ignoriere ich und verteile keine zurück.

Ich finde ihn überhaupt nicht ansprechend, und auch sonst passt wenig: weder das Alter noch die Gegend noch das, was ich auf seinem Profil lese. Dennoch lasse ich mich auf einen Dialog mit ihm ein, als er mich anschreibt.

*«Hallo Frau Bunt, ich habe mit großem Interesse Dein Profil durchgelesen. Ich möchte Dir mitteilen, dass Du in Deinem Profil 24 Schreibfehler gemacht hast. Kommas und Satzzeichen mit eingeschlossen. Meine größte Frage ist, ob es «Frau Bunt» mit T heißen soll – oder ob es beabsichtigt ist, dass es «Frau Bund» mit D ist?*

[Ja, ich hatte tatsächlich «Bund» geschrieben, unbeabsichtigt. Wahrscheinlich, weil ich zu dieser Zeit an meiner Homepage gearbeitet und darin oft den «Ehebund» erwähnt habe.]

*Ich folgere aus Deinem Text, dass Du Bunt mit T meinst, weil Du stark tätowiert bist. Dazu müsste bunt korrekt klein geschrieben werden, da es ein Adjektiv ist. Aber ein Name ist ein Nomen, wie es das Wort selbst bereits erklärt.*

*Ansonsten hast Du zwei, drei Lieblings-Worte, die Du immer falsch schreibst. Schon fast ein ‹Fehlerkatalog› also.*

*Weshalb ich Dich darauf aufmerksam mache? Ich bin Mitarbeiter einer Regionalzeitung und mitverantwortlich fürs Korrektorat. Ich bin also recht sattelfest in der deutschen Sprache. Das Foto von mir zeigt mich an meinem Arbeitsplatz; ich hoffe, Du findest mich attraktiv. Gerne erwarte ich mit Spannung einige Worte von Dir, Michael.»*

Nein, ich finde ihn nicht attraktiv! Und selbst wenn ich sehr offen mit meiner Legasthenie umgehe (ich bin tatsächlich Legasthenikerin!), ich damit gar keine Probleme habe und ich mich nie versteckt habe und mich auch nie davon abhalten ließ, Texte zu schreiben, mag ich es nicht, wenn es mir auf diese Weise unter die Nase gerieben wird.

Ich bin anders, und ich bin nett. Ich bedanke mich für seine Zeilen so, wie es meine Art ist:

«Lieber Michael, es macht einfach wenig Sinn, hier noch lange zu schreiben, denn du wohnst in Deutschland, und das ist ein K.o.-Kriterium für mich. Übrigens bin ich Legasthenikerin. Durchaus möglich, dass ich 24 Fehler im Profil habe und bestimmt auch die Auflistung im Fehlerkatalog verdiene. Meinen Namen habe ich erfolgreich angepasst. Danke, dass Du mich darauf aufmerksam gemacht hast. Natürlich bunt, meiner Tattoos wegen. Aber ich bin auch eine Frau, die durchaus ‹den Bund› sucht, das wäre also auch stimmig gewesen. Deshalb macht es hier mit uns weiter keinen Sinn. Ich wünsche Dir alles Gute und Gottes Segen, liebe Grüße, Christina.»

*«Liebe Christina, das kann ich nachvollziehen. Wenn Du Lust auf ‹nur Plaudern› hättest? Das würde mich freuen. Du scheinst sehr interessant zu sein. Bedeutet das, dass Du im Sozialbereich arbeitest? Sei gegrüßt, Micha.»*

«Hallo Michael, ich arbeite mit Kindern. Nein, ich suche hier kein Plaudern. Wie bereits erwähnt. Dafür habe ich einfach zu wenig Zeit. Ich wünsche Dir eine Dame in Deiner Nähe. Liebe Grüße, Christina.»

## 13 | Klima777 will mich nicht!

Auch Klima777 hat mir etwas mitzuteilen:

*«Abgesehen vom künstlerischen Wert mag ich (großflächige) Tätowierungen gar nicht, und deshalb kämst Du für mich als Partnerin nicht in Frage. Hinterfrage auch mal Deinen Glauben.»*

«Guten Tag, Klima777, danke für den Tipp, ich werde mich mal ins Gebet nehmen. Unbedingt! Mach ich! Apropos Tattoos: Weißt Du, wie sehr mich das nun belastet, dass Du die nicht magst? Ehrlich gesagt: Gar nicht! So ganz und gar und überhaupt nicht! Tja, trotzdem Gottes Segen, Christina.»

Klima777 wird von mir blockiert. Langsam, aber sicher lerne ich die vielen verschiedenen Funktionen auf «Himmlisch-Plaudern» kennen, und ich mache auch Gebrauch von der «Ignorieren»-Taste, die Nutzer blockiert, so dass sie mein Profil nicht mehr ansehen oder mich anschreiben können.

Natürlich gilt das auch umgekehrt! Mir ist es nämlich schon zweimal passiert, dass ich ein Herrenprofil besuchen wollte und ein roter Balken mir mitteilte: «Sie dürfen dieses Profil nicht betreten, da Sie ignoriert werden.»

Autsch! So ganz zu Anfang meiner «HP-Karriere» schlägt mir das schon noch aufs Gemüt. Aber mit der Zeit – so etwa nach der zweiten Anmeldung – ignoriere auch ich Männer: Nicht weil sie unsympathisch wären, sondern weil sie zum Beispiel noch Kinderwünsche haben. Somit werden sie bei weiterer Suche einfach nicht mehr angezeigt, was praktisch ist.

## 14 | Paul der Sportler ist verschnupft

Bei diesem Herrn hier mussten nicht viele Worte gemacht werden, und es hat sich schnell erübrigt zwischen uns, hihihi …

*«Hallo. Würde gerne mehr von Dir erfahren. Welche Sportarten betreibst Du? Liebe Grüße. Paul»*

«Hallo Paul, Du schreibst kurz und knackig, warum nicht? Ich würde sehr gerne Neues kennenlernen, auch beim Sport. Ich treibe nicht Sport im eigentlichen Sinne. Ich spaziere (rassig) jeden Tag, gerne ein bis zwei Stunden. Falls das nicht erreicht wird, gehe ich abends immer auf den Crosstrainer, und für den Spaß gehe ich ein Mal pro Woche ins Zumba-Fitness.

Dir scheint Sport sehr wichtig, wenn diese Frage bei Dir solche Priorität hat.

Du weißt viel mehr von mir als ich von Dir, weil ich das Profil ordentlich ausgefüllt habe. Ich würde aber gerne etwas von Dir erfahren. Bin gespannt. Gute Nacht und liebe Grüße, Christina.»

*«Hallo Christina, Sport ist mir nicht das Wichtigste, sondern die Bekehrung zu Gott, Berufungen, Aufträge von Gott und Dienste.*

*In der Freizeit und in den Ferien Sport zu treiben, ist ein Bereich, der zu meinem Leben gehört, darum frage ich danach.*

*Dies aber jetzt gleich zu richten und als falsch einzustufen?! Wünsche Dir alles Gute, Paul.»*

Hmmh. Offenbar habe ich ihn «auf dem falschen Fuß» erwischt. Es war nicht meine Absicht, etwas zu behaupten oder ihm gar etwas zu unterstellen. Es war nicht meine Intention, ihn irgendwie zu verurteilen oder zu «treffen». Meine Worte waren nur freundlich gemeint. Aber wenn der nette Herr so schnell brüskiert ist, würde es zwischen uns sowieso nicht harmonieren.

Mittlerweile bin ich auch ungeduldig geworden, nicht nur bloß enttäuscht. Mit jedem Kontakt habe ich – insbesondere zu Beginn meiner Suche – noch die Hoffnung, dass «er», mein Partner, mein zukünftiger Mann, endlich schreiben wird. Ich habe nicht mit der Möglichkeit gerechnet, dass es derart viel Zeit in Anspruch nehmen wird. Ich war der Überzeugung gewesen, dass es zügig vorangehen wird. Ich war der – von heute aus gesehen als peinlich einzustufenden – Meinung, dass ich eine *riesige Auswahl* an Männern haben werde und eigentlich nur auszusuchen hätte.

Oh du meine Güte, was war ich unerfahren und unwissend!

## 15 | Dan: Angebot zur Kitzelseelsorge

«Dan the Man» wird mir im Verlauf der zwei Jahre dreimal schreiben. Da ich aus verschiedenen Gründen mein Profil zweimal gelöscht habe, war ich dreimal im Status «neu» auf «Himmlisch-Plaudern».

Also, «Dan the Man», die Erste:

*«Hallo Du. Sehr interessant, was Du schreibst. Shalom. Ich habe Deine Sachen gelesen, und das hat mein Interesse geweckt. Du siehst sehr gut aus. Ich bin etwas jünger als Du. Beruflich plane ich fürs kommende Jahr, noch eine zusätzliche Ausbildung zu absolvieren; es reizt mich, ökologische Holzhäuser zu bauen. So quasi im Stecksystem, ganz ohne Nägel.*

*Aktuell arbeite ich temporär. Bin immer wieder ohne festen Job. Aber ich gehe regelmäßig in eine christliche Gemeinde. Ich habe auch geistliche Gaben erhalten, Schwerpunkte Prophetie, Gebet und Seelsorge. Ich bin ein offener Typ und ein guter Zuhörer, sage, was ich denke. Darum suche ich Dich, meine Prophetin und Beterin. Ich mag es auch, wenn eine Frau kitzlig ist und das auch mag, wenn sie durchgekitzelt wird. Ist eine Schwäche von mir. Ich hoffe, Du magst das auch.*

*Meine Hobbys: Lesen, Aktuelles Zeitgeschehen, Gesellschaftliche Themen, Holzbau, Ökologie. Ich freue mich über ein Echo von Dir, sei gesegnet. Gruß, Daniel.»*

«Lieber Daniel, danke für Deine Komplimente und Deine Zeilen über Dich selbst. Ich kann Dir nur sagen, dass ich nicht glaube, dass wir füreinander bestimmt sind. Ich kann mir gut vorstellen, dass Du eine jüngere Prophetin finden wirst. Das kann ich Dir leider nicht erfüllen, aber ich finde es sehr gut, wenn Du Deinen Fokus darauf gerichtet hältst. Gutes Gelingen und Gottes Segen, Christina.»

Ich sage Daniel (noch) nicht, dass mich das Thema Kitzeln regelrecht abstößt. Dass ich es nicht nur als infantil, sondern auch als «frauenverachtend» empfinde. Sicher nicht etwas, worauf ich stehen könnte.

Im Gegenteil. Ich lerne erst mit den Monaten, Dinge direkt zu kontern, aufzugreifen und auszusprechen. Wobei ich hier vielleicht auch zu hart bin: Daniel hat doch jedes Recht, so eine Vorliebe zu äußern – und ich muss sie ja weder teilen noch gut finden. Soll er doch rumtrollen mit seiner Zukünftigen! – Und trotzdem …

*«Danke, Chrisi, für Deine Absage. Ich finde es gut, dass Du es sagst, wie es ist. Sei auch Du gesegnet. LG, Dän.»*

Mittlerweile haben die «Lächeln-Emojis» auf «Himmlisch-Plaudern» bei mir ihren Dienst eingestellt, und auch Blumen kommen jetzt keine mehr rein. Es schreiben zwar noch ab und an Männer, und ich gebe auch immer kurz und knapp Antwort, mögen die Nachrichten noch so dürftig oder schräg sein.

Ich stelle dann aber sachlich fest: Das «Fischbecken» scheint fürs Erste mal ausgefischt zu sein.

Worauf ich allerdings nicht gefasst bin und was mich in dieser Zeit noch kräftig verletzt, sind Nachrichten wie die von «M» (nein, es ist nicht James Bonds Chef vom MI6!). Solche Mitteilungen sind dermaßen richtend und verletzend, dass sie mir einige Tage lang nachgehen und mich enorm aufwühlen.

Oder bin ich zu sensibel? Entscheide selbst:

## 16 | M. haut heftig drauf

*«Hallo Frau bunt, ich glaube nicht, dass Du Gott Freude bereitest oder ihm gar die Ehre gibst. Es steht ganz klar in der Bibel, dass das Haar der Frau lang sein soll. Dass sie ohne Schmuck sein und angemessen gekleidet, sprich in Kleider oder Röcke gekleidet sein muss. Von Tätowierung rede ich erst gar nicht. Das ist ein widerwärtiger Kult und bei Gott verboten.*

*Wenn Du die Bibel lesen würdest, wüsstest Du das. Lies es im dritten Mose mal nach! Oder weißt Du nicht, dass wir der Tempel des Heiligen Geistes sein sollen?*

*Du schreibst, als ob Du Dich unterordnen würdest, aber ich bin sicher, dass das genauso wenig stimmt wie Deine ganze Einstellung. Dein Leben ist eine einzige Lüge. Du glaubst dem Widersacher und nicht Gott. – Liebe Grüße, M.»*

«Hallo M, ich denke, Du bist genauso wenig ein Wohlgeruch, wenn Du mich so vorverurteilst und mich ausschließlich auf das Äußere reduzierst. Du selber nennst nicht mal Deinen Namen, hast kein Profilbild aufgeladen und keine Fragen beantwortet, bis auf den Steckbrief. Tja, das wird seinen Grund haben. Und dann setzt Du das Häkchen bei ‹Ja, es ist wichtig, dass das Gegenüber Foto im Profil hat›. Ich werde Dich blockieren. Schönen Tag, Christina.

PS: Ich stehe zu meinem Profil-Namen und zu dem, was er aussagt. Ich bin bunt! Und das gerne. Und zuletzt: Ich glaube an Jesus, und ich habe Seine Gnade erfahren dürfen.»

Auch wenn es mir «piepegal» sein müsste: Mein Herz klopft hart beim Lesen; es tut schon weh. Ich finde solche Zeilen einfach ungerechtfertigt! Um ehrlich zu sein: Sie sind beleidigend und abwertend. Aber auch solche Nachrichten werden mir bald nichts mehr anhaben können …

Ein wenig netter, aber anscheinend unentschlossen ist der nächste Schreiberling, der mich zuerst «toll» findet, dann aber doch nicht so! Ob es daran liegt, dass ich ihn auf seine zwei Namen angesprochen habe?

Ich frage mich auch schon bald: Gibt es denn nicht einen einzigen Mann, bei dem es zu etwas mehr kommen darf als bloß zu einigen absolut fruchtlosen Nachrichten, die ohne Stil, ohne Sinn und ohne Tiefe hin und her geschickt werden?

Die folgende Anrede ist nach meinem Geschmack, aber bringen, nein, bringen tut es am Ende nichts.

## 17 | Chris: Kein Funkenflug mehr

*«Werte Frau bunt, Dein Profil hat mich sehr angesprochen und berührt. Du bist tiefsinnig und echt. Ich bin Christophe, etwas älter als Du, im Kanton Waadt wohnhaft und mobil. Bin seit Jahren alleinstehend, bin aber auch Vater von einem bereits erwachsenen Kind.*

*Obwohl ich keine Sportskanone bin, ist Bewegung ein fester Bestandteil meines Lebens. Ja – vielleicht schreibst Du mir zurück? Es würde mich freuen, von Dir zu lesen. Liebe Grüße, Marion.»*

«Hallo Marion – oder lieber Christophe? Witzig, gleich zwei Namen. (Smile!) Marion könnte auch eine weibliche Form sein. Spannend! Meinen Namen kennst Du ja, ich feiere im 2021 meinen runden Geburtstag. Ich mag mein Alter sehr. Bringt nur Vorteile mit sich.

Ich bin seit dem Valentinstag 2019 geschieden und Mutter von fast erwachsenen Jungs. Durch sie werde ich noch länger ortsgebunden sein.

Für mich ist der Glaube überlebenswichtig! Jesus bedeutet mir einfach alles. Meinen Glauben lebe ich unkompliziert und frei. Auch frei von Gesetz. Was jedoch überhaupt nicht ‹gesetzlos› bedeutet! Wie stehst Du so zum Glauben?

Ich hoffe, Du hattest einen schönen Tag, und ich wünsche Dir eine gesegnete Nacht. Lieben Gruß, Christina.»

*«Salut Christina, ich wurde auf mehrere Namen getauft und verwende diese auch im Internet.*

*Hört sich vielleicht abgedroschen an: Ich finde, frau/mann sollte den Glauben im Alltag leben, im Denken und im Verhalten. Meine Überzeugung muss nicht die meines Nächsten sein – auch im Sinne des Respekts gegenüber einem Andersgläubigen –, ohne jetzt meine eigene Überzeugung zu verleugnen. Ich bin auf dem Weg Richtung Öffnung & Offenheit (schwer, das alles in Worte zu fassen). Bin viel mit dem Auto unterwegs und musste bereits erkennen, dass die Distanzen innerhalb Deines Kantons sehr groß sein können. Insbesondere im Winter bei geschlossenen Übergängen.*

*Kannst Du mir sagen, wie Deine Ortsgebundenheit genau aussieht und was Du Dir für Vorstellungen bezüglich möglicher Partnerschaft machst? Liebe Grüße, Marion Christophe.»*

«Guten Morgen, Chris, ja, wohl wahr: Unser Kanton ist sehr groß, viel Landschaft und viele kleinere Ortschaften. Wir sind aber in der Stadt zuhause. Also allenfalls unkompliziert zu erreichen …

Wie ich mir eine Beziehung vorstelle, weiß ich noch nicht ganz genau. Hängt ja auch von der anderen Hälfte ab. Ich glaube, das entwickelt sich.

Für uns ist klar, dass wir hier keinen Mann einziehen lassen, solange mein Jüngster noch in der Lehre ist. Also eher eine Beziehung als ‹Nachbarn›, mal bei mir zu Besuch, mal bei ihm.

Aber nach 23 Jahren in einer meistens glücklichen Beziehung kann ich definitiv sagen, dass ich etwas Exklusives, Treues, Verbindliches, Tiefes, Echtes und Beständiges suche. Gerne auch verbunden im Glauben. Aber natürlich ist dieser individuell und ‹privat›.

Wobei ich Deine Aussagen sehr ‹verwaschen› finde, wenn ich das so sagen darf. Aber ich wünsche mir schon, ihn zu teilen und auch mal zusammen in einen Gottesdienst zu gehen oder so … Das war in meiner früheren Partnerschaft nicht möglich. Bei meinem nächsten Partner wäre ich froh, wenn das ein Thema sein darf.

Wie lange warst du verheiratet? Was hat Dich in meiner Anzeige angesprochen? (Du sagtest: ‹berührt›.) Und was hat Dich zum Schreiben bewogen? – Gottes Segen und Schutz für den Tag. Liebe Grüße, Christina.»

*«Guten Abend, Christina, wenn ich mir Deine Fotos so anschaue und Deine weiteren Zeilen so lese, springt einfach kein Funke über, und mein anfängliches Interesse ist bereits erloschen.*

*Bitte entschuldige, ich möchte unseren Kontakt nicht weiterführen. Dein Profil werde ich umgehend ignorieren. Ich danke Dir fürs Verständnis, Marion.»*

Natürlich verstehe ich nicht so ganz, weshalb ich zuerst so «tiefsinnig und echt» sein soll, und nach ein paar eigentlich immer noch recht oberflächlichen Basis-Fragen ist sein Interesse dann doch bereits erloschen … Aber naja, dann ist es halt so! Ich habe Marion-Christophe noch folgende Worte geschrieben, aber ich wurde bereits blockiert; danach ist ein Versenden von Nachrichten nicht mehr möglich.

«Hallo Marion, danke für Deine Transparenz. Wo nichts ist, da kann man nichts erzwingen, das leuchtet ein. Nett, hast Du Dich trotzdem nochmals gemeldet. Natürlich löschen wir unsere Kontakte. Schönen Abend noch, Christina.»

# 18 | Martin: Handzahm & stubenrein

Die Nachrichten werden seltener. Es dauert jetzt bis zu fünf Tage, bevor wieder etwas in meinem Briefkasten landet. Aber irgendwie verstehe ich nicht, weshalb es nicht klappt und nie etwas «Ernstes und Echtes» kommt. Gibt es denn keine normalen Männer?

Ich suche ja nicht etwas Unmögliches. Meine Erwartungen sind bei Weitem nicht hoch, ich empfinde sie sogar als überaus bescheiden. Aber bis jetzt ist trotz der (aus meiner Sicht) «tiefen Hürden» kein wirklich interessanter Mann dabei gewesen, und deswegen verstehe ich im Moment die Welt nicht mehr … Es ist enttäuschend, ernüchternd und auch langweilig.

Nicht durch die Singlebörse, sondern durch eine Bekannte, eine sehr charmante und gläubige alte Dame, werde ich mit Martin bekannt gemacht. Das ist ein älterer Herr, der nach über dreißig Jahren Ehe geschieden ist und sagt, er sei «offen für Neues».

Ich kenne ihn von einer Fotografie her, und eigentlich ist er überhaupt nicht der Typ Mann, auf den ich anspringe. Aber meine Bekannte lobt seine positiven Seiten, die offenbar vor allem auf der ökonomischen Ebene ganz besonders ausgeprägt sein sollen. Ich finde es unterhaltsam, dass sie noch erzählt, dass er ein «launischer Brummbär» sei, und jedes Mal, wenn sie von ihm höre, müsse sie an *mich* denken, denn ich sei das pure Gegenteil davon: Ich sei ein Sonnenschein, immer positiv und fröhlich. Das würde eine Balance darstellen. Soso.

Gut, ich erfahre, dass er eine Kirchengemeinde besucht, also gläubig ist. Und weil ich noch immer nicht weiß, wie das mit der «Qualitätsbeziehung», die ich mir von Gott erhoffe, etwas werden kann, verabrede ich mich mit ihm.

Ich habe von meiner Bekannten seine Nummer bekommen und melde mich via WhatsApp bei ihm. Ich frage, ob ich zu ihm in die Gegend reisen solle und wir dann irgendwo einen Kaffee trinken gehen. Aber da er von unserer gemeinsamen Bekannten gehört hat, dass ich gerne spazieren gehe, schlägt er mir einen Waldspaziergang im schönen Herbstwald seiner Region vor.

Ohne nur einen kurzen Moment zu zögern, sage ich zu. Denn ich liebe den Wald und wandere gern. Und hey, er ist gläubig, also habe ich keinerlei Bedenken und reise mit Bus und Zug und schließlich mit dem Schiff zu ihm in die Innerschweiz.

Umso witziger finde ich es, dass er mich später mitten beim Spaziergang fragt: *«Du weißt schon, dass ich viel größer und stärker bin als du? Hast du denn gar keine Angst vor mir? Du kennst mich doch gar nicht!»*

Ich weiß nicht, ob ich einen kurzen Moment «die effektiv vorhandene Gefahr» abgeschätzt habe, aber ich musste ehrlich dermaßen lachen und ihm sagen: «Du magst vielleicht viel stärker sein, aber du bist bestimmt auch sechzig Kilo schwerer als ich, da würde ich mit Sicherheit schneller sein!» Und als ob das nicht schon reicht in Bezug auf Realsatire (ich musste wirklich lauthals lachen, vor allem als ich dann Freundinnen oder Familienmitgliedern erzähle, wie das Treffen war!), setzt er hinterher noch einen drauf:

*«Nein, nein! Keine Angst, ich bin wirklich handzahm und stubenrein!»*

Hm, ich möchte ja nicht pingelig sein, aber ganz ehrlich, so stelle ich mir «Gespräche auf Augenhöhe» nicht vor.

Trotz allem versuche ich alles, damit uns der Gesprächsstoff nicht ausgeht und unsere schleppende Kommunikation nicht abbricht. Natürlich habe ich innerlich schon längst «abgehängt». Es macht das Gesamtpaket nicht besser, als ich bemerke, wie er unaufhörlich an seinem Geschlechtsteil rumnestelt. *«Ich muss dich mal kurz allein und, äh … hier auf dem Weg stehen lassen, aber ich verschwinde dann mal hinter einen Baum. Geh nicht weg!»*

Ich ging nicht weg, obwohl ich innerlich bereits meilenweit auf Distanz war. Wir haben zum Abschluss noch ein Pub besucht, aber ich war dankbar, dass er am selben Abend noch anderswo zum Essen eingeladen war.

Martin war überhaupt nicht versöhnt mit seiner Vergangenheit. Obwohl er bereits seit Jahren geschieden und zuvor auch schon sehr lange getrennt war, war sein bevorzugtes Thema seine Ex-Frau. Und das auf einer Ebene, die für mich nicht geht. Egal, was war, ich bekomme Mühe, wenn man nicht vergebungsbereit leben kann und in der Negativität hängen bleibt.

Natürlich gibt es zwischen Menschen Ungerechtigkeiten, Enttäuschungen und tiefste Verletzungen. Aber es ist empfehlenswert, sie mit sich selbst, mit Freunden, im Gespräch, in einer Therapie, im Gebet oder in der Seelsorge bewusst anzugehen und zu verarbeiten, bevor man auch schon wieder mit Volldampf vorwärtsgeht. Im Idealfall erfährt man sich als «geheilt und befreit davon», bevor man sich in eine neue Beziehung wagt.

Zwischen Martin und mir gab es keinerlei Kontakt mehr. Ich habe ihm wohl zu wenig «Aufmerksamkeit» geschenkt, von Bewunderung ganz zu schweigen.

Inzwischen gab es wieder Nachrichten auf «Himmlisch-Plaudern». Eine davon entwickelt sich so:

## 19 | Andi: An Eigenwerbung arbeiten

*«Hallo Frau bunt, Du bist mega spannend und wie es scheint nicht so langweilig wie die meisten Frauen hier. Klar, Du bist ein Stück älter als ich, aber das ist mir wurscht bei Deinem coolen Aussehen. Ich glaube, wir haben viel gemeinsam. Melde Dich doch! Andi.»*

«Hallo Andi. Ich denke, Du wärst mir zu anstrengend. Aber ein sympathisches, ‹normales› und lustiges Profil hast Du. Liebe Grüße, Christina.»

*«Ich?!?! Anstrengend?!?! Das kann gar nicht sein!!! Da übertreibst Du bestimmt maßlos!!! Ich bin pflegeleicht. Okeee, als Nerd, Freak, Spinner und Vollpfosten wurde ich auch schon verschrien, das ist so.*

*Hm, okay, an der Eigenwerbung muss ich wirklich noch arbeiten. Wie wäre das hier: Hallo Christina, es ist mir wahrlich eine Freude, Deine Bekanntschaft zu machen. Ich bin der Andreas. Darf ich mal ein Foto sehen mit den Tattoos? Ich trage auch welche.»*

«Hallo Andi. Das sind bestimmt gute Eigenschaften, die Du hast ... Ich zeige Dir gerne ein, zwei Bilder. Andere Männer verabschieden sich auf Nimmerwiedersehen, sobald sie die Fotos gesehen haben. Darum habe ich sie gelöscht. Aber ich lade kurz eins rauf. Es verirren sich eh keine Männer mehr auf mein Profil, die abgeschreckt werden können. Hihi. Feel free. Schönen Sonntag! Christina.»

*«Wow! Christina, welch tolle Tattoos! Das ist mega heiß. Ich finde, nur schon deswegen passt Du wie ein Deckel auf meinen Topf. Heiße Frau! Ich wünsche Dir auch einen wunderschönen Sonntag, genieße das warme Wetter! Liebe Grüße, Andi.»*

«Na, dann schauen wir mal, ob jeder Topf seinen Deckel findet; im Schnitt sind das pro Tag 2,3 Menschen, so wird's hier versprochen. Das wünsche ich Dir, Andi, aber dann jemanden aus Deiner Altersklasse. Fast zwanzig Jahre jünger ist dann doch ein etwas allzu großer Unterschied für mich. Hoffe, Du verstehst das. Ich möchte Dich nicht ablehnen, aber Du findest vielleicht noch jemanden, um eine Familie zu gründen. Viel Erfolg, Glück und Gottes Segen Dir! Christina.»

*«Sehr schade! Der Altersunterschied würde mir nichts ausmachen. Wirklich nicht. Vielleicht will ich gar keine Kinder. Du darfst Dich jederzeit wieder melden, wenn Du Dir das jetzt anders überlegst! Vielen lieben Dank für die Wünsche und den Segen, und auch Dir viel Glück und Vergnügen beim Suchen und Gefundenwerden.»*

Bei den jüngeren «Kandidaten» habe ich oft festgestellt, dass sie kaum Anreden verwenden oder sich «verabschieden». Ich glaube, das ist heute normal. Aber auch wenn ich prinzipiell nichts gegen einen jüngeren Partner hätte, soll es den Rahmen von etwa fünf Jahren nicht sprengen. Zumal ich denke, so ein ganz Junger erfüllt mir auch nicht den Wunsch nach «old school». Kann es ja gar nicht. Aber charmant war Andi trotzdem.

Aber hm, wo ist denn bloß mein so sehnlich erhoffter Mann? Ich hatte doch tatsächlich die naive Einstellung – vielleicht könnte man auch sagen: den kindlichen Glauben –, dass ich mich anmelde und «gleich» gefunden und umworben werde.

Ja, das glaubte ich. Ich dachte, bereits der erste Mann, mit dem ich tiefer schreibe oder telefoniere, müsse mein Mann sein. Ich habe einfach nicht erwartet, dass ich etliche Begegnungen haben werde und danach immer noch allein sein werde. Ich klammere mich folglich viel zu rasch an jeden neuen Kontakt und bin jedes Mal enttäuscht darüber, «wer» sich da gerade meldet.

Nach einigen Tagen «der Flaute» kommen die nächsten Messages. Oh, nicht oberflächlich! Im Gegenteil: interessant! Anziehend! Und so normal! Einfach normal! Das muss er sein, mein Mann! Endlich. Endlich. Endlich meldet sich jemand, der ein Normalo ist. Der anders ist.

Ich spüre den Unterschied augenblicklich. Ich freue mich wahnsinnig, fühle mich lebendig und bin gespannt wie ein Pfeilbogen. Ich bin überzeugt: Jetzt ist «er» gekommen. Endlich. (Habe ich das bereits gesagt? ☺)

Phil ist anders, Phil wird anders. Das spüre ich sofort! Er lebt in Deutschland, wirkt sympathisch und männlich. Wird er mein Mann? Davon gehe ich augenblicklich aus.

Ein Lächeln von Phil. Ich erwidere sein Lächeln, und schon schickt er mir virtuelle Blumen. Sein Zivilstand: «geschieden», Größe bestens passend, im süddeutschen Raum wohnhaft (mit dem Auto dreieinhalb, vier Stunden Distanz) und auf der Suche nach einer Beziehung. Vielleicht ein wenig älter als erwünscht, aber sehr sympathisch.

Sein Profilbild ist ansprechend. Er sitzt auf einer Holzbank am Ufer eines Flusses, auf der Bank sieht man kleine stylishe «Tags», diverse Graffitis und die Namen von Liebenden. Es macht den Anschein, dass er diesen Platz neben sich frei hält für seine Frau, denn sein Arm ist ausgestreckt und ruht so auf der Lehne, als umarme er eine imaginäre Frau.

Es ist ein Mann, der sein Profil wirklich anständig und genügend transparent ausgefüllt hat. Es spricht mich alles – wirklich alles! – an, was er schreibt. Er scheint gereift und selbstsicher. Er weiß, was er will, und er wirkt authentisch und äußerst anziehend auf mich.

Seine Kontaktaufnahme ist warmherzig und charmant:

## 20 | Bühnenauftritt Charming Phil

Er meint, dass sich mein Profil von all den anderen Frauen abhebt, die er bis jetzt über die Monate gelesen hat. *«Du versprühst Lebensfreude, Optimismus und Echtheit»,* meint er. Er spüre, dass ich echt, ehrlich und authentisch bin und vor allem – und für ihn ganz wichtig: Ich sei anziehend. Aber noch wichtiger für ihn sei «Ausstrahlung», und die besitze ich seiner Meinung nach …

*«Guten Abend Frau Bunt, als ich Dein Profil gesehen habe, musste ich es immer und immer wieder durchlesen. Ich habe selten so etwas Schönes gelesen, und Du hast eine starke Anziehungskraft auf mich. Du scheinst mir eine positive und optimistische Lebenseinstellung zu haben und besitzt einen sehr schönen Charakter. Ich würde mich sehr über einige Worte von Dir freuen.*

*Bis dahin wünsche ich Dir eine gesegnete Nachtruhe. Liebe Grüße, Phil.»*

Mein Interesse ist mehr als geweckt. Und so starten wir unverzüglich einen regen Austausch.

Wir schreiben uns hin und her, drei bis vier Mal am Tag, und kommen erstaunlich schnell in die Tiefe. Wir wechseln innerhalb von zwei Tagen zu privaten E-Mails, damit wir ungestört austauschen können. Und ohne dass jemand mitlesen kann seitens der Administratoren von «Himmlisch-Plaudern».

Ich gebe Phil meine private E-Mail-Adresse, die sich aus einigen Fantasienamen zusammensetzt. Wie es meine Art ist, öffne ich mich sehr schnell, um nicht zu sagen: «sofort», und erzähle von meinem Leben. Natürlich! Wenn *er* mein Zukünftiger ist, und diesen Verdacht habe ich – nein, da bin mir eigentlich zu diesem Zeitpunkt schon sicher –, dann ist Offenheit ja das Gebot der Stunde!

Phil ist der erste Mann, der mich optisch anspricht, obwohl er eine sehr große Nase und große Ohren hat, dazu leicht schütteres Haar. Er bekundet unübersehbar Interesse an mir, ist sehr aufmerksam und liebevoll in seiner Wortwahl.

Kurzum: Es «matcht»!

Genau das ist doch die euphorische Superstimmung, die ich einfach erwarte, wenn sich die Anzeichen verdichten, dass ich hier soeben «meinem Mann» begegne! So wird es sein; so soll es sein, stelle ich mir vor. Und so ist es jetzt, genau so! Darum darf er ja auch alles wissen; alles, und zwar hier und jetzt!


Im Nachhinein muss ich den Kopf schütteln über dermaßen viel Naivität und Unwissenheit! Aber zu meiner Verteidigung muss ich sagen, dass ich gänzlich unerfahren war, was das Kennenlernen von Männern betrifft – und noch viel mehr das «Daten».

Heute schäme ich mich zuweilen dafür, wie ich an die ganze Sache herangegangen bin. Unwissend, arglos vertrauend, viel zu offen, dilettantisch, ahnungslos und blauäugig. Und ja, im Grunde genommen einfach nur dumm. Aber ich durfte daraus sehr viel lernen.


Meine Schwestern und meine beste Freundin standen mir immer beratend und objektiv (oft auch warnend) zur Seite, und meine älteste Freundin Silke beriet mich auch seelsorgerlich zu dieser Zeit. Da meine Ehe ja erst etwa ein Jahr zuvor gescheitert war und erst wenige Wochen zuvor geschieden wurde, brauchte ich noch sehr häufig Seelsorge. Silke hat die Ausbildung «Individualpsychologische Beraterin & Seelsorgerin (ICL)» absolviert. Sie unterstützte mich in der Reflexion, Neuntdeckung und Neuorientierung meines «kaputten», oder sagen wir besser: «unvollständigen» Lebens.

Diese mir sehr wichtigen Frauen wissen zu dem Zeitpunkt also, dass ich auf der Plattform war und nun Phil kennengelernt habe – und ihn bald treffen werde ...

Ich vertraue Phil ohne zu zögern meine Daten, Gedanken, Geschichten und Gefühle an. Erzähle ihm von meiner Vergangenheit und meiner Gegenwart. Von meinem Schmerz, meiner zerbrochenen Ehe. Von meinem Verlust, meinen Ängsten und meiner Hoffnung. Ich spare nichts aus.

Ich erzähle ihm unbefangen von meinen Jungs, wie sie heißen und was sie tun. «Noé ist 18 und hat die Lehre als Mechatroniker begonnen. Er macht seine Sache sehr gut, war schon immer unkompliziert, zufrieden und genügsam. Ich kann mich nicht entsinnen, dass er uns je Probleme gemacht hätte. Ein bisschen anders ist sein Bruder Raffaele, er ist 14 und ‹voll im Saft›, besucht die Oberstufe der Real-Klasse. Ich bin überzeugt, er könnte noch sehr viel mehr, aber er ist nicht der top-ambitionierte Superstreber, wenn es um Schule geht. Aber wir haben auch nie Wert gelegt auf das Benotungs- und Bewertungs-System der Schule, darum sind uns andere Kompetenzen deutlich wichtiger. Raffaele hat eine harte Schale, aber einen sehr weichen Kern. Seine Sozialkompetenz ist herausragend! Alles in allem: Wunderbare Kids!»

Phil schreibt mir, dass er drei erwachsene Kinder hat. Ihre Namen und ihr Alter nennt er nie. Er will mir beim ersten oder zweiten Date Fotos aus dem gemeinsamen Urlaub zeigen. Was sie machen und wo sie leben, erwähnt er nicht. Wie er mit Nachnamen heißt, gibt er nicht preis, selbst als ich ausdrücklich danach frage.

«Was hindert ihn daran, mit der Sprache herauszurücken?», denke ich immer wieder. Er aber ignoriert geschickt einige Fragen. Das verunsichert mich doch einigermaßen, denn ich erzähle ihm ja weiterhin arglos alles.

Obwohl er gewisse Informationen wie seinen Beruf, seinen Nachnamen oder den Namen und das Alter der Kinder zurückhält, spricht er gefühlt von der ersten Minute weg an, dass ihm Erotik und Sex wichtig seien. Er möchte nicht mehr darauf verzichten oder darum betteln müssen, darum spreche er es jetzt auch sofort an. In meinem Profil hat er gelesen, dass das für mich *«anscheinend kein Problem darstellen wird. Schließlich bist Du auch sehr offen, authentisch und aufgeschlossen».*

Nein, das wird für mich kein Problem darstellen, denn ich habe mich in der Ehe regelmäßig daran erfreut. Aber eigentlich möchte ich nicht gleich mit diesen Themen beginnen, sondern mehr über ihn, seine Familie und sein Leben wissen.

Er ist sich sehr sicher, dass er mich gleich kennenlernen und daten will, weil es wenig Sinn mache, jetzt noch Wochen oder gar Monate zu warten. Er ist so sehr *«fasziniert von einer Frau wie Dir, mit dem Herzen auf dem rechten Fleck; einer Frau, die Werte lebt und trotzdem unbändig und voller Energie und Leben scheint»*, so dass er bereits in den kommenden Tagen ein Treffen planen möchte, wenn ich damit einverstanden sei. Schließlich schreiben wir uns ja bereits seit zwei Wochen intensiv, oder?!

## 21 | Die Mails mit Phil

Hier gebe ich einen kleinen Auszug aus unseren ersten E-Mails preis. Ich erkenne jetzt, wie naiv, sorglos und unerklärlich offen ich auf Phil zugegangen bin – überzeugt, dass er mein zukünftiger Mann wird, da er sehr starkes Interesse an mir bekundet. Immer wieder. Und weil er mir gefällt.

Mittlerweile habe ich seine Nummer bekommen. Wir chatten, und ich respektiere weiterhin, dass ich lieber nicht anrufen soll, denn er hat *«unglaublich viele Sitzungen. Da ich mein Geschäft erst aufbaue, bin ich sehr viel unterwegs. Daneben noch zwei weitere Anstellungen».* Kein Problem, dass wir nicht telefonieren. Mir geht es ja genauso. Ich habe zwei

Jungs im Haus und habe selten den Raum und die Freiheit, mit einem fremden Mann das «erste Mal» zu telefonieren. Und ich habe auch gar kein Bedürfnis mehr danach. Ich schreibe viel lieber, und von daher passt das alles sehr.

Phil und ich haben wahnsinnig viele Gemeinsamkeiten und sehr ähnliche Wertvorstellungen. Uns sind dieselben Dinge wichtig, und wir schreiben uns ellenlange Mails. Täglich. Manchmal mehrere am Tag. Mich fasziniert, wie wortgewandt, einfühlsam und gebildet Phil ist. Ein Mann, der schreibt, fasziniert mich sowieso.

Manchmal kann ich kaum glauben, dass er sich so gerne mit mir unterhält. Aber er versichert mir immer wieder, wie sehr er meine Gedanken schätzt und meine Weisheit und Weiblichkeit mag. Er möge meine unbeschwerte und freie Art sehr. Er sei fasziniert von meinem Blickwinkel und glaube es oft kaum, wie unbefangen und sorglos ich das Leben zu nehmen scheine. Gerade auch jetzt, wo doch das viele Schwere hinter mir liege.

So ganz stimmt das nicht, denn ich stecke ja eigentlich noch immer in meiner größten Lebenskrise, stehe vor dem Scherbenhaufen meines Lebens. Vielleicht bin ich einfach nur hier auf der Plattform und schreibe mit fremden Männern, um mich abzulenken und meine Gebrochenheit nicht spüren zu müssen?

Seine Zuwendung und seine Schmeicheleien, seine Komplimente und seine offenkundige Faszination für mich lassen mich aber ehrlich beschwingt und zuversichtlich nach vorne schauen. Das alles ist Balsam für meine Seele; eine verratene und zutiefst verletzte und gebrochene Seele.

Ihm ist es ein Bedürfnis, mich bald kennenzulernen. Er erklärt es sehr plausibel: *«Es sollen sich keine falschen Bilder festsetzen können! Wir schreiben hier so viel und so innig und sogar derart Intimes, dass es wichtig ist, uns sehr bald zu sehen!»*

Mich zerreißt es einerseits vor Neugier und Gespanntheit, andererseits habe ich totalen Respekt davor, «meinem Zukünftigen» das erste Mal zu begegnen! Ich mag es, wenn er bestimmt und selbstsicher vorangeht und mir zeigt, welche Schritte dran sind! Doch vorerst schickt er mir noch einige Fotos von sich und bittet noch um einige weitere von mir. Darunter bitte eines, das vielleicht auch einige meiner Tätowierungen zeigt, so sein Wunsch. Auf dem einen Foto bei «Himmlisch-Plaudern» bin ich ja sehr hochgeschlossen.

«Ich habe lange hin und her überlegt, ob ich Dir meinen Phönix auf dem Dekolleté zeigen soll oder nicht», schreibe ich ihm zurück. Es ist ein Bild, das sehr viel von mir preisgibt, ohne etwas Unangebrachtes zu zeigen. Dennoch möchte ich, dass er weiß, dass so viel Haut von mir noch niemand gesehen hat – außer meinem Ex-Mann und natürlich meinem Tätowierer, ha!

Seinen Wunsch erfülle ich ihm also nach langem Überlegen und Zaudern und zeige ihm dann doch dieses Phönix-Bild. Ich denke mir: «Lieber kurz und schmerzlos – und falls es ihm nicht gefällt, wissen ich und er, woran wir miteinander sind.»

Er ist begeistert und versichert, wie schön er mich findet. *«Danke für Dein Vertrauen, dass Du mir dieses wunderschöne Bild gezeigt hast. Deine Ausstrahlung und Zufriedenheit ist förmlich greifbar. Darf ich Dir sagen, dass es wunderschön ist und hocherotisch?!»*

Das ist ein solch großes Kompliment, wie ich es seit über 25 Jahren – außer von meinem Ex – von keinem anderen Mann jemals gehört habe! Es geht «runter wie Öl». Auch wenn es nur via E-Mail und später via WhatsApp zu mir kommt.

So versuchen wir einen Termin für unser erstes Date zu finden. An den Wochenenden scheint er immer sehr beschäftigt zu sein. Er hat seine alte Mutter noch irgendwo in Italien und besucht sie von Zeit zu Zeit, fühlt sich auch verantwortlich für sie. Und anscheinend hat er auch sonst unglaublich viel zu tun …

Wir verabreden uns für den kommenden Mittwoch. Er setzt sich gerne in den Zug, sagt er, und fährt die viereinhalb Stunden mit der Bahn zu mir. Ich schätze diese Geste unglaublich! Ich freue mich und kann es kaum fassen, dass ich ihn jetzt bald kennenlernen darf!

*«Hallo Christina, sorry, ich hatte noch Besuch gestern bis heute Mittag, nun kann ich Dir auf Deine schöne E-Mail antworten. Ich schreibe einfach mal kursiv in Deine E-Mail hinein, ist manchmal einfacher:»*

«Hallo Phil, ich hoffe, Dein Tag gestaltet sich bis anhin schön!

Ich mag das unkomplizierte, direkte Männliche an Dir. ‹Wir müssen uns nicht kennenlernen, aber wir können es› – natürlich! Weshalb zögern? Im Prinzip ist es ja besser, je schneller wir entdecken, in welche Richtung es geht. Zu verlieren haben wir beide nichts! Höchstens zu gewinnen.»

*«Liebe Christina, danke für das Kompliment mit ‹männlich, unkompliziert› … ich bin nun mal ein Mann, und das gerne, und das ist mein Leben … Ja, ich glaube, wir können gut und direkt kommunizieren, haben da eine gewisse gemeinsame Wellenlänge und doch einige nicht unwesentliche Gemeinsamkeiten, wie mir scheint. Ich bin durchaus direkt, ich denke auch respektvoll, aber ich sage und schreibe, was ich denke. Das finde ich einfacher und klarer, und es scheint zu Dir zu passen!?! Und wir können beide nur gewinnen, auch dadurch; stimmt, Du hast recht!»*

«Gut, lieber Phil, ich muss ja zugeben, dass ich völlig unerfahren bin in diesen Dingen. Meine Sturm-und-Drang-Zeiten liegen Jahrzehnte hinter mir. Mit Dates kenne ich mich nicht mehr aus. Gar nicht. That's it!»

*«Liebe Christina, ich bin hier auch zum ersten Mal in meinem Leben auf so einer Seite zum Daten. Wichtig ist mir dabei das Christliche, dass ich es also mit einer Frau zu tun bekomme, die einen Glauben hat und der dies ein Fundament ist im Leben – wie mir auch. Auf diesem Fundament ist vieles möglich … aber erfahren im Dating bin ich wahrlich auch nicht!»*

«Lieber Phil, mit ‹Zweifel ausräumen› meinte ich, Papier ist geduldig, wir können uns theoretisch auch etwas vormachen. Es gibt bestimmt gewisse

‹Abneigungen›, die Du hast und die ich habe und die wir beim Gegenüber nicht akzeptieren wollen. Was weiß ich?! Wenn der Mann nun zum Beispiel das Gefühl hat, die Frau habe nur Röcke, lange Haare und keinen Schmuck zu tragen, oder wenn er sehr gesetzlich und richtend ist und negativ spricht über Personen, Christen, Glaubensrichtungen etc. – das wäre so ein ‹No-Go› für mich. So einen Mann müsste ich nicht kennenlernen!»

*«Liebe Christina, auch hier verstehen wir uns sehr gut! Ich mag keine Gesetzlichkeit im Glaubensleben mit gewissen Vorstellungen à la Nur-Röcke-Tragen, kein Schmuck und keine Tattoos und so weiter, nee, das mag ich gar nicht. Auch die Art, wie Du Dich kleidest: Warum soll man schöne Haut verstecken?! Gut, es muss ja nicht aufreizend sein, aber das Wichtigste ist, Du fühlst Dich eins mit Dir und Deinem Herrn in der Art, wie Du auch nach außen wirkst und Dich kleidest und gibst! Dein Körper ist ein Geschenk Gottes, und es ist allein Deine Sache, wie Du Dich damit fühlst und was Du zeigst.»*

«Lieber Phil, angenommen, einer wäre extrem ordnungsliebend, aufgeräumt und penibel, also der würde sich bei mir nicht wohlfühlen. Ich kann aufstehen, das Bett auch ungemacht zurücklassen und die Haustüre schließen. So ein Penibler müsste sich also weiterhin nach einer Partnerin umschauen …»

*«Liebe Christina, ich bin auch nicht der, der fünf Minuten nach Silvester schon alles wieder aufräumt und wegfegen muss. Meine Wohnung ist mein Refugium, ein Sammelsurium an Dingen aus meinem Leben und nicht immer ordentlich, aber bislang habe ich noch immer alles wiedergefunden … Aber klar räume ich etwas auf und mache es ein wenig gemütlich, bevor Du auf meinem Sofa sitzt, und ich hoffe, da sitzt Du bald …»*

«Lieber Phil, ich dachte, bevor Du oder ich in den Zug steigen, mailen wir mal privat oder telefonieren zuerst. Das meinte ich mit ‹Zweifel ausräumen›, so dass wir eventuelle No-Go's gleich ausschließen können. Aber ich bin, wie gesagt, nicht festgefahren und finde alles spannend! Und Deine E-Mail-Adresse habe ich nun ja. Danke für das Vertrauen. Mir ist es auf diese Weise ein wenig wohler, denn ich kann mir vorstellen, dass auf solchen Plattformen mitgelesen wird (?!). Und ich muss mich nicht mehr bei ‹Himmlisch-Plaudern› einloggen …»

«*Liebe Christina, wir können gerne schreiben, aber ich bin Fan davon, sich dann nicht erst nach einer ‹Probezeit› von einigen Monaten persönlich zu begegnen. Sonst machen sich Bilder fest, die vielleicht doch nicht mit der Realität übereinstimmen. Ich steige gern mal in den Zug zu Dir und lerne mit Dir die Stadt und ein schönes Café kennen. Dann schaut man sich in die Augen und hört die Stimme des andern.*»

«Lieber Phil, ich find's schön, dass Du so offen schreibst! Bitte unbedingt! Ich bin auch eher so; ich mag alles andere nicht! Und wenn ich ‹Ja› sage, meine ich auch ‹Ja› … Ich verstehe die Welt nie, wenn ich nicht weiß, woran ich bin oder wenn das Gesagte nicht mit dem Handeln übereinstimmt … Darum ist es mir recht, wenn Du ehrlich sagst, was Du denkst. Immer. Auch wenn Du denkst, es würde mich verletzen. Lieber ehrlich. Bitte!

Und was Du schreibst über die Intimität, finde ich wunderbar! Es spricht mich total an. Das sind absolut meine Ideale. Innerhalb des Rahmens (wir gehen jetzt mal immer davon aus) darf man alles und gibt es keine Tabus, wenn es für beide stimmt! Da hast Du absolut recht.

Wobei ich klar sagen will: Natürlich wird nie eine dritte Person Platz haben beim Sex, und es gibt schon einige Dinge, die für mich ein ‹No-Go› sind … Aber wenn wir spezielle Vorlieben, Wünsche und Vorstellungen haben, nun, das sind ja dann eben Sachen, die wir mit zunehmendem Kennenlernen vertiefen können. Noch ist es ja nicht so weit. *hüstel*. –

Ansonsten freue ich mich aber, wenn ich wieder Gott mit meinem Körper ehren darf, indem ich meinem Mann hingegeben sein kann. Und er mir. Ich finde die Verbindung gar heilig. Darum darf das alles für mich nur einem Partner, also: meinem Mann, vorbehalten sein. Aber dann bitte richtig, das volle Programm eben.»

*«Liebe Christina, hier sind wir uns scheinbar sehr nahe, wie ich verstanden habe, und das ist in christlichen Kreisen nicht gerade so üblich … Sexualität, sich hingeben und den andern verwöhnen und genau dabei selbst Erfüllung zu finden ohne große Tabus (und: natürlich nur zu zweit!), das wäre schon eine irre schöne ‹Sache›, aber wirklich nicht selbstverständlich, auch mit einer christlichen Partnerin das so offen anzusprechen und auch leben zu können, heilig, ja und sehr spannend. Sind Sehnsüchte, Lust und Leidenschaft nicht auch etwas Heiliges?!?»*

«Lieber Phil, da wir nicht nur Körper sind, sondern genauso Seele und Geist, finde ich es eben auch sehr aufregend, von Deiner geistlichen Entwicklung, Deinem Werdegang und Deinen Standpunkten zu erfahren! Den Glauben möchte ich noch vor all das andere Schöne stellen!»

*«Liebe Christina, selbstverständlich möchte auch ich meinen Glauben leben, gemeinsam beten, reden, Entwicklungen, Vertrauen, Krisen und Standpunkte erfahren; alles auch sehr spannend!»*

«Lieber Phil, da Du die erste Lebenshälfte bereits hinter Dir hast und geschieden bist, denke ich, dass Du auch im Seelischen viel erlebt hast, und das interessiert mich natürlich auch sehr. Ich weiß, dass das delikat sein kann (gerade wenn es um die Partnerschaft mit dem oder der Ex geht), aber irgendwann sollte es eben doch auch thematisiert werden. Es gehört zu uns. Wie die Narben, die wir beide uns in diesen Partnerschaften wahrscheinlich zugezogen haben. Wie lange warst Du verheiratet? Weshalb ist es auseinandergebrochen?»

*«Liebe Christina, ich war über zwei Jahrzehnte verheiratet, im letzten Viertel unserer Beziehung kam es zur Trennung. Das ist eine längere Geschichte, besser zu erzählen, wenn ich meinem Gegenüber Auge in Auge gegenübersitze … Ich hatte nach der Ehe noch eine Beziehung, die aber nicht gut gegangen ist, lebe nun seit längerer Zeit als Single. Zum Neustart war das auch gut, aber … ich vermisse den Austausch, die Begeg-*

nungen, das Erleben und Teilen; ich vermisse Intimes, Urlaube und Unternehmungen ... oje, es ist nicht so schön allein!»

«Lieber Phil, wie sehen denn Deine Zukunftspläne aus?»

«Liebe Christina, ich habe zunächst mal meinen Traum verwirklicht, in einer schönen Wohnung zu leben, und bin noch mittendrin im Einrichten ... Ich kann mir kaum vorstellen, woanders zu leben als hier, wo ich jetzt bin. Es hat hier auch gute Jobs und eine hohe Lebensqualität ... Ich bin nicht festgelegt mit Plänen, außer dass ich eine liebenswerte, offene Frau kennenlernen möchte, mit der ich ... siehe oben! Und ich möchte reisen!»

«Lieber Phil, ich habe noch viele Fragen, ganz abgesehen von den ‹banalen alltäglichen Dingen› wie Job, Freizeit, Hobbies, Vorlieben usw. – Wie Du siehst, fällt es mir auch nicht schwer zu schreiben, ich mache das sogar gerne! Ich bin auch dankbar, dass Du meine Rechtschreibung nicht korrigierst! Haha! Alles schon dagewesen ... – Bitte sag mir, wie Deine Kids heißen und wie alt sie sind. Ich lese mit Freude, dass ihr ein gutes Verhältnis habt! Das spricht für Dich. Finde ich klasse! Würde gerne mehr von Dir erfahren ...»

«Liebe Christina, ich habe drei Kids, zwei Jungs und ein Mädchen, zeige sie Dir am besten mal auf Fotos von unserer gemeinsamen Südostasien-Reise im letzten Jahr, da siehst Du alles. Ich bin so dankbar, dass wir auch nach der Trennung und Scheidung ein fantastisches Verhältnis haben ... sie waren mit ihren Partnern auch schon öfters zu Besuch hier. So weit erst mal. Bin gespannt, wie es weitergeht ... Darf ich Dich mal ganz doof fragen, ob Du noch ein Foto hast von Dir für mich? Ich schicke mal einige mit von mir.»

«Hallo Phil, Du hast absolut recht mit dem, was du betreffend Begegnung sagst. Es ist sinnvoll, es bald zu tun, damit sich nicht falsche Bilder festsetzen können. Ich glaube, für mich ist das auch wichtig. Ich möchte Dir zuerst danken, dass Du mir ein paar kurze Infos gegeben hast zu Deiner Ehe-Beziehung, Deinen Träumen und Deiner Zukunft. Das war für mein Vertrauen sehr entscheidend.

Ich komme aus einer Ehe, die über zwanzig Jahre lang hielt. Somit haben wir beide bestimmt unsere Prägungen und einen vollen Rucksack zu tragen. Aber ich finde die Ehe an sich ein patentes System, und da meine Ehe zuweilen sehr, sehr glücklich war, möchte ich diese Verbindung, diesen Bund, diese Verbindlichkeit unbedingt wieder eingehen. Das können sich ganz viele Menschen nach einer Scheidung nicht mehr vorstellen. So bin ich aber nicht. Und wenn nun noch Gott mit in der Verbindung ist, was gibt es dann Schöneres?

Ehrlicherweise kann ich nicht groß mitreden, was Sexualität und christliche Kreise angeht. Ich weiß, dass Homosexualität oder in wilder Ehe zu leben große Themen sind, und alle zerbrechen sich den Kopf darüber.

Ich habe mich nie gefragt, ob mein (unser) Verhalten oder unsere Praktiken beim Sex sündig sind. Wenn es doch für beide stimmt!?! Für mich hat Gott den Sex erschaffen, und ich finde, es ist die schönste Art, meinem Mann ganz nahe zu sein.

Ich glaube, dass Sex einen Kitt darstellt, ein Band, das die ganze Beziehung zusammenhält. Ich habe in diesem Bereich große Träume und Wünsche, aber ohne jeden Leistungsdruck! Ob es mal so sein wird und ob es konform geht mit den Vorstellungen meines zukünftigen Mannes, das weiß ich nicht. Ich weiß, dass es aber bestimmt ein Üben sein wird, ein Zusammenwachsen, ein gemeinsames Entdecken, und es wird sehr schön werden. Aber ich kann mir auch vorstellen, dass es zu Beginn Geduld brauchen wird …

Für mich war es in den letzten Monaten sehr wichtig, viele Unternehmungen allein zu machen. Ich gehe auch regelmäßig ins Kino und oft mit mir selber frühstücken. Immer ohne Zeitschrift, ohne Handy oder sonst etwas. Ich musste meine Unsicherheiten des Alleinseins überwinden. Mir selber genügen.

Ich war vor zwei Wochen allein bei einer Theater-Vorstellung, fühlte mich aber nicht besonders gut dabei. Ich würde gerne mit meinem Mann essen, lachen, weinen und vieles andere erleben. Ja, das wäre schön!

Es freut mich sehr zu hören, dass das Verhältnis zu Deinen Kindern (wie Du schreibst) ‹fantastisch› ist! Ich freue mich sehr, von ihnen zu hören! Wie sie heißen, wie alt sie sind, wo sie leben. Und Fotos zu sehen, Geschichten zu hören!

Das mit dem Treffen geht für mich am Wochenende am besten. Ich kann dann auch mal über Nacht bleiben (nicht bei Dir, meine ich jetzt natürlich, aber in einem Hotel in der Nähe) und kann mir dort am ehesten Zeit nehmen. Du weißt, dass ich noch einen 14-Jährigen zuhause habe. Das bindet mich halt noch an hier. Wenn es für Dich an einem anderen Tag besser ist, dann müssen wir weiter schauen, ob Du eben doch die besagte Zugreise machst ... falls Dir nächsten Samstag oder Sonntag nicht passen würde.

Sag Du halt! Jetzt geht's schnell, haha.

Was ich gerne noch von Dir wissen würde, ist Dein Nachname! Du hast gesehen, dass ich Christina [...] heiße. Wie mein Name erahnen lässt, bin ich keine hundertprozentige Schweizerin. Im Herzen natürlich schon. Ich bin zwar hier geboren und aufgewachsen. Aber mein Vater ist Deutscher, und ich liebe Land und Leute dort. Mein Mütterchen ist Holländerin, und auch diese Wurzeln liebe ich sehr an mir.

Und was ich auch noch fragen wollte: Hast Du WhatsApp? Willst Du mir Deine Natel-Nummer geben? Wirklich zuerst nur für WhatsApp oder SMS. Ich werde nicht anrufen, und das ist auch nicht mein Wunsch an Dich. Ich habe nicht die Freiheit, mit einem Mann zu telefonieren, weil meine Söhne meist hier sind. Aber bezüglich der Details für das Treffen wird es einfacher werden.

Wäre schön, Dich bald kennenzulernen, so eins zu eins, und zu schauen, was passiert und was es mit uns macht. Auf bald, Christina.

PS: Du bereitest mir bereits ein wenig schlaflose Nächte, hähäm ...»

«*Hallo Christina, heute habe ich noch mit meiner Tochter zu tun. Bespreche ihre Hausarbeit fürs Studium. Fünfzig Seiten ... Aber ich will absolut nicht, dass Du wegen mir oder überhaupt nicht schlafen kannst ... leider sind unsere Zeiten im Moment etwas begrenzt. Aber ich denke, ich komme demnächst mal zu Dir. Schönen Abend, Phil.*»

«Hallo Phil, ich denke, das ist ein Problem, wenn man sich nicht kennt und den Tonfall nicht hört … Ich merke, dass es bei Dir jetzt schräg angekommen ist wegen meinem ‹Schlaflos-Sein›. Glaube ich zumindest. Eigentlich sollte es mehr ein Kompliment an Dich sein. Es war nicht meine Absicht, Dich zu belasten!

Ich wünsche Dir ein gutes Vorankommen mit Deiner Tochter. Auch euch einen schönen Abend, Christina.»

*«Hallo Christina, danke für Deine Nachricht! Sorry, ich hatte mir dann wohl etwas zu viele oder falsche Gedanken gemacht zu Deinem Nichtschlafen-Können. Das kommt daher, weil wir ja beide etwas mitbringen aus unseren Lebensgeschichten, und ich kenne es, dass jemand wegen mir nicht schlafen konnte und mir damit oft ein schlechtes Gewissen gemacht hat. Obwohl damals eigentlich gar kein Grund vorlag. Sorry für mein Missverstehen! Und andersrum: Danke für Dein Kompliment!*

*Ich hoffe, Du hast einen schönen und gesegneten Sonntag! Und vielen Dank auch für Deine offenen und wunderschönen Worte.*

*Ehe, ja das ist schon eine gute und wichtige Gemeinschaft! Heilig … ich weiß nicht, was dagegen sprechen könnte, ein zweites Mal eine Ehe einzugehen. Die Bibel kennt viele Formen des Zusammenlebens und schützt insbesondere Frauen vor willkürlicher Beendigung einer Ehe. Ich persönlich allerdings weiß noch nicht, wann und wie ich eine neue Ehe eingehen würde … natürlich wäre es etwas sehr Besonderes! Ich denke sogar, auch unverheiratet könnte Gott mitten in einer Partnerschaft sein, wenn wir zum Beispiel gemäß 1. Korinther 13 etwas von dieser Liebe leben! Heiraten ist keine Pflicht, vielleicht eine Option. Ich denke, für Gott spielt es keine Rolle.*

*Natürlich gehört auch Sexualität (offen und frei und ohne Tabus) in solch eine geschützte Gemeinschaft – im Vertrauen und in der Liebe Gottes. Dann ist es doch keine Sünde?!? Ich jedenfalls möchte nicht (mehr) darauf verzichten. Überhaupt: Gesetzlichkeit passt für mich nicht zum Evangelium … Da verstehe ich so manche christliche Gemeinschaft nicht, die sind mir zu gesetzlich. Und zu moralisch. Ich habe natürlich nichts gegen eine gute Moral, die brauchen wir in unserer Gesellschaft mehr denn je.*

*Spannend, darüber mal zu sprechen miteinander. Du scheinst mir dort auf Augenhöhe begegnen zu können.*

*Treffen könnten wir uns also ausschließlich am Wochenende? (Dieses Wochenende fahre ich meine Mutter besuchen). Also an einem späten Nachmittag oder frühen Abend in der Woche bei Dir in der Gegend wäre schwierig? Wollte es nur gefragt haben, ich weiß ja von Deinen Kindern. Ich kann es kaum erwarten, Dir gegenüber zu sitzen. Sei herzlich gegrüßt, Phil.»*

«Hallo Phil, hattest Du eine schöne Zeit bei der Mama? Ich war zwei Tage bei meiner Schwester. Tat gut. Sie ist die ‹Rationalere› von uns beiden, was mir immer wieder neue Sichtweisen eröffnet. Ich bin sehr froh, sofort verstanden zu haben, dass meine Aussage über das Schlaflos-Sein bei Dir falsch rüberkam. Das war natürlich nicht beabsichtigt, und ich habe mir nichts Schlimmes dabei gedacht. Im Gegenteil. Bei mir hat Deine karge und doch sehr ungewohnt knappe Antwort nach meiner langen Mail nämlich auch ‹etwas› ausgelöst. Hihi, wir ‹armen Geschädigten›.

Das meinte ich mit ‹Rucksack›. Wenn man Jahre und Jahrzehnte lang mit einem oder zwei Partnern zusammen war, können Kollateralschäden einfach nicht ausbleiben! Wir sind geprägt! Wenn man sich dazu entschließt, erneut eine Verbindung einzugehen, glaube ich sogar, dass es Geduld, harte Arbeit und ganz viel Transparenz braucht! Ansonsten ist ein erneutes Scheitern wahrscheinlich vorprogrammiert.

Ich denke, viele wollen die ganze Verarbeitungs-Sache gar nicht auf sich nehmen, und ich verstehe das absolut. Es ist natürlich einfacher, sich nicht mehr festzulegen. Oder einfach mal nur so lange zu bleiben, bis das erste Hoch wieder verflogen ist. Und ich staune immer wieder, wie leicht das ganz vielen Menschen fällt … Aber das ist meine Sache nicht.

Ich glaube auch, dass es individuell ist, wie weit oder eng der ‹geschützte Rahmen› gesteckt wird. Und ich glaube, dass (nur) zwei Personen das für sich selber entscheiden müssen, wie es für sie stimmt – da müssen keine Gemeinden, keine Pastoren, keine Ältesten oder sonstwer noch reinreden … Ist man denn nicht mündig ab einem gewissen Alter? Und hört man nicht selber von Gott und versteht die Bibel selbständig?

Das betrifft auch den Punkt, ob man wieder heiraten soll oder nicht. In den Kursen, in denen ich mitarbeite, ist es ein Thema, das nicht besprochen wird, da die Meinungen dermaßen auseinandergehen. Gemeinden spalten sich sogar deswegen! Ich finde es crazy!

Gott weiß, wer in mein Leben gehört und wer nicht, das nimmt extrem viel Druck von mir weg. Er kennt mein Herz, mein Verlangen, meine Gaben, meine Schwächen, er kennt mich durch und durch, und er wird alles wirklich gut machen. Ob da nun jemand an meine Seite gehört und wann und wer: Er weiß es, und Ihm vertraue ich.

Nein, ein Treffen am späten Nachmittag oder frühen Abend ist nie ein Problem, aber es müsste dann eben hier in meiner Gegend sein. Ich wollte Dir entgegenkommen, aber wenn es unter der Woche sein wird, bin ich dankbar, wenn Du kommst. (Am Mittwoch und Freitag bin ich nachmittags frei, ansonsten abends ab 18.00 Uhr.)

Uh, ja, noch zu den Fotos. Ich habe laaaaange überlegt, ob ich Dir meinen Phönix zeigen will, zeigen soll … mit dem Zeigen mache ich mich verletzlich! Es ist aber mein Lieblingsbild, und es ist das erste Bild, das ich je von mir selber eingerahmt und aufgestellt habe! Ich liebe es, und nur das zählt. Aber es würde mich natürlich glücklich machen, wenn es Dir auch gefällt.

Ansonsten bin ich, wie gesagt, für Transparenz. Bitte lieber ehrlich sagen, wenn so ein Phönix für Dich nicht geht. Ich bin da auch nicht beleidigt oder so. Das ist ja echt Geschmacksache! – Das andere Bild ist das Kontrastprogramm, haha. Ich war zu einem Termin, ansonsten laufe ich nicht unbedingt so businesslike rum. Aber man(n) sieht mich halt *ganz* darauf. – Ganz schönen Abend und liebe Grüße, Christina.»

*«Hallo Christina, zunächst mal tausend Dank für Deine Bilder bzw. Fotos! Du machst Dich verletzlich, meinst Du? Aber ich kann Dir nur sagen, ich finde beide Fotos sehr, sehr schön, und na klar ist das mit dem Phönix etwas sehr Besonderes. Ich finde ihn unglaublich schön und sehr, sehr ästhetisch, wirklich! Danke! Ich möchte sogar sagen, dass es auf*

*eine wertvolle Art auch höchst erotisch wirkt, aber wirklich überaus erotisch.*

*Ich merke und weiß, dass es für Dich sehr besonders ist, und so wirkt es auch. Der Phönix, Du, Deine Augen, Deine Ausstrahlung und Anziehungskraft ... Danke vielmals!*

*Das mit dem Rucksack, ja, da magst Du recht haben, aber ich kann Dir nur von mir aus sagen, es ist kein schwerer Rucksack, ich bin wirklich bereit und offen für ganz Neues, sonst wäre ich letzthin auch nicht umgezogen. Ich bin ein freier Mensch mit Lebenserfahrungen, solchen und anderen, und Christus ist es, der mich frei sein lässt. Auch das hast Du, wie ich finde, wunderschön formuliert. Ich mag Deine Denkweise und Deine Art, den Glauben auszudrücken, sehr.*

*In Christus sind wir wirklich frei, frei von zu vielen Erwartungen an uns selbst und an andere. Er liebt uns so, wie wir sind, und das ist gut so, und da kommt nichts und niemand dazwischen. Kein Gesetz, keine Moral, keine Verbotsschilder, keine übertriebenen Erwartungen ...*

*Ob es wirklich so viel harte Arbeit ist für eine neue Beziehung? Ich glaube, der Platz in meinem Herzen ist belegt durch meine Kinder und meine Familie, durch Christus, durch herzensgute Menschen, aber in Sachen Liebe ist er frei. Natürlich braucht man Offenheit, wirkliche Offenheit und Transparenz, dass man deutlich macht, was einem nicht gut gefällt und womit man Probleme haben könnte, aber ich finde das selbstverständlich für eine wirklich gute Beziehung.*

*Ich habe natürlich gewisse Wünsche in Sachen Beziehung, Partnerschaft (wie Du bestimmt auch): eine durch den Glauben lebende, lebendige, offene Frau, die weiß, was noch in ihrem und in meinem Herzen ist (siehe oben). Aber ansonsten gelten Respekt, Neugierde, Anziehungskraft und Gottes Wille.*

*Ich weiß nicht, wie spontan Du sein kannst; ich könnte diese Woche eventuell am späteren Mittwochnachmittag in Deine Gegend kommen. Das müsste ich noch prüfen. Ansonsten ginge es leider erst ab Mitte nächster Woche wieder, aber ich wünsche mir, dass wir uns in zwei Tagen begegnen. Ich warte mal ab, wie und ob Du mir heute Abend schreiben kannst, und sende Dir ganz liebe Grüße, Phil.»*

«Hi Phil, es ist in der Tat etwas Besonderes, dass ich Dir dieses eine Foto gezeigt habe! So viel Haut hat nur mein Ex-Mann von mir gesehen – und der Tätowierer natürlich, der wie ein Sohn ist für mich. Es zeigt eigentlich viel mehr, als auf dem Bild ersichtlich ist! Und das macht verletzlich. Aber ich danke Dir für Deine Worte dazu. Im Endeffekt zeigt es mich, und trotzdem bin ich viel, viel mehr als das: Es ist meine Hülle, in der ich mich jetzt endlich wohlfühlen kann – und angekommen. Schön und lebendig! Bunt, sehr bunt halt und frei!

Was für mich bestimmt harte Arbeit sein wird, ist, nochmals Vertrauen fassen zu können; tiefes Vertrauen. Und bei diesem Punkt könnte ich mir vorstellen, dass er für meinen zukünftigen Mann vielleicht eine Herausforderung darstellen wird? Vertrauen wächst und ist ja nicht einfach da. Ich glaube, das wird Arbeit werden, oder? Definitiv sagen kann ich es nicht; das hängt eben doch auch stark vom Gegenüber ab.

Ich weiß, dass ich Vorstellungen und Wünsche habe, aber eigentlich sind es sehr bescheidene. Wenn ich ein Wort verwenden müsste, um es zu umschreiben, dann ist es ‹Wertschätzung›. Und ja, ich möchte einmal in meinem Leben Prinzessin sein dürfen! Das muss ich mir aber noch ausdenken, wie das sein könnte! Es liegt so gar nicht in meinen Genen!

Ich habe unsere Ehe, unsere Trennung und die darauf folgende Scheidung proaktiv verarbeitet. Ich habe anfangs auch über 18 Monate lang getrauert, tief getrauert, und hatte Angst, dass dieser elende Zustand nie mehr aufhören würde. Es war eine sehr schwierige Zeit. Aber Jesus nahm mich an der Hand, und seine Nähe, seine Liebe, seine Stärke, sein Trost halfen mir auf und schenkten plötzlich neue Perspektiven! Er war mein Begleiter in diesem Prozess, wir sind dadurch noch mehr zusammengewachsen.

Ich fühle mich nun auch frei für eine neue Beziehung. Obwohl die Vorstellung bei mir auch Gänsehaut verursacht, wenn ich daran denke, was ich mit einem ‹fremden Mann› wieder alles teilen will und werde. Diese Gänsehaut ist aber auf der anderen Seite auch wiederum sehr prickelnd … hähäm! Wie gesagt: Er weiß es am besten, und Ihm allein vertraue ich zu diesem Zeitpunkt.

Wegen einem Date, oder sagen wir besser: einem Treffen (um mir den Druck zu nehmen, hihihi): In diesem Fall bin ich sehr spontan, und ja, Mittwoch könnte ich. Ich bin ab 14.00 Uhr frei. Oder wenn Du erst später kannst, könnten wir etwas essen gehen? Ich weiß nicht, wie man da vorgeht? Bin gespannt, was passiert ... Liebe Grüße zurück, Christina.»

*«Hallo, liebe Christina, danke und sorry, wenn ich etwas wenig Zeit habe gerade ...*

*Ja, es ist so, Du hast etwas sehr Besonderes gezeigt von Dir, und ich respektiere das und schätze es wert. Wertschätzung ist für mich auch unglaublich wichtig! Auch hier gebe ich Dir recht. Ich möchte Dir das auch noch sagen: Es ist sehr ästhetisch, das Foto, und ehrlich gesagt auch erotisch und wunderschön. Wirklich! Alles.*

*Klar ist es nicht einfach, ganz neu Vertrauen aufzubauen, das stimmt. Gerade was das Körperliche betrifft, habe auch ich natürlich Verletzungen erlebt ... und Zeit gebraucht, das zu verarbeiten, heilen zu lassen ...*

*Danke für all Deine guten Worte! Von Jesus, der uns befreit zur Liebe für den anderen, aber auch zur Liebe zu sich selbst – so, wie man ist. Das wird oft vergessen, wenn man an das Doppelgebot der Liebe denkt ...*

*Und dann die Gänsehaut, die sich sofort bei mir einstellt, wenn ich Dich gesehen habe und wenn Du davon schreibst. Da prickelt es doch ganz schön, auch bei mir!*

*Prinzessin sein, ja, da fällt mir schon etwas ein!* ☺

*Mittwoch ... also, das wäre leider nur so möglich, dass ich frühestens um 17.30 Uhr bei Dir sein könnte. Ich hab um 14.30 Uhr unterwegs noch einen Termin, den ich nicht verschieben kann. Und zurück müsste ich ja auch noch kommen ... wie lange könntest Du denn am Abend? Morgen Dienstagnachmittag kann ich Dir das leider erst fix bestätigen, aber ich würde mich riesig freuen, wenn es klappt. Und sonst dann nächste Woche. Spätestens. Liebe Grüße zur Nacht, Phil.»*

## 22 | First Date mit Phil

Mein allererstes Date. Premiere!

Es ist Mittwochfrüh. Gestern haben wir noch bis weit nach Mitternacht gechattet. Wenn es so spät wird, gleiten unsere Gespräche gerne mal in einen Hauch von Erotik ab. Für mich ist das sehr schmeichelhaft auf der einen Seite, auf der anderen Seite sehr verunsichernd. Denn ich habe keinerlei Routine darin, geschweige denn ein Bedürfnis. Und trotzdem ist es spannend und prickelnd, natürlich. Ich mag das Selbstsichere und leicht Fordernde und trotzdem nie Überfordernde von ihm.

Langsam, aber sicher bekomme ich auch Vertrauen, dass er mich sehr schön findet. Auch so tätowiert. Manchmal habe ich das Gefühl, gerade deshalb. Er schmeichelt mir sehr. Wobei ich sagen muss: nie auf eine allzu aufdringliche oder unangenehme Art. Immer sehr respektvoll und wertschätzend. Aber er lässt auch nie Zweifel offen, wohin seine Lust gehen möchte.

Wir verabreden uns für Mittwochabend um 18.15 Uhr in der Unterführung am Bahnhof. Es ist unbeschreiblich, wie ich mich fühle, denn ich treffe mich das erste Mal mit einem fremden Mann, der offensichtlich Interesse an mir hat – und ich an ihm.

Wir haben Gefallen aneinander und teilen viele Ansichten und Einstellungen miteinander. Uns verbindet total viel, allem voran auch der christliche Glaube, der für mich ja unglaublich wichtig ist. Jesus ist für mich in der Zeit des Zerbruchs, also in den letzten zwei Jahren, die wichtigste Person in meinem Leben geworden. Gemeinsam leben wir aber schon 16 Jahre. Und für mich ist es ganz wichtig, dass ich nun alles aus Seiner Hand nehme. Auch meinen zukünftigen Ehemann.

(Dass ich mir jedoch zu diesem Zeitpunkt ausschließlich selbst helfe, verstehe ich noch nicht. Ich kann mir gar nicht vorstellen, wo ich ansonsten einen gläubigen Mann finden kann, wenn nicht auf einer christlichen Plattform.)

Meinem zukünftigen Ehemann werde ich nun heute Abend das erste Mal entgegentreten, so meine Überzeugung. Ich glaube, da könnte niemand locker und gelassen sein! Ich freue mich so sehr. Es ist eigentlich ganz schnell gegangen; ich bin jetzt doch überrascht, dass ich so kurz nach der Scheidung bereits mit einem neuen Partner beschenkt werde.

Aber ich habe diesbezüglich eine Verheißung von Gott, darum kann es doch gar nicht anders sein – denke ich zu diesem Zeitpunkt noch.

Es ist wirklich witzig, und ich kenne es nur aus Filmen: Ich stehe tatsächlich vor den geöffneten Schränken und probiere verschiedene Hosen, Jeans, Röcke, Kleider, Blusen, T-Shirts, Pullover, diverse Kombis und Sneakers, Stiefeletten, Schnürschuhe und Turnschuhe. Ich muss schmunzeln, es fühlt sich einfach nur aufregend und zugleich ungewohnt an.

Ich entscheide mich für eine karierte Hose, weiße Sneakers und eine dezente Bluse. Darüber einen sportlichen oliv-farbenen Blazer. Ganz wichtig sei es, habe ich gelesen, dass man sich wohlfühlt und dass man sich selbst ist.

Ja, das ist so! Ich fühle mich sehr schön und sehr wohl in meiner Haut – und in meinem neuen Körper, der ja mittlerweile um 33 Kilo leichter ist. Ich kann endlich tragen, was Spaß macht und was auch meine Persönlichkeit unterstreicht und ausdrückt.

Trotz der freudigen Erwartung setze ich mich nochmals aufs Bett und bete. Um ehrlich zu sein: Ich weine. Ich erzähle Jesus, wie traurig ich bin, nicht mehr mit meinem Ex-Mann zusammen zu sein. Ich habe mir nicht gewünscht, nochmals von Null an zu beginnen. Ich war doch eigentlich sehr zufrieden und glücklich mit diesem Mann, 23 Jahre lang. Ich beklage meine verlorene Zukunft mit ihm, und es tut auch an diesem Tag noch immer sehr weh, diese loszulassen. Das also ist die Headline dieses Tages: «Das Loslassen meines geliebten Mannes» – äh, falsch: «meines Ex-Mannes».

Jesus, so empfinde ich es jedenfalls, tröstet mich. Während des Gebets erinnere ich mich spontan an die Worte, die mich jetzt lange begleitet haben: «eine Qualitätsbeziehung, die sieben Mal besser wird». Und das klingt gut in meinen inneren Ohren, übersteigt aber auch meine Vorstellungskraft, denn ich hatte doch über lange Phasen in der Beziehung zu meinem Ex-Mann nicht den Eindruck gehabt, dass mir dermaßen viel fehle …

Nun gut: Getröstet, hübsch zurechtgemacht und freudig gespannt gehe ich plötzlich sehr gelassen und sicher zu meinem ersten Date nach 23 Jahren. Ich laufe die wenigen Kilometer zum Bahnhof und komme pünktlich dort an.

Nur noch wenige Minuten, und ich kann Phil endlich das erste Mal gegenübertreten. Er hat mir während seiner ganzen Zugfahrt immer wieder Fotos geschickt, um zu zeigen, wo er sich gerade befindet und dass er es kaum erwarten kann, mir immer näher zu kommen.

Mich jedoch überkommen Ängste und Zweifel, während ich warte. In wenigen Minuten wird er die Treppe heruntersteigen. Was ist, wenn wir uns nichts zu sagen haben? Das wäre für mich das größte Übel. Was ist, wenn er gar nicht der Mann auf den Fotos ist? Wenn er mir nicht gefällt? Wenn er ein Psychopath ist?

Es wissen nur drei Personen, dass ich auf einer christlichen Plattform bin, und wenigstens zwei von ihnen wissen, dass ich heute mein «First Date» habe. Man weiß ja nie …

Mein Herz klopft so stark, dass ich denke, es wolle aus meiner Brust hüpfen und sei für jedermann hörbar.

Da kommt er auch schon auf mich zu. Der erste Eindruck stimmt, insbesondere sein Kleidungsstil: Er trägt braune Schnürschuhe! (Ich hatte Wochen zuvor Gott und mir selber eine Liste geschrieben, wie ich mir meinen zukünftigen Lebenspartner wünschen würde, und als kleinen Gag habe ich auch braune Schuhe und eine Männerhandtasche erwähnt.)

Er tritt mir gegenüber, und ganz selbstverständlich umarmen wir uns. Er riecht gut, und wir unterhalten uns, als ob wir uns bereits gut kennen würden. Völlig entspannt und ungezwungen laufen wir Seite an Seite zum Ausgang. In jener Woche steht ein Klavier mitten im Bahnhof, damit sich jeder, der mag, daransetzen und spielen darf.

Phil erwähnt, dass er gerne Cembalo spielt. Wenn auch nicht wirklich gekonnt und eigentlich nur, wenn er sich nicht so gut fühlt. Aber ich muss schmunzeln, denn auf besagter Liste steht auch dies: Klavier, Cello oder Geige. Da sind wir doch nahe dran!

Draußen schlendern wir in Richtung Stadt. Ich zeige ihm die Gegend, und Phil ergänzt sehr interessiert Fakten zur Historie und zu den Gebäuden. Er war früher schon mal zum Skilaufen in der Gegend gewesen und ist, wie ich bald feststelle, unglaublich belesen. Oft hält er an und schießt Fotos. Später wird er zwei davon auf Instagram teilen.

Wir bummeln weiter, suchen ein Restaurant und bleiben immer wieder stehen, um uns zu sagen, wie eindrücklich unser Treffen ist und wie wunderbar wir uns gegenseitig finden. Es ist von Anfang an eine starke Verbundenheit da. Wir haben uns zuvor ja bereits unzählige Mails geschrieben, ellenlang und ausführlich, haben uns via WhatsApp unterhalten – und nun werden unsere Eindrücke bestätigt.

Wir betreten gegen 19 Uhr das Restaurant. Zuvor hält er jedoch inne und fragt, ob ich mir sicher sei mit ihm und ob ich es mir nicht noch anders überlegen möchte. Dabei hält er eine Hand von mir. Diese ungewohnte und doch schon so vertraut wirkende Geste jagt mir «Stromstöße» durch den ganzen Körper, ich bin wie elektrisiert. Diese kleine Geste reicht bereits aus.

Die Bedienung führt uns an unseren liebevoll dekorierten Tisch und bringt die Karten. Wir aber haben nur noch Augen für uns. Als die nette Frau zum zweiten Mal an unseren Tisch kommt, können wir wenigstens unsere Getränke bestellen, weiter kommen wir nicht.

*«Eigentlich ist mir vor lauter Schmetterlingen der Appetit vergangen, so aufregend ist es, hier mit dir zu sitzen»,* sagt er. Aber wir bestellen dennoch etwas Kleines, denn er hat heute nur ausgiebig gefrühstückt und ansonsten noch nichts gegessen.

*So ziemlich als erste Handlung zieht er eine Postkarte plus Kugelschreiber aus seiner Tasche und notiert vor meinen Augen: «Mohlter-Billinghaus». «Das ist mein Name. Ich weiß, dass du mich zweimal danach gefragt hast, auch nach meinen Kindern», sagt er, «aber über das Internet gebe ich solch heikle Daten nicht preis.»*

Ich verstehe sofort, was er meint. Mir persönlich spielte das alles keine Rolle, zu dem Zeitpunkt nannte ich über digitale Kanäle Namen, auch die meiner Kinder, Alter, Wohnort, Telefonnummer etc., ohne zu zögern! Ich war schließlich ohne irgendwelche Erfahrungswerte im Netz und der Überzeugung, dass ich meinen Zukünftigen vor mir habe. Ich konnte mir auch nicht vorstellen, dass Menschen nicht aufrichtig sind. Oder Hintergedanken haben. Oder meine Daten für irgendetwas missbrauchen könnten.

Auch unterstelle ich einer Person nie böse Absichten und frage mich, was Menschen mit diesen Daten überhaupt anstellen könnten.

Wir sind völlig vertieft in unser Gespräch und sind ganz aufeinander fokussiert. Es kommt nicht ein einziges Mal zu einem peinlichen Schweigen oder einem Stocken; es fließt zwischen uns, und wir fühlen uns beide großartig. Einmal reiße ich mich los, um aufs Klo zu gehen, denn meine Zwillingsschwester erwartet eine SMS von mir, um zu wissen, ob sich unser Eindruck auch bewahrheitet hat. Ich schreibe ihr nur das Wort «mega».

Wieder am Tisch zurück, nimmt Phil meine Hand in die seine – und mir läuft es heiß und kalt den Rücken runter. Es fühlt sich überhaupt nicht richtig an, denn eigentlich müsste hier doch mein Ex-Mann meine Hand halten. Ich habe nie etwas anderes gewollt! Und auf der anderen Seite prickelt seine Berührung so sehr, dass ich mich nach Monaten der tiefsten Trauer endlich wieder lebendig und offen fühle! Dennoch halte ich die Berührung nicht sehr lange aus und ziehe meine Hand wieder zurück.

Er erzählt aus seinem Leben, von seinem Job und seinen Plänen, auch den finanziellen, bis zur Pensionierung. Seine Ex-Frau habe ihm *«alles genommen»,* erzählt er, weil sie sich über Jahre hinweg nicht scheiden lassen wollte und sich auf seine Kosten bereicherte. Sie sei im Zweitberuf Jugendarbeiterin, habe aber nie gerne gearbeitet. Sie sei einverstanden gewesen damit, Hausfrau und Mutter zu sein, bis die Kinder selbständig wären. Aber sie habe ihn danach mit Vorwürfen überschüttet, weil er so viel abwesend und nur mit dem Studium und seinen Jobs beschäftigt war.

Seine drei Kinder sind bereits erwachsen und in Weiterbildung. Auch das ist natürlich alles nicht umsonst und kostet viel Geld. Dazu möchte seine Tochter demnächst heiraten, und auch das kann sie nicht selbst bezahlen, weil sie noch kein Geld verdient. Da kam ihm das Job-Angebot einer der großen deutschen Volkskirchen äußerst gelegen.

Nun betreut er als pastoraler Mitarbeiter eine mittelgroße Kirchengemeinde. Er zeigt mir die Postkarte, die er zuvor mit dem Kugelschreiber aus der Tasche gezogen hatte. Darauf ist eine aparte Kirche abgebildet. *«Hier bin ich tätig. Es gefällt mir sehr gut.»*

Er drückt mir die Postkarte in die Hand. Es sei das Kontrastprogramm zu der riesigen Gemeinde, die er zuvor mitbetreut hatte. Ein großer Unterschied manifestiere sich auch in den Predigten: Wenn er heute (was eher selten vorkomme) noch auf der Kanzel stehe, sei der Kontakt zu der Gemeinde näher und wärmer. Ich kann mir das sehr gut vorstellen, denn er hat eine wunderschöne, tiefe und männliche Stimme.

Phil spricht ein «reines Hochdeutsch», und es wirkt auf mich sehr anziehend. Seine pastoralen Aufgaben seien heute abwechslungsreicher, berichtet er weiter; er gehe mit den Senioren auf Reisen, mit Schülerinnen und Schülern zu Konfirmations-Freizeiten und halte auch Hochzeits- und Abdankungs-Ansprachen, bereite für Ostern und Pfingsten Messen vor. Kurzum: ein schwerbeschäftigter, theologisch gut geschulter Mann mit vielen Aufgaben, aber gleichzeitig gut aufgehoben in einem großen intakten Team.

Eigentlich, so sagt er, sei es sein Plan gewesen, mit seiner neuen Lebensgefährtin ganz neu zu beginnen, aber auch sie habe ihn «sitzenlassen», nach sechs Jahren Beziehung.

Ich bin zutiefst beeindruckt und habe augenblicklich das Gefühl von Minderwertigkeit und Nicht-Genügen. Meine Bedenken, ihm intellektuell nicht gewachsen zu sein, zerschlägt er jedoch umgehend! Und wirklich, ich habe keine Sekunde das Gefühl, dass er sich damit brüsten will, was er bis dahin schon alles studiert und gearbeitet hat, nein, er will einfach aus seinem Leben erzählen.

*«Und ich will, dass du den Phil in mir siehst, der ich bin – und nicht den pastoralen Mitarbeiter, der als Hirte vor der Herde steht und andere Menschen führt und leitet.»* Ich schmunzle. Das fällt mir jetzt unweigerlich schwer.

Er versichert mir, dass er nun lieber eine bescheidene und «bodenständige» Frau möchte. Ganz sicher keine mehr mit Studium, die ihm nur andauernd vorhält, seinetwegen auf die Karriere verzichtet zu haben, und ihm «ein Leben lang» Vorwürfe macht, dass er in all den Jugendjahren der Kinder nie Zeit investiert habe ins Familienleben, weil er ständig am Studieren war.

Nun sind aber seine Ex und auch seine neue Lebensgefährtin inzwischen Vergangenheit, und er lebt bereits seit zwei Jahren als Single. Also allein. Und suchend. *«Da, wo ich jetzt bin, möchte ich alt werden und meinen Lebensabend begehen.»* Seine Umgebung, die Menschen und die Arbeit, alles gefällt ihm außerordentlich gut, die Menschen seien alle nett und warmherzig. Sie sind fleißig und freundlich und haben ihn sehr gut aufgenommen und willkommen geheißen. Selbst wenn sie in seiner Gegend vielleicht eher zurückhaltend und minimal geizig seien, findet er die – eher ländliche – Mentalität sympathisch. Beruflich sei er schon längst angekommen. Das Leben für Gott und im Dienste der Menschen, dazu fühle er sich berufen.

Die Zeit zerrinnt. Er hat einen Salatteller mit Hühnchenbrust und Kartoffelchips gegessen, und bei mir war nach der Vorspeise schon Schluss – denn mein Magen war der ganzen Aufregung nicht so recht gewachsen.

Leider sind bereits nahezu vier Stunden verstrichen. Es war keine Sekunde langweilig, und das Bedürfnis nach «mehr von dem» ist da, auf beiden Seiten. Aber wir müssen uns auf den Weg in Richtung Bahnhof machen.

Als es ums Zahlen geht, fragt er, ob ich die Getränke übernehmen möchte. «Natürlich!», erwidere ich. Ich weiß nicht, ob es heute noch dem allgemeinen Trend entspricht, die Frau beim ersten Date einzuladen. Früher war es so. Und wie gesagt, ich mag «old school»-Werte. Aber ich begleiche das gern, und im Gegensatz zu ihm, der sich von der

Kellnerin gar die zwanzig Rappen zurückgeben lässt, gebe ich sieben Franken Trinkgeld.

Ich bin nicht immer ganz so großzügig, nein. Aber mein Vater und mein Ex-Mann waren beide im Service angestellt gewesen, und ich weiß, dass das nicht gerade die lukrativste und familienfreundlichste Tätigkeit ist. Mein Papa hatte uns beigebracht, jeweils mindestens fünfzehn Prozent Trinkgeld zu geben, und da Phil nun nichts mehr übrig hatte für die gestresste, aber sehr nette Kellnerin, übernahm ich das spontan.

Er fragt mich umgehend: «Hast du jetzt der Frau tatsächlich sieben Franken Trinkgeld gegeben?!» Er scheint fast bestürzt. Als ich ihm erkläre, weshalb ich das getan habe, versteht er es zwar, meint aber, da hätte es «ein Franken ja auch getan ...»

Wir brechen auf. Erfüllt verlassen wir das Restaurant und schlendern Richtung Bahnhof. Phil kommt richtig ins Schwärmen über diesen Abend und fragt, wie es mir gefallen hat. Ich versichere ihm, dass es ein wunderbarer Abend war und ich mich einfach nur wohlgefühlt habe.

*«Kannst du auch bejahen, was ich über meine sexuellen Vorstellungen und Erwartungen gesagt habe?»,* fragt er weiter.

«Ja, das kann ich, wenn wir uns sehr gut kennen, du mir Zeit gibst und ein geschützter Rahmen gegeben ist!»

*«Dann lass mich dich bitte drücken und umarmen und gemeinsam darauf hinarbeiten.»*

Ich kann mir in dem Moment nichts Schöneres vorstellen und fühle mich glücklich.

Er sagt, dass er gerne vorschlagen möchte, ein Hotelzimmer zu nehmen, jedoch ohne Hintergedanken, einfach damit wir uns noch genießen können. Aber ich lehne ab. Es war auch so bereits schön gewesen, und es gibt derart viele Eindrücke zu verarbeiten. Und am Ende ist es mir wichtig, bei meinem «Leitfaden» zu bleiben. So war es geplant, also bleiben wir dabei.

Er sagt, er könne auch erst den Zug nach Mitternacht nehmen; er würde auch die vier Stunden Aufenthalt hier bei mir auf sich nehmen. Aber auch das lehne ich schmunzelnd und geschmeichelt ab.

Ich bringe ihn bis zum Gleis und bin gespannt, wie der Abschied wird. Wie verhält man sich jetzt? Sind wir bereits zusammen? Wird er mich küssen? Ich bin jetzt noch mehr gespannt und noch nervöser als um 18 Uhr. Wir haben nur noch einige Minuten, und er muss einsteigen. Als er mich zu küssen versucht, drehe ich mich weg und umarme ihn. Mir ist mein Verhalten peinlich, aber ich kann ihn hier und jetzt nicht küssen. Wenn ich es auch noch so sehr gewollt hätte, ich kann nicht.

Ich entschuldige mich, aber er winkt ab: *«Wir haben noch so viel Zeit. Ich freue mich!»* – Kurz nach 22.00 Uhr fährt sein Zug ab in Richtung Deutschland …

Ich bin zwanzig Minuten später zu Hause, und bereits wartet die erste WhatsApp-Nachricht auf mich: dass er an mich denken muss, und dass er ganz erfüllt sei – das erste Mal seit langem. Seit zwei Jahren, um genau zu sein.

Mir geht es gleich.

Er sitzt alleine im Abteil und beschreibt, was er jetzt gerne mit mir tun würde. So in «sicherer Distanz» bin ich weitaus gelassener und nicht verklemmt. Ich sage ihm aber, dass ich einen Kirchenmitarbeiter weder in erotische Gespräche verwickeln möchte noch sollte, aber er erwidert, dass er dafür jetzt gerade sehr empfänglich und offen sei. Also lasse ich mich auf das Flirten ein.

Er ist schließlich mein zukünftiger Lebenspartner, denke ich im Stillen, und er wird noch viel mehr von mir sehen und hören und besitzen.

Ja, das glaubte ich zu dieser Zeit felsenfest.

Am nächsten Morgen erwartet mich eine kurze Mail von Phil:

*«Gestern war wohl Weltglückstag?! (Smile!) Für mich jedenfalls war es ein sehr glücklicher Tag. Ganz bestimmt mit Wiederholungsfaktor.*

*Kennst Du Eckart von Hirschhausen, den Arzt und Comedian? Er verrät sieben Dinge über das Glück. Schön zu lesen. Man schmunzelt mehr als einmal. Humor mit Tiefgang. Lieber Gruß, Phil.»*

«Hi Phil, ich mag Hirschhausen sehr, ich habe das Buch ‹Glück kommt selten allein› vor einiger Zeit gelesen, auch was er über die Liebe sinniert.

Gestern war also der Weltglückstag, und ich finde es so schön, dass ich nun endlich auch ein Datum habe, das mit Schönem verbunden werden kann. Ich habe zwei, drei sehr traurige Daten in der Vergangenheit …

Zuerst möchte ich Dir aber nochmals danken für gestern! Ich danke Dir, dass Du die Reise auf Dich genommen hast, um mich kennenzulernen. Als ich Dich zum ersten Mal sah, stimmte es einfach. Ich erwartete Dich. Ich habe mir gar keine Vorstellungen zurechtgelegt; das Einzige, was ich fürchtete, war, dass wir nicht wissen werden, was reden. Das war aber von Anfang nicht so!

Die Begegnung war sehr vertraut. Lustigerweise war der Umstand, dass Du Cembalo spielst (wie ich ja noch im Bahnhof erfahren habe), auch ein innerlicher Eisbrecher für mich. Davon erzähle ich Dir dann mehr, aber es gibt eine Liste, die ich unserem Papa im Himmel geschrieben habe, mit einigen Wünschen drauf … und wenn ich zuweilen ganz für mich lachen musste und Du nicht wusstest, wieso, konnte ich vielleicht gerade einen Punkt von der Liste abhaken …

Ich hoffe nicht, dass Du es zu irgendeinem Zeitpunkt ernst gemeint hast, als Du fragtest, ob ich es mir noch überlegen wolle mit Dir. Mach Dir keine Sorgen, ich muss nichts mehr überlegen! Ich habe mir die Sache mit Dir sehr gut überlegt, auch was ich Dir alles schreibe (etwa Intimes) und was ich Dir von mir zeige … Ich kannte ja Dein Alter, und nichts hat gegen Dich gesprochen!

Ich habe mich in Deiner Gegenwart sehr wohlgefühlt!

Es ist wahr, der Umstand, dass Du so sehr studiert bist, hat mich verunsichert! Ich habe Dir das auf WhatsApp zu erklären versucht. Es geht darum, dass ich mich dann frage: Wer bin ich schon? Was kann ein ‹solcher Mensch› (richtig verstehen!) denn schon in mir sehen? Was kann ich ihm schon bieten? Was denken Leute, wenn sie den Herrn Kirchenverantwortlichen sehen, und der hat eine tätowierte Frau? (Nicht meinetwegen! Ich liebe mich so! Nein, deinetwegen!)

Aber weißt Du, was? Dann komme ich wieder zurück zu mir und sehe, wozu Gott mich erschaffen hat, wo meine Gaben sind und was ich gut kann: Ich kann lieben, ich kann ganz (Ehe-)Frau sein. (Ich sage jetzt mal Ehefrau, um von Frau zu unterscheiden, oder ich kann auch ‹Partnerin› sagen.) Ich habe im Profil geschrieben, dass ich meinen Mann gerne ergänzen würde – dazu bin ich gemacht. Ihn zu lieben und zu ehren, und für mich hat es gar keinen Beigeschmack, dass der Mann mein ‹Haupt› wäre. Darum: ‹ergänzen›. Du würdest dann den intellektuellen Teil übernehmen. Hihiii!

Ich hoffe, es war für Dich kein Problem, wenn ich Dich noch mit ‹Wiedersehen, werter Herr Seelenhirte› verabschiedet habe!? Ich will Dich in gar keine Schublade stecken. Ich habe den Phil kennengelernt, und den will ich auch weiter kennenlernen. Ich finde es sehr faszinierend, dass Du Theologe bist. Mein größter Wunsch ist für mich ein Mann, der Gott liebt. Und das tust Du …

Ja, ich bin unsicher. Nicht deinetwegen … sondern weil die Anfangszeit halt ‹unsicher› ist. Wohin geht die Reise? Aber das müssen wir ja noch nicht wissen. Für mich ist es das Wichtigste, dass Gott mich und uns führt. Denn er macht es gut – wie er es ja immer macht!

Fakt ist, dass ich Dich sehr gerne wiedersehen würde. Ich möchte viel mehr von Dir wissen. Wir müssen noch ganz viel austauschen. Ich will auch Deine heiklen Themen kennen, die Du angesprochen hast. Die scheinen wichtig zu sein! Ich möchte Dir auch *meine* heiklen Themen anvertrauen! Und ich möchte Dich bitten, mit mir geduldig zu sein.

Ich komme aus einer Langzeit-Ehe, und es ist ganz, ganz, ganz neu für mich, einem Mann so in die Augen zu schauen, ihn zu riechen und auch zu berühren.

Es wird alles ein wenig Zeit brauchen. Aber es wäre bestimmt lohnenswert. Es wäre schön, wenn wir immer ehrlich sein können miteinander, und wie gesagt, ich brauche es, dass Du ehrlich bist. Falls es für Dich nicht stimmt, bitte sage es geradeheraus. Und wie Du seit gestern weißt, bin ich nicht höflich (kann ich schon), sondern ehrlich!

Es würde mich mega freuen, wenn wir noch mehr Zeit miteinander verbringen und uns kennenlernen könnten. Ohne Druck und ohne Erwartungen …Es gibt tausend Dinge, die ich fragen will, und tausend Dinge, die ich erzählen will … Ich freue mich sehr auf mehr von Dir und bin gespannt, wie sich die Sache entwickeln wird, Schritt für Schritt. Auf bald, Christina.»

*«Hi liebe Christina, uhh, so viele Gedanken! Aber tausend Dank für Deine so lieben, klaren, höflichen und ehrlichen Worte! Deine Worte, von Anfang an, und Deine Ausstrahlung, nicht erst seit gestern, haben Anziehungskraft auf mich … Welche, das sag ich Dir wohl mal persönlich und privat … upps …*

*Ich sitze im Zug nach W. und habe da noch ein Meeting. Darum kann ich auch nicht so viel schreiben jetzt. Rest folgt. Aber die Zugfahrt gestern ist mir sehr lebendig in Erinnerung, wenn Du verstehst. Hat mich unglaublich gefreut, dass Du noch etwas zu gestern gesagt und geschrieben hast! Du hast so einen souveränen und selbstbewussten Eindruck auf mich gemacht, stark. Nix von wegen unsicher … Aber jetzt kann ich Dein Lächeln besser verorten. Was steht noch auf der Liste, außer Tasteninstrument spielen …? Ich bin gespannt darauf, wie ich auch gespannt bin auf mehr von Dir. Bis bald. Sende Dir liebe Grüße, hab einen schönen Abend! Phil.»*

Die versprochene längere Antwort schickt er mir kurz darauf:

Leider können wir uns in der nächsten Woche und den zwei kommenden Wochenenden nicht treffen, sagt er, denn er fährt nach Österreich, bevor dann noch all die kirchlichen Feiertage anstehen. Es ist kurz vor Ostern und Pfingsten. Er hat zuvor noch einige Tage Urlaub, und die braucht er.

Als kirchlich stark in Verantwortung stehender Mitarbeiter werden für ihn romantische Treffen an Wochenenden sowieso schwierig, das ist mir sehr bewusst. Für mich spielt das gar keine Rolle, denn ich stelle mir vor, dass ich vielleicht zuerst eine Fernbeziehung führe oder einfach eine, die langsam beginnt. Das steht auch so in meinem Profil. Ich glaube, instinktiv möchte ich mich dadurch schützen und mir die Möglichkeit geben, es «langsam angehen zu lassen».

Darum ist es für mich völlig okay, wenn wir uns am Anfang wenig sehen, vielleicht nur alle zwei, drei Wochen.

Ich kenne seinen Beruf so ungefähr und weiß, dass er sich nebenher noch in einem anderen Bereich selbständig machen möchte. In welchem, weiß ich nicht genau. Etwas in Richtung Öffentlichkeitsarbeit.

Phil ist ein Vielbeschäftigter (ein «Philbeschäftigter»!). Das kann ich ohne Zögern akzeptieren und kommt mir sogar entgegen. Ich möchte «unsere Beziehung» stetig aufbauen. Auch er bevorzugt es, langsam voranzugehen, so sagt er mir. Was er sich darunter vorstellt, erfahre ich dann erst später.

Wir schreiben uns täglich auf WhatsApp. Immer wieder Grüße, zwischendurch auch mehr und länger. Eines Morgens schickt er mir den Segen eines unbekannten Autors:

*«Gott beschütze dich auf deiner Reise. Er sei dir Brücke an Flüssen, Dach im Regen, Kompass in der Wildnis, Schatten eines Baumes, das Lied in deinem Herzen, das Lächeln der Menschen, die dir begegnen, die helfende Hand in Bedrängnis, ein sicherer Weg, wohin du auch gehst. Das Licht Gottes möge vor dir leuchten und die Schatten hinter dich zurückfallen lassen. So behüte dich der allmächtige, treue Gott auf deinen Wegen.»*

Ich bin ergriffen! Ich weiß natürlich, dass jeder Menschen einen andern segnen kann und dass es nicht auf die Person ankommt. Aber so «privat» von einem Kirchenmann, «meinem Zukünftigen», derart «exklusiv» gesegnet zu werden, das löst etwas in mir aus. Ich weine sogar, derart berührt bin ich.

Ich habe 16 Jahre lang für meinen Ex-Mann gebetet, dass er Jesus kennenlernen möge. Aber jetzt von (m)einem Mann gesegnet zu werden, erfüllt mein Herz mit Freude, Jubel und Dankbarkeit.

Aktuell ist er bei seiner Mutter. Es steht ein Familienfest an, sie feiert Geburtstag. Alle werden dort sein, seine drei Kinder, seine Geschwister, deren Partnerinnen und Partner sowie einige Nichten und Neffen. Er freut sich nicht unbedingt darauf; es gibt ein paar Probleme in der Familie.

Seine Ex-Frau hat er soeben auch zum Kaffee getroffen. Ihre gemeinsamen Kinder wohnen zwischendurch auch mal bei ihr, wenn sie in der Gegend sind. Sie bilden sich alle drei auswärts weiter. Er erzählt, dass er seine Ex-Frau nicht länger als eine Stunde aushält, sie sei eine unzufriedene, undankbare, ständig nörgelnde und irgendwie merkwürdig negativ eingestellte Person. Aber weil er ja «dem Frieden hinterherjagen möchte», trifft man sich alle paar Monate für ein Stück Kuchen und eine Tasse Kaffee. Auch der Kinder wegen.

Ich finde diese Einstellung durchaus löblich.

Wir wünschen uns jeden Abend «Gute Nacht», mal spannend und mit Tiefgang, mal eher kurz und sec, aber der Kontakt reißt nie ab, auch wenn er nicht immer gleich intensiv und gleich aufregend ist.

Nach zehn Tagen ist er wieder daheim, und für ihn steht nun die anstrengendste Zeit des Jahres an. Natürlich ist mir klar, dass die Tage rund um Ostern für Kirchenleute Hochsaison bedeuten. Da er neben der Hauptkirche auch noch in drei, vier kleineren dörflichen Gemeinden pastorale Dienste übernehmen muss und darf, ist er jeden Tag auf Achse: Gründonnerstag, Karfreitag, Karsamstag, Ostersonntag, Ostermontag. Danach dasselbe auch wieder an Auffahrt und Pfingsten. Und schon steht er auch wieder in den Vorbereitungen zu den Dreifaltigkeitssonntag-Gottesdiensten. So geht das nun laufend. Und ich finde seine Welt sehr faszinierend!

Darum habe ich auch Verständnis, dass er mir erst drei Tage später wieder eine Mail schreibt, um sich zu bedanken für mein Geburtstagsgeschenk an ihn.

Er sagt, dass er erst jetzt die Post erledigt habe. Er hat dermaßen viel zu tun, «dass das Private oft liegenbleibt».

Ich hatte hin und her überlegt, was ich ihm schenken möchte. Ursprünglich wollte ich ihm eine Flussfahrt schenken. Es gibt da viele romantische Angebote, zum Beispiel «Erleben Sie das Elsass im Sternenglanz» oder so in der Art. Natürlich zu zweit!

Gott sei Dank hatte ich zu dieser Zeit sehr viel Kontakt zu meinen Schwestern, zu Francesca, meiner besten Freundin, und zu engsten Vertrauten inklusive meiner ältesten Freundin Silke, die mir alle beratend zur

Seite standen. Meine Schwester fragt mich, ob dieses Geschenk nicht ein wenig allzu früh komme.

«Eigentlich nicht! Denn ich bin doch mit Phil zusammen.» – «Bist du das?», fragt sie mich. Nun, um ehrlich zu sein, weiß ich das ja gar nicht. Aber ich gehe davon aus. Unsere Gespräche, das Flirten, sein Verhalten, sein Beteuern … Deshalb: «Ja, ich *denke* schon.»

Doch meine Schwester schlägt mir eine würdige Alternative vor: einen Foxtrail. Das ist eine touristische Schnitzeljagd durch eine bekannte Stadt. Es gibt verschiedene Laufrouten, auf denen man bei gewissen Posten Fragen beantworten muss, um dann wirklich voranzukommen. Gleichzeitig werden geschichtliche Dinge erklärt, und man lernt so die Stadt kennen. Ich finde die Idee klasse, denn auf diese Weise wird Phil noch etwas mehr über die Schweiz erfahren!

Ich bestelle also die Variante mit anschließendem «Aperitif für zwei». Meine Schwester meint, dass das gar nicht verkehrt sei, weil ich dann unterwegs beobachten kann, wie er mit gewissen Aufgaben umgeht und sich im «Alltag» verhält – und nicht nur beim «Daten»!

Mir fällt auf, wie sehr ich auf die Unterstützung von meinen Lieben angewiesen bin. Ich bin so unerfahren und zuweilen auch unwahrscheinlich naiv. Oder um es richtig zu sagen: ganz bestimmt «völlig aus der Übung». Noch ist nichts «selbstverständlich» für mich.


Ich kaufe den Gutschein und gebe dafür so viel Geld aus, wie ich das nicht mal für meine beste Freundin Francesca bei ihrem vierzigsten Geburtstag getan habe. Das ärgert mich heute noch. Wobei sie einen exklusiven Gutschein für einen Besuch bei der Kosmetikerin bekommen hat.

Mich reut das Geschenk an Phil gar nicht, das ist nicht der Punkt. Wenn ich schenke, dann schenke ich immer von Herzen. Ich habe Phil bewusst auch auf die Karte geschrieben, dass er diesen Gutschein gerne nutzen darf, und zwar mit wem auch immer er das tun will – und das meinte ich auch so!


Ich hoffe mittlerweile, dass er ihn eingelöst hat und dabei einmal kurz an mich gedacht und die Dinge bestenfalls auch reflektiert hat …

Anyway, für mich ist es in jenen Tagen klar und auch ganz einsichtig, dass angesichts der vielen Festtage und angesichts von Phils Verpflichtungen etliche Wochen vergehen werden bis zu unserem zweiten Date. Er ist mit seinen Diensten und den Pflichten als Seelsorger, Helfer und Hirte mehr als eingespannt. Für mich ist das gegessen, ich verstehe das.

Umso mehr freue ich mich, dass er sich an einem Samstag freistrampeln kann und zu mir kommt. Er beteuert mir jeden Tag, wie sehr er mich vermisst und dass er es kaum erwarten kann, bis wir uns wiedersehen und uns noch besser und tiefer kennenlernen können.

## 23 | Zweites Date mit Phil

Endlich ist es soweit. Ich hole Phil wieder vom Bahnhof ab, und wir fallen uns in die Arme. Wir stehen ganz lange dort, umarmen uns und halten uns fest. Er ist mir so nah.

Wir beschließen, vor dem Mittagessen einen kleinen Spaziergang zu machen. Ich führe ihn zu «meinem» Aussichtspunkt, den ich seit meinen Zeiten des Zerbruchs fast täglich besuche; es ist für mich ein Zufluchtsort geworden. Hier schaue ich jeden Tag auf die Stadt hinunter und sehe, dass sie konstant und jeweils fast unverändert vor mir liegt. Und doch ist sie nicht jeden Tag gleich – leicht zu erkennen am kleinen Rebberg, der sich vor einem ausbreitet, und an den Hunderten von verschiedenen Farben je nach dem aktuellen Stand der Sonne. Auf meinem Instagram-Account teile ich jeden Tag ein Bild mit meinen Liebsten oder mit denen, die es sehen wollen.

Phil und ich machen eine kurze Verschnaufpause auf der kleinen Sitzbank, genießen den wunderschönen Ausblick auf die Stadt. Wir sind vertieft in ein Gespräch, und er erzählt mir von seiner letzten Lebenspartnerin. Mit ihr hat er mit einem längeren Unterbruch insgesamt etwa sieben oder acht Jahre zusammen verbracht, aber eigentlich hatte es «schon länger nicht mehr gestimmt», so Phil.

Sie haben nie zusammen gewohnt, hatten gemeinsam aber zwei wunderschöne und anschmiegsame Katzen und ein Pferd in den Stallungen eines Bauern, und er sagt, dass er die drei Tiere heute fast noch mehr vermisst als diese Frau. Ich habe keine Haustiere, geschweige denn ein Pferd, und kann das folglich nicht nachvollziehen, aber meine Freundin musste so lachen und versteht, was er meint, als ich ihr von dem Treffen berichte.

Es fühlt sich so gut an, mit Phil zu reden und seine Nähe zu spüren. Kann es denn sein, dass Zeit so schnell verrinnt, wenn wir zusammen sind?

Wir nehmen wieder den Weg unter die Füße und gehen in ein Restaurant. Wir können unsere Blicke kaum voneinander lassen, wir lächeln und können unsere Zuneigung auch nicht verbergen. Wir sind voneinander angetan, ja, wir sind wirklich aufeinander fokussiert. Alles um uns herum ist zwar auch noch da, bekommt jedoch keine Aufmerksamkeit von uns. Wir nehmen auch keine anderen Menschen um uns herum wahr.

Es gibt nur uns!

Wir bestellen beide etwas Leckeres zu essen. Während der Mahlzeit erzählt er mir, dass er in den kommenden Wochen für die Seelsorge eingeteilt ist. Seelsorge am Telefon, Seelsorge im Krankenhaus, Seelsorge bei Hausbesuchen, Seelsorge in persönlichen Gesprächen. Anschließend muss er mit den Jugendlichen in das «Konf-Camp» irgendwo in einem Haus in der Pampa. Er weiß noch nicht genau, wann wir uns wiedersehen können, weil er ja noch an den weiteren Projekten arbeitet, aber er will versuchen, spätestens in vierzehn Tagen wieder hier zu sein.

Ich beruhige ihn und sage, dass ich vollstes Verständnis habe – er soll sich bitte nicht stressen. Ich sage aber auch, dass ich mich wahnsinnig freue aufs nächste Treffen. Meine Sehnsucht ist zwar jetzt schon groß, obwohl er in diesem Moment ja gerade hier vor mir sitzt! Aber ich verstehe schon, dass seine Arbeit im Moment noch Priorität hat. So erklärt er es mir auch. Er sagt, dass er all diese Termine geplant hat im Hinblick darauf, dass er ja alleine war. Er konnte nicht ahnen, dass er – so seine Worte – *«eine so bezaubernde Frau»* wie mich kennenlernen wird.

Darum muss ich mich also unbedingt noch ein wenig gedulden. Er sagt, er weiß, dass er mir viel zugemutet hat im letzten Monat, und dankt mir, dass ich so geduldig bin. Und er verspricht, dass es besser wird, und zwar schon sehr bald!

Ich beruhige ihn erneut und sage, dass ich vollstes Verständnis habe. Alle vierzehn Tage – das ist doch auch für mich der perfekte Rhythmus, von daher alles gut, alles passend und stimmig.

*«Wir können aber unsere Accounts bei ‹Himmlisch-Plaudern› löschen, wenn Du das auch so siehst!»*, schlägt er vor.

Nichts lieber als das! Das interpretiere ich als Statement für mich, für «uns». Natürlich, das bedeutet doch, dass wir nicht mehr länger suchen müssen und uns gefunden haben! Oder nicht?

Ich trug in dieser Zeit noch den Grundgedanken in mir, dass man sich trifft, sich ziemlich schnell füreinander entscheidet und dann zusammenbleibt. Partnerwahl in drei Schritten, sozusagen. Genau so unkompliziert war es mit meinem Ex-Mann gewesen. Wir hatten abgesprochen, dass wir eine Saison «unverbindlich» zusammenbleiben. Es wurden 23 Jahre daraus. Aber ich will sagen: Ich wusste nicht (oder hatte übersehen), dass es auch den langen Weg des Kennenlernens gibt. Und dass es hier eher auf diese Weise gehen wird. (Wie gesagt, unerfahren! Ich weiß.)

Dieser halbe Tag ist im Flug vorbei, und schon stehen wir wieder am Gleis. Er fragt, ob ich ihn küssen möchte, aber ich kann nicht. Noch nicht. Es sind Gefühle, die so stark verschüttet sind, dass ich mir auch gar nicht vorstellen kann, einen «fremden Mann» zu küssen. Ich mag Phil wahnsinnig gern, und ich bin von ihm überaus angetan, möchte ihn unbedingt noch viel näher kennenlernen und ihm nahe sein, aber Intimes kann ich mir in diesem Moment noch gar nicht herbeiwünschen. Da ist eine Anziehungskraft, ja – um es mit seinen Worten zu sagen. Aber verliebt zu sein, stelle ich mir anders vor.

Er akzeptiert das und reagiert sehr verständnisvoll und liebevoll. Wir nehmen uns in den Arm, und erneut lassen wir einfach die Zeit verstreichen. Ich schätze das ungemein, dass er so auf meine innere Befindlichkeit eingehen kann und nicht auf mich einwirkt, das jetzt zu ändern.

*«Ich vergesse immer wieder, dass Du aus einer 23-jährigen Ehe kommst. Das alles muss sehr schwer sein für Dich, denke ich mir. Wir haben ja Zeit!»*

Vierzehn Tage nach unserem zweiten Date ist Phil mit den Jugendlichen auf «Konf-Reise». Ich muss täglich lachen über die Anekdoten, die er mir erzählt, insbesondere über die Bemerkung, dass er sich langsam «zu alt fühlt» für solche Dinge. Er schickt mir täglich beeindruckende Fotos von dem Trip mit den Konfirmanden, aber viele Selfies: Er am Wasser, er auf einer Bank, er an einem Fenster, er in einem Café oder im Gras sitzend. Er vor einem Tor oder vor einer Skulptur. Er scheint jedenfalls froh, als alle gesund und munter wieder zu Hause angekommen sind.

Es ziehen weitere Tage ins Land. Phil macht keinerlei Anstalten für ein nächstes Date. Auch als die zwei Wochen erreicht sind, die wir ins Auge gefasst hatten, kommt nichts von ihm. Als ich nachfrage, erklärt er mir schlüssig, dass er erneut Sitzungen in B. und G. habe. Er sei in einer heißen Phase, was sein Projekt betrifft. Was das genau bedeutet oder beinhaltet, frage ich nicht. Dazu müsse er immer die Frühgebete organisieren, was bedeutet, dass er wenig Schlaf bekommt.

Natürlich habe ich wie immer (fast) vollstes Verständnis dafür. Aber irgendwie habe ich inzwischen ein komisches Gefühl. Ich spreche es jedes Mal offen an oder schreibe es auch: Falls es für ihn nicht stimmt, soll er es bitte offen sagen. Ich kann keine Gedanken lesen, sondern nur das Verhalten interpretieren.

Er beruhigt mich immer und versteht nicht, weshalb ich mich mit solchen Gedanken plage. Es sei alles in Ordnung, nur ein wenig stressig. Aber auch das wird sich ändern, das verspricht er mir. Er könne es ja auch kaum erwarten, dass wir uns endlich öfter sehen.

Wieder eine Woche später: Er macht weiterhin keinerlei Andeutungen für ein Date, und ich möchte nicht, dass er sich permanent entschuldigen muss. Ich möchte ihm einfach mitteilen, wie sehr ich ihn vermisse, und ich tue das, indem ich ihm einen Basilikum-Zweig schicke. Bei unserem letzten Date, als er gebratene Kartoffeln bestellt hatte, die stark damit gewürzt waren, erzählte er mir, wie sehr er Basilikum liebt. Ich nehme also einen duftenden großen Zweig und gestalte ihm eine

Karte dazu. Ich schreibe, dass ich ihm damit einen Wink mit dem Zaunpfahl geben möchte.

Er schreibt mir am nächsten Tag, dass er so überrascht ist und es sehr kreativ und witzig findet. *«Das hat noch nie jemand für mich gemacht, ich mag Deine unbefangene Art so sehr!»* Natürlich versucht er, so bald als möglich wieder zu kommen, schließlich denkt er jeden Tag an mich und vor allem auch abends, wenn wir beide im Bett liegen – getrennt – und uns schreiben und dadurch so nah sind. Und doch so fern ...

Wenn nicht dauernd seine Beteuerungen gekommen wären, wie sehr er mich mag und vermisst, hätte ich vielleicht eher verstanden. Aber da seine Aussagen mit dem Handeln nicht übereinstimmen, bin ich geblendet. Ich hatte und habe nach wie vor die Vorstellung: Wenn jemand mit mir zusammen sein will, setzt er alle Hebel in Bewegung. Abgesehen davon teilt man sein Verlangen mit. Vor allem mit der Betonung auf «Verlangen». Das tut Phil wirklich immer. Er schreibt jeden Tag nette kleine Botschaften, voller Wertschätzung und Anerkennung. Nur bleiben für mein Dafürhalten die Taten aus.

Da ich nahezu wöchentlich eine ICL-Beratungszeit mit meiner Freundin Silke habe, um meine Scheidung zu verarbeiten, spreche ich das an. Silke lebt in der Nähe einer mittelalterlichen deutschen Universitätsstadt. Wir sind bereits seit 33 Jahren befreundet; ich kenne sie von meiner Jugend her und habe als Teenager oft bei ihr und ihrer Familie gelebt. Sie ist mir immer eine sehr gute Freundin und enge Vertraute gewesen, wir haben unglaublich viel erlebt miteinander. Schönes und Tieftrauriges. Mein Vertrauen zu ihr ist hundertprozentig.

Silke war mir immer Vorbild: Ihre ganze Art, ihr Mutter-Sein, ihr Christin-Sein, ihr Ehefrau-Sein und ihr «Wieder-sich-selber-und-unabhängig-Sein», all das hat mir immer imponiert. Selbst über diese örtliche Distanz hinweg können wir diese ICL-Beratung wunderbar durchführen; Silke muss mich und meine Körpersprache gar nicht sehen, weil wir uns so gut kennen.

Über dreißig Jahre lang waren wir Freundinnen auf Augenhöhe. Seit dem Zerbruch unserer Ehe – und damit meiner ganzen Existenz und Persönlichkeit, meiner Ziele und meines Lebensinhalts, aber auch meines Selbstverständnisses – wurde sie zu meiner Seelsorgerin und Ratgeberin. Ich bin ihr von Herzen dankbar für die Zeit, die sie mir immer selbstlos und ohne etwas zu erwarten zur Verfügung stellt!

Ich bin ihr dafür so überaus dankbar, dass ich ihr gerne Zuwendungen zukommen lasse, ohne dass ich mich dazu genötigt fühle. Ich weiß, dass sie es von Herzen gerne tut. Genauso ich. Ich drücke mich sehr gerne über das Schenken aus.

Als ich ihr von den ersten Begegnungen mit Phil und seinen wunderbaren Mails, Worten, Briefen, Segnungen und Dates berichte, beschließt sie, sich auch mal auf «Himmlisch-Plaudern» anzumelden. Wer weiß, vielleicht warte für sie auch solch ein spannender und netter älterer Herr!

Ich finde das megawitzig, weil sie eigentlich nicht der Typ für sowas ist (aber wer ist das schon?!), und ich finde es schön, dass wir nun auch *diese* Erfahrungen und Erkenntnisse miteinander teilen werden. Es wird bestimmt viel zu lachen geben … Ja, in der Tat!


Nun erzähle ich ihr immer weniger von dem tollen Kennenlernen als vielmehr von meinen Zweifeln, meinem Verdacht, meinem «Nichtverstehen» dieser Situation.

Silke rät mir, ganz *bei mir selbst* zu bleiben. Immer zu fragen, was *ich* brauche. Was *ich* empfinde. Was *ich* will. Und bei dem dann auch zu bleiben. Ohne dauernd Kompromisse einzugehen.

«Ganz bei dir bleiben» – tja, mach das mal, wenn du 23 Jahre lang nicht wirklich dich selbst, sondern eine Art Abhängigkeit von deinem Mann gelebt und dich für die Kinder fast völlig aufgegeben hast! … Das ist mein Naturell, und ich bin dabei aufgeblüht. Aber jetzt ist es dran: *Ich* soll im Fokus stehen, selbst wenn ich versuche, eine neue Beziehung aufzubauen. Ich soll lernen: Meine Bedürfnisse auszusprechen (tue ich!). Meine Wünsche mitzuteilen (tue ich!). Und meine Gedanken zu offenbaren (tue ich!). – Gut!

# 24 | Drittes Date mit Phil

Endlich können wir uns wieder in die Arme schließen. Natürlich freue ich mich wie Bolle, aber es fühlt sich auch irgendwie «hart erkämpft» an. Es reicht zwar wieder nur für einen Abend und ein Nachtessen zu zweit. Aber immerhin, wir sind glücklich. Wir steuern rasch auf ein kleines, gemütliches und etwas verstecktes Restaurant zu.

Wie passend, wir sind ganz alleine! Ich habe mich meiner Stimmung entsprechend ziemlich hochgeschlossen gekleidet. Eine äußerst extravagante und auffällige Hose, dazu Gürtel und einen dunklen enganliegenden Rollkragenpullover. Eigentlich ist es meine Absicht, mich dezent im Hintergrund zu halten. Weil ich doch auch Ungereimtheiten festgestellt habe zwischen Phils Aussagen und seinem Verhalten. Darum will ich die Lage ein wenig beobachten, warten und ihn den Lead übernehmen lassen. Das habe ich auch mit meiner Kleidung ausgedrückt.

Statt meine defensive Haltung zu erkennen, ist er höchst angetan. Er sagt, dass er sich kaum sattsehen kann an meinem schönen Körper und dessen wunderbar weichen Rundungen. Das war alles andere als meine Absicht! Natürlich schmeichelt es mir, und ich freue mich darüber. Aber ...

... eigentlich möchte ich ja wissen, woran «wir» sind. Mit 50 und bald 60 fragt man natürlich nicht mehr: «Willst du mit mir gehen?» Das ist mir selbstverständlich klar, auch wenn ich sehr unerfahren bin. Dennoch möchte ich eine gewisse Sicherheit bekommen. Kann ich zum Beispiel im Freundes- und Bekanntenkreis sagen: «Ich habe da jemanden kennengelernt»? Es wissen ja bis jetzt «nur» meine Schwestern und meine zwei besten Freundinnen davon.

Er kann meine Gedanken überhaupt nicht nachvollziehen. Und beteuert stattdessen immer wieder, wie gern er mit mir zusammen ist, wie lebendig ich bin, wie kreativ, wie impulsiv und überraschend. Dass es überhaupt nichts mit mir zu tun hat, dass wir uns nicht so viel sehen, sondern einzig und allein mit seiner extrem stressigen Arbeit.

Aber eine konkrete Antwort gibt er mir nicht auf meine Fragen, und ich kann und will ihn nicht erneut so direkt darauf ansprechen, weil es mich Mut gekostet hat, es bereits einmal zu tun – und weil ich mir dumm vorkomme dabei.

Um mir zu beweisen, «wie sehr er mir vertraut», hat er endlich auch das ganze Album von der Südostasien-Reise dabei, die er mit seinen drei Kindern über Wochen hinweg unternommen hatte: Indonesien, Philippinen, Malaysia. Diese Fotos waren ja schon lange versprochen, und jetzt möchte er sie mit mir teilen. Hmm …

Irgendwie fühle ich mich schlecht. Ich will ihm ja keinen Druck auferlegen, will kein Unverständnis für ihn und keine Problempunkte in unserer Beziehung signalisieren. Ich nehme mir also vor, geduldiger zu sein und ihm zu glauben, dass er alles Menschenmögliche macht, um bald mehr Zeit für uns einzuplanen.

Wir haben eine gelöste Stimmung, und unsere Gespräche sind wie gewohnt tief und offen. Natürlich steuert er das Gespräch wieder in Richtung Sexualität. Ich erzähle ihm von der christlichen Sexologin Veronika Schmidt. Dass ich begonnen habe, auf ihrem Blog «Liebesbegehren» ein wenig zu schnuppern. Ich erzähle ihm, dass ich mir in der Trennungsphase vor meinem definitiven Ehe-Aus bei einem Seminar noch die zwei Ratgeber von Frau Schmidt gekauft habe.

Wir beide beschließen an diesem Abend, Veronika Schmidts erstes Buch zu lesen, das für uns Wichtigste jeweils anzustreichen und die Gedanken dann miteinander zu teilen. Natürlich, sagt Phil, lesen wir nicht gemeinsam, sondern getrennt voneinander, aber in derselben Pace. Ich finde seine Idee fantastisch. Denn so etwas habe ich mir immer gewünscht: «Gemeinsam entdecken, gemeinsam daran arbeiten, miteinander erfahren.» So können wir gut aufeinander eingehen, wenn es dann so weit sein wird, und sind vorbereitet füreinander.

Mich macht sein Vorschlag äußerst glücklich, ich bin total erwartungsvoll. Er sagt, dass er sich das Buch in den nächsten Tagen besorgt.

Er ist fasziniert von meiner Einstellung, aber er versteht nicht, wie selbstlos ich zu sein scheine. Er kann kaum glauben, dass ich das ernst meine mit meinen «old school»-Präferenzen, meinen biblischen Werten und meinen Gedanken und Überzeugungen zum Frau-Sein; Dinge, die ich bis anhin gelebt habe und die ich auch gerne so weiterleben möchte.

Klar kommt ein Wort wie «unterordnen» heute schräg rüber. Aber gerade Phil sollte doch wissen, wie es gemeint ist. Er bevorzugt eine selbstbestimmte und eigenständige Frau, denn das sei das Recht der heutigen Frauen, sagt er. Er kann das in mir auch erkennen, wie er sagt, und sieht keinen Widerspruch darin.

Und er hat recht: Ich bin beides, doch liegt das Eigenständige nicht in meinem Naturell. Dort sind vielmehr die Faktoren «Beziehungsorientierung» und «Beständigkeit» meine deutlichen Stärken. Die kommen bei mir ganz natürlich zum Tragen, die sind ganz automatisch da, müssen gar nicht extra abgerufen werden – in ihnen fühle ich mich sicher und «daheim».

Seine Frau hatte das: «eine traditionelle Frauenrolle und eine Familie». Wobei sie es ihm später anscheinend immer wieder zum Vorwurf machte und noch immer macht, wenn die beiden länger als eine Stunde zusammensitzen. Auch nach zehn Jahren Scheidung noch.

Er macht immer wieder Anmerkungen, dass er es wunderschön findet, wie ich mich heute gekleidet habe, aber dass er auch sehr gerne ein wenig «Ausschnitt» gehabt hätte, um meine bunte Haut, meinen Phönix!, zu sehen. Ich verspreche ihm, ein Bild zu schicken mit meinem japanischen Feuervogel auf dem Bein. Ich bin äußerst zufrieden mit diesem Kunstwerk, das mein rechtes Bein von ganz oben bis ganz unten ziert. Den Phönix auf dem Dekolleté kennt er von Fotos bereits.

Auch dieses Date ist wieder viel zu schnell vorbei. Weil wir uns kaum voneinander losreißen können, müssen wir uns extrem sputen, um den letzten Zug in Richtung Deutschland zu erwischen.

Es reicht noch für eine letzte knappe Umarmung, dann fährt der Zug bereits an. Eigentlich bin ich froh darüber, denn so stellt sich diesmal die Frage nach dem Küssen nicht.

Ich täte eigentlich nichts lieber als das. Aber ich fühle mich blockiert. Denn ein konkretes «Ja, wir sind zusammen» habe ich von Phil auch an diesem Abend nicht erhalten.

Um ihn zu küssen, brauche ich aber absolute Gewissheit. Klingt vielleicht unverständlich und altmodisch, ist aber so für mich. Silke fragt mich später, ob es denn so relevant sei für mich. «Man kann sich ja einfach mal kennenlernen, ohne zu definieren, was es ist», sagt sie.

Aber nein, das geht für mich nicht. Denn intime Gespräche führe ich nicht mit jedem Mann, den ich kennenlerne. Sondern die bleiben meinem Partner vorbehalten. Darum ist mir das auch so wichtig. Und wenn ich mit meiner Mutter oder einer Freundin telefoniere, würde ich gerne erzählen, was ich mit Phil erlebt habe – und das im Wissen, dass wir wirklich zusammen sind.

Und auch wenn wir nächstens mit dem Ratgeber «Liebeslust» von Veronika Schmidt beginnen wollen, wäre es mir lieb zu wissen, welche Beziehung wir denn jetzt konkret haben zueinander. Zwar wollen wir das Buch lesen, jedoch stehen für mich die sexuellen Gefühle dabei überhaupt nicht im Vordergrund. Wenn ich ehrlich bin, empfinde ich gar keine. Aber vielleicht werden sie ja wieder geweckt. Die Vorfreude darauf ist groß – das auf jeden Fall.

# 25 | Montags-Mail an Phil

«Guten Morgen, lieber Phil, eigentlich wollte ich Dir einen Trailer schicken, den sie am Sonntag im Gottesdienst gezeigt hatten. Der hat mich ganz tief bewegt. Es ging dabei ums Thema ‹Heimat›. Wir zwei haben ja auch schon einige Male über Heimat geschrieben und geredet.

Für mich sind Heimat und insbesondere Heimweh sehr große Themen (gewesen), weil sie am Scheitern unserer Ehe maßgeblich mitbeteiligt waren. Jemand, der seine Heimat nicht in Gott hat, der nicht verwurzelt ist in ihm, kann es mitunter sehr schwer haben … Ich bin Gott so dankbar, dass ich in Ihm sein darf und bei Ihm meine Heimat gefunden habe. Er ist meine Konstante in meinem Leben, selbst als alles, was mich ausgemacht hat, weggebrochen ist (wie ich eine Zeitlang dachte). Aber Gott sei Dank war und ist Er meine Heimat, das habe ich in den letzten Jahren erkennen dürfen.

Selbst wenn sich mein ganzes Umfeld verändert hat und ich mich von drei, vier sehr engen Freundinnen und Vertrauten trennen musste oder sie ganz verloren habe: Gott war da. Und meine beste Freundin ist darüber hinaus auch noch so eine Konstante, genauso wie meine Zwillingsschwester, meine Schwester, meine Mutter, meine älteste Freundin & Seelsorgerin und natürlich meine Söhne. Aber Heimat, wirkliche Heimat, das weiß ich jetzt, habe ich nur in Ihm.

Hm, lange Rede, kurzer Sinn: Ich schicke Dir den Trailer, sobald ich ihn habe.

Und hier nun also mein zweites Phönix-Mädchen.

Du weißt, dass ich stark tätowiert bin, und Du hast das eine oder andere gesehen, und wie Du mir immer beteuert hast, findest Du mich so anziehend und ästhetisch. Also, ab sofort zerbreche ich mir nicht mehr Deinen Kopf!

Ja, ich finde, sie ist wunderschön geworden und unterstreicht mein schönes Bein doch wunderbar! Und da ein Phönix weiblich ist, passt dieses Tattoo einfach zu mir! Sie hat Kraft für mich und steht wirklich für meine Wiederauferstehung und Wiederherstellung, die ich dank Jesus erleben durfte und darf! Natürlich würde es mich freuen, wenn sie auch Dir gefällt, aber ich verstehe auch, wenn *mann* es zu viel findet …

Mal sehen, wenn die Zeit dann gekommen ist, zeige ich Dir noch mein Rückenportrait, das für mich die größte emotionale Bedeutung hat und meine Geschichte in einem einzigen Bild ausdrückt … Aber wie sagen wir? Schritt für Schritt! Das braucht Vertrauen.

Ich danke Dir nochmals für den gestrigen Abend. Ich finde es sehr schön mit Dir, und ich kann entspannt sein in Deiner Gegenwart. Es fühlt sich stimmig an. Ich bin es nicht gewohnt, so viele Komplimente zu bekommen und stundenlang vertieft zu reden mit einem Mann; ich genieße es sehr. Danke dafür.

Schade, dass es vielleicht wieder etwas länger dauert mit dem Wiedersehen, aber Arbeit und Pflichten gehen vor. Ich freue mich jetzt schon zu hören, wie es wird, mit den Senioren auf Reisen zu sein! Ob es einfacher oder schlimmer wird, als eine Horde pubertierender Jugendlicher zu begleiten?! Ich kann mir das gut vorstellen, haha!

Und ich bin gespannt, wo es uns beide hinführt, in aller Ruhe und Gelassenheit. Aber mit einem ‹Ja› zueinander. Wenn wir das denn beide mögen und wollen!? Sei gesegnet, Christina.»

«*Hey, liebe Christina, auch ich danke Dir für den gelungenen Tag. Ich hoffe, wir wiederholen ihn bald.*

*Wow, das ist ein großes Kunstwerk, danke, dass Du mir das zeigst! Ich konnte kaum erwarten, dass Du die Mail schreibst und das versprochene Bild schickst.*

*Ja, das ist wahrlich eine weibliche Phönix, das sieht man ... und groß ... und wunder-wunderschön. Du bist ein Gesamtkunstwerk. Einzigartig und anziehend. Ich sage Dir dann bei Gelegenheit, was das gerade mit mir macht ... upps!! Diese Phönix muss eine hohe Bedeutung für Dich haben.*

*Ja, Heimat ... meine Heimat bleibt wohl teilweise S., aber mein wunderbares Zuhause ist hier, gewisse Menschen, die ich hier kennenlerne, tragen dazu bei ... und die andere Heimat, ja, die spüre ich auch jeden Tag. – Dankbar, lieber Gruß, Phil.*»

«Hallo, lieber Phil, ich find's mega schön, dass Du Deinen Ort als Dein ‹wunderbares Zuhause› siehst! Ich hoffe, dass Du Dich wohlfühlst und Dich auch in Zukunft wohlfühlen wirst und als ‹angekommen› erfährst!

Wie gesagt, wünsche ich Dir alles Glück der Erde, und Du sagtest, es liegt an Ihm. Aber wenn ich etwas weiß, dann, dass Er uns glücklich sehen will. Selbst wenn wir durch tiefe Täler oder dunkle Zeiten gehen. Davon hängt unser Glück nicht ab. ‹Ihm nahe zu sein, das ist ja unser Glück!›

Was ich mir auch wünschen würde, ist, dass Du ganz andere Erfahrungen machen kannst mit Deinem ‹Frauen-Bild›. Die Eigenschaften, die ich Dir gegenüber als mir wichtig benannt habe, sind bei Dir wohl leider eher negativ behaftet. Es tut mir extrem leid, dass Du solche Erfahrungen machen musstest!

Ich kann Dir nur so viel sagen dazu: Es gibt Frauen, die ihre Scheidung (trotz maßloser Ungerechtigkeit!) hinter sich bringen, ohne auch nur ein einziges schlechtes Wort über ihren Mann zu verlieren. Die sich auf gar keinen Kampf einließen noch verleumdet oder mit Vorwürfen bombardiert haben! Sondern sehr viel Ungerechtigkeit und Demütigungen eingesteckt haben. Die sogar auf alles verzichtet haben, ganz zum Widerwillen und zur Konfusion ihres Anwalts, weil sie wussten, dass es keine Gerechtigkeit geben wird und keine Genugtuung, außer wenn Gott Recht schafft.

Sie haben es auch aus Liebe getan, weil sie dankbar waren für die gemeinsame Zeit, weil sie ihrem Partner nicht sein Liebstes nehmen wollten und weil sie nichts mehr haben wollten, was sie noch irgendwie an ihn binden konnte!

Ich glaube einfach, dass wir ganz allein zuständig sind für unser Glück und es nicht vom anderen einfordern können, sollen oder dürfen. Aber ich glaube schon auch, dass zwei Menschen sich zutiefst glücklich machen können …

Selbst wenn die Ehe scheitert, kann umgekehrt ein Mann der Frau doch auch vergeben und dann weiter vorangehen, oder? Auch wenn das ganz, ganz schwer ist. Das geht aber nur, wenn man getragen wird; getragen von der Gnade, getragen von Gott.

Ich fände es spannend, mit Dir darüber zu reden, was Du Dir von Deiner Partnerin heute wünschst (außer *ich-weiß-schon-was*) und was Du brauchst, um ausgefüllt und angenommen zu sein. Wie sie sein sollte, und was gar nicht geht …

Es würde mich mega freuen, wenn wir noch mehr Zeit miteinander verbringen könnten. Wir sind jetzt in einem Alter und einer Position, in der alles sein kann, aber nichts mehr sein muss, und wir uns gelassen in Seinen Händen wissen dürfen! Und Er macht es gut! Er macht alles gut! Ist das nicht schön?

Ich wünsche Dir einen schönen Abend und gute Abreise morgen früh! Christina.»

Phil macht mit einer kleinen Reisegruppe eine fünftägige Reise quer durchs Herzen Deutschlands. Er schickt mir wieder täglich Anekdoten und Geschichten aus seinem Leben als Travel Guide. Am Freitagabend soll er zurück sein und will «unbedingt» versuchen, am Wochenende wieder zu mir zu kommen. Ich biete ihm wie jedes Mal an, dass wir uns auch anderswo treffen können. Aber gemäß seinen Erzählungen ist eine Person schwer erkrankt auf der Reise, er müsse jetzt alles organisieren, Transport, Sanität, Krankenhaus etc., und sogleich auch die Verwandten benachrichtigen.

Ich bin sehr bewegt, und es tut mir aufrichtig leid für alle Beteiligten. Er meint jedoch, dass die Person die Reise bis zum körperlichen Kollaps richtig genossen habe und sich später gewiss trotzdem noch gern an die Reise erinnere, zumal die Gemeinschaft untereinander bis zuletzt eine gute und freundschaftliche war.

Ich sage Phil, dass es für mich wichtig wird, dass wir unsere Termine zukünftig möglichst im Voraus planen – dass natürlich immer etwas dazwischenkommen kann angesichts seines Berufs, aber dass wir uns doch mal die Agenda vornehmen und beide schon mal «Termine» vereinbaren könnten.

Ich fühle mich nämlich je länger je mehr einer gewissen Willkür ausgesetzt. Wenn ich es anspreche, und das tue ich jeweils ganz direkt, werde ich immer plausibel überschüttet mit Komplimenten und Beteuerungen, was mich wiederum mundtot macht. Ich möchte ihn ja nicht einengen oder belasten. Denn er hat mir immer versichert, dass er direkt und ehrlich sagt, wenn ihm etwas nicht passt. Das will ich ihm glauben, letztlich ist er doch ein Mann der Kirche!

Aber auch wenn ich ihm das Leben nicht schwerer machen möchte als nötig: Was spricht denn dagegen, die wenige, kurze Zeit, die uns jeweils bleibt, im Voraus zu planen, wenn es doch beiden ein wichtiges Anliegen ist, dass es überhaupt zu Treffen kommen kann?

Wir sehen uns also die nächsten Tage nicht. Dafür bekomme ich via WhatsApp ein sehr berührendes und bewegendes Video zugeschickt. Er schreibt, dass das momentan sein Lieblingslied sei und genau seine Gefühle umfasst, wenn er an mich denkt. Er fragt, ob ich es kenne.

Nein, kenne ich nicht. Alle reden über das Lied von Lady Gaga, «Shallow» (aus dem Soundtrack von «A Star Is Born»), alle singen es auch –

Phil aber schickt mir den Song «Always Remember Us This Way», eine Ballade aus demselben Film.

Ich bin platt.

So etwas Romantisches!

Ich bin mir jetzt wieder (fast) sicher, dass er einfach nur extrem stark eingebunden ist bei der Arbeit. Alles wird gut! (Wird es?)

## 26 | Erschütternde Entdeckung

Ich liege im Bett und chatte mit Phil. Er hat sich das Buch «Liebeslust» von Veronika Schmidt noch nicht besorgen können. Klar, ich verstehe das. Ich frage, ob ich es ihm bestellen soll, aber er möchte es in der kleinen christlichen Buchhandlung «nebenan» kaufen. Er fragt, ob ich bereits ein wenig reingelesen habe in das Buch. Ja, habe ich. Aber um ehrlich zu sein, erst mal «rein faktisch». Trotzdem möchte er etwas davon hören. Also schreiben wir hin und her, in kurzen WhatsApp-Nachrichten.

Er kommt schnell in Stimmung. Mir fällt auf, dass er mir nicht sofort antwortet, was man ja unschwer an den zwei Häklein erkennen kann, sondern es verstreichen immer ein, zwei Minuten, trotz Online-Status. Ich frage ganz direkt, ob er noch mit jemand anderem chattet. Darauf er: «Nein wie kommst Du denn darauf? Ich bin nur gerade dabei, gleichzeitig noch die Fotos von der Reise zu bearbeiten!»

Mein Herz klopft, weil ich es einfach nicht glaube. Aber ich möchte ihm auch nichts Falsches unterstellen. Es wird eine spannende Unterhaltung, und ich bringe immer die Geduld auf, während er ständig verzögert antwortet.

Aber es gibt da eine neue ungewohnte «Kante» in mir, eine Unsicherheit, die ich nicht mehr wegbringe. Ich kann sie mir selbst auch nicht «wegbefehlen». Da ist ein klitzekleines, leises Stimmchen, das mich zu warnen beginnt. Ich mag es nicht, ich will es auch nicht, dieses leise Signal – aber ich kann es auch nicht ignorieren oder überhören; es schwingt jetzt immer mit in mir.

Ich sage Phil erneut in aller Deutlichkeit: Falls er noch mit anderen Frauen schreibt oder andere datet, soll er es mir doch bitte sagen. Er sei frei, und es sei ja sein Recht. Ich würde aber einfach gerne wissen, woran ich bin. Er besänftigt mich beinahe pikiert:

*«Wo denkst Du nur hin? Jetzt, wo ich Silber gefunden habe, will ich mich doch nicht mit weniger abgeben!»*

Welch überzeugende Worte! Ich glaube ihm, schließlich war es seine Idee, unsere Profile bei «Himmlisch-Plaudern» zu löschen, nicht meine.

Er macht aber auch bei diesem Chat keinerlei Anstalten, wenn es um das Thema «Erneute Verabredung» geht. Und ich möchte nicht die sein, die immer wieder darauf besteht. Andererseits erzählt oder schreibt er mir immer, was für eine Sehnsucht er hat und dass er mich unbedingt wieder treffen will – und auf der anderen Seite kommt, wenn ich es anspreche, permanent etwas dazwischen.

Die Agenda haben wir bis dato noch nie hervorgeholt, geschweige denn irgendwelche Termine vereinbart.

Er hat anscheinend am Laufmeter Arbeit, Termine, Sitzungen und Besprechungen. Aber irgendwie fühle ich mich auch öfters «benutzt»: Heiß chatten, ja gerne, da ist er immer dabei – ansonsten aber braucht bei ihm alles seine Zeit. Das geht für mich nicht ganz auf, je länger, desto weniger.

An dem Wochenende hat er ein erfreuliches Ereignis: Eine Trauung steht an. Und natürlich ist er auch dort hinterher eingeladen und feiert mit. Das freut mich für ihn, und ich frage ihn, ob ich am Sonntag ganz spontan auf einen Kaffee in seine Region kommen soll.

Er findet, dass es für mich ein zu großer Aufwand wird und dass er sich eigentlich nicht festlegen möchte. Vielleicht brauche er mal Erholung, bei so viel Stress. Aber er wolle sich in der kommenden Woche die Zeit nehmen und endlich zu mir kommen, schließlich schreibt er mehr als einmal: «Ich vermisse Dich so sehr.» Na dann …

Mittlerweile glaube ich ihm nicht mehr, aber es kommt auch nie eine konkrete Absage, die ich eigentlich inzwischen immer wieder mal erwarte. Ganz im Gegenteil: Er bittet mich immer, Geduld zu haben mit ihm.

Ich spreche mit Silke darüber. Und wiederholt fragt sie mich erneut, was *ich* will und was *meine* Bedürfnisse sind. Und weil ich diese beim Chatten ja angesprochen hatte, möchte sie mir raten, gar nichts mehr zu tun, sondern zu warten, ob von Phil noch was kommt. Auch das tue ich natürlich. Ich verhalte mich oft still. Denn Silke denkt wie ich: «Jemand, der bei dir sein will, der wird bei dir sein – und redet nicht nur davon!»

Sobald ich mich zwei Tage nicht bei Phil melde, kommt aber immer ein Foto, ein Lied oder ein Segen. Es ist nicht so, dass ich ihm andauernd hinterher renne und von ihm nichts kommt. Darum bin ich auch in einer Zwickmühle. Einerseits beteuert er mir in den schönsten Worten, wie sehr ich ihm gefalle, und auf der anderen Seite kommt fast nie etwas Konkretes, wenn es um ein Treffen oder ums Zusammensein geht.

Ich finde das Ganze einfach nicht transparent, und für mich ist das Reden und Schreiben nicht in Einklang zu bringen mit dem Tun und Handeln. Und wie sagt man doch so schön: «Taten sprechen mehr als Worte» …

Ich jedoch möchte transparent sein und sage Phil, dass ich erneut ein Profil auf «Himmlisch-Plaudern» anlegen werde. Ich habe das Gefühl, dass wir nach inzwischen mehr als fünf Monaten nicht wirklich weiterkommen, und deshalb möchte ich mich erneut ein wenig umschauen. Selbst wenn wir beide beschlossen haben, unseren Account zu löschen, um uns «Schritt für Schritt kennenzulernen und langsam gemeinsam voranzugehen; einfach mal nur auf uns konzentriert zu bleiben und gar nicht mehr auf andere zu schauen.»

Allerdings war das ja auch immer mit Phils Vorbehalt verbunden, bitte noch niemandem etwas zu sagen von uns und über uns. Dieses «uns» durfte es irgendwie einfach noch nicht geben. Und so habe ich es ihm eben nicht gesagt, dass es neben meiner besten Freundin Francesca auch bereits meine beiden Schwestern wissen. Und meine Freundin Silke.

Man kann keiner Frau dieser Welt empfehlen, ihren Mädels nichts zu sagen. Das geht nicht. Das sollte man nicht. Und das darf man auch nicht. Und schon gar nicht, nachdem sie wie ich durch eine so schreckliche Krisenzeit gehen musste. Da wollen sich alle mitfreuen und mitfiebern, wenn jetzt ein netter Mann ins Leben tritt. Für mich ist das selbstverständlich.

Und so lege ich an diesem Abend einen neuen Account an und bin …

… ziemlich erschüttert, als ich auf das Profil von Phil treffe und via Online-Status sehe, dass er «heute» aktiv war. Ich erschrecke heftig und schreibe ihm eine WhatsApp. Ich sage ihm, dass ich ihn entdeckt habe und dass wir doch auf seinen (!) Vorschlag hin übereingekommen seien, den Account zu löschen.

Er schwöre, so sagt er, dass er bloß mit dieser Frau aus Norddeutschland chattet, von der er mir bereits erzählt habe.

Ja, das ist wahr, er hat mir von ihr erzählt: Eine Frau, mit der er nie irgendwelche romantischen Ambitionen habe, sondern eher «Streitgespräche» führe, Gespräche über den Glauben. Er habe sie damit «herausfordern können». Und somit auch helfen können, «auf ihrem Glaubensweg zu wachsen». Sie sei anscheinend sehr gesetzlich und fundamentalistisch. Das waren seine Worte.

Dass er heute online war, sei «wirklich Zufall», behauptet er, und ich könne ihm vertrauen, dass ansonsten gar nichts parallel laufen würde … Er bezieht keine Stellung dazu, dass wir auf seine Idee hin abgesprochen hatten, beidseitig die Accounts zu löschen.

Ich bohre nicht nach und lasse es so stehen. Und ich werde es auch nicht mehr ansprechen. (Ein noch nicht ganz geklärtes Verhaltensmuster von mir.) *«Denn schließlich»*, so schreibt er, *«will ich Dich in drei Tagen besuchen und erneut in die Arme nehmen, liebe Christina! Endlich!»*

## 27 | Viertes Date – dann der Schock!

Ich stehe erneut am Gleis und warte auf Phil. Endlich ist er wieder bei mir. Die Umarmung ist innig und lang. Er möchte mich kaum loslassen.

*«Oh, wie habe ich dich vermisst! Nur in deiner Umarmung fühle ich mich richtig frei!»*, sagt er.

Wenn in den vergangenen Tagen noch Bedenken und Zweifel da waren, jetzt sind sie weg! Heute können wir beinahe einen ganzen Tag miteinander verbringen.

*«Endlich habe ich die Zeit, Christina, die dir angemessen und würdig ist. Heute gibt es nur uns.»*

Ich frage ihn, was ich ihm von meiner Stadt zeigen soll und was ihm gefallen könnte. Er meint, dass er mich sehr gerne auf ein Eis einladen möchte, als Belohnung, dass ich mich immer so sehr gedulde und mich hintanstelle. *«Bald wird alles besser. Versprochen, hoch und heilig! Bald.»*

Er hüllt das alles in wunderbare Worte, Gesten und Komplimente. Meine Vorbehalte sind bereits wieder ausgeräumt. Wir laufen eine Straße hinunter in Richtung Fluss. Ich möchte ihm eine Route zeigen, die ich ab und an laufe, wenn ich hier bin. Vorbei an meinem Tätowierer. Dieser teilt ein Studio mit zwei weiteren Künstlern. Die Tür steht offen, man hört das Surren der Maschinen. Ich rufe laut: «Das ist schöner als Musik!» Und Phil fügt an: *«Und ich dachte vorhin, für mich klingt das wie beim Zahnarzt!»* – Wir lachen beide.

Gelöst und Hand in Hand laufen wir zum Wasser runter und dann dem Ufer entlang. Wir unterhalten uns angeregt über den Glauben. Dieses Thema ist für mich in den letzten Wochen viel zu kurz gekommen, und ich bin dankbar, dass er meinem Wunsch entgegenkommt.

Wir halten zwischendurch immer wieder an und umarmen uns. Ich erzähle ihm von meinem Bekehrungserlebnis, das ich vor siebzehn Jahren hatte. Und von meinen Rhema-Worten: den Verheißungen, die ich von Gott bekommen habe und die mich begleitet und geprägt haben. Ich kann es kaum glauben, aber er kennt das Wort «Rhema» nicht. Auch nicht dessen Bedeutung. Obwohl er vor etlichen Jahren Griechisch lernen musste, was ihm allerdings nicht sehr lag.

Er findet mein Erlebnis sehr schön, sagt jedoch, dass er solch eine Geschichte schon lange nicht mehr gehört hat. Er mag meine Art des Glaubens und wie ich ihn zum Ausdruck bringe: «Kindlich und unbeschwert.» (Wie sonst?!)

Wir kommen beim Restaurant an, bestellen uns ein Eis. Es ist wunderbar, einfach so zusammen zu sitzen. Selbst wenn Phil jetzt das Handy immer wieder mal hervornehmen muss und Nachrichten abfragt. Er entschuldigt sich dafür, aber es sei wichtig. – Natürlich! Kein Problem.

Nach dem Eis spazieren wir noch zu meinem Aussichtspunkt und setzen uns auf die Bank. Ich nehme ganz konkret meinen Mut zusammen und taste das Thema «Agenda» erneut an. Ich sage ihm, dass doch nichts dagegen spricht, dass wir unsere Termine auch gemeinsam planen. Er plant und strukturiert doch auch alle anderen Termine. «Aber natürlich nur, wenn es für dich auch ein Anliegen ist. Ansonsten bitte sagen!»

*«Wie kommst du denn darauf? Ich genieße die Auszeiten mit dir, und es sind wirklich jedes Mal Lichtblicke in meinem Leben! Bitte habe einfach noch ein wenig Geduld, und entschuldige, dass ich so wenig Zeit habe. Natürlich braucht es die Agenda!»*

Das mit dem Vorausplanen würde mich sehr entlasten, weil ich mich einer Willkür ausgesetzt fühle. Er findet solches Planen erneut eine sehr gute Idee, hat jetzt gerade einfach die Agenda nicht dabei. *«Das machen wir bestimmt!»* Er will sich melden, und «dann machen wir das. Bestimmt, versprochen.» In den kommenden Tagen aber sei er unterwegs und mache wieder einige wichtige Hausbesuche bei Leuten, die zur Kirche und zu seinem Verantwortungsbereich gehören.

Die Zeit ist wieder viel zu schnell verflogen. Wir gönnen uns noch ein kleines Abendessen, bevor er diesmal ein wenig früher auf den Zug muss. Denn es steht ja diese längere Reise an, die er dieses Mal mit dem Auto antreten wird.

Wir genießen das warme Wetter noch bei einem kühlen Bier und Hähnchenflügeln auf einer Terrasse. Auch diesmal erwischt er den Zug knappe zwei Minuten vor Abfahrt, weil wir so vertieft sind und uns kaum voneinander losreißen können …

Ich sitze nachdenklich in meinem Zug Richtung heimwärts. Abends chatten wir noch kurz, sagen einander «Gute Nacht!», und er segnet mich.

«Ich wünsche Dir eine gute Reise, Phil! Es wäre schön, wenn Du mich wissen lässt, wann Du in etwa wo unterwegs sein wirst. Natürlich nur, wenn Du magst. (Nicht aus Kontrollbedürfnis, falls das schräg bei Dir ankommt, sondern damit ich um Schutz beten kann.) Sei einfach gesegnet. Liebe Grüße, Christina.»

Es vergehen drei Tage, bis er sich meldet. Natürlich kommen zwar immer die obligatorischen «Guten Morgen»- und «Gute Nacht»-Wünsche, aber mehr nicht. Ich halte mich auch bewusst zurück. Denn er möchte bestimmt in Ruhe feiern, und ich möchte nicht immer die sein, die sich permanent meldet. Für mich ist es einigermaßen okay so. Er soll sich auf seine Besuche konzentrieren können und die knappe Zeit, die er für sich selbst zur Verfügung hat, genießen.

Nachdem er nach Hause gekommen ist, geht sein straffes Programm weiter. Er muss eine Kirchenversammlung für den Kirchenvorstand organisieren und ist mit einem konkreten neuen Interessenten im Gespräch für sein Projekt.

Ich möchte ihm nicht im Weg stehen, aber als selbst nach fünf Tagen keine Anzeichen für eine kurze «Sitzung» mit mir rund ums Thema «Agenda» zu erkennen sind, schreibe ich ihm eine Mail.

«Guten Morgen, liebster Phil, bevor Du weggefahren bist, habe ich Dir den Hinweis gegeben bzgl. der Agenda. Erneut. Das zweite Mal. Für mich ist das wichtig, damit ich weiß, woran ich bin. Und damit ich einen verbindlichen Rahmen habe, da Du doch offenkundig immer ein sehr straffes Programm hast. So können wir in Zukunft auch füreinander Zeit einplanen, wenn wir das denn beide mögen. Und ich bin nicht einer gefühlten Willkür ausgeliefert. Du sagtest zu mir: ‹Das machen wir so! Ich begrüße das.›

Nun bist Du seit fünf Tagen wieder zurück, hattest aber wohl noch keine Zeit, um bezüglich Date in Deine Agenda zu schauen. Selbst dann nicht, als ich Dir vor drei Tagen einen erneuten WhatsApp-Wink geschickt habe.

Das wiederum vermittelt mir, dass entweder Dein Interesse an mir nicht sehr groß sein kann. Denn ich habe bei weitem nicht das Gefühl: ‹Oh, wow, der Typ freut sich darauf, mich zu sehen!› Oder Du bist dermaßen vielbeschäftigt, dass Du in Deinem Leben gar keine Zeit für eine Frau hast.

Entweder liegt es nun an mir, dass ich gar nicht die Frau bin, die Du suchst. Oder es hat gar keinen Platz für eine Frau in Deinem Leben.

Ich möchte mit beidem nicht leben!

Selbst wenn Du in anderen oder längeren Zeitdimensionen denken und fühlen kannst, wie Du sagst: *Ich* kann das nicht! Ich brauche, wenn ich dann in einer Beziehung bin, hin und wieder ganz viel Nähe und Körperlichkeit, brauche exklusive Aufmerksamkeit und Intimität! (Ich rede nicht von Sex, der kommt dann mit der Zeit.)

Ich glaube, ich habe mehr als genug Interesse bekundet und auch ganz klar mitgeteilt, dass ich Interesse an Dir habe und mir ein näheres Kennenlernen sehr gut vorstellen kann. Ich empfand unsere wenigen Treffen als sehr, sehr schön, sie hatten den ‹Wiederholungsfaktor-Effekt›. Offensichtlich hat es keinem von uns beiden missfallen, sondern es war für uns beide klar: Wir wollen uns weiter kennenlernen.

Aber das geht nur, wenn wir in Kommunikation investieren und Zeit miteinander verbringen! Und indem wir uns auch schreiben und telefonieren.

Ich weiß, dass Du vielbeschäftigt bist und dazu auch noch Deine pastoralen Dienste zu erfüllen hast, und ich akzeptiere absolut, dass Du in einer verantwortungsvollen Position bist und bei so vielen ‹Schäfchen› immer etwas dazwischen kommen kann. Oder dass Du ‹notfallmäßig› gebraucht wirst. Oder dass Du zum Teil eine Art öffentliche Person bist. Oder, oder, oder. Ich habe auch überhaupt nicht die Vorstellung, dass ich irgendwie auch nur annähernd die erste Geige in Deinem Leben spielen müsste. Aber die letzte Geige mit Sicherheit auch nicht!

Und genau dieses Gefühl der letzten Geige habe ich!

Du sagtest mir zwar immer und immer wieder, dass auch Du interessiert bist. Das weiß ich. Aber Du sagtest auch, dass ich Dinge gleich ansprechen darf und soll, und das tue ich hiermit. Nicht nur verbal, sondern schriftlich, damit es ‹nicht gleich wieder vergessen werden kann›.

Erwarten will ich eigentlich nichts! Denn das hätte mit Erwartungen Dir gegenüber zu tun, und das mag ich nicht, denn Du bist frei. Erwarten tue ich trotzdem gewisse Dinge, denn ich habe das Gefühl, permanent auf Dich zu warten. Ich muss mich Dir gegenüber immer zügeln, mich zurücknehmen und mich bremsen, weil ich schlecht warten kann, aber gleichzeitig nicht fordernd, überfordernd oder verlangend sein will.

Aber in mir ist viel mehr. Ich rede nicht von Emotionen, sondern vom Bedürfnis nach Sich-Mitteilen, Schreiben, Erzählen, Fragen, Karten-Schreiben, Briefe-Verschicken und Telefonaten, und ich muss mich immer zurückhalten und darf es nicht rauslassen, da es offenbar nur stört. So empfinde ich das.

Falls wir uns aufeinander einlassen, lautet mein Wunsch jedoch anders: nämlich dass wir uns kennenlernen. Meine Vorstellung geht dahin, dass wir uns vorläufig mindestens zwei Mal pro Monat sehen können. Alle vierzehn bis achtzehn Tage fände ich nicht übertrieben!! (Und ja, klar gibt es Stoßzeiten, in denen das nicht ginge, aber das Ziel muss für mich mindestens so ein Zwei-Wochen-Rhythmus sein!)

Meine Bedürfnisse würde ich nicht als übersteigert bezeichnen. Dann schon eher sehr bescheiden, anspruchslos und genügsam. Ich bin mit Wenigem glücklich.

Ich möchte zusammenfassend nochmals sagen, dass ich überhaupt nicht den Anspruch erhebe, dass wir in den nächsten Monaten zusammen in die Kiste steigen, vor den Altar schreiten, gemeinsam auf Familienfesten feiern oder zusammen in Urlaub fahren.

Aber was ich mir wünsche, ist, das Gefühl haben zu dürfen, dass ich gesehen werde, dass mein Gegenüber gern Zeit mit mir verbringt und dass er mir das auch zeigt. Zumindest alle zwei Wochen mal. Wenn das aufgrund von fehlender Zeit oder mangelnder Sympathie nicht möglich ist, haben weitere Treffen ja keinen Sinn, wie ich denke! Wir sind in einem Alter, in dem solche Sachen bitte nicht mehr kompliziert sein sollten!

Du hast recht, wenn Du sagst, man(n) kann einen Weg langsam oder schnell gehen, und Du bist gerne langsam unterwegs. Aber ich finde, wenn zwei Partner an diesem Weg beteiligt sind, dann versucht man, ihn an die Pace des andern anzupassen. Und das bedeutet für mich, mein Tempo zu drosseln, und für Dich, dass Du einen Gang höher schaltest.

Wie ich gelesen habe und auch glaube, gehst Du gerne auf Wünsche ein (dies zu erleben hoffe ich sehr, es wäre ein Traum), aber nicht um jeden Preis. Und zu Beginn wäre ich einfach mal glücklich, wenn es nur schon mal der obengenannte Wunsch wäre … Aber wenn das für Dich nicht möglich ist, dann darfst Du das Kind auch gerne beim Namen nennen. Dann sage es endlich! Wir wollen doch offen und echt sein. – Ich umarme Dich, Christina.»

Ich höre erst drei Tage darauf etwas.

Aber nicht von ihm, sondern von Silke.

Ich hatte erst vor zwei Tagen mit ihr geredet. Und ihr wieder meine ganzen Bedenken mitgeteilt und ihr von meiner direkten und offenen Mail an Phil erzählt. Und dass er sich daraufhin nicht gemeldet hat. Ich kann seine Worte nicht mit seinem Handeln in Einklang bringen, und das verwirrt mich wirklich sehr. Ich bin noch nicht an diesem Punkt, wo ich selbstbestimmt vorangehen kann, völlig unabhängig und nur auf meine Bedürfnisse konzentriert. Das wäre gemäß Silke das einzig Richtige, und ich sehe es ja auch so. Es bleibt beim Alten, beharrt Silke: Ich solle auf meine Bedürfnisse schauen. Und diese aber auch umsetzen.

Ich finde, das gelingt mir doch eigentlich ganz gut, denn ich frage oder spreche Dinge konkret an und teile mich und meine Bedürfnisse auch bewusst mit. Immer wieder. Nur werden meine Bedenken immer gleich als «nichts und nichtig» oder gar als falsch abgetan.

Nun denn, zwei Tage später: Es ist Mittag, und ich bin von der Arbeit nach Hause gekommen. Silke hat mir auf meine Mailbox gesprochen, dass ich sie bitte unverzüglich anrufen soll. Ich erschrecke und denke, dass etwas passiert sein muss. Als ich zurückrufe, nimmt sie mit den Worten ab:

*«Du glaubst nicht, was eben passiert ist!»*

Ihre Worte klingen dringlich. Aber doch! In diesem Moment ist es mir glasklar, und ich bin merkwürdigerweise tausendprozentig überzeugt, dass Phil mit meiner Freundin Silke Kontakt aufgenommen hat. Auch wenn ich diesen Gedanken noch im selben Moment als absurd abtue. Denn sie lebt Hunderte von Kilometern von Phil entfernt. Trotzdem weiß ich ganz tief drin, dass es genau das ist, was sie mir jetzt gleich mitteilen wird:

*«Du glaubst nicht, was soeben passiert ist, aber Phil hat mit mir Kontakt aufgenommen.»*
Sie beschreibt mir das Bild, das er auf «Himmlisch-Plaudern» eingestellt hat.
Ja, genau! Sie spricht von Phil!!!

Ganz ehrlich, es trifft mich hart. Auch wenn ich das Momente zuvor innerlich bereits geahnt hatte, verletzt es mich in diesem Moment wirklich sehr. Es macht mich nicht wütend, aber traurig. Wie kann er nur?!? Nicht, dass er das macht, ist traurig. Er ist ja frei. Aber weshalb nicht direkt und ehrlich und offen – wo er doch zu Beginn sagte, er möchte das sein?

So fühle ich mich hintergangen und unfair behandelt. Da ich jedoch erst seit kurzem meine Liebe des Lebens verloren habe, ist dieser Schmerz kein Vergleich dazu. Riesige Gefühle waren ja auch noch nicht im Spiel. Gott sei Dank! Und trotzdem waren da eine Hoffnung und auch ein Glaube, dass er mein Mann sein könnte. Ich ging ja zu Beginn noch davon aus, dass ich schnell meinen Mann kennenlerne, und da ich anscheinend von Phil so «begehrt» wurde, dachte ich, er wäre es womöglich schon. Oder zumindest ein Mann, mit dem man beginnen könnte, eine Beziehung aufzubauen.
Es steht in meinem Profil, dass ich manchmal naiv bin. Und jetzt sehe ich: So ist es! …
Es tut weh. Weh, wenn Hoffnung und Glaube an eine neue mögliche Beziehung zerstört werden. Es tut weh, wenn man erfährt, dass man nur benutzt und hingehalten wird. Und es zerstört Bilder, die man von einem Mann der Kirche im Kopf hat. Von einem christlichen Mann, der doch Werte haben müsste, nein?! …

Silke sagt im Gespräch, dass ich ihm ihren Namen bitte nicht nennen soll, denn sie wisse noch nicht, wie sie auf diese Anfrage reagieren soll. Da sie meine älteste Freundin ist, gehe ich natürlich davon aus, dass sie ihm den Marsch bläst und ihn richtig genüsslich abblitzen lässt. So hätte ich das getan, wenn jemand meine Freundin so sehr verarscht (sorry für den Ausdruck, aber genau das ist es!) und belügt. Ich sage ihr, dass ich ihn sehr wohl konfrontieren, aber keine Namen nennen werde.

Ich schicke ihm eine WhatsApp-Nachricht und leite sie ihr gleich weiter. Ich nenne keinen Namen, konfrontiere ihn aber direkt, dass er an dem Tag um 11 Uhr meine Freundin kontaktiert hat. Und dass ich fassungslos bin. Dass ich das von ihm nicht erwartet habe, schon gar nicht von einem Mann mit pastoralen Aufgaben, der doch eigentlich wissen müsste, wie die menschliche Seele gebaut ist, wie verletzlich sie auch ist. Dass ich ihm doch immer wieder gesagt habe, er möge doch bitte transparent sein.

Ich glaube, er ist wie vom Donner gerührt, denn er meldet sich gar nicht mehr zurück. Ich unterhalte mich erneut mit Silke und sage, dass ich ihm via WhatsApp geschrieben habe, dass ich keinen Kontakt mehr zu ihm wünsche und ihn überall blockieren werde. «Du sollst damit umgehen, wie du denkst, dass es richtig ist. Ich möchte dir da keine Vorschriften machen», sage ich zu Silke. Ich weiß doch: Da sie meine älteste Freundin ist, wird sie ihm bestimmt ganz schön «eins auswischen».

Wie gesagt, das sind meine Gedanken, und das wäre die Art, wie *ich* gehandelt hätte.

Phil bekommt von mir noch eine Karte zugeschickt. Meine ersten Worte sind klar und nicht sehr nett. «Da ich offenbar ein Händchen für Loser habe, möchte ich Dir noch ...» Ich sage ihm weiter, wie sehr ich enttäuscht bin, dass ich ihm aber Gottes Segen wünsche und nur das Beste auf seinem Weg.

Ich blockiere ihn auf allen sozialen Kanälen. Gut, erst nach zwei Tagen; er soll ja die Zeit bekommen, faaaalls er sich doch noch melden wollte. (Haha, auch da muss ich über mich wieder den Kopf schütteln. Was will ich ihm Zeit geben, wenn er es nicht verdient hat, so unaufrichtig, wie er war?!)

Für mich ist die Sache damit abgeschlossen. Zumindest dachte ich das.

Ich führe mit meiner Freundin Silke noch einige Gespräche dazu. Und es fließen noch einige Tränen der Enttäuschung, denn ich hatte offensichtlich tief drin schon die Hoffnung gehabt, dass Phil mein Mann wird. «Es war doch so viel zwischen uns», dachte ich. Mein Schmerz steht selbstverständlich in keinem Verhältnis zu dem Verlust meiner früheren Ehe, aber ich bin traurig, und es kommen sogar vorwurfsvolle Gedanken meinem Ex-Mann gegenüber in mir hoch, im Sinne von: «Hättest du nicht … müsste ich jetzt nicht! …»

Auch meine Schamgefühle über meine Leichtgläubigkeit und meine Unkenntnis müssen richtig eingeordnet werden.

Dass mich diese enttäuschende Geschichte noch einige Monate später wieder einholt, ahne ich da noch nicht.

Das letzte Gespräch zum Thema Phil und über meine Gefühle zu ihm und zu der ganzen Sache führen Silke und ich Mitte Januar. Wir wünschen uns zuerst ein glückliches neues Jahr. Dabei besprechen und reflektieren wir ein wenig das vergangene Jahr. Unsere Gespräche sind meist ausgedehnt. Und ohne irgendetwas dabei zu denken, erzählt Silke mir von ihrem Treffen mit Phil.

Ich bin in diesem Augenblick wie vom Blitz getroffen, sage aber in diesem Moment noch nicht viel. Es hat mir gerade die Sprache verschlagen.

Sie erzählt mir, wie er zu ihr gefahren sei und sie sich auf ein Treffen mit ihm nur aus diesem Grund eingelassen hat, ich zitiere ihre Worte: *«Ich habe mich auf ein Treffen mit ihm bloß eingelassen, weil ich wusste, dass er mich nicht ermordet!»* Ansonsten hätte sie nie den Mut gehabt, sich wie ich für Datings gewinnen zu lassen.

Sie sagt, dass er sehr charmant war, und in einzelnen Punkten hätte das eigentlich noch sehr gut gepasst. Sie überlege sich, erneut mit ihm in Kontakt zu treten, weil auf «Himmlisch-Plaudern» ansonsten für sie nicht allzu viel «Brauchbares» zu finden sei.

Ich bin wie vor den Kopf geschlagen: Da habe ich ihr über all die Monate hinweg von meinem Scheitern der Ehe erzählt, von meiner Verzweiflung, von meinen ersten Erfahrungen auf den Dating-Portalen, von meinem neuen «Date-Partner», meinen Bedenken, Zweifeln und Kämpfen rund um Phil. Habe ihr nach dem Schlussstrich auch noch über meine Verwirrung, meine Niedergeschlagenheit, meine Schamgefühle wegen meiner Naivität und meiner Unerfahrenheit erzählt.

All das haben wir zusammen besprochen und betrachtet – und in dieser Zeit trifft sie sich mit ihm?!? Ich kann es kaum glauben und bin einfach nur konsterniert und ungläubig.

Es trifft mich wie gesagt viel schlimmer als die Tatsache, dass Phil nicht aufrichtig war. Von Silke fühle ich mich noch weitaus mehr hintergangen. Das verletzt mich wirklich sehr. Und ich schreibe ihr in der Hoffnung, dass sie auch alles nochmals reflektiert. Es hat in mir die vielen positiven, liebevollen und dankbaren Gefühle ihr gegenüber schlagartig abgetötet. Das schreibe ich ihr auch so.

Und wenn sie drei Monate später nicht erneut den Kontakt zu mir gesucht hätte, wäre unsere Beziehung beendet gewesen. Ich habe mich ihr gegenüber absolut stumpf und leer gefühlt. Aber um ehrlich zu sein: Im Endeffekt bin ich ihr sehr zu Dank verpflichtet, dass sie den Weg und Zugang zu mir erneut gesucht hat. Das macht mich heute glücklich.

Wir sind noch nicht dort, wo wir mal waren, aber es konnte Vergebung stattfinden, und das ist mir ganz wichtig. Ich habe ihr von Herzen vergeben können. Mein Bedürfnis, mit ihr seelsorgerliche Gespräche zu führen, ist im Moment nicht mehr gegeben, und vielleicht ist es gar so, dass es nie wieder ganz so intensiv sein kann wie in früheren Zeiten.

Den folgenden Brief an Silke schreibe ich erst ein halbes Jahr später, der zweite und der dritte Briefwechsel erfolgen dann zehn Monate später. Ich möchte diese Briefe hier wiedergeben, damit die Geschichte mit Phil nicht aus dem Zusammenhang gerissen wird.

## 28 | Briefwechsel mit Silke

«Liebe Silke, ich möchte gerne, dass Du Dir folgende Geschichte vorstellst: Es kommt jetzt jemand zu Dir in Deine Beratung und erzählt Dir einen interessanten Sachverhalt.

Da ist eine Frau, die nach einer fast 25-jährigen glücklichen Beziehung ihren Ehemann wegen seiner groß und größer gewordenen Lebensprobleme und dem daraus resultierenden gefährlichen und zerstörerischen Handeln irgendwann komplett verloren hat. Nach ihrer Scheidung meldet sie sich, um vorwärts zu leben, die Hoffnung nicht aufzugeben und ihren zukünftigen Mann zu suchen, auf einer christlichen Online-Plattform an. Sie wird von einem sehr sympathischen Mann kontaktiert.

Sie schreiben sich einen Monat lang sehr viele E-Mails. Sie sind geprägt von Vertrauen und Tiefgang. Alles geht sehr schnell, alles sehr offen, alles sehr tief!

‹Ich wurde schon lange nicht mehr von einer Frau so verstanden und wertgeschätzt›, sagt er ihr. Und wie es ausschaut, sind die beiden auf gleicher Wellenlänge. Sie fühlen sich sehr verbunden und entscheiden sich einen Monat später, sich zu treffen.

Das erste Treffen verläuft wunderbar, locker, ungezwungen, und es ist auch hier eine unglaublich vertraute, liebevolle und tiefe Ebene vorhanden. Die nächsten Wochen sind geprägt von E-Mails, WhatsApp und zwei weiteren Treffen. Er spricht sehr gern von ‹großer Anziehungskraft›.

Die Frau wird immer zuversichtlicher, dass das ihr Partner werden könnte. Seine Nachrichten sprechen davon. Da dieser Mann aber aus beruflichen Gründen oft unvorhersehbare Termine zugeteilt bekommt und so gut wie jedes Wochenende arbeitet, scheint ein Wiedersehen nur jeden Monat möglich. Das ist mühsam und umständlich.

Er verspricht jedoch, dass sich alles bessern wird: ‹Es ist nur gerade im Moment noch so, weil ich die Termine so gelegt habe, als ich dich ja noch gar nicht kannte …›, meint er.

Aber obwohl der Frau so viel Liebevolles geschrieben wird und er ihr immer beteuert, wie sehr er sie vermisst und wie unglücklich er über diese Situation ist, lässt sie das Gefühl nicht los, dass er nicht ganz ehrlich ist. Oft hat sie den leisen Verdacht, dass er nicht transparent ist und sie vertröstet. Auch wenn sie diese Situation offen anspricht und ihn direkt konfrontiert, wird ihr beteuert, das alles in Ordnung sei und ihr Gefühl nicht stimme … Es sei nur beruflich schwierig, sonst sei alles bestens.

Nachdem sie ihm ehrlich mitteilt, dass sie erneut auf diese Dating-Platt-form gehen möchte, weil es den Anschein macht, dass es mit ihnen bei-den vielleicht doch zu kompliziert werden wird, entdeckt sie, dass er dort noch sehr aktiv dabei ist. Das wäre an und für sich kein Problem gewesen, wenn er zuvor nicht betont hätte, dass er ausschließlich *sie* datet, es ex-klusiv nur *sie* gebe und er nur noch mit einer einzelnen anderen Frau aus Norddeutschland sehr spärlichen Kontakt habe. Diesen aber auch nur, um sie auf ihrem geistigen bzw. geistlichen Weg herauszufordern.

Er behauptet, es sei ein Zufall gewesen, dass er ausgerechnet zwei Tage hintereinander auf dieser Plattform aktiv war. Und dass es sich hierbei eben um diesen besagten Kontakt handle. ‹Ehrenwort!›, sagt er. *Sie* sei ja diejenige, welche. Und jetzt, wo er doch Gold und Silber gefunden habe, müsse er nicht mehr weitersuchen! …

Jetzt stell dir vor, diese Frau bespricht diese ungewohnten und aufwüh-lenden Situationen mit ihrer ältesten Freundin, die darüber hinaus eine sehr, sehr enge Vertraute ist. Die ihre Beraterin ist, ihre Seelsorgerin und noch so vieles mehr. Diese Freundin war in den letzten Monaten rund um den Ehe-Zerbruch wohl ihre größte Unterstützung, ihre wichtigste Rat-geberin und ihre Hilfe.

Alle zwei Wochen reden sie miteinander, um all die Situationen und die Gefühle zu diesem Mann gemeinsam zu besprechen! Diese Freundin, die sie nunmehr 33 Jahre kennt, weiß alles aus dieser Geschichte.

Ausgerechnet diese Freundin, inzwischen selber auf Dating-Portalen unterwegs, ist es, die diese Frau kontaktiert mit den Worten: ‹Du kannst dir nicht vorstellen, wer mich heute auf dieser Plattform kontaktiert hat!›

Stell dir einfach mal vor: Nun wird die Freundin dieser Frau, Hunderte von Kilometern entfernt, zufällig von demselben Mann kontaktiert! Ob-wohl dieser doch sein Goldstückchen bereits gefunden hat …

Die Frau steht bis zu diesem Tag nach wie vor in Kontakt zu diesem Mann und ist hin und her gerissen, was sie glauben, denken und fühlen soll. Glaubt sie seinen Äußerungen und Versprechungen, oder traut sie ihrem Bauchgefühl und den Fakten, die etwas ganz anderes vermitteln?

Aufgrund seiner Kontaktaufnahme zu ihrer Freundin wird der Frau klar, dass er als Lügner enttarnt ist.

An diesem Abend zieht die Frau einen Schlussstrich unter diese Begegnung. Nicht ohne gleichzeitig ihrer Freundin auch noch den ganzen Chatverlauf zu offenbaren, ihre Gefühle, ihre Verletzung, ihre Verwirrung und ihre riesige Enttäuschung.

Nach dieser doch unglaublichen Geschichte, die man für sich genommen ja gar nicht für möglich hält und die das Leben doch manchmal so zu schreiben beliebt: Was denkst Du, wie sich die Freundin verhält?

A) Sie lässt diesen Mann abblitzen.

B) Sie ignoriert ihn.

C) Sie serviert ihn genüsslich ab.

D) Da ihre eigene On-Off-Liebesbeziehung momentan wieder ein bisschen abgekühlt ist, lässt sie sich auf den Kontakt zu diesem Mann ein.

Korrekt!!! ‹D›! – ‹D ist tatsächlich richtig!!!›

Nun beginnt die Freundin allem Anschein nach eine Verbindung aufzubauen zu diesem Mann, nutzt dabei das Hintergrundwissen, das sie von der Frau bekommen hat, und kontaktiert diesen Mann – und datet ihn …

Liebe Silke, leider ist das keine erfundene Geschichte, sondern mir genau so passiert.

Als Du mich kontaktiert hast, dass Phil sich bei Dir gemeldet hat, war ‹unsere Geschichte› noch nicht vorbei. Ich habe alles beendet am selben Tag, ja, aber zuvor waren da nach wie vor Kontakte und Dialoge. Und selbst wenn Du sagst, dass er vielleicht Signale gesendet hat, die ich nicht verstanden habe, dann kann ich sagen: Das stimmt vielleicht, aber ich habe mich auf seine Worte verlassen wollen. Und die haben eine andere Sprache gesprochen!

Meine Moralvorstellung findet das, was Du getan hast, verwerflich. Es mag sein, dass ‹nichts mehr war› zwischen Phil und mir, als ihr beide euch getroffen habt. Aber bis zu dem Tag seiner Kontaktaufnahme zu Dir war sehr wohl etwas! Es hätte genauso gestimmt zwischen uns, wie er mir immer versicherte. Nicht meine Worte – seine!

Ich als Freundin hätte mich niemals mit demselben Mann eingelassen. Nie, nie und nochmals nie. Und selbst wenn ich selber auf der Suche wäre, würde ich alle anderen Männer daten, aber bestimmt nicht *diesen* Mann; nicht den Mann, der meine Freundin hintergeht.

Ich weiß, für Dich wird das jetzt nur ein Wort sein, aber für mich nicht. Für mich ist es Verrat. Und je länger ich darüber nachdenke, umso größer wird meine Enttäuschung. Denn du wusstest alles davon. Du wusstest alles von mir.

Konntet ihr auch *darüber* schön reden und austauschen?

Von Dir als meiner Freundin hätte ich erwartet, dass Du mich entrüstet anrufst, um von seiner Kontaktaufnahme zu berichten und um mich zu schützen – aber nie und nimmer, dass Du den Kontakt zu ihm suchen wirst! Daran hätte ich im Traum nie gedacht.

Als Freundin hast Du mir auch nie erzählt, dass Du weiterhin Kontakt mit ihm hast oder ihn gar datest. Sind wir doch nicht so tief befreundet? Hätte man das als Freundin denn nicht getan?

Ich finde, dass Ehrlichkeit, Loyalität und Treue nicht so dehnbare Begriffe sind. Vielleicht für manche schon, aber für mich nicht. Bei Moral sieht es wohl anders aus. Aber es gibt in Freundschaften ungeschriebene Gesetze. Wie gesagt, zumindest für mich. Aber ich bin ja nicht der Nabel der Welt! Ich wünsche Dir einen gesegneten Sonntag, Christina.»

«*Liebe Christina, meine Sicht der Dinge:*

*Ich kann ja nur für mich selber und mein Handeln Verantwortung übernehmen und nicht dafür, wie Du die Dinge betrachtest, welche Schlüsse Du aus dieser ganzen Situation ziehst und wie es Dir jetzt damit geht. Diese Verantwortung liegt bei Dir.*

*Ich habe für mein Empfinden nicht verantwortungslos Dir und unserer Beziehung gegenüber gehandelt.*

*Meine letzte Info von Dir, was Phil angeht, war, dass Du ihn blockiert hast und sagtest, ich müsse selber sehen, wie ich das jetzt behandle, aber Du willst nichts darüber wissen … Daran habe ich mich gehalten.*

*Ich habe Dich auch während dieses ganzen Themas nicht so wahr-genommen, dass der Kontakt so tief, offen und vertraut gewesen ist, wie Du es beschreibst. Bei mir kamen vielmehr Deine großen Bedenken und Fragen und auch Unterschiede an … Wohl auch, weil wir diese ja thema-tisierten.*

*Für mich war diese erste Kontaktaufnahme nicht mehr als ein Treffen mit jemandem, den man irgendwo kennenlernt … und dabei ist es auch geblieben.*

*Schon das Wort ‹Daten› ist für mich in dieser Angelegenheit viel zu viel … So sehe ich das.*

*Wenn Du dieses Erlebnis nun so auswertest und alles damit in Frage stellst … tut mir das sehr leid.*

*Ich bin etwas ratlos, wie wir jetzt zusammen damit umgehen sollen, Christina. Auf so eine Reaktion von Dir war ich absolut nicht gefasst. Viele Grüße, Silke.»*

«Liebe Silke, herzlichen Dank für das Mitteilen Deiner Sicht der Dinge.

Ich stelle nicht alles in Frage, aber auch ich weiß nicht, wie wir damit umgehen können und sollen.

Darum möchte ich momentan alles einfach sacken lassen und es auf mich zukommen lassen. Auch Dir viele Grüße, Christina.»

Mittlerweile sind drei Monate vergangen und Covid-19 erschüttert seit Neuestem die Welt. Sie hat sich innert weniger Wochen dermaßen ver-ändert, und Worte wie «Lockdown» und «Social Distancing» haben den Weg in unser Vokabular gefunden. Es erreicht mich eine Mail von Silke, weil ich mich wider die bisherigen Gewohnheiten nicht mehr bei ihr ge-meldet habe.

*«Liebe Christina, ich denke sehr oft an Dich und an uns … Wie geht es Dir? Wie geht es euch? Gerade jetzt in dieser speziellen Zeit?*

*Aber noch viel mehr beschäftigt mich die Frage: Was wird aus uns bei-den? Ich würde sehr gerne einmal mit Dir telefonieren. Ich fände es schön, wenn wir zusammen sprechen könnten. Was denkst Du darüber?*

*Ich finde es etwas schwer per Mail oder Nachricht.*

*Du sagtest, dass Du etwas Zeit brauchst. Wie geht es Dir bis jetzt damit? Ich möchte Dich nicht drängen oder aufdringlich sein, sondern Dir nur sagen, dass ich mir wünsche, dass wir wieder in Kontakt kommen.*

*Wollen wir die Situation klären? Was brauchst Du? Was brauche ich? Was brauchen wir zusammen für uns?*

*Möchtest Du sie klären? Ich von meiner Seite würde es gerne versuchen … Ich möchte Dich gerne in meinem Leben haben und dass Du Teil von meinem bist. Ich möchte Dich nicht verlieren.*

*Ich grüße Dich und wünsche Dir, Deinen Jungs und Deiner Familie Gesundheit und die spürbare Gegenwart des Herrn in dieser unruhigen Zeit, Silke.»*

«Liebe Silke, ich danke Dir vielmals für Deine Zeilen. Es geht mir und uns gut. Wir sind gesund. Es sind halt nicht gerade einfache Zeiten. Ich kann für einige Wochen nicht arbeiten. Da ich im Stundenlohn angestellt bin, gibt es, wie es aussieht, keine Entschädigung. Das heißt: keinen Lohn.

Die Jungs können nicht arbeiten und nicht zur Schule. Das Homeschooling klappt bei Raffaele überhaupt nicht.

Mit meiner Ausbildung, die im Mai begonnen hätte, geht es nicht vorwärts. Von keiner Stiftung gab's einen positiven Bescheid betr. finanzieller Unterstützung. Es sind halt gerade wieder geballte existenzielle Fragen. Chaos pur.

Aber mein Glaube wird dadurch nur noch mehr gestärkt, und ich weigere mich, aufzugeben! Gott ist gut und in Kontrolle! Das weiß ich, und das ist so. Er ist mein und unser aller Versorger.

Für mich ein Wunder, aber ich habe bis jetzt keine Angst vor der Pandemie. Mir machen die Menschen mehr Angst. Ich verstehe sie und ihr Verhalten nicht mehr. Alle denken nur noch an sich, jeder ist sich selbst am nächsten …

Ich hatte ja meine ganz eigene ‹Pandemie› vor zwei Jahren, und vielleicht klingt das jetzt nicht gesund, aber mich erschüttert das irgendwie nicht mehr. Auch das geht vorbei.

Ich weiß nicht, was es in unserem Fall noch zu klären gibt. Du hast geschrieben, dass Du aus Deiner Sicht mir gegenüber nicht unverantwortlich gehandelt habest.

Ich für mich fühle mich jedoch verraten, wenn meine älteste Freundin sich auf ein Treffen einlässt mit genau dem Mann, der gerade *mich* datet. (Naja, stimmt: Als Dein Treffen stattfand, war ja dann nichts mehr.)

Und vielleicht kann es sein, dass er Signale geschickt hat, ja. Aber vor allem war er unehrlich und intransparent. Signale kannst du mal in einer langjährigen Beziehung schicken, aber nicht in einer Kennenlernphase!

Ich habe ihn immer wieder gebeten, es mir direkt zu sagen, falls etwas nicht passt. Er verneinte. Es sei im Gegenteil alles bestens.

Er versicherte mir immer, dass er nur viel zu sehr eingebunden sei als kirchlicher Mitarbeiter und mit seinem privaten Projekt. Aber dass es wirklich nur mich gäbe. Haha! Dumme, naive Christina, die noch immer Menschen vertraut!

Erst an dem Tag, als Du mich anriefst, hatte ich den Beweis, und an dem Tag habe ich es verstanden und es beendet … Das Ende kennen wir.

Momentan bin ich innerlich wie ‹tot›, um ehrlich zu sein. Ich weiß nicht, wo ich stehe. Mir liebste Menschen gehen aus meinem Leben. Weiß auch nach wie vor nicht, was ich brauche. Auch nicht in unserem Fall.

Zur Zeit ist es schwierig mit Telefonieren, da die Jungs immer hier sind und ich keine Ruhe und keinen Rückzugsort habe. (Mein Schlafzimmer hat kein WLAN.) Es dauert wohl immer noch ein wenig, bis wir das klären können, wenn es schriftlich nicht geht. Bist Du im Homeoffice?

Ich wünsche Dir das Beste! Und bleib gesund! Christina.»

*«Liebe Christina, danke sehr für Deine Zeilen. Zu uns beiden möchte ich Dir gerne sagen, dass es mir wirklich leid tut, dass ich wohl Deine Gefühle falsch eingeschätzt habe: Zum einen Deine Gefühle für Phil. Und zum Zweiten den Stand Deiner Verarbeitung des Themas rund um Phil.*

*Ja, obwohl wir zusammen daran gearbeitet haben, habe ich das nicht richtig eingeschätzt. Dafür möchte ich Dich um Vergebung bitten, Christina. Wenn ich nur einen Moment das Empfinden gehabt hätte, Dich damit zu verletzen, hätte ich mich anders entschieden.*

*Bevor ich ihm damals überhaupt geantwortet habe, habe ich es als*

*Erstes Dir mitgeteilt. Und als Du dann sagtest, dass Du ihn blockiert hast und es mir überlässt, was ich weiter mache, und Du darüber nichts mehr wissen möchtest, habe ich überlegt, wie ich mich weiter verhalten soll.*

*Wenn ich da geahnt hätte, dass Dich das verletzt, hätte ich keinen Kontakt aufgenommen. Das soll keine Rechtfertigung sein, sondern nur nochmals mein Denken erklären.*

*Was lerne ich daraus? Ich möchte mich bemühen, genauer hinzuhören und sensibler für mein Gegenüber zu sein.*

*Ich sehe die Dinge eben auch subjektiv durch meine ‹Brille›, und das wurde mir in unserem Fall wieder neu deutlich. Hinzu kommt auch noch, dass ich eher ein direkter Mensch bin und mich manchmal schwertue, zwischen den Zeilen zu lesen …*

*Jetzt habe ich doch versucht, meine Gedanken aufzuschreiben, und hoffe, Dir dadurch nicht zu nahe zu treten. Ich möchte gerne in Deinem Leben bleiben, Christina, und ich hoffe, dass wir zusammen weitergehen können auf dem Weg.*

*Ich wünsche Dir viel Kraft, um alle Herausforderungen zu meistern, und das Wissen: Gott ist in Kontrolle, und er beschützt Dich und Deine Lieben. Gott segne Dich, Silke.»*

«Liebe Silke, ich habe Dich in Deinen Zeilen an mich wieder als meine Freundin spüren dürfen. Ich hatte nicht das Gefühl, dass hier eine Therapeutin oder Seelsorgerin mit mir spricht (wie in den anderen zwei Mails davor, die für mein Empfinden nicht auf Augenhöhe waren), sondern meine geliebte Freundin!

Ich möchte Dir danken, dass Du mich um Vergebung gebeten hast. Und für mich ist das überhaupt keine Frage, denn ich vergebe Dir von ganzem Herzen. Wie auch Du mir zuvor schon einige Male von Herzen vergeben hast!

Ich hatte nie das Gefühl, dass Du nicht sensibel zuhörst, sondern immer die Gewissheit, in Deinen Händen sehr gut aufgehoben zu sein! Ich hatte auch nicht den Eindruck, dass Du Dich rechtfertigen willst, wie Du schreibst, sondern wirklich Deine Gedankengänge erklären möchtest. Danke dafür! Das tat so gut!

Ich freue mich darauf, wenn wir diese Geschichte begraben können. Und trotzdem möchte ich Dir noch zwei Dinge sagen: Es ist nicht so, dass ich in unseren Gesprächen in der ‹Verarbeitung› war mit Phil. Sondern ich steckte ‹in einer Beziehung› mit ihm, und die stand einfach auf völlig unsicherem Boden in meinen Augen. Er hat mir immer etwas Liebevolles geschrieben und gesagt, sich dann aber anders verhalten! Darüber sage ich noch heute, dass es von seiner Seite nicht ehrlich und nicht transparent war.

Und die zweite Sache ist, dass ich genau wie Du oder wie wir alle mit meinen Ohren höre. Es stimmt, dass ich Dir gesagt habe, dass Du mir nichts mehr darüber sagen musst, was bei euch laufen wird oder nicht laufen wird. Aber in dieser Situation bin ich ganz von mir ausgegangen, und ich habe gedacht, dass Du nie auch nur einen Kontakt in Erwägung ziehen würdest. Wie gesagt, weil ich von mir selbst ausgegangen bin.

Du schreibst: *Bevor* Du ihm damals überhaupt geantwortet hast, habest Du es als Erstes mir mitgeteilt. Das klingt, als ob Du mich irgendwann kontaktiert hast, um es mir mitzuteilen. Aber es war an dem Nachmittag, als Phil Dich zuvor kontaktiert hatte, Du mich angerufen und ich einen endgültigen Schlussstrich gezogen und ihn blockiert habe. Wäre das irgendwann *danach* mal geschehen, wäre ich nicht so schockiert gewesen, als ich das alles nach Weihnachten erfuhr.

Aber ich möchte es, wie auch immer es gewesen ist, hinter mir lassen. Phil ist es auch nicht wert, dass unsere Freundschaft daran zerbrechen sollte. Vielleicht können wir das wirklich noch einmal am Telefon besprechen, sodass wir uns ganz sicher richtig ausgesprochen haben. Aber das auch nur, damit wir es dann ablegen und vor Gott bringen können.

Es hat mich zutiefst bewegt, zu lesen, dass es Dir wichtig ist, in meinem Leben bleiben zu können. Dass Dir etwas an unserer Freundschaft liegt. Und natürlich war das auch immer mein eigener größter Wunsch. Es macht mich zutiefst dankbar, wie sich jetzt alles entwickelt und wir wieder zueinander finden dürfen.

Gott stellt gerade in den letzten zwei Wochen wieder so viel in meinem Leben her. Es ist unglaublich! Darum nochmals von ganzem Herzen danke! Deine Mail hat mich sehr glücklich gemacht.

Ich freue mich, Dich wieder zu hören. Gottes Segen und Schutz über Dich, bis ganz bald. Ich umarme Dich, Christina.»

Ich kann euch nicht sagen, wie enttäuscht ich von Silke anfangs gewesen bin. Zuerst war ich mir nicht sicher, ob meine diesbezüglichen Gefühle überhaupt «adäquat» waren. Waren sie womöglich überzogen, maßlos übertrieben? Hätte ich womöglich lockerer reagieren müssen, generöser, weitherziger, selbstloser?

Aber nach Gesprächen mit meinen wichtigsten Freundinnen werde ich eher bestätigt: Es ist für alle ein «No-Go». Unter Freunden trifft man sich einfach nicht mit Ex-Beziehungen. Egal, wie kurz oder lang diese waren. Das ist unser aller Ansicht. Und das tut mir gut. Denn oft bin ich mir meiner Gefühle durch das Scheitern meiner Ehe total unsicher.

In den Mails und den Gesprächen beteuert Silke mir aber immer wieder: Wenn sie gewusst hätte, wie sehr es mich verletzt, hätte sie es nicht getan. Ich glaube ihr das.

Und ich lerne: Jeder hat eine andere Vorstellung von Moral und Leben, und das ist okay. Ich konnte die Sache abschließen und klären, und kein Mann dieser Erde wäre es wert, dass die Freundschaft zwischen Silke und mir kaputtgeht.

Im Gegensatz zu früher, als ich Silke sehr regelmäßig gehört habe, ist es aber momentan eher so, dass es nur alle zwei oder drei Monate geschieht. Sie ist familiär und beruflich sehr eingebunden, und wir hatten ja auch früher immer wieder Phasen, in denen wir weniger Kontakt hatten. Ich glaube auch: Dort, wo Vergebung stattfinden kann, kann auch Heilung passieren.

Ich bin dankbar, dass wir immer wieder zueinander gefunden haben. Es gab Phasen in unserem Leben, in denen wir uns nie hörten, und trotzdem blieben wir über alle Zeit und alle Distanzen hinweg miteinander verbunden. Wir werden sehen, wie sich unsere Beziehung jetzt entwickelt (ich erwarte Gutes!).

Ein Thema für sich ist in diesem Zusammenhang natürlich die «Solidarität unter uns Frauen». Man stellt es manchmal so dar, als wenn die Welt eine viel, viel bessere wäre, wenn man nur mal uns Frauen ans Ruder ließe. Aber gerade in diesen Tagen habe ich das Zitat eines Dichters aus der Kunstszene gehört, der seinem Wirken den Titel gab: «Der wichtigste Mensch in meinem Leben bin ich!» Und das ist eine Haltung, die man auch unter uns Frauen immer wieder findet, die gehört also nicht exklusiv zur Männerwelt.

Ich kann natürlich lange sagen, ich selber wäre niemals so und würde *niemals* die Meinung vertreten, mein Nächster, das sei ich mir im Grunde gleich selbst. Aber das muss ich selber auch erst beweisen, dass mir das nie passieren kann. Denn auch ich bin ja nicht immer nur selbstlos, sondern kann durchaus auch mal prioritär den eigenen Weg vor mir sehen und entsprechend gewichten. Wer von uns nicht?! In diesem Sinne musste ich meine Vorwürfe an Silke stark relativieren.

Und trotzdem bleibt mein Wunsch bestehen, dass wir Frauen noch mehr fähig werden, aufeinander zu hören, aufeinander einzugehen, einander zu spüren – und dass jede von uns (gerade im Kreis der Freundinnen) fähig ist, der anderen mehr Segen zu wünschen als sich selbst.

Was die Dating-Portale betrifft: So kleine «Hallos» gab es ab und an. Ich habe natürlich immer gehofft oder gedacht, dass jetzt «vielleicht endlich mein Mann schreibt». Mit jeder Nachricht, die neu eintrudelt, verbindet man ja Neugierde und auch Hoffnung. Gerade im ersten Jahr war es so. Es war ein langer Prozess, das Ganze entspannter anzugehen. Solch kleine Grüße wie der folgende halfen mir dabei.

## 29 | Mirco – und das Leben ist schön!

*«Guten Morgen Frau bunt. Ich habe gesehen, dass wir denselben Lieblingsfilm haben: ‹La Vita è bella› von Roberto Benigni. Für mich ist die schönste und bedeutendste Szene die, als seine Mutter ihn vom amerikanischen Panzer in die Arme nimmt und er ruft: ‹Wir haben gewonnen!› Man kann diese Aussage im Bezug zum Panzer verstehen, der ja für ihn den ‹Hauptgewinn› bedeutete.*

*Ich verstehe es mehr so, dass die Juden gewonnen haben; ja, dass alle verfolgten Ethnien oder Menschen gewonnen haben. Sie haben das abgrundtief Böse besiegt.*

*Mit natürlich bedeutenden Nationen, vor allem den USA, den Briten, den Franzosen, den mutigen Kämpfern des Widerstands und auch mit Unterstützung der Roten Armee, wobei das mit Russland doch eher schwierig ist.*

*Sie sind nun für alle Zeiten frei, sie sind mutig, tapfer und gerecht. Sie haben ein freies Land gegründet: Israel. Ich hoffe zudem, die USA werden Israel immer unterstützen, auch in der UNO. Jetzt habe ich einen Vortrag gehalten! Lieben Gruß, Mirco.»*

«Lieber Mirco, herzlichen Dank für Deine lieben Zeilen. Ja, mein Lieblingsfilm ist wirklich eine Inspiration. Für mich steht – noch vor all dem ganzen Politischen und Philosophischen – zuvorderst die Beziehung zwischen dem Ehepaar (welch große Liebe!) und die Beziehung zu ihrem kleinen Sohn. Den Schauspieler mit seinem Wuschelkopf und den großen braunen Knopfaugen liebte ich so sehr, dass ich mir immer wünschte, mein zukünftiger Sohn sähe dann auch mal so südländisch aus. Haha! Und so ist es dann gekommen! Ist wirklich wahr! Ich wünsche Dir einen schönen Tag, Christina.»

Es kam nie wieder etwas von Mirco. Aber den Einstieg fand ich ansprechend. (Smile)

## 30 | Die Wünsche von Prof16

Nach Phil und erneut auf «Himmlisch-Plaudern» kam «Prof16», ein Mann aus Ostdeutschland. Auch ihn werde ich treffen. Ich werde es aus Mitleid tun, denn er entspricht überhaupt nicht meinem Typ. Aber ich denke, nach der Enttäuschung mit Phil kann ich nicht noch mehr enttäuscht werden. – Er kontaktiert mich mit höflichen Worten:

*«Liebe Frau bunt, Dein Profil ist sehr ansprechend geschrieben. Du bist warmherzig und ehrlich. Sanft und schillernd. Du siehst sehr sympathisch und gut aus. Ich weiß nicht, ob ich jemanden wie Dich verdient habe, aber wenn Du mich berücksichtigen würdest, würde ich Dich immer ehren und wertschätzen. Gerne erwarte ich einige Zeilen von Dir. Liebe Grüße, Dietmar.»*

Vom Optischen ist er weit weg von all meinen Vorstellungen und Wünschen. Sowas von weit. Er ist übergewichtig. Stark übergewichtig. Aber er macht einen äußerst netten Eindruck. Er scheint gepflegt und freundlich. Er hat einen guten Beruf und scheint kaum ‹Altlasten› zu haben. Keine kleinen Kinder mehr. «Ich bin gesellig und immer positiv und optimistisch», behauptet er.

Einzig und alleine hätte er ein Problem mit Übergewicht, ob ich das gesehen hätte.

«Ja, das habe ich, ich bin ja nicht blind!»

Theoretisch und in der Praxis würden sich die meisten Frauen nun wahrscheinlich gar nicht mehr auf weitere Diskussionen, den Austausch von Nettigkeiten oder Mails einlassen. Weil es ja offensichtlich nicht der Typ Mann ist, der auf die Mehrzahl der Frauen ansprechend wirkt.

Die meisten würden ihn gleich blockieren oder klären, dass es «nicht matcht» und er nicht gefällt. Daran ist nichts Falsches, wenn es auf eine ebenso höfliche und anständige Art und Weise passiert. Eigentlich ist es viel besser, gleich zu sagen, dass es nicht passt.

Irgendwie kann ich das aber nicht. Ich möchte einen Menschen nicht auf das Äußere reduzieren, möchte ihn nicht aufgrund seiner Leibesfülle beurteilen.

Andererseits könnte ich mich nie so stark überwinden und dermaßen gegen meinen eigenen Geschmack gehen. Dazu suche ich eigentlich ja meinen Ehemann auf der Plattform und nicht Bekanntschaften. Aber auch ich bin nett und lasse mich auf einen «Briefwechsel» ein.

Prof16 hat sieben Fotos in seinem Profil, darunter eines am Arbeitstisch, eines beim fröhlichen Trinken mit Freunden, eines beim Fliegenfischen und eines im Hobby-Handwerker-Look.

Ja, sein Übergewicht ist grenzwertig. Ich schätze so um die 130 Kilo, aber er ist gemäß Profil auch 189 cm groß, dann «geht das gerade noch». Er ist geschieden und Vater von drei großen, vielleicht auch schon erwachsenen Jungs.

Da ich immer noch davon ausgehe, dass bald der Zeitpunkt gekommen ist, wo Gott mir meinen Mann schenkt und ich ihn auf einer Plattform finde (wo denn sonst lerne ich einen Christen kennen, der Single und in meinem Alter ist? Ich besuche ja gerade keine Gemeinde und keine christlichen Veranstaltungen …), lasse ich mich auf ihn ein. Und wie gesagt: «Qualitätsbeziehung» kann viel heißen.

Ich möchte offen sein. Und übergehe damit für einmal völlig meinen Geschmackssinn. Aber weil er äußerst höflich und charmant ist, kann und will ich ihn auch nicht vor den Kopf stoßen. Auch ihm erzähle ich ziemlich viele Details zu meiner Geschichte und von meinem Scheitern.

Er versteht es, schöne Worte zu machen und mich zu trösten. Mittlerweile habe ich aber aus der Geschichte mit Phil gelernt, dass es sinnvoll ist, sich doch recht schnell zu treffen. Ich weiß jetzt, dass es gut ist, damit sich nicht falsche Bilder festsetzen können.

Prof16 ist hocherfreut, dass ich ihm für ein Treffen zusage. In der Hoffnung, dass ihm meine Stadt doch massiv zu weit entfernt ist, sage ich, dass ein Treffen nur hier bei mir möglich sei, dass ich aber verstehe, wenn es für ihn zu weit ist. Seine Worte bewegen mich.

*«Ich habe schon lange keine Angst mehr vor Distanzen, meine letzte Beziehung lebt in F., und ich habe diese sechs Stunden Fahrt am Wochenende immer aufgebracht für sie.»*

Nun gut, dann soll er kommen, zu mir fährt er auch etwa sechs, sieben Stunden!

*«Bitte achte darauf, dass Du nicht zu stark geschminkt bist, denn das*
*mag ich an Frauen überhaupt nicht, wenn sie wie angemalt aussehen!»*

Auch hier kann ich nur wieder den Kopf schütteln. Aber anstatt auf mich
zu hören, anstatt authentisch zu sein und ihm zu sagen: «Dann bleib
doch, wo Du bist!», sage ich: «Wenn Du die ungeschminkte Wahrheit
aushalten kannst, dann mache ich das.» Obwohl ich ja immer nur dezent
geschminkt bin.

Wir verabreden uns an einem Ort ziemlich in der Nähe meiner Wohnung.
Hier ist es nicht weit bis zum Fluss, und somit können wir einen gemeinsamen Spaziergang anpeilen.

Ich erzähle meiner Schwester von dem Date. Sie versteht nicht, weshalb ich nicht direkt aussprechen kann, dass es nicht passt. Sie und meine
beste Freundin wissen sofort, dass dieser Mann so überhaupt nicht mein
Geschmack ist. Den kann ich mir auch nicht schöntrinken. Weshalb also
nicht direkt sein?

Ich habe die Angewohnheit, dass ich niemanden verletzen oder vor
den Kopf stoßen möchte. Schon gar nicht, wenn er nett zu mir ist. Ich
habe das über all die Jahre eingeübt und bin deshalb nie ganz zu mir selbst
gestanden. Habe mich immer verleugnet und angepasst. Wie soll ich denn
das jetzt können?

Aber das ist etwas, das ich in Angriff nehmen und an dem ich arbeiten
möchte! Das nehme ich mir ganz fest vor. Aber diesmal wähle ich noch
die alte Gangart: Ich gehe dezent gekleidet und ungeschminkt zum Treffpunkt.

## 31 │ Das Treffen mit Prof16

Dietmar kommt angefahren. Zuvor habe ich noch gewitzelt, ob er auch so
ein «zerstreuter Professor» sei, wie man das der Berufsgruppe der Mathe-
matiker und Physiker zuschreibt. Deshalb vielleicht auch sein Spitzname?

Er steigt aus dem Auto, und mich «trifft der Schlag». Er kann sich kaum aus seinem Auto schälen. Als er endlich steht, muss er seine Kleidung zurechtziehen. Die Hose ist so weit runtergerutscht, dass selbst die Hosenträger sie kaum noch halten können. Dieser Mann hat wohl sehr alte Fotos eingestellt, denn vor mir zeigt sich kein 130 Kilo-Mann, sondern eher eine 220-Kilo-Urwucht. Ich habe einen solch dicken Menschen ehrlich noch nie gesehen!

Er ruft mir zu, dass er seit einigen Tage das Portemonnaie verlegt habe und nun auch noch das Geld sucht, das er «eben gerade noch da abgelegt hat» … und schon sind auch die Schlüssel unauffindbar, um das Auto zu verschließen.

Ich stehe ein wenig belustigt nebendran. Endlich hat er alles zurechtgerückt, gefunden und verstaut und kommt auf mich zu. Und natürlich ist man ziemlich verschwitzt bei diesem Gewicht, aber als er mich umarmt und sagt, wie sehr er sich freut, ist mir bereits ein wenig schlecht …

Da ich ernsthaft besorgt bin um seine Gesundheit, storniere ich den Plan, mit ihm einen längeren Spaziergang zu machen.

Da sagt er auch schon, dass er höchstens eine halbe Stunde laufen kann. Wir gehen in Richtung Fluss, und bereits nach den ersten wenigen Metern sehe ich Schaum in seinen Mundwinkeln.

Er möchte nach zehn Minuten Laufen bereits in das kleine Restaurant einbiegen, das zu einer Sportanlage gehört. Für mich ist es relativ schwierig, ihm nicht andauernd auf den schäumenden Mund zu schauen, und trotzdem wage ich es nicht, ihn darauf ansprechen. Die einzigen beiden Themen, um die sich jetzt alles dreht, sind Ernährung und seine Arbeit. An und für sich wäre das vielleicht interessant, wenn man von der Materie ein wenig was verstehen würde. Was bei mir überhaupt nicht der Fall ist.

Er erzählt mir von seiner gescheiterten Ehe und von seinen drei Kindern, die er regelmäßig sieht. So wie ich es verstanden habe, hat er ein unkompliziertes Verhältnis zu seiner Ex-Frau und zu den Kindern. Viel komplizierter, bedeutend komplizierter, gestaltet sich die Beziehung zu seiner «On-Off-Geliebten». Es sei eine Frau aus Rumänien, die unbedingt ein Kind von ihm haben möchte. Da es auf «natürlichem Weg» nicht gehen wird, hat er ihr bereits drei In-vitro-Fertilisationen bezahlt, der Gute.

Diese Dame hat sich nun bereits vier Monate nicht mehr bei ihm ge-meldet, und von daher wisse er gar nicht sicher, ob er nun Vater wird oder nicht. (Und auch deswegen hält er nun wieder nach einer anderen Frau Ausschau.) Falls er Vater würde, möchte er natürlich beteiligt sein an der Erziehung, nicht nur am Mitfinanzieren des Unterhaltes.

*«Das müsstest du natürlich akzeptieren, falls wir uns zusammentun!»*

Er erzählt die ganze «Entstehungsgeschichte» der beiden und was sie für ein Verhältnis hatten und haben. Natürlich habe ich mich bereits von An-fang an «ausgeklinkt» und bin überhaupt nicht interessiert – denn was gehen mich seine Stories mit anderen Frauen an? Ich beschäftige mich schon mit ganz anderem, noch bevor er mir eine solche Beziehung in «Aussicht stellt».

Nachdem er seinen Kaffee ausgetrunken hat, faltet er das leere Zucker-tütchen und beginnt, sich damit abwechselnd genüsslich zwischen den Zähnen und in den Ohren herumzustochern und zu pulen und zu bohren und zu reiben! Ich kann nicht sagen, wie sehr mich das abstößt. Es fällt mir schwer, nicht dauernd hinzugucken. Am liebsten würde ich das Weite suchen und ihn seinem «Schicksal» überlassen.

Ich würde gerne zahlen und weiterziehen, das sage ich ihm. Ganz höf-licher Gentleman, der er sein will, lädt er mich auf die Cola ein. Nun ha-ben wir ein Problem. Er kann nicht mehr weit laufen, weil ihm alles weh tut. Da wir bei der Sportanlage sind, fahren die Busse von dort aus in die Stadt. Ich schlage ihm das vor und sage, dass wir von dort aus zeitnah zum Auto gelangen können.

Gesagt, getan, wir sitzen im Bus. Da dieser relativ voll ist, muss er den Sitz neben mir nehmen. Und es ist nicht übertrieben, wenn ich behaupte, dass er eigentlich zwei Sitze brauchen würde, aber mit der einen Pobacke finde auch ich noch Platz auf dem Sitz.

Meinen Denkfehler bemerke ich erst beim Anfahren, eingequetscht zwischen Fensterseite und ihm. Es ist wirklich eine unbehagliche und allzu «kontaktfreudige» Fahrt. Seine Nähe ist unangenehm, aber ich traue mich nicht, jetzt entschieden aufzustehen.

In der Stadt angekommen, beginnt es zu regnen. Ich sage, dass wir jetzt in Richtung Auto gehen können. Das lehnt er jedoch rigoros ab. Er meint, dass bis hierhin ja bloß *er* geredet habe und dass er noch etwas von *mir* hören möchte.

Da ich keinen Regenschirm dabei habe, sondern nur er einen hat, willige ich ein, nochmals in ein Café zu sitzen. In der Hoffnung, dass der Regen weitergezogen ist, wenn wir jetzt noch ein Eis essen. Aber auch, weil ich zu diesem Zeitpunkt einfach nicht zu meinen Empfindungen stehen kann und Dietmar gleichzeitig nicht verletzen oder beleidigen will.

Ehrlicher, ich meine jetzt auch mir selbst gegenüber, wäre es gewesen, die Sache hier und jetzt zu beenden. Ich kann nicht ewig so weitermachen und immer gegen mich, gegen meine eigenen Überzeugungen, Gedanken, Gefühle und Empfehlungen handeln.

Dietmar spannt seinen Schirm auf, umfasst mich ungeniert mit sattem Griff um die Taille und zieht mich mit einem kräftigen Ruck an sich heran.

Jetzt kann ich ihm endlich sagen, dass mir das viel, viel zu nahe ist, ich mich lieber an seinem Arm «einhängen» würde, anstatt so fest umschlungen nebeneinander zu laufen. Lieber werde ich durch und durch nass, überlege ich, als so nah bei ihm zu sein! Am liebsten wäre mir jedoch, ich hätte einen eigenen Schirm und wäre nun auf dem Weg nach Hause. Und zwar allein.

Im Café bestelle ich ein Eis, er möchte einen Kaffee, Kuchen, Karamellpudding und einen «Coupe Danmark»: Vanille-Eis mit heißer Schokoladensauce und Sahne. Ich sage nur so viel: Jetzt noch ein Zuckertütchen, und ich nehme Reißaus!

Er will ja noch etwas von mir erfahren. Ich darf also einige Sätze zu mir sagen, bevor es wieder losgeht mit Geschichten über seine unzähligen Errungenschaften, darunter die vielen Damen aus dem Ostblock, auf die er so anziehend wirke.

Er muss ein richtiger «Womanizer» sein, wenn man ihm so zuhört. Er kriege ein Angebot nach dem anderen. Aber jetzt würde er gerne wieder eine Frau aus der deutschsprachigen Welt haben. Und darum fragt er mich, wie es «mit uns» aussehen könnte.

Ich lasse ihm den Vortritt: «Sag doch du zuerst!»

*«Ja»,* meint er da, *«ich könnte mir durchaus vorstellen, dass das etwas mit uns geben könnte.»* Auch wenn er mich heute noch nicht näher kennenlernen konnte, *«weil du doch eher zurückhaltend warst mit Erzählen»,* möchte er unbedingt noch viel mehr erfahren von mir. Ich sei äußerlich wie innerlich absolut «sein Geschmack», wenn ich mich dezent kleide und nicht geschminkt sei. Die Tattoos würden auch nicht allzu sehr stören.

«Na, da bin ich aber froh!»

Ich muss seine Offerte leider ablehnen, mein Geschmack ist er nicht. So nett, wie ich immer bin, umschreibe ich, weshalb aus uns nichts wird. (Meine Söhne würden sagen: Ich rede es schön). Ich sage ihm, dass er noch viel zu sehr an seiner Vergangenheit hängt. Und dass er permanent von seiner potenziellen rumänischen Partnerin gesprochen hat, die eventuell schwanger ist. Das zeigt mir, dass er die Vergangenheit noch gar nicht abgehakt, geschweige denn verarbeitet hat. Er würde sofort wieder zu ihr gehen, würde sie auch nur mit den Fingern schnipsen.

Er ist fasziniert, wie ich das sehr geschickt analysiert habe. Und er muss mir recht geben:

*«Also, du hast mein Problem richtig erkannt. Eigentlich hänge ich noch an Raluca. Es wäre schön, wenn wir zusammen noch ein Baby bekommen. Du bist sehr nett, aber ich möchte doch lieber nichts Neues beginnen. Das ist mir jetzt klargeworden. Du hast recht, ich hänge an der Vergangenheit, und ich verstehe vollkommen, dass du das nicht willst. Ich hatte schon Angst, der Grund könnte sein, dass du mich vielleicht nicht attraktiv finden könntest.»*

Und selbst wenn das mit ein Grund ist, ich würde es ihm nie sagen, weil ich finde, dass mir das nicht zusteht. Und überhaupt: Soll er doch zu seiner Raluca gehen, wenn die ihn so attraktiv findet! Noch so gerne!

Nach der Abfuhr bekomme ich das Eis nicht mehr bezahlt. Was ich aber auch nicht erwartet habe.

Es hat tatsächlich aufgehört zu regnen, und wir laufen die letzten Minuten zu seinem Auto.

Unterwegs entfährt ihm ein lauter Furz. Ich versuche das höflich und verlegen zu ignorieren (und weil es, wie der Engländer sagen würde, weit und breit keinen Hund gibt, dem man die Schuld in die Schuhe schieben könnte!). Es ist mir unheimlich peinlich. Nicht für mich – für ihn! Aber da fragt er mich allen Ernstes:

*«Ups, habe ich eben gepupst»?*

«Ja, das hast du, lieber Dietmar, aber es ist nicht schlimm, wir sind ja an der frischen Luft!»

Nach einigen weiteren Schritten lässt er erneut «einen fahren» mit dem Kommentar *«Uppsala, noch einer!»*

Ich versuche, die Lage zu entspannen, und frage dieses wandelnde Atomkraftwerk, ob er für seine Heimreise noch etwas braucht, weil wir gerade an einem Supermarkt vorbeikommen. Aber nein, er braucht nichts, er sei satt.

Beim Auto danke ich für seinen Besuch und bin happy und geradezu «erlöst», dass das Treffen vorbei ist.

Ich schreibe ihm noch am selben Abend, dass es nett war, aber dass ich den Kontakt löschen werde, «damit ich mehr Ordnung in meine Unterhaltungen bekomme».

Noch in derselben Nacht antwortet er, offenbar weit nach Mitternacht zu Hause angekommen: Er sei damit einverstanden.

Das Couvert auf der Plattform, das den «Posteingang» symbolisiert, bleibt nun dauerhaft auf «0» stehen. Es vergehen einige Tage, bis endlich wieder eine Kontaktaufnahme erfolgt.

Bei meiner zweiten und dritten Anmeldung habe ich andere Bilder eingestellt. Weil ich meine Haare nicht mehr färbe und mich für einen Kurzhaarschnitt entschieden habe. Daraufhin werde ich von manchen Männern nicht mehr erkannt …

# 32 | Nando: Some like it hot

Mit Nando schreibt mich ein interessanter Herr an. Optisch sehr ansprechend. Groß, schlank und gut gekleidet. Ich mag den Rockabilly Style: gegelte Haare, hochgekrempelte Jeans, Westen-Träger, dazu «Vans». Natürlich einige Tattoos, also ganz mein Typ Mann.

Seine Worte freuen mich sehr, und vielleicht wird mein ganzes Unternehmen jetzt endlich «etwas erfolgreicher». Ich bin jedenfalls sehr glücklich, dass er mir schreibt. Ich erwarte endlich ein Happy End.

*«Tadaaaa! Schöne Frau. Hier bin ich, ich denke, ich könnte Dich glücklich machen! Dein Profil und Deine Fotos: Sehr, sehr ansprechend. Mega Frau! Hot! Du hast bei mir sofort den grrrrrrrr Effekt ausgelöst! Ich hätte total Freude, wenn Du schreibst. Liebe Grüße, Nando.»*

«Guten Morgen, Nando. Oh! Der Grrrrrrrr-Effekt also. Ich hoffe jetzt nicht, dass Du den ‹Grrrrrauslich-Effekt› meinst, haha. Aber dann hättest Du mich nicht angeschrieben. Danke dafür und für die Worte.

Ich habe gesehen, dass Du im Centovalli wohnst und dass Du ‹was sich eben ergibt› suchst. Bist Du nicht eher auf etwas Verbindliches aus? Bist Du nicht ortsgebunden?

Ich wünsche Dir einen guten Start in den Tag und in die Woche, Christina.»

*«Hey, Christina, danke für Deine Worte. Schöner als Weihnachten! Im Ernst, Du interessierst mich. Darf ich mehr Fotos von Dir sehen? Ich habe Dir hier sechs Bilder von mir angehängt, damit Du mal etwas zu bestaunen hast. (Lach-Smileys). Die nicht-jugendfreien Fotos bekommst Du dann privat mal! (Lach-Smileys).*

*Bevor ich Dir die Fragen beantworte, wollte ich fragen, ob ich auch noch ein paar Fotos sehen darf? Du bist tätowiert, heiß. Wie Du sehen kannst: ich auch. Ich möchte Dir noch sagen, dass ich rauche. Ich habe gesehen, dass Du das nicht magst. Aber ich bin bereits im Prozess des Aufhörens. Und ich habe auch Sex vor der Ehe. Schließlich*

*leben wir im 21. Jahrhundert. Einfach, dass ich das gesagt habe. Liebe*
*Grüße, Nando.»*

«Hallo Nando, erst mal danke für die Transparenz, das schätze ich sehr. Ich habe momentan nicht mehr Bilder auf dem Tablet, und ich denke, auf meinen drei Bildern bin ich gut getroffen, und sie sind aktuell. (Auch immer wichtig!)

Zuerst: Ja, Rauchen ist für mich ein No-Go. Sorry, wenn ich da so absolut bin. Dafür küsse ich dann einfach zu gerne. Aber Du sagst, du bist am Aufhören. Viel Glück dabei. Ich habe es auch geschafft. Es ist möglich.

Und: Wenn Du Sex hast, ist das Deine Sache, das geht mich bis hierher nichts an. Das muss jeder für sich entscheiden. Ich denke, wir sind alt genug, um Verantwortung zu übernehmen. Selbst wenn ich glaube, dass auch in diesem Jahrhundert gewisse ‹Schutzmaßnahmen› (um nicht zu sagen: Gesetze und Gebote) noch immer gelten und sinnvoll sind. Dazu möchte ich hier nicht mehr sagen. Aber mich würde dennoch interessieren, ob Du eine Kirchengemeinde besuchst und was Du hier suchst, wie bereits schon mal gefragt. Sei gesegnet, Christina.»

*«Buongiorno Christina, zu Deiner Frage: Doch-doch, ich suche schon etwas*
*Verbindliches. Aber ich bin erst seit drei Tagen aus meiner Beziehung raus.*
*Das heißt, ich denke, sie will nicht mehr. Sie ignoriert mich komplett seit*
*drei Tagen. Sie war zuvor schon ziemlich verschlossen. Sie braucht viel Ge-*
*bet, damit ihr Herz heil wird und sie sich wieder öffnen kann für Liebe.*
*Der Teufel wirkt stark in unserem Leben und versucht, uns kaputtzuma-*
*chen. Und Gott sitzt einfach nur da und tut nichts! Schaut einfach nur zu.*
*Ich gehe in eine Freikirche in der Zentralschweiz und bete viel für kranke*
*Menschen. Die Gemeinde gefällt mir sehr gut, wir haben tolle Pastoren*
*da. Ich bin gespannt, was Du zu berichten hast. Nando.»*

«Hallo Nando, ich habe nicht mehr so viel zu berichten. Du bist drei Tage aus einer Beziehung raus und bereits hier? Das verstehe ich nicht ganz. Und wenn Du sagst, Du denkst, es ist Schluss … und sie ignoriert Dich … dann hat dort bestimmt keine Aussprache stattgefunden, oder?

Sorry, auch das ist für mich ein totales No-Go. Alte Beziehungen müssen verarbeitet und nicht erst seit knappen drei Tagen beendet sein.

Es tut mir leid zu hören, dass der Widersacher anscheinend so viel Macht hat in eurem Leben. Er hat dort ja eigentlich nichts verloren!

Ich wünsche Dir von ganzem Herzen, dass Du Gottes Wirken, seine Gerechtigkeit und seine Liebe zu Dir erkennen kannst ... Gottes Segen und Schutz, Christina.

P.S. Im Attachment noch meine Andacht für heute. Ich hoffe, sie segnet Dich auch. Du weißt ja: *Gott ist treu. Sitzt nicht nur da!*»

## 33 | Nando gibt auf – ich nicht!

«Heya Nando, hier eine kleine Andacht für Dich:

Erwarte Gutes, wenn Du morgens aufwachst. Bleibe in Deinen Gedanken und in Deinem Geist positiv, voller Freude, voller Hoffnung und voller Vorfreude auf all die guten Dinge, die Gott für Dich, sein geliebtes Kind, auf Lager hat!

Spring aus Deinem Bett, stell Dich vor den Spiegel und erkläre freimütig: ‹Ich bin der Jünger, den Jesus liebt. Ich bin Gottes Augapfel. Alles, was ich tue und anfasse, wird gesegnet sein! Die Weisheit, Gunst und Versorgung des Herrn fließen mächtig in mir und durch mich. Amen!›

Wenn Du das tust, zapfst Du die überfließende Versorgung des Herrn für Dich an, und all der Stress, die Sorgen, die negativen Emotionen und Ängste werden verblassen. Liebe Grüße, Christina.»

*«Guten Morgen, Christina. Ich habe es aufgegeben, auf meine Liebe des Lebens zu warten. Die gibt es nicht mehr. Oder ich werde schwul, bei Männern habe ich mehr Chancen als bei einer Frau. Hey, und eigentlich fände ich Dich mega hot! Es gibt nicht viele Christinnen wie Dich. Alles langweilige oder zu brave Frauen. Ich mag es wild. Ich bin ein Freak. Könntest Du damit etwas anfangen? Aber ich glaube, Gott muss mich*

*hassen, denn er schickt mir nie die Richtige über den Weg! Danke für Deine Worte und die Andacht. Nando.»*

«Ja, Nando, wenn Du denkst, das ist reif und der richtige Weg, dann musst Du das wohl so tun. Mir fällt da gar nicht so viel dazu ein. Ich weiß, dass Gott nicht hasst, und so hot, wie Du denkst, bin ich nicht! Ich bin wahrscheinlich noch viel langweiliger als manch andere Christin! Aber mehr möchte ich auch nicht mehr sagen, außer: Seinen Schutz und Segen wünsche ich Dir. Viel Erfolg beim Suchen und Finden Deiner neuen Liebe. Christina.»

Ich kann dazu «in echt» gar nicht viele Worte verlieren. Mir tut es immer leid, wenn Menschen denken, sie seien von Gott verlassen oder er interessiere sich nicht für sie. Ich weiß, dass es solche Gefühlslagen gibt, aber ich erlebe immer das Gegenteil. Nicht, dass es für mich einfach wäre, ich stecke in großen Widrigkeiten, auch beruflich. Aber ich weiß den Herrn immer an meiner Seite.

Also wird es doch auch mit einem Partner klappen!, denke ich. Beim nächsten Mal vielleicht? Mittlerweile ist bereits weit über ein Jahr vergangen, und mein Fazit bis anhin ist ernüchternd und unbefriedigend. Meine Erwartung war hoch, aber das Leben erteilt mir einige Lektionen. Nichtsdestotrotz gebe ich meine Hoffnung nicht auf, und sie stirbt mir auch nicht weg.

Vielleicht sollte ich es erneut bei «Chringles» versuchen? Vielleicht habe ich dort mehr Glück? Vielleicht habe ich mich nicht finden lassen beim letzten Mal? Oder vielleicht habe ich meinen potenziellen Partner übersehen? Vielleicht kommt «er» jetzt demnächst?! Ja! Vielleicht, vielleicht, vielleicht!

Mit neuer Entschlossenheit und Zuversicht melde ich mich bei «Chringles» an. In der Rubrik «Success Storys» ist zwar nichts Neues zu lesen, aber es gibt ja auch Menschen, die ihr Glück nicht öffentlich teilen möchten oder nicht dazu stehen wollen, dass sie sich online kennengelernt haben. Ich hätte kein Problem damit, dazu zu stehen, denn für mich ist es der einzig schlüssige Weg, solange ich keine Gemeinden und Kirchen regelmäßig besuche.

Erneut fülle ich die Fragen dieser kleinen, aber feinen Dating-Site aus. Meine Antworten haben sich leicht verändert, und ich spüre, dass ich dazugelernt und Erfahrungen gesammelt habe. Ich löse dieses Mal kein Abo und bleibe Passivmitglied.

Meine Hoffnung, dass ich umworben und erobert – sprich: angeschrieben – werde, ist ungebrochen. Insofern bleibt meine «altmodische» und traditionelle Weltanschauung bestehen. Ich bin sehr gespannt, was jetzt passiert. Nach drei Tagen bekomme ich eine Nachricht zugeschickt. Welch liebe Worte:

*«Hallo Frau Bunt, als Administrator der Plattform heiße ich Dich ganz herzlich willkommen! Schön, bist Du auf Chringles.ch.*

*Wir als Team wünschen Dir viel Erfolg auf der Partnersuche – Chringles.ch ist bestimmt der richtige Ort, denn durchschnittlich findet sich jede Woche ein Paar.*

*— WICHTIG —*

*Leider verzeichnen wir in letzter Zeit vermehrt Registrationen von Personen, die irgendwann Geld fordern. Bitte sei vorsichtig und gib keine Mobile-Nummer oder E-Mail-Adressen bekannt, bis Du ganz sicher bist, dass es diese Person auch gibt. Meist sprechen diese Personen gebrochen oder gar kein Deutsch und versuchen möglichst rasch die Konversation weg von der Plattform zu leiten.*

*Bei Fragen oder Anregungen sind wir gerne für Dich da. Auch unter info@chringles.ch. Herzliche Grüße, Tobias & Team.»*

«Herzlichen Dank, Tobias, für die nette Begrüßung und die Warnung. Leider sind diese Leute überall anzutreffen. Ich passe auf. Gottes Segen und ‹Merci› Dir und dem gesamten Team für Eure Arbeit. Christina.»

Das ist die erste und letzte Konversation auf «Chringles». Ich bleibe zwar über ein halbes Jahr angemeldet, aber in dieser Zeit kommt kein einziger Kontakt zustande. Die meisten Männer schreiben in ihrem «Kurzprofil», dass sie angeschrieben werden möchten, da sie Passivmitglieder sind. Aber auch wenn es zwei, drei äußerlich interessante Männer gegeben hätte: Bei solch einer «Einstellung» ist mir bereits «die Lust vergangen», und ich sehe nach acht Monaten auch wieder ein, dass ich hier nicht gefunden werde.

Ich lösche also erneut mein Profil. Das heißt: Obwohl die Site sehr liebevoll, gut und übersichtlich gestaltet ist, findet man diese Lösch-Option kaum. Sie ist extrem versteckt, und ich muss die Admins [Kurzform für «Administrators»] diese Lösch-Arbeit für mich erledigen lassen. Naja, schade.

Aber vielleicht habe ich ja irgendwann Glück auf «Himmlisch-Plaudern». Ja, vielleicht, vielleicht, vielleicht! …

## 34 | Herr Pfui möchte eine Jungfrau

*«Hallo Frau bunt, ich finde es typisch, dass eine Frau wie Du die Botschaft der Gnade vertritt. Natürlich muss es für Dich eine Botschaft sein, die Dir das Ticket zum Sündigen gibt! Du brauchst einen Freibrief, um Dich tätowieren zu lassen oder Dich extravagant zu kleiden und Deine Haare – die ein Schmuck wären – zu schneiden. Du bist geschieden und hast offensichtlich Intentionen, um ohne verheiratet zu sein mit einem Mann sexuell aktiv zu sein. Oder Dich gegen das Gesetz erneut zu verheiraten. Auch wenn ich über 50 bin, würde ich nie eine geschiedene Frau zur Frau nehmen. Sie muss ledig sein und idealerweise noch Jungfrau. Du hingegen glaubst an billige Gnade und hast Dein Ticket für die Allversöhnung und Allvergebung. Pfui!»*

«Hallo Unbekannt. Genau! Pfui! Du sagst es, und dazu kann ich nichts mehr beifügen! Vielleicht nur so viel: Seine Gnade, die ist nicht billig! Die ist gratis. Für mich und für Dich auch. Ihn jedoch hat es alles gekostet, mich und Dich freizukaufen! Dadurch bin ich gerecht. Ich werde keine weiteren Worte verlieren oder mich verteidigen. Ich möchte Dir einfach noch viel Glück wünschen bei der Suche nach Deiner unverheirateten Ü50-Jungfrau.»

Weshalb klopft mein Herz, warum tut es weh, obwohl ich diesem Herrn (der aus der Westschweiz stammt, 52 Jahre alt, «ungebunden» und auf der Suche nach «Ehe» ist) doch eigentlich keinerlei Aufmerksamkeit schenken müsste? Mir kommt in solchen Momenten oft ein Bibelvers in den Sinn: «An der Liebe untereinander soll die Welt erkennen.» Tja, das klappt leider nicht immer …

## 35 | Lone Ranger mit Winchester & Witz

Mich schreibt ein sehr sympathischer alleinerziehender Vater an. Auch er kommt aus Deutschland. Er ist geschieden, über 1,80 groß und sucht jemanden für die Ehe. Das ist eine weitere Option, die man bei «Himmlisch-Plaudern» angeben kann.

Ein Foto zeigt ihn auf dem Hochsitz eines Planwagens vor einem Western-Saloon-Restaurant. Ausgerüstet mit Cowboy-Hut, «Häuptling Sitting Bull»-T-Shirt, Winchester-Rifle, Patronengurt und hohen Lederstiefeln mit Sporen. Ein paar Erwachsene und Jugendliche umringen ihn.

Wir kommen ganz ungezwungen in Kontakt. Ich finde ihn sympathisch. Ein «Normalo». Wer weiß? Ist er «es»?

*«Hallo Frau bunt, ich grüße Dich mit einem Witz:*
  *‹Papa, was ist ein Mann?›*
  *‹Das ist ein starker Mensch, der seine Familie beschützt, sich um sie kümmert und sie liebt.›*
  *‹Papa, dann will ich auch so ein Mann sein wie Mama.›*
  *Liebe Grüße, Manfred.»*

«Haha! Hallo Manfred, danke für den Gruß, gesegneten Abend noch. Christina.»

Gut, vielleicht ein wenig «infantil», aber humorvoll und bestimmt unkonventionell. Passt zu einem Mann mit «Sitting Bull»-T-Shirt.

*«Hallo Christina,*
*habe jetzt genug Zeit und Ruhe, um ein paar Zeilen zu formulieren. Zwei Dinge sind mir von Deinem Profil äußerst beeindruckend geblieben. In Deiner Beschreibung stand:*
*‹betend hinter dir stehen› und ‹nicht der Typ Frau von jedermanns Geschmack›.*
*Nun, irgendwie passt das für mich nicht. Eine Partnerin, die betend hinter mir steht, das ist doch die Eigenschaft, die gesucht ist!*
*Ich wünsche Dir einen guten Wochenstart und viel Geduld und Liebe im Umgang mit Deinen Söhnen. Du hast ja zwei. Ich habe im Ganzen fünf Kinder, vier sind bereits erwachsen. Drei ausgeflogen. Die anderen zwei leben noch bei mir. Sei gegrüßt, Manfred.»*

«Hallo Manfred, herzlichen Dank für Deine Worte. Ich ging davon aus, dass ich nichts mehr höre von Dir und es beim Witz bleibt!
Betreffend Geschmack: Weißt Du, meine Erfahrungen zeigen, dass die Männer sehr ‹augengesteuert› sind. Das will ich nun auch gar nicht werten oder schlechtreden. Fakt ist, dass ich nicht die wohlgeformte langhaarige Blondine bin. Das macht mir weiter nichts aus, das ist gut so! Aber dazu bin ich wie gesagt auch sehr bunt, das heißt tätowiert. Da werde ich sehr schnell abgestempelt oder sicher mal schubladisiert und in christlichen Kreisen auch sehr schnell verurteilt.
Wenn die Menschen mich jedoch kennenlernen, berichten sie mir immer wieder, wie sie sich in mir getäuscht haben. Ich finde das gut, dass sie sehen, welche Vorurteile sie im Herzen tragen, denn es zeigt auch, wie schnell wir Urteile fällen, wir alle …
Für mich sind Jesus und die Gnade das Wichtigste in meinem Leben. Ich richte mein ganzes Leben und Tun nach ihm aus. Darum vertraue ich

auch darauf, dass mein Zukünftiger von ihm, also aus seiner Hand, zu mir geführt wird, sodass er mich durch seine Augen sehen wird: mein Herz und alles, was mich wirklich ausmacht.

Denn so möchte ich auch meinen Partner sehen: als von Gott Geliebten und von Gott gut Gemachten ... Gott weiß, wer in mein Leben gehört und wer nicht, darum kann ich gelassen sein.

Mir ist klargeworden, dass ich nicht aktiv auf Plattformen suchen werde, denn es ist trotzdem emotional anstrengend, und im Endeffekt wird man eben genau nach dem Äußeren beurteilt.

Du bist alleinerziehender Papa? Ich finde das außergewöhnlich. Und ich finde das wunderbar, wenn sich ein Vater mit so viel Commitment um die Kinder kümmert. Du bist geschieden, wenn ich mich recht entsinne, kein Wittwer – dann finde ich es umso mehr speziell. Bist Du schon lange geschieden? Und wie lange wieder Single?

Meine Söhne sind mein ganzer Stolz. Der Große, 18, war seit Geburt unkompliziert, zufrieden und sehr einfach zu begleiten.

Der Kleine, 14, ist ein wenig anspruchsvoller. Aber auch er hat ein Herz aus Gold, ist gut erzogen, und man sagt mir immer, er sei sehr sozial und anständig. Davon merke ich manchmal aber nichts hier, haha ...

Nun gut, ich wünsche Dir viel Gelingen bei der Arbeit. Dass sie Dir leicht von der Hand geht und Du unter seinem Schirm und Schutz stehst. Und ich wünsche Dir einen gesegneten Nachmittag im Kreise Deiner Lieben. Christina.»

*«Guten Morgen, Christina, ich melde mich gern wieder, brauche aber länger dafür. Dir einen schönen Tag, ich bin gerade heimgekommen und habe heute einen ‹Einkaufstag› mit meinem Sohn vor mir.*

*Anschliessend bin ich sicher total erledigt und muss schauen, dass ich bis Dienstbeginn wieder einsatzfähig bin. (Soll jetzt nicht negativ tönen, ich gehe gern mit meinem Sohnemann einkaufen!) Liebe Grüsse, Manfred.»*

«Guten Morgen, Manfred, ich habe schon recht verstanden, klang gar nicht negativ! Auch ich muss heute noch Sportbekleidung für den Junior finden, wir sind jedoch total schnell im Shoppen! Leider!

Ich stelle mir Deine Arbeit sehr hart vor, darum wünsche ich Dir gute Erholung, auf dass Du gut schlafen kannst und wieder fit bist!

Es ist ein Privileg: Ich habe noch zwei Wochen Urlaub und werde nun zwei, drei Tage nach Davos fahren. Ganz alleine, nur der Herr und ich. Das erste Mal seit über 23 Jahren. Das wird spannend. Betreffend Schreiben: Bitte fühle Dich frei. Ich bin keine Person, die Ansprüche stellt oder Erwartungen erhebt! Ganz wichtig!

Mach ganz so, wie es für Dich stimmt – für Dich und Deinen Rhythmus und Zeitplan. Es dauert so lange, wie es dauert! Alles gut.

Mir fällt es einfach extrem leicht, Zeilen zu formulieren und aufs Papier zu bringen. Kann mich auch nie kurz halten. So, nun wünsche ich Dir und Deinem Sohnemann einen reich gesegneten Tag. Christina.»

*«Hallo Christina, es macht Freude, Deine Nachrichten zu lesen. Da mache ich mir wohl zu viele Gedanken darüber, ob meine Worte richtig oder falsch verstanden werden. So fällt mir das Schreiben etwas leichter.*

*Für Deine Ferien wünsche ich Dir eine ‹Begegnung mit Gott›. Lieben Gruß, Manfred.»*

«Guten Abend, Manfred, ich hoffe, eure Einkaufstour war erfolgreich und hat Spaß gemacht – und ich hoffe auch, dass ihr miteinander Qualitätszeit hattet.

Du musst Dir bitte keine Sorgen machen, wie die Worte ankommen oder ob sie richtig verstanden werden! Falls ich etwas nicht verstehe, bin ich der Typ, der nachfragt. Du darfst ganz entspannt sein und musst Dir gar keinen Kopf machen, was Du schreiben willst, wieviel, worüber oder wie. Ich kann Dir versichern, ich meinerseits schreibe (und rede), wie's grad kommt. Darfst Du gerne auch! Es gibt genug im Leben, worüber man sich Gedanken machen muss ...

Danke für Deine Wünsche. Ich freue mich sehr auf die Stille. Und ich hoffe, ich kann meine Jungs loslassen! Es ist das erste Mal, dass ich sie über zwei, drei Nächte hinweg so ganz allein lasse. Sie sind ja beide sehr vernünftig, und ich kann ihnen zu hundert Prozent vertrauen. Und trotzdem! ... Man kann mir natürlich vorwerfen, dass ich eine Glucke bin und immer wieder darum kämpfen muss, loslassen zu können. Aber ich glaube, es ist auch gut, wenn ich mir nun diese kurze Auszeit gönne ... Auch Dir liebe Grüße, Christina.»

*«Hallo, liebe Christina, wieder glücklich zuhause? Ist schon ‹fremdartig›, mal wieder allein unterwegs zu sein. Hattest Du eine gut-tuende Zeit? Dir einen guten Start in die neue Woche. Liebe Grüße, Manfred.»*

«Hallo Manfred, ich bin wieder gut zuhause angekommen. Drei Tage ohne Mails und Facebook & Co. Darum hab ich mich jetzt mal um das Meiste gekümmert ...

Die Jungs alleine daheim klappte einwandfrei. Klar, es stehen Geschirr und Verpackungen rum, und es wurde nicht aufgeräumt, aber darauf habe ich mich vorher schon eingestellt!

Der Kleine bekommt ein neues 120er-Bett, und so haben wir das alte verschenkt, es wurde gestern abgeholt. Hat alles auch ohne Mama geklappt.

Die Tage waren gar nicht langweilig. Ich war sehr viel draußen in der Natur. Aber auch mit Jesus in der Stille. Was mir bewusst geworden ist: dass ich meine Lebensplanung und die zerplatzten Träume loslassen sollte.

Du kannst mir glauben, ich habe sooo viel schon losgelassen und mich auch versöhnt mit dem Umstand, dass ich eine geschiedene Frau bin – ich dachte, ich sei durch damit und hätte das alles doch bereits getan. Aber wie gesagt: Meine Planungen und meine Wünsche habe ich heute sehr bewusst abgegeben und im See ertränkt. Ich habe zuhause eine Liste geschrieben und sie dann in den See geworfen. Einerseits sehr traurig und schmerzhaft – und andererseits sehr befreiend und entlastend. Und nun bin ich gespannt auf Seine Planungen ...

Solche Dinge machen Frauen. Wie geht es bei euch?

Hat Dein Sohn auch noch Ferien? Ist er eher selbständig?

Ich möchte Dich nicht allzu stark zutexten oder zu viele Fragen stellen ... Ich weiß nicht genau, was gewünscht ist oder was dran ist. Ist etwas dran?

Auch Dir und euch wünsche ich einen gesegneten Abend und guten Wochenanfang, Christina.»

*«Guten Morgen, Christina, das würde ich jetzt auch gern herausfinden. Ich habe vorhin nachgeschaut unter der Vorgabe ‹Züge, die täglich bei mir wegfahren und dann in Deiner Stadt ankommen›. Zug an zum Beispiel um 14.58 Uhr. Und dann plus-minus alle zwei Stunden wieder ein Zug. Das Einfachste ist wohl ein kurzes Treffen in Bälde. Bist Du dabei? Liebe Grüße, Manfred.»*

«Guten Morgen, Manfred, natürlich habe ich Deine Mail noch kurz vor dem Einschlafen gesehen und war sehr überrascht und vielleicht auch ein wenig ‹überrumpelt› – und ganz sicher herausgefordert. Holla! So habe ich Dich nun gar nicht eingeschätzt! (Deiner Beschreibung wegen.)

Ich musste reiflich darüber nachdenken (was bei mir meist innert kürzester Zeit geschieht!), und mir gefällt der Gedanke, dass wir uns treffen. Weshalb auch lange rumrätseln? So wissen wir schnell, was Sache ist.

Was mir nicht gefällt, ist, dass Du fast viereinhalb Stunden im Zug fahren musst. Gut, außer Du sagst: ‹Hey, ich liebe Bahnfahrten, sie sind mein Hobby. Da kann ich lesen und entspannen unterwegs!› – falls dem so ist, kannst Du gerne in meine Region kommen.

Ansonsten schlage ich vor, dass ich Dir ein Stückchen entgegenkomme und wir uns vielleicht in F. treffen? Was hältst Du davon? Das spart Dir eine Stunde Zugfahrt und bringt Dir eine Stunde mehr Zeit mit einer klasse Frau!

Ich käme um Viertel nach drei dort an und Du vermutlich einige Minuten später. Dann treffen wir uns vorne beim Ausgang/Kiosk. Ich kenne dort nur zwei, drei Gebäude, aber irgendein Café oder Restaurant werden wir schon finden. Ciao, Christina.»

*«Hallo Christina, guter Vorschlag. Mein Zug kommt 15.19 Uhr von O. her kommend. Freue mich sehr, Dich kennenzulernen. Liebe Grüße, Manfred.»*

«Guten Morgen, Manfred, ich habe noch eine kurze Frage vor Sonntag. Soweit ich das noch weiß von ‹Himmlisch-Plaudern›, bist Du geschieden. Du bist da nie drauf eingegangen, als ich das in einer Mail erwähnt habe, und das spielt auch keine Rolle.

Dennoch ist es wichtig für mich, dass Du kein ‹getrennt lebender Mann› bist. Klar, wir treffen uns nur auf einen Kaffee oder auf ein Essen, aber ich werde mich nie mit jemandem verabreden, der nur getrennt ist und nicht in klaren Verhältnissen zur Ex-Frau lebt! Das fände ich falsch. Ich hoffe, Du verstehst das.

Und falls Du auch noch Fragen zu eigenen ‹No-Go's› hast, dann ist jetzt noch Gelegenheit dazu. Schönen Tag! Christina.»

*«Hallo Christina, ja, da hat es noch einige unbeantwortete Fragen. Stoff für noch so manche Mail.*

*Da unser Mail-Austausch doch schon recht persönlich ist und nicht nur von Wetterdaten handelt ;-) , dachte ich, ein Treffen sollte nicht lang hinausgezögert werden.*

*Kurze Antwort: Rechtskräftiges Scheidungsdatum war der [...] (siehe Anhang, Scheidungsurteil Seite 1, Personalien – und Seite 8.) Kontakt zu meiner Ex-Frau gibt es nur so weit, wie es die Situation wegen unserer gemeinsamen Kinder erfordert.*

*‹No-Go's› gibt es bei mir auch, ja:*

- *Ich werde nie mehr als ‹Rückzugsebene› zur Verfügung stehen (‹Wenn's mit dem neuen Freund mal wieder vorbei ist, dann kann ich ja wieder nach Hause kommen›).*
- *Ich will mich nie auf eine Partnerin einlassen, die in einer (noch) bestehenden Beziehung lebt.*

*Da scheinen wir uns ja auch ähnlich zu sein ;-) . Alle weiteren Verwirrungen kläre ich gern am Sonntagnachmittag auf. Oder hätten wir da lieber eine ganze Woche einplanen sollen?*

*So, ich mache jetzt noch einen Salat und werde den nachher genüss-*

*lich essen. Und dann freue ich mich auf Sonntag mit einer (Zitat) ‹Stunde
mehr mit einer klasse Frau!› Liebe Grüße, Manfred.»*

«Hallo Manfred, danke für Deine Antwort und den Anhang. Den hätte es
nicht gebraucht, weil ich Dir geglaubt hätte, was Du gesagt hast.

Ich habe das mit der ‹Rückzugsebene› nicht ganz verstanden, aber ich
denke, Du hast da von Deinen früheren Beziehungen geredet, oder? Von
Frauen also, die andere Beziehungen hatten, Dich aber ‹warmgehalten›
haben. Oh, das ist nicht gut! Da müssen Mann und Frau sich wertvoller
sein!

Am Sonntag erzählen wir uns wahrscheinlich mehr.

Ja, das mit dem ‹recht persönlich› kenne ich und höre es immer wieder! Ich wäre gern ein wenig oberflächlicher und unverbindlicher und
würde nicht so offen sein. Aber das bin ich nun mal. Die Kehrseite ist,
dass ich in manchen Dingen auch ein wenig naiv und allzu leichtgläubig
bin … Leider!

Schon wieder persönlich.

Du hast recht, ein Treffen ist sinnvoll, bevor falsche Bilder entstehen im
Kopf und sich dann unrealistische Erwartungen entwickeln. Wir werden
sehen, ob Sonntag ein Anfang sein wird; ich meine, ob wir dann weitere
Wochen einplanen, um Verwirrungen aufzuklären, haha! Hoffe jedoch
nicht, dass wir derart viele Altlasten haben, oder?

Das Beste ist, wir gehen ohne Erwartungen und Vorstellungen in das
Treffen und schauen einfach, was passiert.

Und das Zitat ist wirklich von mir?!? Ups, da muss man mich auch kennen, um das richtig zu verstehen! Und vielleicht ergreifst Du ja dann die
Flucht und nimmst den nächsten Zug zurück nach Hause! Wir werden
sehen! Gesegnete und behütete Nacht! Christina.»

«Guten Morgen, Manfred, so! Jetzt habe ich eben ein Sparpreis-Ticket ergattert. Wenn nun nichts mehr dazwischenkommt, sehen wir uns morgen. Ich kann mich auf so gar nichts richtig einstellen, weiß nicht, was
mich erwartet, und das macht's extrem spannend, mich aber auch unsicher …

Aber auch Du weißt ja nicht wirklich, was Dich erwartet (Smile). Wir machen das jetzt einfach! Wünsche Dir und Deinen Kids einen schönen Tag – mit einem Lied, das mir momentan sehr viel bedeutet: ‹Starts and Ends› von ‹Hillsong›. Gruß, Christina.»

*«Ja, so langsam steigt die Spannung auch bei mir. Wie sehr so ein gemeinsames Kaffeetrinken-Vorhaben doch den Alltagstrott durcheinanderwürfelt! Gute Nacht! Freue mich sehr, Dich kennenzulernen. Bis morgen, Manfred.»*

«Guten Morgen! Wir haben keinen Grund, nervös zu sein, wir sind ja beide nett (Smile)! Wir werden uns bestimmt erkennen! Bis später, Christina.»

## 36 | Treffen mit «Sitting Bull»

Ich habe aus meinen Erfahrungen gelernt: Ich werde Manfred sagen, dass ich nur zwei Stunden Zeit habe.

Schon lange bin ich bei Treffen nicht mehr aufgeregt. Vor allem, wenn ich im Voraus weiß, dass ich es jetzt nur aus Anstand tue oder weil ich niemanden vor dem Kopf stoßen will. Oder weil ich ihn, wie in Manfreds Fall, nicht mehr erreichen konnte und er also bereits auf dem Weg ist.

Hätte ich ein Telefon-Abonnement besessen, ich hätte abgesagt. Weshalb? Nun, ich habe Manfred mitgeteilt, dass er mir unbedingt eine SMS schreiben muss, falls sich etwas ändert. Denn ich empfange WhatsApp nur mit WLAN-Verbindung.

An dem verabredeten Tag stehe ich am Bahnhof und warte auf meinen Zug. Da kommt die SMS von Manfred:

*«Ich bin auf dem Weg und freue mich riesig auf unser Kennenlernen. Da mein Haarzopf inzwischen nicht mehr existiert, werde ich zur leichteren Erkennung das ‹Sitting Bull›-Shirt vom Profilbild tragen.»*

Mir graut es! Ich stelle mir vor, wie er an unser erstes Date mit Indianer-häuptlings-T-Shirt, Cowboy-Hut, Winchester-Rifle, Patronengurt, hohen Lederstiefeln und Sporen erscheint. Das Outfit sei doch bloß eine einmalige Sache gewesen, hat er mir zuvor versichert.

Ich verlange nicht, dass ein Mann sich zu einem Date übertrieben in Schale wirft, in Markenklamotten daherkommt oder overdressed Eindruck schinden möge, aber ich finde es wünschenswert, wenn einer anständig, zeitgemäß und gepflegt auftritt! Es muss wirklich nicht der älteste Freizeitlook sein! Für mich jedenfalls hat das mit Geschmack und Wertschätzung zu tun. Aber nun, er ist ja schon unterwegs, was kann frau da machen? …

Ich bin einige Minuten früher als er am verabredeten Ort.

Als er kommt, trifft mich die Gewissheit in «voller Härte». Er trägt das besagte T-Shirt, dazu einen Strohhut, aber keine Stiefel. Zu seinen kurzen Hosen hat er seine Füße ganz «German-Tourist-like» in weiße Socken und Birkenstock-Sandalen gebettet.

Innerlich muss ich lachen und mache einmal mehr «gute Miene zum bösen Spiel». Ich kann gar nicht ernst nehmen, was ich hier tue, was wir hier machen, und ich frage mich, weshalb ich mir das wieder «selber antue».

Eigentlich müsste ich ihm jetzt sagen, dass für mich der Fall leider schon klar ist. Aber da er nett ist und ich rücksichtsvoll bin, tue ich es nicht.

Wir setzen uns in ein Restaurant. Er erzählt mir von seiner ersten Ehe. Er hat seine Frau über ein Inserat in einer Zeitschrift kennengelernt. Aus dieser Verbindung entsprangen Kinder.

Er erzählt von seiner zweite Frau, die er ebenfalls auf ein Inserat hin kennengelernt hat (Inserate waren früher die durchaus erfolgreichen Vorläufer der heutigen Online-Suche), auch mit ihr hat er Kinder, und auch hier kam es zur Scheidung. Manfred geht in die Details, es hört gar nicht mehr auf. Und es sind keine sehr schönen Geschichten. Traurig, wie es gehen kann!

«Du bist also ein Wiederholungstäter», sage ich irgendwann, «und versuchst es ein drittes Mal über ein ‹Inserat›, wenn auch diesmal online? Ich denke, wenn man zwei Mal Pech gehabt hat mit so einem Weg, sollte man vielleicht einen anderen suchen, meinst du nicht?!»

Ich erfahre alles von ihm, seinen früheren Beziehungen, seinen Ex-Frauen und seinen Kindern. Er hat das Bedürfnis, mir alles haargenau zu berichten, und ich fühle mich schon bald wie eine Seelsorgerin. Ich komme nur sehr wenig zu Wort.

Auch wenn seine Scheidungen bedeutend länger her sind als meine eigene, holt es ihn regelrecht wieder ein – er geht immer mehr in alle Einzelheiten. Mir ist das nicht mal unrecht. Ich erwähne über mich selber nur ein paar Eckdaten und erwecke wohl den Eindruck, dass ich bereits weitgehend über allem stehe. Es stimmt zwar, dass ich fokussiert vorwärts gehe, aber ich bin noch immer sehr verletzt und überhaupt nicht «darüber hinweg». Das sage ich ihm aber nicht.

Momentan bin ich auch gerade wieder zutiefst frustriert. Weshalb treffe ich mich mit einem Mann, der überhaupt nicht meinen wenigen Kriterien entspricht? Wahrscheinlich, weil ich noch immer denke, es gehe gewiss alles ganz schnell und einer der Herren, die ihr Interesse bekunden, werde mein zukünftiger Mann.

Wir sitzen einige Zeit am Wasser und essen das Eis. Die Zeit kriecht vor sich hin, und Manfred erzählt seine Lebensgeschichte nach wie vor ohne Punkt und Komma und ohne Tabu.

Plötzlich habe ich genug und den massiven Drang, in Richtung Bahnhof zurückzugehen. Er lädt mich generös zu meinem «Schlemmerbecher mit gemischtem Eis» ein. Der Eisbecher passte wunderbar zu meinen «gemischten Gefühlen»!

Ich habe keine Ahnung, wann ein Zug in Richtung Heimat zurückfährt, aber den nächsten will und werde ich erwischen! Wir kommen am Bahnhof an und haben nur noch Zeit, um uns relativ hastig zu verabschieden. Manfred ist sehr höflich und bedankt sich *«für den schönen Nachmittag»*.

Ich bin froh, als ich im Zug sitze, und frage mich erneut: «Weshalb habe ich mich mit ihm verabredet? Bloß weil er ein netter Kerl ist? Er ist ja überhaupt nicht mein Typ, und er lebt nicht in meiner Gegend! Was mach ich denn da?!»

Ich möchte lernen. Damit ich für mich selber klarer sein kann; für mich selbst einstehen und auf meine Bedürfnisse schauen kann …

Abends erreichen mich seine Zeilen:

*«Liebste Christina, ups, da ging wohl etwas vergessen. Ich hätte gern noch mit Dir zusammen gelacht. Eigentlich bin ich ein fröhlicher Mensch. Nun, das Thema Vergangenheit ist dafür wohl etwas zu ernst gewesen, und ich hab mich dabei stark in mich gekehrt und um mich selbst gedreht. Auch wenn die Wunden verheilt sind: Es gab viele Narben, und die tun auch heute noch weh.*

*Oh, da ging noch mehr vergessen. Wollte auch sehen, ob mich Deine Tattoos abschrecken, hab aber nicht viel davon gesehen. Aber dennoch: cool!*

*Danke für Deine Zeit. Da ich von keiner Zugsentgleisung gehört habe, gehe ich davon aus, dass Du sicher bei Deinen Lieben zuhause angekommen bist.*

*Dass Du die Gnade kennst und aus ihr lebst, ist toll. Da ich die englischen Lieder nicht wirklich verstehe, habe ich versucht, den Text mit Hilfe einer App zu übersetzen. Etwas holpriges Deutsch, aber der Sinn ist erkennbar.*

*Bin ich richtig in der Annahme, dass Dich auch der Text bewegt, nicht nur die Musik?* [Ich habe Manfred beim Treffen von meinem momentanen Lieblings-Song von Red Rocks Worship, «Breakthrough», erzählt, weil ich Durchbrüche erziele und erwarte.]

*Und richtig zugehört hab ich wohl auch nicht, und das bei dem Wenigen, das Du erzählt hast. Hast Du Deine Ausbildung jetzt bereits angefangen, oder kommt das erst nächstes Jahr?*

*Aber jetzt weiß ich wenigstens, wer mir da schreibt. Da fällt mir das jetzt auch leichter. Gute Nacht und einen lieben Gruß, Manfred.»*

Ach Manno! Er ist eigentlich so nett, und ich kann ihm einfach nicht so direkt eine Abfuhr erteilen, weil ich ihn als sensibel einstufe. Ich werde meinen Ex-Mann als «Alibi» hervorholen und Manfred erzählen, wie sehr ich ihn noch liebe.

Und wisst ihr, was? Ich glaube, es stimmt sogar. Nach jedem Kontakt mit einem Mann – und nachdem die Erwartungen und Hoffnungen wieder zerschlagen wurden – kommt in mir erneut eine Trauer hoch. Eine Trauer über meinen Verlust. Eine Trauer darüber, meinen «Lieblingsmenschen» nicht mehr an meiner Seite zu haben.

Darum fällt es mir nicht schwer, dem Indianerhäuptling mein «Nein» zu formulieren. Denn irgendwie ist es ja auch die Wahrheit.

«Hallo Manfred, Gott sei Dank ist die Bahn sehr zuverlässig und sicher. Alles ist gutgegangen. Habe im Zug noch jemanden getroffen und eine kurzweilige Fahrt gehabt. Ich hoffe, Du auch.

Ich habe unser Treffen nicht sehr beschwerlich oder allzu ernst empfunden. Ich habe es spannend gefunden, Deine Geschichte zu hören. Ich staune immer wieder über das Leben. Auch das der anderen.

Ich denke mir, dass Du viele Wunden davongetragen hast. Das passiert bei Trennung und Scheidung unweigerlich. Du hast es zweimal erlebt.

Gestern habe ich rein zufällig ein Bild von meinem Ex-Mann gesehen und festgestellt, wie sehr ich noch involviert bin und wie sehr ich noch leide und Zeit brauche, damit meine eigenen Wunden heilen.

Wie Du sagst, vielleicht werden die Wunden immer schmerzhaft sein. Oder vielleicht bleibt man ‹wetterfühlig›. Ich weiß es nicht!

Meine Tattoos. Ich weiß gar nicht, ob ich davon erzählt habe. Unter anderem gibt es einen japanischen Phönix auf dem ganzen rechten Bein und einen Phönix auf Sternum. Allsehendes Auge mit ‹El Roi› auf linker Wade, daneben das Ballon-Mädchen von Banksy, weil ich damit die Initialen meines Ex-Mann überstechen wollte. Sehr aussagekräftiges Bild. Bezeichnend. Außerdem Pfingstrose auf Schienbein, diverse christliche Symbole auf dem rechten Innenarm. Büffelportrait auf ganzem Rücken … Ach ja, auf der Außenkante der Hände auch noch die Namen der Söhne …

Pffff, das sind jetzt noch nicht alle, aber einige.

Ja, der Text spricht mich bei den Liedern meistens auch sehr an. Bei diesem Song besingen sie die Durchbrüche. Aber ich kann auch nicht sehr gut Englisch.

Ich habe mich für einen Ausbildungsplatz beworben. Ich bin da in der Findung, möchte auch so schnell wie möglich finanzielle Unabhängigkeit erreichen, damit mein Ex-Mann auch wieder mehr Geld zum Leben hat und ich nichts mehr annehmen muss. Und damit ich nie mehr im Leben von einem Mann abhängig sein muss …

Mal sehen, ob Gott nächsten August ein paar Türen öffnen wird. Ich bin ruhig … Gute Nacht, Christina.»

*«Hallo Christina, das ‹Ballon-Mädchen von Banksy› – das Bild, das sich nach der Auktion selber geschreddert hat?*

*‹… und Zeit brauche, damit meine eigenen Wunden heilen.› Die Zeit heilt nicht wirklich Wunden, sie lehrt uns nur, mit dem Schmerz zu leben und ihn im besten Fall eines Tages zu vergessen.*

*Die Liebe heilt Wunden! Die Liebe!!*

*‹Mensch, du bist geschaffen nach dem Bild eines Gottes, der Liebe ist. Mit Händen, um zu geben, mit einem Herzen, um zu lieben, und mit zwei Armen, die gerade so lang sind, um einen anderen zu umarmen› (nach Phil Bosmans).*

*So, kommen wir zum Wetter! ‹Bei stark erhöhter Luftfeuchtigkeit besteht auch für heute Nacht wieder die Aussicht auf staubfreie Luft›! Liebe Grüße, Manfred.»*

«Guten Abend, Manfred! Genau! Dieses Ballon-Mädchen ist gemeint. Ich mag die meisten Werke von Banksy sehr! Für mich war es damals schnell klar: Entweder ein Partner-Tattoo oder ein Abschieds-Tattoo. Letzteres ist es bedauerlicherweise geworden. Und ich denke, es gibt kein besseres Motiv dafür … Christina.»

*«Hallo Christina, bin gerade für eine Woche in den Ferien. An welche Anschrift kann ich denn Post für Dich schicken? So eine richtig altmodische Ansichtskarte, Text ungefähr so: ‹Hallo Christina! Wir sind gut angekommen. Wetter gut. Essen gut. Gesellschaft gut. Liebe Grüße, Manfred.›»*

«Hallo Manfred, ich hoffe sehr, Du genießt diese Tage am Meer. Aber Du: Dir ist es doch auch klar, dass es keinen Sinn hat mit uns beiden, nicht?

Eigentlich ging ich davon aus, dass wir uns beide schlüssig sind, dass wir etwas Realistisches suchen. Etwas, das in der Nähe ist. Etwas, das stimmt. Etwas, das nicht kompliziert sein wird. Das alles wäre bei uns ja nicht gegeben, oder?

Du hast von Narben geschrieben. Deine Narben sind womöglich verheilt. Mir ist bewusst geworden, dass ich noch immer Wunden habe! Ich weiß: Wenn aus Wunden Narben geworden sind, sind es nur noch Spuren vom Leben. Aber solange ich noch verwundet bin, bin ich noch nicht frei. Nicht frei für etwas Neues. Von daher muss es keine Karte sein und auch keine Mail mehr. Tut mir leid! Ich wünsche Dir und den Deinen alles Gute und Liebe, Christina.»

*«Liebe Christina, eine Mail erlaube ich mir noch. Zuerst die Kurzform, und wenn Du magst, kannst Du dann anschließend auch noch den ausführlichen Text lesen. Also:*

*Ja, da hast Du vollkommen recht. Schon die Entfernung von Dir zu mir – das sind über neun Jahre. Das meinte ich aber nicht mit den Worten ‹evtl. auch längeren Fernbeziehung›. Nein, wir sind beide ortsgebunden, aus familiären wie auch beruflichen Gründen. Da muss man gar nicht weiter nach vorn schauen wollen.*

*Ich wünsche Dir alles Gute für Deinen weiteren Weg. War schön, Dich kennengelernt zu haben. Liebe Grüße, Manfred.*

*Und jetzt: Teil 2*

*Liebe Christina, ja, das ist mir auch bewusst. Doch so waren meine kur-*
*zen Erlebnisse mit Dir: Der Kontakt war von Anfang an sehr persönlich,*
*das fällt mir sonst mit den meisten Personen nicht wirklich leicht.*

*‹Er steht schützend vor mir, ich betend hinter ihm›, das hat mein Inte-*
*resse geweckt, so wünsche ich mir eine Partnerschaft.*

*Du bist selbstbewusst: ‹ … und bringt Dir eine Stunde mehr mit einer*
*klasse Frau!›*

*Du tauchst nach der Scheidung nicht in die Opferrolle, sondern gehst*
*einen realistischen Weg in Richtung Zukunft und Unabhängigkeit (Beruf,*
*noch einmal eine Ausbildung beginnen).*

*So eine Person lässt man doch nicht gleich wieder ‹verschwinden›!*

*Mir hat der kurze Kontakt sehr gut getan. Die Wieder-Beschäftigung*
*mit meiner Vergangenheit war zwar doch emotionaler, als ich das erwar-*
*tet hatte, dafür fühle ich mich jetzt aber auch freier, die Vergangenheit ist*
*abgeschlossen, und die Narben sind kleiner geworden.*

*Dir wünsche ich, dass der Heilungsprozess voranschreitet und Du nie*
*allein dastehst. (Halte fest an Deinem Hauskreis und der Gemeinschaft*
*mit anderen Glaubensgeschwistern.) Unser Gott ist ein Gott der Gnade*
*und der Liebe!*

*Viel Kraft und Liebe auch im Umgang mit Deinen Jungs. Unseren Ab-*
*schied würde ich mir so wünschen:*

*Wenn lieber kein Kontakt mehr gewünscht ist, dann schicke ich Dir*
*noch ein kleines Andenken zu (dafür benötigte ich Deine Adresse, die*
*Ansichtskarte war dafür nur ein Vorwand, aber geschickt hätte ich sie*
*Dir auch). Du kannst aber auch die Adresse einer Freundin angeben,*
*dann kannst Du die Tasse dort abholen (Foto im Anhang), oder wir tref-*
*fen uns noch einmal, zum Beispiel an einem Weihnachtsmarkt, schlen-*
*dern über den Platz, trinken einen Glühwein oder Punsch und ver-*
*abschieden uns so (und ich bringe das Abschiedsgeschenk selber mit).*
*Ist aber auch in Ordnung, wenn ich nichts mehr von Dir höre.*

*Wir werden uns wohl kaum zufällig über den Weg laufen, aber freuen*
*würde es mich, Dich eines Tages bei einem christlichen Konzert oder*
*Gottesdienst wieder zu treffen.*

*Habe in der Zwischenzeit übrigens meine Gedanken nach Farben sor-*

*tiert. Lustig, was dabei herauskommt … Und: Ich hätte das alles lieber
als Brief geschrieben und nicht als Mail, Dein Manfred.»*

«Guten Abend, Manfred, ich bin nicht die Person, die sich nach solch einer Mail nicht mehr meldet! Ach, Manfred, Deine Worte berühren mich wirklich tief!

Ich möchte mich aus tiefstem Herzen bedanken für Deine Worte und dass Du mir mitgeteilt hast, wie Du mich wahrgenommen hast! Danke auch, dass Du Dir trotzdem auch noch die Zeit genommen hast, um Dich zu verabschieden und mir noch so viel Nettes zu schreiben!

Es tut mir auch wirklich leid, wie es nun kommt. Ich rechnete wirklich nicht damit, dass in mir erneut etwas aufbrechen würde in meinem Kurzurlaub in Davos. Dass ich noch so viel Trauer in mir trage. Ich ging bis dahin davon aus, dass ich meine Scheidung verarbeitet habe. Vielleicht ist es einfach auch, weil sich der Jahrestag des Scheiterns erneut jährt im August und September.

Das Trauern geht wohl nicht nach Schema …Wie auch immer, ich bin froh, dass es auch nicht in Deinem Interesse ist, eine Fernbeziehung zu führen. Das geht natürlich nicht. Irgendwann möchte ich meinen zukünftigen Mann schon ganz nah bei mir haben! Selbst wenn wir getrennt wohnen müssen, der Kids wegen. Aber dann doch hier in der Gegend. Du willst doch Deine Frau bestimmt auch in Deiner Nähe wissen.

Mal sehen, wer kommen wird und wann. Für mich eilt es dann doch noch nicht so. Aber Dir wünsche ich von ganzem Herzen eine tolle, liebevolle und echte Frau. Eine, die es ernst und verbindlich meint mit Dir; eine aus der Abteilung ‹bis dass der Tod euch scheidet›. Sie wird Glück haben, mit jemand so Treuem und Verbindlichem wie Dir durchs Leben zu gehen. Mit jemandem, der den Herrn liebt.

Du darfst mir gerne schreiben, wenn unsere Fronten klar sind. Das ist mir jedoch wichtig. Gottes Segen, Christina.»

*Einige Tage später halte ich tatsächlich die Tasse mit einer selbstgebastelten Karte und den lieben Worten in Händen:*

*«Christina: Je mehr Zeit vergeht und je länger ich über unser Treffen und über Dich nachdenke, umso mehr schmerzt es mich, dass zwischen uns nichts entstehen durfte. Ich war auch dieses Mal am falschen Ort zur falschen Zeit! Es macht mich traurig. Aber es geht weiter! Sei gesegnet, Manfred.»*

«Lieber Manfred, danke für die Tasse! Danke auch für den netten Gruß und das eingepackte Geschenk. Es ist unweigerlich ein Andenken an Dich. Ich wünsche Dir und Deiner Familie alles, alles Gute! Christina.»

Die meisten Mails mit Männern, bestimmt auch die nach dem Treffen mit Manfred, sind geprägt von Höflichkeit – und auf eine Art natürlich trotzdem nicht aufrichtig. Es ging permanent darum: «Wie komme ich aus dieser Nummer wieder raus, ohne dass er verletzt wird?»

Was Manfred betrifft: Er *war* ja nett, keine Frage! Nur nicht mein Typ.

Die Art seiner Verabschiedung, die hatte Stil. Da war Manfred um Klassen besser als andere. Trotzdem beschließe ich, dass ich zukünftig von Anfang an sage, wenn es nicht passt.

Gleichzeitig habe ich in dieser Phase immer noch Angst, etwas zu übersehen oder falsch zu gewichten. Denn so könnte ich ja meinen Mann verpassen …

Heute glaube ich, dass Gott mir einen Mann schenken wird, der *tatsächlich* zu mir passt! Und den werde und will ich nicht verpassen. Den werde ich aber auch nicht online kennenlernen. Nur weiß ich das nach den Kontakten mit Manfred noch nicht …

… und gebe mich volle Pulle rein in weitere Mails, Telefonate und Treffen, investiere Kraft, Zeit und vor allem Hoffnungen! Worauf jedes Mal die herbe Enttäuschung folgt.

Frédéric scheint auch sympathisch und höflich zu sein. Vielleicht habe ich mit ihm mehr Glück, und es entsteht trotz der anfänglichen Bedenken etwas Konkretes, wer weiß?!

# 37 | Frédéric findet mich «wow!», aber ...

*«Guten Abend, bunte Unbekannte – oder wie heißt Du? Eigentlich wollte ich mich nicht melden, da wir einfach zu weit auseinander wohnen – und ich an einer Fernbeziehung kein Interesse habe. Ich fand Deine Einleitung aber extrem interessant, ungewöhnlich und einfach ‹wow›!*

*Ich gebe Dir hier kurz ein paar Stichworte zu meinem Leben – Du kannst mir gerne Fragen dazu stellen: Aufgewachsen in Deutschland, zwei Berufsausbildungen gemacht (ich bin Handwerker), bevor ich Wasserbauingenieur wurde und heiratete. Nach zweieinhalb Jahren im Ausland dann der ganz große Sprung: zehn Jahre als Entwicklungshelfer in Süd- und Vorderasien unterwegs, unter anderem mit den Schwerpunkten Indien, Nepal und auch Georgien. Inzwischen wieder zurück im deutschsprachigen Raum, bin ich nach wie vor in den Bau von Wasserprojekten involviert. Leider kam es zur Scheidung, aber wir haben miteinander einen guten Weg gefunden, dass die beiden Kinder gut betreut und unterstützt sind.*

*Ich weiß nicht, ob es wirklich Sinn macht, hier einen Chat zu starten. Aber wer weiß? Manchmal führt Gott auf Wegen, wo keine zu sein scheinen. Entscheide also selber, und sonst wünsche ich Dir alles Gute. Liebe Grüße, Frédéric.»*

«Hallo Frédéric, ja, was wäre wenn? Wenn Du mir jetzt einfach ‹Tschüss› gesagt hättest, und ich wäre ‹die Eine, welche›? Oder Du mein Traummann?

Ob wir füreinander gemacht sind oder nicht, das kann ich nicht sagen. Aber ich glaube, was zusammengehört, das kommt auch zusammen. Also dürfen wir entspannt sein. Ich weiß, dass mein Daddy nochmals einen Mann für mich hat. Und Du glaubst es offenbar auch! Es kommt alles zur richtigen Zeit am richtigen Ort. Seine Wege sind perfekt.

Du hast für Dich entschieden, dass eine Fernbeziehung nicht geht. Und weißt Du, was? Ich verstehe das sehr gut. Gerade wenn auch noch Kinder im Spiel sind. Für sie ist es besonders wichtig, noch einen Rest von

Stabilität zu haben, den sie aufgrund von Trennung und Scheidung verloren haben. Tut mir sehr leid für euch …

Es gibt so viel Grund, dankbar zu sein, auch wenn wir uns die Gegenwart und Zukunft vielleicht ganz anders gewünscht hätten. Aber wir haben einen Gott, der Verluste sieht, und ich weiß, dass er die Dinge auch wiederherstellt. Wünsche Dir einen ganz schönen Abend, Christina.»

*«Liebe Christina, danke für Deine enthusiastischen und lieben Worte. Du kannst mir glauben, ich bin hin und her gerissen. Einerseits finde ich Dich überaus anziehend, und ich erkenne, wie einzigartig und besonders Du bist. Irgendwie stimmt es für mich aber trotzdem nicht, den Kontakt hier zu vertiefen. Wir sind zu weit auseinander. Selbst wenn ich spüre, wie tief Du mit Gott unterwegs bist. Und das ist anziehend. Liebe Grüße, Frédéric.»*

«Hallo Frédéric, das sagtest Du bereits. Ich habe Dich nicht anders verstanden. Ich wünsche Dir von Herzen Deine ‹Liebe des Lebens› und seinen Segen. Be blessed, Christina.»

Ach wie schade! Ich antworte zwar kurz und knapp, tue es cool und will den Eindruck erwecken, als ob ich easy darüberstehe. Aber an diesem Tag bin ich bereits ein bisschen «wetterfühlig», und meine «Verlustnarbe» schmerzt. Ich empfinde es so, als ob ich es nicht wert bin, dass um mich gekämpft wird, und dass man für die «Wow-Frau» eben doch nicht alles gibt. Natürlich ist das Quatsch und nur eine Momentaufnahme – und am nächsten Tag lache ich darüber. Aber in diesem Moment schmerzt es.

# 38 | Reiner676 liebt Körperschmuck

Fritz, der sich den Spitznamen Reiner gegeben hat, ist ein typisches Beispiel von einem sehr wertvollen, anständigen Mann, der für mich jedoch nie in Frage käme. Ein lustiger Kerl mit unzähligen Selfies, auf denen zig

Grimassen geschnitten und Faxen gemacht werden Als ob «frau» darauf steht und das mag …

Er ist mit seinen 51 Lenzen «noch immer ungebunden» und seit einem Jahrzehnt auf verschiedenen Plattformen suchend. Er ist jemand, der jede Frau anschreibt, denn als ich mich erneut angemeldet hatte, schreibt auch er mir wieder mit denselben Worten, wie er es bereits früher mal getan hat.

Dennoch versuche ich, ihm erneut mit Respekt zu begegnen, aber ich habe mittlerweile auch gelernt, klarer zu sein und es «direkt» mitzuteilen, wenn ich jemanden nicht in Betracht ziehen kann. Ich versuche es immer taktisch und nicht verletzend zu machen.

*«Hallo, grüß Dich, ich sende mal liebe Grüße rüber! Hoffe, Dir geht es gut, auch wenn Ihr viele Fälle von Corona habt. Wie gestaltest Du Deine Zeit in der jetzigen Situation? Liebe Grüße und Gottes Segen, Fritz.»*

«Hi Fritz, ich habe keine Angst oder Mühe mit der ‹Isolation›, denn meine Familie und die Freundinnen sind um mich, darum ist es kein Problem. Auch mal länger nicht zu arbeiten, finde ich jetzt nicht allzu tragisch. Gottesdienste habe ich zuvor auch nur über Internet genossen, also alles wie gehabt. Wünsche Dir einen schönen Abend, Christina.»

*«Hallo Christina, danke für Deine Nachricht. Ich war gestern etwas neben der Spur, die Radtour war etwas lang, und ich hab zuviel Sonne abbekommen.*

*Freut mich, dass bei Dir alles im grünen Bereich ist, was ich von mir auch sagen kann. Wünsche Dir eine gesegnete Woche, Fritz.»*

«Hi Fritz, danke, das wünsche ich Dir auch. Gottes Segen, Christina.»

*«Hallo Christina, ich wollte mal ein schönen Tag wünschen an die attraktive Frau mit dem Körperschmuck * grins * habe selber auch welchen! Liebe Grüße und Gottes Segen. Und schön gesund bleiben! Fritz.*

«Ach, danke für das ‹attraktiv›, Fritz. Das liegt ja immer im Auge des Betrachters. Liebe Grüße, Christina.»

*«Hallo Christina, schade, dass Du so weit weg bist und zur Zeit Corona-Time herrscht. Ich würde Dich sehr gern auf einen Kaffee einladen und etwas plaudern. Ist bestimmt interessant und lustig mit Dir \* lach \* .»*

«Danke, ja, das wäre nett und lustig. Das ist jedoch weniger das, was ich suche. Ich würde gerne jemanden aus der Gegend kennenlernen. Ich suche auch kein Plaudern oder Ähnliches, denn Freunde, Kollegen und Familie habe ich ja.

Ich hatte wirklich gedacht, auf diesen Plattformen vielleicht einen Partner zu finden. Es sieht jedoch sehr, sehr flau aus. Haha! Tätowierungen kommen übrigens bei den Wenigsten an ... Nicht schlimm. Aber merci Dir und Gottes Segen, Christina.»

Es gibt übrigens auch die Option, dass sich bei «Himmlisch-Plaudern» eine Frau bei einem meldet. Da Einzelne dort auch «Nur Plaudern» suchen, ist dies möglich. Auf anderen Plattformen ist das ausgeschlossen, außer man würde eine gleichgeschlechtliche Beziehung suchen.

So kommt es auch vor, dass ich zweimal von einer Frau angeschrieben werde. Die erste Frau hat mich sehr verletzt, und ich kann einfach nur staunen, dass jemand so unreflektiert und gemein sein kann, sich dabei noch wie eine Moralapostelin aufführt und wahrscheinlich das Gefühl hat, die ganze Welt bekehren und Lehrmeinungen verkünden zu müssen.

Der Nickname von dieser Madame «Actifleur» könnte unpassender nicht sein. Aktiv ist sie ja, ganz ohne Zweifel – aber eine Blume? Tja, vielleicht ein Titanenwurz? ... Na, sie weiß offensichtlich, «dass Gott die Welt so sehr geliebt» hat (Johannes 3,16). Aber ebenso klar ist für sie, dass er jetzt gemäß ihrer Exklusiv-Meinung für geschiedene und tätowierte Menschen nichts – nichts! – mehr übrig hat, keine Liebe, keine Sympathie, keine Vergebung, nichts.

Übrigens passiert es mir äußerst selten – eigentlich nie! –, dass ich mich verbal nicht mehr in der Gewalt habe oder ich mir verbale Ausrutscher leiste. Bei Actifleur jedoch, die nicht den Mut hat, wenigstens ein Mal ihren richtigen Namen zu nennen, entwickeln sich meine Worte sehr provokativ und nicht sehr «christlich». Da sie mich jedoch bereits so abgestempelt und abgeputzt hat, wähle ich diese Worte durchaus mit Absicht.

Heute würde ich darüberstehen, weil ich mir noch ganz viel anderes anhören durfte von Christen und ich gereifter bin. Aber dannzumal war ich einfach nur verletzt. Was mir jedoch nicht das Recht gab, so zu reagieren. (Es ist vergeben und bereinigt.)

## 39 | Actifleur attackiert

*«Bunte: Das Beste hast du! – Nicht zufrieden?– Mit Jesus?– Geschieden ...??? – Da sucht man als geschiedene Christin einen Mann??? A.»*

«Liebe Actifleur, zuerst: ‹Hallo erst mal.› Weshalb sollte ich nicht zufrieden sein? Du schreibst es richtig, mit Jesus hat man das Beste. Über das Thema Scheidung werde ich mit Dir nicht sprechen, da Du bereits Deine Antworten zu haben scheinst. Und ja, als Christin suche ich einen Mann – und stell Dir vor: ohne einen Segen von Dir abzuwarten. Gottes Segen, Christina.»

*«Bunte: Wenn du Christ wärst, wüsstest du, dass du dich nicht scheiden lassen darfst – und schon gerade gar nicht ein zweites Mal heiraten. Du bist undankbar, und ich bezweifle, dass du Christ bist. A.»*

«Hallo Actifleur: Als Christin anonym? Als Christin richten? Als Christin verurteilen? Als Christin heucheln? Ich wette, Du bist jemand, der unverheiratet ist und sich weder Liebe noch Lust noch Leidenschaft gönnt. Du bist kein Wohlgeruch, sondern ein getünchtes Grab – in meinen Augen! Gott sei Dank aber nicht in Seinen Augen. In Seinen Augen bist Du gerecht, selbst wenn Du so sprichst und urteilst! Wenn Du den Mut zum Dialog gehabt hättest, wäre das doch bereichernd. Aber meine Perlen schmeiße ich nicht vor Säue ... (one direction: Spam-Ordner). Grüße, Christina.»

*«Christina, ich kann dir nur sagen, dass du Buße tun musst über deine Worte und den heiligen Geist bitten, dass es nicht zu spät für dich ist! A.»*

Eigentlich fehlen mir dafür die Worte. Ich bin verletzt, selbst wenn das oben vielleicht nicht den Eindruck macht, und ich kontere deshalb. Weh tut es trotzdem. Ich möchte auch gar keine weiteren Worte darüber verlieren. Es gibt weitaus nettere Kontakte mit Frauen. Siehe die nächste Story!

## 40 | Ein scheuer Portugiese

Die zweite Frau sucht für ihren besten Kollegen eine Frau und denkt, dass ich ganz gut passen könnte.

Natürlich «warte» ich auf keinen Mann, der seine Freundin vorschiebt, um seine Frau zu finden, weil er so schüchtern ist. Ha, nein! Es ist jemand, der erst kürzlich aus Portugal in die Schweiz gekommen, ohne feste Anstellung und zehn Jahre jünger ist! Aber dennoch sind der Gedanke und das Bemühen der Freundin sehr nett!

*«Guten Tag, Frau bunt! Also, ich hab da einen guten Freund, der letztes Jahr aus Portugal in die Schweiz gekommen ist und hier temporär Arbeit gefunden hat auf dem Bau. Er ist ein ganz netter, handwerklich begabter Mann (38). Seine Eltern sind, als er ein Kind war, nach Portugal ausgewandert. Er ist Nichtraucher, ledig, nicht geschieden, liebt die Natur und Kinder, die Landwirtschaft, neue Erfindungen und ist irgendwo ein Lebenskünstler mit viel Phantasie und Ideen.*

*Als er in die Schweiz kam, hat er durch mich eine freikirchliche Gemeinde kennengelernt und hat sich da auch taufen lassen. Er hat eine weitere Berufslehre begonnen und arbeitet jetzt bei einer Handelskette im Bereich Unterhaltungselektronik (noch in Probezeit). Er spricht Deutsch, Portugiesisch und hinreichend Englisch.*

*Nach Deinem Profil zu urteilen, bist Du eine offene, kreative und lebensbejahende Frau. Ich schicke Dir ein Foto von ihm, falls Du Interesse hast, mehr über ihn zu erfahren. Ich würde ihm dann Deine Angaben weiterleiten.*

*Ich kontaktiere Dich, weil er halt etwas scheu ist … Liebe Grüße, Maria (ich selber bin 50+ und habe einen Partner, suche hier auf der Plattform nur Leute, um zu plaudern).»*

«Hallo Maria, zuerst: Ich heiße Christina. Grundsätzlich bin ich natürlich interessiert an einem Mann. Ansonsten wäre ich nicht hier. Dass er aus dem Süden kommt, gefällt mir vom Optischen und von der Mentalität auch sehr … Aber ganz ehrlich: Wenn er so scheu ist, was soll ich davon halten? Dass er eine Mama sucht?

Weshalb war er nie verheiratet? Hat er nicht Mühe, wenn er weiß, dass ich 23 Jahre lang sehr glücklich (mit einem Italiener) verheiratet war und nun geschieden? Und Kinderwunsch hat er nicht?

Ich bin zehn Jahre älter und trage sehr kurze Haare. Und zum ersten Mal möchte ich sie jetzt grau tragen, weil es für mich so stimmt. Ein Südländer steht da wohl nicht so drauf.

Zwar sieht man mir meine 48 nicht an, aber der Altersunterschied bleibt! Natürlich bin ich erst mal neugierig. Was Du schreibst, ist nett. Ich mag Lebenskünstler!

Meine Fragen vorab: Kann er sich als Portugiese die Schweiz als Heimat wirklich vorstellen? Wie heißt er, und wo wohnt er heute? Ich komme aus der Ostschweiz und bin momentan noch ortsgebunden, da meine Söhne hier in Ausbildung sind.

Weiß er überhaupt, dass Du geschrieben hast? Liebe Grüße, Christina.»

*«Liebe Christina, ich danke Dir für Deine Antwort. Ich hab mir Deine Punkte durch den Kopf gehen lassen. Ich habe Rodrigo auch gesehen am Wochenende und wollte mit ihm reden, aber es war keine Gelegenheit.*

*Aber ich habe festgestellt, dass er unbedingt nach Portugal zurück will. Er kann sich noch nicht entscheiden, irgendwie … eventuell eine weitere Ausbildung zu machen hier in der Schweiz oder ohne Geld zurück nach Portugal.*

*Ja, der Altersunterschied ist schon ein Punkt, weil Deine Kids ja fast seine Kollegen sein könnten. Er ist auch eher ein Typ, der vom Aussehen her noch sehr jung wirkt. Also, wenn ich mit ihm bin, meinen sie, ich sei seine Mutter!*

*Ich weiß, er wünscht sich Kinder, aber eben … Ich würde es ihm gönnen.*

*Ich finde Dich eine tolle Frau, die sicher schon viel Lebenserfahrung hat, und die hat er halt nicht … Ich weiß nicht, ob es stimmen würde zwischen euch. Was denkst Du?*

*Ich hoffe sehr, Du findest den richtigen Mann für Dein Leben und dass Dein Profil doch noch andere interessiert hat. Gottes Segen für Dich, Maria.»*

«Liebe Maria, herzlichen Dank für Deine Zeilen. Dass Du Dir dafür die Zeit genommen hast, ist mega lieb!

Ich bin davon ausgegangen, dass Rodrigo kein Interesse hat und ich deswegen nichts mehr hörte.

Nein, wir sind nicht füreinander bestimmt!!!

Das Alter wäre mir natürlich egal, haha. Aber meine Ehe ist kaputtgegangen, auch weil mein Mann sehr viele nostalgische Gefühle und Gedanken hatte rund um seine Heimat. Und hinzu kommt: Ein Italiener gibt niemals irgendeine Schwäche zu (ein Italiener aus dem Süden schon gar nicht).

Ohne Jesus wäre ich gänzlich zerbrochen oder in die Klinik gekommen. Mein Ex-Mann war mein Leben und die Liebe meines Lebens. Diese Liebe hat mich und uns getragen.

Darum, so vermute ich, würde Rodrigo früher oder später auch die Krise bekommen. Ganz sicher! Selbst wenn er jetzt in der Schweiz wohnt, seine Wurzeln sind in Portugal. Wenn man so spät das eigene Land verlässt und dann dort heiratet, hm, ich glaube, das geht schief. Sorry! Darauf kann ich mich nicht einlassen.

Ich denke auch, dass es gut ist, wenn er eine Frau findet, die noch jung ist. Wegen der eigenen Kinder.

Und wie gesagt, ein Mann, der nicht mutig genug ist, um auf eine Frau zuzugehen, ist für mich nichts, da ich doch recht selbstsicher bin. (Jedoch auch äußerst sanft, empathisch und sensibel.) Und Du sagst es richtig: lebenserfahren ...

Aber ich will einen ‹Mann› (einen richtigen!). Ich bin erstaunt, wie viele Anfragen ich bekommen habe, aber leider war kein Treffer dabei. Es ist ein Versuch. Ich weiß nicht, ob es der richtige Weg ist. Gott weiß es am besten!

Ich wünsche Dir und Rodrigo von Herzen Gottes Segen, Christina.»

*«Ah, Du bist ja eine echt liebe Frau. Und der Schmerz, den Du durchgemacht hast, ist schlimm. Ich hab auch sowas erlebt, aber da waren keine Kinder. Es tut mir leid für Dich, und ich bin froh, dass Du Dich an Jesus festgehalten hast. Es muss alles heilen. Danke, dass Du mir Deine Geschichte erzählt hast. Ja, der Rodrigo wird sicher auch Heimweh haben – er ist sehr verbunden mit Portugal. Ich versuche ihm ja die Schweiz schmackhaft zu machen, aber ich sehe, dass er ziemlich stur ist, was dieses Thema anbelangt.*

*Übrigens, Rodrigo ist im Moment arbeitslos (Probezeit verlief ohne Ergebnis), und er würde gern auf einer Farm helfen und so etwas Geld verdienen. Er ist ein sehr guter Arbeiter. Vielleicht kann er Dir ja was helfen? Liebe Grüße, Maria.»*

«Hallo Maria, ja, der Schmerz war unsagbar groß, und manchmal ist er es immer noch. Wenn eine Ehe scheitert, obwohl noch Liebe da ist, empfinde ich es als speziell bitter.

Mir haben die Kurse LSL (lieben-scheitern-leben) sehr geholfen, ich arbeite da mittlerweile auch mit. Scheidung ist für mich ein sehr großes Thema geworden, vor allem im Zusammenhang von ‹Christ und Scheidung›, denn ich habe sehr Trauriges erlebt – bei mir und bei anderen.

Die Theorien und die Verurteilungen, das Richten und das Abstempeln – ich empfinde es als grausam! Aber irgendwann muss man vorwärtsschauen – und vorangehen. Unabhängig von Menschen und Meinungen.

Ich glaube an einen Gott, der wiederherstellen will ...

Für Rodrigo viel Erfolg bei der Arbeitsfindung, aber auch beim Thema ‹selbstbewusster werden›, dann ist er bestimmt auch interessant für die Frauenwelt. Und nein, ich brauche keine Hilfe, aber danke fürs Fragen. Gott segne euch, Christina.»

Manchmal frage ich mich, was aus den Menschen geworden ist, die mich angeschrieben haben. Und aus denen, die ich getroffen habe. Sind sie in einer neuen Beziehung? Wie und wo haben sie jemanden kennengelernt?

Und was mich selbst betrifft: Klappt das überhaupt noch jemals? Übers Internet? – Ja! Davon bin ich noch immer überzeugt und gebe nicht auf. Überall im Bekanntenkreis hört man, dass es zuweilen klappen kann auf diese Weise. Na dann! …

## 41 | Dan the Man, die Zweite

*«Hallo. Ich habe Dein Profil gesehen, und Du hast mein Interesse geweckt. Ich heiße Daniel und bin etwas jünger als Du, über 1,80 groß, wiege über 100 Kilo, bin ledig ohne Kinder und bin in einer Freikirche zuhause. Ich wohne in der Westschweiz und suche eine Frau, so wie Du eine bist. Du gefällst mir sehr gut. Sehr gut. Ich bin offen, ein guter Zuhörer, sage, was ich denke, und bin extrovertiert. Beruflich bin ich aktuell temporär unterwegs, plane noch eine weitere Ausbildung. Ich möchte Dich noch fragen, ob Du es magst, gekitzelt zu werden? Ich freue mich, von Dir zu hören. Der Herr segne Dich, Daniel.»*

«Danke, Dän, für Deine Zeilen. Ich hatte das Profil für sechs Monate pausieren lassen, da ich jemanden am Kennenlernen war. Er wurde jedoch nicht mein Mann.

Du hattest Dich bereits im Frühling gemeldet.

Wahrscheinlich hast Du es gar nicht beachtet. Wir hatten dazumal bereits festgestellt, dass wir nicht zusammengehören.

Ich wünsche Dir weiterhin von Herzen viel Erfolg bei der Partnersuche. Gottes Segen und liebe Grüße, Christina.»

*«Ach ja, danke für die Info, das habe ich nicht gemerkt. Ich hatte Probleme mit dem Computer, und nun mache ich das übers Handy. Auch Dir Gottes Segen, Dän.»*

## 42 | Cadillac, die Zweite: Diesmal forsch!

Als mich «Cadillac» das zweite Mal kontaktiert, fühle ich mich bereits viel sicherer und «erfahrener». Dieses Mal lasse ich mich deshalb auf die «Telefonnummern-Austausch»-Bitte ein. Ich weiß ja, wer er ist, und ich sage erst mal nichts. Denn die Männer könnten sich genarrt fühlen wie vorhin Kitzelvirtuose «Dan the Man», der offensichtlich alle Frauen anschreibt, aber das Profil gar nicht richtig durchliest und auch nicht auf die Fotos achtet. Ich habe wirklich bloß etwas kürzere Haare und keine Farbe mehr drin – Dän hätte es also merken müssen. Aber jetzt zu Fabian:

*«Hallo Du! Ich habe Dein Profil gelesen, und es hat mich angesprochen. Wollen wir über WhatsApp schreiben, da sind wir ungestört: xxx xxx xxx. Liebe Grüße, Fabian.»*

«Hallo erst mal, Fabian. Danke für Deine Nachricht. Bist Du immer so forsch? Aber eigentlich hast Du recht, weshalb Zeit vergeuden? ‹Wer nicht wagt, der nicht gewinnt.› Ich werde Dich nachher zu den Kontakten hinzufügen (oder Du tust es: xxx xxx xxx). Liebe Grüße, Christina.»

Es ist um die Mittagszeit, da kommt eine WhatsApp-Nachricht: *«Hallo, Fabian von HP hier, bist Du devot?»*

Huch, «devot» – was bedeutet das?

«Äääääähm, nein! Aber um ehrlich zu sein, weiß ich überhaupt nicht, was das bedeutet?!» [Emoji-Äffchen, das sich die Augen zuhält.]

*«Unterwirfst Du Dich beim Sex, oder magst Du es, dominiert zu werden?»*

Ich bin ehrlich erschüttert, der Schreck fährt mir regelrecht durch die Arme in die Hände rein! Was ist das für eine Frage, mit der man(n) eine Frau als Aller-Aller-Allererstes konfrontiert? Der Respekt und die Wertschätzung dem anderen Geschlecht gegenüber muss ja enorm sein …

Ich blockiere sofort diese Nummer und ihn auf «Himmlisch-Plaudern». Mein Herz klopft ganz schön wild.

Sind denn nur irgendwie «schräge Männer» auf diesen Plattformen drauf? Ich hatte das erste Mal offenbar nichts verpasst bei diesem Mann. Er wird sich jedoch sogar noch ein drittes Mal melden (weil ich mich ein drittes und letztes Mal neu anmelde), und dann wird er unfassbarer Weise den Moralapostel spielen. Behaltet also mal diese seine Worte im Kopf.

## 43 | Kolumbien, Bolivien, Ecuador: Ein Traummann?!

Als mir Matthias schreibt, bin ich mir dieses Mal *ganz sicher,* dass er mein Mann ist. Er schreibt mich an mit einem ausführlichen Beschrieb von sich und seinem Leben. Bereits nach wenigen Zeilen habe ich das Gefühl, dass es harmoniert. Uns verbindet sehr vieles: Denkweisen. Erlebnisse, Gefühle. Deshalb bin ich sicher, nach der herben Enttäuschung mit Phil schreibt hier *mein* Mann. Ich teile sehr, sehr offene Mails mit ihm.

Lies und urteile selbst, ob ich naiv war oder ob es etwas hätte werden können mit uns beiden.

Obwohl ich nun rund ums Online-Dating ein wenig mehr Erfahrung gesammelt hatte, habe ich mich erneut sehr schnell geöffnet und vieles geteilt. Aber das tat auch Matthias. Ich glaube, dass es unsere Unbeholfenheit war, unsere Unerfahrenheit nach beidseitig fast einem Viertel-Jahrhundert Ehe.

Der Briefwechsel begann und blieb wunderschön, geprägt von Vertrauen, Respekt und Hoffnung. Hoffnung auf eine neue beständige und echte Liebe. Hoffnung auf meinen Ehemann. Hoffnung auf ein «wir» und ein «uns».

*«Hallo Frau bunt, Dein Profil hat mich nicht mehr losgelassen, da Du Dich für mein Empfinden als offen und mit Pfiff beschreibst, Dich jedoch genauso als Frau mit Bodenhaftung und mit Tiefgang darstellst. Um herauszufinden, ob das wirklich so ist, reagiere ich nun darauf. Hier ein paar Stichworte.*

*Ich heiße Matthias, bin geschieden. Die jüngere Tochter lebt bei mir, die beiden älteren sind bereits ausgezogen. Bin im Jahr nach ‹Woodstock› geboren, bin knapp 180 cm groß und kräftig gebaut. Heute bewege ich mich vor allem in der Gegend um Mannheim, komme jedoch ursprünglich mehr aus dem Norden.*

*Ich gehe in eine Freikirche, sie ist schon seit langem meine Heimat. Als Familie lebten wir über zehn Jahre in Kolumbien, Ecuador und Bolivien, ich fühle mich noch immer stark mit diesen beiden Ländern verbunden, und der südamerikanische Lebensstil hat bei mir auch etwas abgefärbt. Somit würde ich mich als weltoffen, spontan und beziehungs-orientiert bezeichnen und bewirte gerne Gäste. Trotzdem bin ich ein hundertprozentiger Westeuropäer und habe zum Beispiel gern geregelte Verhältnisse. Gemäß Enneagramm bin ich ein Typ 8, wobei beide Flügel ziemlich präsent sind. Andere Leute bezeichnen mich als geduldig und gelassen, optimistisch, vielseitig begabt, hilfsbereit und empathisch.*

*Von Beruf bin ich Konstrukteur und Techniker und arbeite in einer international tätigen KMU. Da sind meine Stärken wie strukturiertes und analytisches Denken, Organisieren, das große Ganze sehen usw. gefragt. Neben der Arbeit, dem Haushalt und dem Vater-Sein hatte bis vor kurzem nicht so viel anderes noch Platz, trotzdem schwang ich mich ab*

*und zu aufs Fahrrad oder ging Joggen, und am Freitagabend steht norma-
lerweise Fußball auf dem Programm. Nun warte ich darauf, dass ich wieder die Schneeschuhe oder das Snowboard hervornehmen kann. Ich bin
gerne in der Natur, aber genauso gerne mit Freunden unterwegs. Und es
bleibt dabei: Andere Länder, andere Kulturen und andere Sitten interessieren mich, also auch die sozial-diakonische und kulturpolitische Arbeit.*

*Das ‹Gelassenheitsgebet› des Theologen Reinhold Niebuhr begleitet
mich schon seit meiner Jugend: ‹Gott gebe mir die Gelassenheit, Dinge
hinzunehmen, die ich nicht ändern kann, den Mut, Dinge zu ändern,
die ich ändern kann, und die Weisheit, das eine vom anderen zu unterscheiden.›*

*Seit einigen Jahren bin ich nun alleinerziehender Vater, und ich
steckte vieles für das Wohlergehen meiner drei Töchter zurück. Nun hat
sich der Alltag eingespielt, und ich erhalte immer wieder Freiräume für
mich selbst. Das genieße ich, und trotzdem merke ich, dass mir ein echtes Gegenüber fehlt, mit dem ich diese Zeiten (und die Zukunft) teilen
kann.*

*Das als kleiner Einblick in meine Welt – es gibt noch viel zu erzählen.
Doch was lösen diese Zeilen bei Dir aus? Was würde Dich noch genauer
interessieren? Ich freue mich, von Dir zu hören. Liebe Grüße, Matthias.»*

«So! Auf ein Neues! Buenas tardes, Matthias. Muchas gracias por tus pal-
abras. – Jetzt habe ich vorher bereits mit einer Antwort begonnen und Dir
einige Zeilen geschrieben, die ich Dir jetzt entweder einfach nur halbfer-
tig zukommen ließ oder aber gelöscht habe ...

Ich kann Dir sagen, dass ich nie um Antworten oder Worte verlegen
bin, aber bei Dir ist es anders! Ich habe Deine Zeilen gelesen und war
platt! Wir haben so viele Gemeinsamkeiten, unglaublich!

Was lösen Deine Worte in mir aus?, fragst Du. Ich hatte das Gefühl, ein
Seelenverwandter schreibt mir! Aber das wage ich kaum zu hoffen ...
Zwar wohnen wir genau in entgegengesetzter Richtung: Ich lebe bei den
Steinböcken, zusammen mit meinen beiden Söhnen (15 und 19).

Ich bin Jahrgang 71, bin 172 cm groß und habe eine klassische M-Fi-
gur. Ich habe mich beschrieben als ‹sehr weiblich, erfülle jedoch nicht alle

weiblichen Attribute⟩. Sprich, ich habe ⟨leider⟩ keine langen blonden Haare, sondern sie sind raspelkurz, und ja, sie sind grau. LOVE!

Hoffentlich hast Du mein ⟨bunt sein⟩ nicht überlesen, denn damit können nicht alle umgehen ... Und ich bin wirklich bunt! Nicht nur an Lebenserfahrungen ...

Vor meiner Ehe bereiste ich gerne Südamerika, insbesondere Mexico, diese Mentalität ist mir also nicht fremd. Ich liebe Spanisch sehr, speziell beim Lobpreis (sprechen tue ich's nicht mehr sehr gut), ich habe auch noch Kontakte, aber viele Verhaltensmuster sind mir dennoch fremd. Um nicht zu sagen ⟨unsympathisch⟩. Sorry für meine Offenheit. Ich war dankbar für das ⟨aber⟩ in Deinem Text!!

Das Enneagramm kenne ich gar nicht, habe mich noch nie bewusst damit auseinandergesetzt. Ich habe meine Charakterstudie aus dem ICL, aber ich nehme mal an, dass die Flügel im Enneagramm ⟨freiheitsliebend⟩ bedeuten?! Ich bin nach Reinhold Ruthe (ICL) zu einem Drittel beständig, zu einem Drittel beziehungsorientiert und zu etwas weniger als einem Drittel freiheitsliebend und unkonventionell.

Ich bin der Nähe-Typ. Kann aber auch sehr gut alleine. Aber wenn ich mein Gegenüber habe, dann doch sehr nah.

Deine Charakterzüge sind sehr anziehend in meinen Ohren.

Strukturiertes und analytisches Denken finde ich sehr faszinierend, das kann ich gar nicht. Bei mir überwiegt immer das Herz, was oft lästig ist ... Ich bin aber sehr organisiert, und Organisieren ist durchaus eine Stärke von mir. Auf der anderen Seite bin ich jedoch tendenziell leicht unordentlich, finde aber immer alles. So schlimm ist es dann also doch nicht.

Die Natur ist für mich extrem wichtig. Ich bin in meinem Zerbruch so viel gelaufen, dass ich nun nicht mehr ohne meine Spaziergänge sein kann. Hier bin ich mit Gott unterwegs und genieße das Stetige, obwohl sich doch alles immer ändert.

Wintersport betreibe ich gar nicht mehr, außer mal auf die Schlittschuhe zu stehen. Aber die Berge liebe ich natürlich, denn ich bin im Engadin aufgewachsen.

Das Thema Scheidung ist für mich extrem bedeutend und präsent. Ich arbeite bei den LSL-Kursen in der Ostschweiz mit und würde sehr gern noch mehr in diesem Bereich tun. Das Thema hat mein Herz, denn ich habe viele traurige Sachen erlebt mit Christen. Das Thema ‹Christen und Scheidung› braucht noch viel Aufklärung …

Das Gelassenheitsgebet begleitet mich seit mehr als 25 Jahren. Denn meine Vergangenheit war an manchen Stellen nicht so einfach, und bei den AA lernte ich dieses Gebet beten und lieben. Es half mir auch sehr in meiner Trennung und Scheidung … (Gemeinsamkeit!)

Vielleicht sollte ich noch sagen, dass ich trocken bin, schon 23 Jahre. Das ist kein Thema mehr. Aber ich trinke auch nie etwas …

Für mich hat sich im September 2017 alles geändert, und ich denke, ich bin offen für Neues. Darum das aktive Suchen. Hab's einfach mal probiert. Etwas Neues wird vielleicht nicht so einfach, vielleicht braucht es Arbeit, aber vielleicht auch nicht. Der Herr weiß es! Der Wunsch und die Sehnsucht sind jedoch klar da …

Wie lange warst Du verheiratet, und wie sieht das Verhältnis zu Deiner Ex-Frau jetzt aus? Sehen Deine Töchter ihre Mama noch?

Ich möchte Dir nochmals Danke sagen für Deine Zeilen, schön, hast Du geschrieben! Von Herzen schönen Abend wünsche ich euch. Lieben Gruß, Christina.»

*«Hallo Christina, herzlichen Dank für Deine prompte Antwort. Was die Unsicherheit über eine Irrläufer-Mail betrifft: Ich erhielt nur eine einzige Nachricht von Dir – wie es scheint, die letzte und vollständige.*

*Tja, dann müssen wir wohl etwas genauer herausfinden, ob wir und wie sehr wir seelenverwandt sind …*

*Du sprichst Dein ‹bunt› an: Ich ging davon aus, dass Du tätowiert bist. Etwas, das ich selber nicht machen würde, aber Du kannst mich sicher überzeugen, warum es Dir wichtig ist. Dass Du keine langen blonden Haare hast, ist für mich völlig okay. Ich denke überhaupt nicht in Stereotypen.*

*Das Enneagramm kennt neun Persönlichkeitstypen, welche auf einem Kreis liegen. Die Flügel sind die benachbarten Typen, wo es einen fließenden Übergang gibt und man deshalb von diesen Flügeln bzw. Nachbarn ebenfalls Anteile haben kann. Ganz kurz: Der Typ 8 ist der Kämpfer, der Starke. Er ist bestimmend, entscheidungsstark, ehrlich und direkt. Die Nachbarn sind der Optimist, der Vielseitige, sowie der Genießer, der Vermittler. Ich bin da ziemlich ausgewogen. Das Enneagramm unterscheidet Kopf-, Bauch- und Herz-Typen – und da gehöre ich zu den Bauch-Typen (Intuition). Das Spannende am Enneagramm ist, dass es keine Schubladen gibt, sondern alles ist im Fluss.*

*Ich kann mir gut vorstellen, wieder einmal in Südamerika zu leben. Aber da müssen die Mädels zuerst die Ausbildungen abgeschlossen haben und ausgezogen sein. Und eine (zukünftige) Partnerin müsste zum Mitkommen bereit sein.*

*Du schreibst: ‹Und bei den AA lernte ich dieses Gebet beten und lieben› – was heißt AA? Da ich auch einen ‹Genießer› in mir trage, trinke ich zu einem speziellen Essen gerne ein Glas Wein – aber eben, zum Genießen.*

*Ich war 21 Jahre lang verheiratet, wir kannten uns aber natürlich schon vorher.*

*Meine Ex-Frau hatte uns nach ihrem überraschenden Weggang informiert, dass sie nicht zur Familie zurückkehren wird. Das war für den Rest unserer Familie ein traumatisches Ereignis, und unsere drei Töchter trugen verschiedene Verletzungen davon. Aus diesem Grund wollten sie keinen Kontakt mit ihrer Mutter. Heute hat es sich etwas gebessert, aber mehr als elf, zwölf Mal pro Jahr sehen sie die Mutter nicht. Sie wünscht sich jetzt natürlich, dass sie die Mädels öfters sehen könnte – ist sich in der Zwischenzeit aber bewusst geworden, dass sie es nicht erzwingen kann und die Mädels in einem Alter sind, wo sie sich sowieso von den Eltern ablösen. Trotzdem haben die Mädels auch Zeiten, wo sie ihre Mutter vermissen.*

*Ich selber habe kaum Kontakt zu meiner Ex-Frau, weil sie keinen Kontakt haben will. Es gibt manchmal technische Dinge zu klären, aber die ganze Kindererziehung und alle Entscheide fälle ich eigentlich alleine – und trage auch die Verantwortung dafür.*

*Nun habe ich wieder viel von mir geschrieben. Wie abgelegen wohnst Du (bei den Steinböcken ist ein weiter Begriff)? Was machen Deine Söhne für Ausbildungen? Wie haben sie die Scheidung verarbeitet? Der*

*September 2017 war für Dich ein Wendepunkt: Warum? Wann und wie hast Du Jesus kennengelernt? Oje, so viele Fragen! Liebe Grüße und gute Nacht! Matthias.»*

«Guten Morgen, Matthias! Danke für Deine ausgiebige Antwort. Ich habe sehr gerne von Dir gelesen!

‹Seelenverwandt› ist vielleicht ein allzu starkes Wort; ich hoffe, das hat Dich nicht unter Druck gebracht oder abgeschreckt!

Du fragst, was mir durch den Kopf ging, und auch ich bin der ehrliche und meist sehr direkte Typ. (Dabei bin ich nicht immer diplomatisch, leider, aber nie beleidigend oder verletzend!) Dennoch, es war tatsächlich dieses Wort, das mir durch den Kopf ging. Denn ich finde, wir haben doch bemerkenswerte Gemeinsamkeiten.

Oh, es tut mir so leid zu hören, was passiert ist für Deine Mädchen und Dich! Du sagtest gar nicht, wie es für Dich war, von Deiner Frau vor vollendete Tatsachen gestellt zu werden. Für die Mädchen mit Sicherheit ein Trauma, aber hallo, wie schrecklich! Ihr habt bestimmt einige Verletzungen davongetragen.

Ich hoffe sehr, ihr verkraftet das – und eure Herzen dürfen heilen!

Für meine Jungs bete ich das gleiche Gebet, dass ihr Herz heilen darf. Im September 17 ist *unsere* Welt zusammengebrochen. Sorry, wenn ich das nicht klar geschrieben habe. Dort sind unsere Ehe und unser Familienleben auseinandergebrochen.

Wir waren 23 Jahre zusammen und lange sehr glücklich verheiratet. Ich habe meinen Ex-Mann über alles geliebt. Und er mich auch. Nach all den Jahren noch. Wir hatten eine Ehe, die auf allen Ebenen funktionierte.

Wir ließen uns nicht scheiden, weil wir uns auseinandergelebt hätten, sondern weil mein Ex-Mann krank wurde, fehlbehandelt, und in dieser Zeit dann falsche Entscheidungen traf, und wie!

Mittlerweile geht der Jüngere Gott sei Dank wieder zum Papa. Er geht immer am Freitag, und falls er sonst noch Lust hat, darf er jederzeit zu ihm gehen, wir haben da keine Regelung. Dennoch haben sie leider ein beschwertes Verhältnis. Der Große hat mit seinem Vater gebrochen, und ich bete, dass sein Herz heilt. Und dass das nicht für immer so bleibt.

Die Verantwortung dieser Beziehungen liegt aber einzig und allein in der Hand meines Ex-Mannes. Ich habe gelernt loszulassen. Meine beiden Boys sind jedenfalls extrem verletzt gewesen und verkrafteten es sehr schlecht …

Es ist traurig zu sehen, wie ein Teenager wieder bei einem im Bett schlafen möchte, damit er Sicherheit bekommt.

Mein Großer ist in der Ausbildung zum Mechatroniker. Er macht sein Ding und ist sehr gewissenhaft. Der Jüngere ist in der Pubertät. Da ist er wie die andern: am liebsten Gamen, dafür eher minimalistisch in der Schule. Aber unter seiner harten Schale schlägt ein sehr weiches, aber auch verunsichertes Herz.

Ich habe meinen Ex-Mann seit unserer Scheidung nicht mehr gesehen. Ich möchte keinerlei Kontakt zu ihm. Allerhöchstens mal eine WhatsApp-Nachricht oder eine Mail, wenn es wirklich sein muss. Alle paar Monate mal. Darauf reduziert sich unser Kontakt. Da ist gar kein Verhältnis mehr.

**Das aber nicht, weil ich ihn hasse.**

**Nein, weil ich mich entlieben muss!**

Auch trage ich alle Verantwortung allein, aber das tat ich schon vorher. Auch wenn mein Ex-Mann ein wunderbarer Vater war und mich immer unterstützt hat, habe ich zuhause den Karren gezogen. Ich habe keine Mühe mit dem traditionellen Frauenbild, der ‹Frauen an den Herd›-Geschichte. Denn ich bin eher die, die hinter ihrem Mann steht und ihm bewusst den Rücken freihält. So haben wir uns gut ergänzt.

Das AA-Gebet kommt von den ‹Anonymen Alkoholikern›. Ja, es gab eine Zeit zwischen 16 und 26, in der ich zuerst Drogen und später Alkohol konsumierte. Ich habe mich zwar mit etwa 12 bekehrt, aber in den 80ern gläubig aufzuwachsen war Horror. Gesetz pur. Da musste ich ausbrechen …

Darum lebe ich nun lieber abstinent. Wenn andere ihren Wein oder ihr Bier genießen, trinke ich meine Cola Zero. Und trotzdem genieße ich gern mit allen Sinnen …

Ach ja, und erst mit 30, nach der Geburt unseres Erstgeborenen, lernte ich Jesus kennen und lieben …

Ist Deine Ex-Frau auch gläubig? Wart ihr als Sozialarbeiter und Street-worker in Kolumbien, oder habt ihr wegen Deinem Job dort gelebt?

Betreffend ‹bunt sein›, genau, ich bin tätowiert! Ich bin erstaunt und froh zu hören, dass Dich das nicht sofort abgeschreckt hat. Ich habe mir vor 33 Jahren das erste Tattoo stechen lassen, und ich mag es einfach. Für mich ist es Schmuck. Nicht mehr und nicht weniger.

Mittlerweile erzählen meine neuen Tattoos eine Geschichte. Und sie waren Heilung für meine Seele. Ich brauchte den Schmerz, damit ich mich spürte, denn aus lauter Trauer war ich wie tot, stumpf, nicht mehr vorhanden. Der Schmerz ließ mich fühlen, dass ich bin. Besser Schmerz als nichts. Und besser Schmerz als nur abgrundtiefe Trauer.

Gleichzeitig führte es mich zurück zu mir. Aber das mag wohl zu abs-trakt klingen.

Ich werde übrigens deswegen von Christen ganz heftig und häufig kri-tisiert, und mein Glaube wird von ihnen in Frage gestellt. Meine Mutter findet es auch ganz schrecklich! Sie sagt immer, wie sehr sie mich liebt, aber es gleichzeitig nicht versteht, wie ich so etwas schön finden kann. Aber mein Mütterchen ist über 75. Hihi.

Meine Söhne stehen hinter mir, voll und ganz, und das ist für mich das Wichtigste.

Zumal ich im Winter nicht unbedingt einen bunten Eindruck hinterlas-se, eher im Sommer, wenn ich Polo-Shirts und kurze Röcke trage. Meine Beine mag ich sehr, und so farbig finde ich sie noch schöner … Aber ich bin so viel mehr als das bisschen Farbe unter der Haut!

So, auch ich habe viel von mir geschrieben. Ich freue mich, wieder von Dir zu lesen. Ich lebe übrigens sehr zentral in Graubünden. In der ältesten Stadt der Schweiz, und ich bin, wie Du auch, noch ortsgebunden. Liebe Grüße, Christina.»

*«Hallo Christina, danke vielmals für Deine Zeilen, danke für Deine Offen-heit. Nun zuerst ein paar Antworten auf Deine E-Mail:*

*Das ‹seelenverwandt› hat bei mir nicht etwas speziell Negatives aus-gelöst, ich fand es einfach spannend, wie Du es im ersten Moment so empfunden hast. Ich bin da ziemlich entspannt, und ich bin der Ansicht, es muss sich einfach noch zeigen, wie ähnlich oder ergänzend wir ticken und sind.*

*Wegen unserer Familiengeschichte: Weißt Du, die Herausforderungen kamen ja nicht plötzlich. Meine Frau war schon mehrere Jahre reduziert und auch öfter in Behandlung. Die Belastung für die Familie erreichte dann ein Maß, wo ich merkte, es muss sich etwas ändern. Eigentlich war es ja gut, dass meine Frau sich helfen ließ und in eine Klinik eintrat. Doch die Kinder und ich hatten die Hoffnung, dass danach ein Miteinander wieder möglich sein würde.*

*Als sie uns dann informierte, dass sie nicht zur Familie zurückkomme, war dies für mich eine äußerst schwierige Zeit. Zum einen lösten sich alle unsere Träume in Luft auf, ich musste mich mit diesem Scheitern und Versagen auseinandersetzen, hatte nun plötzlich die ganze Verantwortung für die Töchter, usw.*

*In dieser Zeit funktionierte ich grundsätzlich einfach mal, hatte aber auch Tage, wo ich gar nicht aus dem Bett wollte. Dass ich solche depressiven Tage erlebte, war für mich eine völlig neue Erfahrung, denn wie gesagt, ich bin ein grundsätzlich ein Optimist und sehe auch in schwierigen Situationen eine Chance.*

*Dass Ihr als Familie eine ganz ähnliche Geschichte erleben musstet, tut mir weh. Manchmal fühle ich mich einfach so sprachlos und hilflos – vor allem, weil die Kinder am meisten darunter leiden. Und gleichzeitig muss jedes Kind seinen Weg selber gehen. Da sage ich mir immer wieder diesen Spruch: ‹Wenn die Kinder klein sind, spricht man mit ihnen über Gott. Wenn die Kinder groß sind, spricht man mit Gott über die Kinder.› Darin sehe ich meine Aufgabe, speziell bei den beiden Volljährigen.*

*Meine Eltern sind nicht gläubig im Sinne von einer lebendigen Beziehung zu Jesus. Ich wurde in der reformierten Kirche konfirmiert und ‹absolvierte das Programm›. Trotzdem sehe ich im Nachhinein verschiedene Momente, wo Gott mich gesucht hat. Mit 17 Jahren (während der Lehre) nahm ich Jesus in mein Herz auf und besuchte danach die Kirchgemeinde, wo ich vor allem auch in der Jugendarbeit aktiv war. Meine Ex-Frau lernte ich auf einer Freizeit verschiedener Gemeinden kennen.*

*Damit beantworte ich auch gleich die Frage: Ja, sie ist gläubig und* wuchs in Luxemburg in einem christlichen Elternhaus auf. Sie hatte als Kind schon die Berufung und den Wunsch, einmal auf einem anderen Kontinent zu arbeiten. Das war auch ein Grund, warum sie die Ausbildung zur Krankenschwester machte. So gingen wir zuerst nach Kolumbien und arbeiteten in einem Heim, das sehr nahe an ihre Vorstellungen herankam.

Danach waren wir wieder lange Zeit in Deutschland. Im 2012 gingen wir dann nach Ecuador und Bolivien und unterstützten eine sozial-diakonische Arbeit in mehreren Armenvierteln. Neben Programmen mit Kindern und Jugendlichen entwickelten wir ein Selbsthilfe-Programm für junge Menschen, die sich in der Arbeitswelt bewähren und aufsteigen wollten. Die Idee war, dass diese Leute, obwohl ohne Ausbildung, mit ihren Fähigkeiten und Begabungen ein Kleinstunternehmen starten konnten, etwa mit Kleidern, Instrumenten, Accessoires, Handwerker- und Hilfsangeboten. Untere Strategie lautete: Motivation, Schulung, Begleitung – und Kleinkredite.

Zum Beispiel entwickelten wir Solarkocher, die nur mit Sonnenenergie und ganz ohne Strom auskommen. So konnten unsere Jungunternehmer den Menschen kleine Küchen bauen, ohne dass es in dieser Küche Strom geben musste. Darauf waren wir sehr stolz – und die jungen Leute erst! Das ist für die meisten Menschen noch ganz neu, und es waren immer spektakuläre Momente, wenn die Leute kamen und diese solarbetriebenen Kisten bestaunten. Und für unsere Auszubildenden war es DIE Chance.

Und da es in Kolumbien, Ecuador und besonders Bolivien auch viele Indianer gibt, investierten wir auch viel Zeit in ihre Ausbildung.

So, dies waren ein paar Streiflichter aus meinem Leben. Meine Geschichte ist ein Teil von mir, und ich möchte sie nicht missen. Trotzdem sind verschiedene Lebenskapitel abgeschlossen. Was würde Dich noch genauer interessieren? Ich möchte völlig transparent sein.

Was machst Du in Deiner Freizeit? Wo liegen Deine Interessen? Wie sieht es bei Dir mit Reisen aus?

Ich wünsche Dir einen schönen Sonntag und sende liebe Grüße! Matthias.

*PS: Wie oben schon geschrieben ist mir Transparenz wichtig. Das heißt aber nicht, dass ich Dir damit Druck machen möchte oder jetzt schon dasselbe erwarte. Trotzdem, hier meine Koordinaten mit Privatadresse und Telefonnummer.»*

«Hallo Matthias, danke für Deine privaten Daten! Ich werde Dich bei Gelegenheit zu meinen Kontakten hinzufügen und mich allenfalls melden. Danke auch Dir für Deine Offenheit und Transparenz; das sind Eigenschaften, die ich an Menschen wirklich sehr schätze. Ich brauche das auch. Ich verstehe nie, wenn jemand A sagt, aber B meint. Wenn ich nicht weiß, woran ich bei Menschen bin, macht mich das konfus …

Es freut mich auch immer, wenn ich hier offen, ehrlich, direkt und transparent sein darf, denn das schätzt lange nicht jeder. So muss ich mich nicht verstellen … Darum sagte ich auch, diplomatisch zu sein falle mir eher schwer. Wobei ich das doch schon ein wenig gelernt habe (solange es nicht auf Kosten der Wahrheit geht).

Es macht mich dankbar, wie entspannt Du die Dinge angehst, das macht mich ruhig. Wir tasten uns einfach mal langsam vorwärts.

Zuerst interessiert mich noch, weshalb Dich mein Profil ‹nicht losgelassen› hat. Was hat Dich angesprochen?

Denkst Du, dass es für Deine Töchter okay ist, wenn Du wieder eine Beziehung hättest?

Meine Söhne sagen schon länger, dass sie mir jemand wünschen. Vor allem mein Großer ermutigt mich immer. Wobei ich aber erst jetzt langsam offen werde.

Die ganze Verarbeitung ist jetzt ziemlich abgeschlossen. Aber es dauerte länger als zwei Jahre! Ist es nicht eine ‹verkehrte Welt›, dass wir das überhaupt müssen? Uns damit auseinandersetzen?

Für mich war klar gewesen, dass ich mit meinem Ex-Mann 80 und älter werde, wir uns noch immer lieben, auch körperlich, und einander nie überdrüssig werden. Dass das jetzt nach einem halben gemeinsamen Leben nicht mehr so ist, das ist krass. Und es brauchte bei mir eben zwei Jahre und viele Gespräche, Kurse und Mut, um das loszulassen und dieses Kapitel abzuschließen. Ich habe endlos viele Tränen geweint und das Gefäß von Jesus gefüllt. Er hat jede einzelne gesammelt, denke ich.

Das Schwierigste, als mein Ex (ich schreibe nun so, weil es schneller geht, ansonsten möchte ich auch ihm gegenüber nie respektlos sein) krank wurde, war die Negativität! Es ist wirklich schwer, mit jemandem zusammen zu sein, der so ist. Auch und vor allem, wenn er zuvor nicht so war.

Er wurde plötzlich sehr politisch und begann die Franzosen, Engländer und viele andere extrem kritisch zu beurteilen. Tagtäglich üble Kommentare. Er hatte enormes Heimweh, und ich rede nicht von ein bisschen ‹vermissen›, sondern ganz schlimme Nostalgie. Dadurch war die Schweiz ja bald nur noch ‹Scheiße› und sein geliebtes Sicilia das ‹Nonplusultra› …

Bei ihm begann das 2014, und über drei Jahre hinweg kämpfte *ich* seinen Kampf. (Ein Süditaliener hat keine Schwächen, Du verstehst.)

Naja, wie Du richtig schreibst, das gehört zu meinem Leben, ist integriert in die Geschichte, und ich bin sehr dankbar für zwanzig Jahre, die wunderbar waren mit ihm.

Auch die letzten drei hätten Platz gehabt. Natürlich! Auch seine Krankheit und sogar sein Fehlverhalten! Das tat meiner Liebe zu ihm tatsächlich keinen Abbruch. Ich liebte ihn über alles, und ich meine es so: über alles!

Aber sein Verhalten im Zerbruch, das war inakzeptabel. Zerstörerisch uns allen gegenüber.

Ich habe ihm vergeben. Aus vollstem Herzen. Vor Zeugen, und nicht nur einmal. Ich bin sogar so weit, dass ich meinem Ex nur das Beste wünsche. Dass er Jesus kennenlernt, dass er wiederhergestellt wird, und dass es seiner Seele gut gehen darf. Aber ich möchte ihn nicht mehr in meinem Leben haben. Kann nicht. Will nicht. Nie mehr.

Ich weiß, man sollte keine Festlegung machen, das ist nicht gut. Aber in diesem Fall habe ich es getan. Und ich finde, es ist mein Recht, auch als Christin …

Dein Spruch (Mit den Kindern über Gott reden, mit Gott über die Kinder reden): Genau auch meine Aussage! Den sagen meine Freundin und ich immer, wenn Mütter kommen mit dem Spruch ‹Kleine Kinder, kleine Sorgen. Große Kinder, große Sorgen.› Wie witzig, diese Übereinstimmung!

Als ich vor über einem Jahr einmal zu meinem großen Sohn gesagt habe: ‹Ich bin so froh, dass ihr nicht mehr klein wart, als ihr das alles erleben musstet›, sagte er: ‹Mama, um das zu erleben, ist man nie groß genug!›

Das ist jetzt nicht nur eine Floskel: Das brach mir das Herz! Das hatte mich sehr erschüttert. Ich bin wirklich dankbar, dass meine Kinder groß waren, als das passierte, aber sie haben es in dem Alter natürlich noch mal viel bewusster miterlebt, als ein Kleinkind das tun würde. Organisatorisch ist es bestimmt einfacher für ein Elternteil, aber so in der Pubertät das Wegbrechen der Familie und der Stabilität zu erleben, das ist natürlich noch mal eine andere Hausnummer! …

Auf der anderen Seite bin ich extrem froh, dass wir ihnen bereits Wurzeln mitgegeben haben und das Fundament gelegt war. Sie hatten lange einen wunderbaren Papa!

Nun ja, schauen wir vorwärts. Danke, dass Du mir von eurer Situation erzählt hast, und danke, dass ich es auch tun darf. Ich finde es schwer, wenn man es wie ein Tabu behandeln muss, denn es gehört ja doch zu uns. Danke, Matthias!

Du fragst in der Mail nach meinem Glaubensleben. Meine Mutter hat sich bekehrt, als ich ungefähr acht Jahre alt war. Ich habe mich mit ungefähr zwölf Jahren ‹entschieden›, aber ich war schon als ganz kleines Kind immer in der Kirche, war ihr zugewandt und fühlte mich dort Jesus ganz nah. In den 80er Jahren christlich aufzuwachsen, war aber der Horror: Gesetzlichkeit pur. Darum musste ich ausbrechen. Es folgten einige schwere Jahre. Drogen, Alk.

Erst in einer Krise, ein Jahr nach der Geburt meines Erstgeborenen, und einem Nahtoderlebnis habe ich Jesus persönlich kennengelernt und eine ergreifende Begegnung mit ihm gehabt. Da gab es die dramatische Wende zum Guten. Ich lebe seitdem in Liebe und verbindlich mit Jesus, und vor vier Jahren habe ich die Gnaden-Botschaft kennengelernt, was mein Glaubensleben und mein Leben noch einmal revolutioniert und befreit hat: ‹Es ist die Gnade, die mich trägt.› Auch dieser Schriftzug steht auf meinem Körper. Denn es ist wirklich so. Jesus bedeutet mir alles, und gerade in meinem Zerbruch wäre ich ohne ihn vollends in Untiefen gestürzt. Oder in der Psychiatrie gelandet, ganz sicher!

Ich lebe meinen Glauben sehr natürlich, ohne Druck, ohne Zwang, sondern aus der Liebesbeziehung mit ihm; ich glaube, dass wir ein offenes, vertrauensvolles Verhältnis haben. Aber natürlich ist mein Leben auch voller Herausforderungen. Oft noch schwer. Und mein Glaube bewährungsbedürftig. Wie bei allen halt.

Ich hatte eine Phase, in der ich dachte, ich sei zur Sozialarbeit und Diakonie berufen, zum Beispiel in den Slums oder so. Ich habe eine Jüngerschaftsschule besucht, war in Chile in der Flüchtlingsbetreuung tätig. In Mexico (da aber schon nicht mehr christlich unterwegs) wollte ich mithelfen, für Straßenkinder in Chiapas etwas aufzubauen, aber mittlerweile denke ich nicht, dass ich in diesem Sinne wirklich ein sozial-diakonisches Herz habe. Nein, in die Sozialarbeit nach Lateinamerika zieht es mich bestimmt nicht … Sicher nicht! Gar nicht!

Mein Ruf könnte eher in Richtung Frauenarbeit gehen, Scheidungs-Verarbeitung und so. Ich weiß es noch nicht! Ich muss erst hier wieder Boden unter die Füße bekommen.

Ich kann mir zu diesem Zeitpunkt auch nicht mehr vorstellen, irgendwo im Ausland (Europa) zu leben. Obwohl ich viel und weit und oft auch ganz alleine gereist bin und ich eine Sehnsucht in mir trage, wage ich mich momentan in kein Flugzeug.

Mein Großer möchte unbedingt nach Japan, und ein New-York-Trip war schon vor langer Zeit projektiert, aber durch mein Alleinsein haben wir es zu dritt nicht durchgezogen, weil ich mich nicht stabil genug dafür fühlte …

Sehr gerne würde ich wieder reisen, wobei es für mich nicht die Sehnsuchts-Orte sein müssen, keine teuren Ferien, nicht Karibik, Mauritius oder so, das hatte ich nie in all diesen Jahren. Sehr gerne würde ich auch nur mal zum Matterhorn oder ins Engadin fahren, nach Österreich oder sonstwo in eine kleine, gemütliche, kuschelige Pension und mich an Leib, Seele und Geist verwöhnen lassen, da wäre ich schon glücklich. Es wird sich ergeben … Ganz liebe Grüße, Christina.»

*«Hallo Christina, heute Morgen beendete ich die E-Mail etwas im Stress, damit ich noch rechtzeitig in den Gottesdienst kam. Zu Deiner Frage wegen des Profils will ich etwas ausholen:*

*Im Mai war ich an einer Tagung und hatte auf der Rückreise nach Hause das Auto voll. Da gab's dann im Auto ein interessantes Thema: die Erfahrungen mit Single-Treffen. Für mich eine komplett neue Welt. Danach landete ich aus reiner Neugier so alle paar Monate auf der Seite ‹Himmlisch-Plaudern›. All die Monate gab es kein Profil, welches mich angesprochen hätte. Bei Deinem war es anders.*

*Es fällt mir schwer, dieses Gefühl oder diese Intuition in Worte zu fassen. Ich probiere es trotzdem. Es war keine 08/15-Anzeige, sie war mit Witz und Pfiff geschrieben, irgendwie so frisch von der Leber weg. Ich erhielt den Eindruck, Du schaust positiv in die Zukunft, bist offen, weißt, was Du willst, und ich spürte überhaupt keine Spur von Torschlusspanik.*

*Als ich mit den Mädels nach Deutschland kam, war ich völlig beschäftigt mit ihren Ausbildungen und der Wohnungssuche, allen Formalitäten und dem ganzen Re-Entry-Prozess mit den Mädels. Ich fand kurz nach Ankunft wieder einen Job, auch diese Aufgabe forderte mich sehr. Das Thema Beziehung aber war weiterhin tabu, vor allem, weil ich sah, dass die Töchter ihre Mum verloren hatten. Ich sagte mir, dass sie vielleicht Angst haben könnten, mich auch noch zu verlieren (oder mindestens teilen zu müssen), wenn in meinem Leben eine Frau auftauchen würde.*

*Und so strichen die Jahre ins Land, und alle, welche mich ‹anbaggerten›, haben auf Granit gebissen. Trotzdem versuchte ich, ‹normale› Beziehungen zum weiblichen Geschlecht zu pflegen, und gerade bei kirchlichen Veranstaltungen war ich zuweilen der einzige Mann im Raum (sozusagen der Hahn im Korb). Das hat dann auch dazu geführt, dass gute Freunde mich hänselten. Manchmal kamen auch provokative Bemerkungen seitens meiner Töchter, welche aber vielleicht zum Ausdruck brachten, dass sie sich eine Ersatz-Mutter wünschen, welche sie durch die Teenager-Jahre begleitet – das weiß ich nicht so genau und ist einfach eine Vermutung.*

*Vor Monaten suchte eine geschiedene Mutter, gläubig, den Kontakt zu mir, und wir sprachen nach dem Gottesdienst manchmal ein wenig. Ein-*

*mal lud ich sie spontan zum Mittagessen ein (wir beide waren an dem Sonntag allein und wären nach Hause gegangen, um zu kochen und um alleine zu essen), und danach machten wir einen Spaziergang. Da erwachte bei mir plötzlich und wie aus dem Nichts der Wunsch nach einem Gegenüber. Das war für mich etwas ganz Neues.*

*Mit dieser Frau lief weiter nichts. Aber es ging noch weiter: Wir hatten zwei Gemeindeferienwochen in Griechenland, auch mit Fahrten auf einem Kreuzfahrtschiff. Ich war über ein Jahrzehnt lang nicht mehr mit anderen Christen in den Ferien und freute mich riesig, mit 250 Leuten Ferien zu verbringen. Doch was passierte da: Ich fühlte mich einsam – trotz all den vielen Menschen und dem Nonstop-Programm.*

*Zum Beispiel genoss ich den Sonnenuntergang am Meer in vollen Zügen, konnte dies aber mit niemandem teilen. Das machte mich traurig und bestätigte nochmals den Wunsch nach einem Gegenüber. Und trotz diesem Wunsch bin ich vorsichtig: Ich weiß nicht, ob ich für eine neue Beziehung bereit wäre. Ich höre auch von anderen, gerade von Wieder-Verheirateten, dass eine Patchwork-Familie extrem viel Koordination und Energie braucht. Und wenn ich im Alltag Ehepaare miteinander diskutieren und streitend gegenseitig aufbrausen höre, bin ich glücklich, dass ich das nicht haben muss. Und so weiter.*

*Zurück zu Deiner Frage: Ja, ich glaube, dass die Töchter auf eine neue Beziehung positiv reagieren würden – falls sie mit meiner Wahl einverstanden sind! Aber im Ernst: Sie sind wirklich der Meinung, dass sie auch mitreden dürfen. Wir werden sehen!*

*Nun bin ich gespannt, was Du zu berichten hast. Scheinbar warst Du noch nicht fertig. Übrigens: Arbeitest Du viel Schicht und am Wochenende? Liebe Grüße, Matthias.»*

«Guten Morgen, Matthias, entschuldige bitte, dass ich gestern nicht nochmals geschrieben habe. Eigentlich arbeite ich nie am Sonntag. Zwei Morgen arbeite ich in einer Spielgruppe für Migrantenkinder mit Sprachförderung, und drei Nachmittage arbeite ich in einer Schule und übernehme diverse Aufgaben. Das macht total viel Spaß.

Da noch eine Sprachschule für Erwachsene in unseren Räumen eingemietet war und sie über das Wochenende ausgezogen sind, mussten ich und meine beste Freundin Francesca, die auch meine Arbeitskollegin ist, noch zum Rechten sehen.

Danach habe ich noch eine traditionelle deutsche Süßigkeit für meine ‹große› (ältere) Schwester gebacken, und so war der Abend bereits gelaufen. Aber jetzt. Ich bin ziemlich erkältet und konnte nicht gut atmen in der Nacht, darum bin ich lieber aufgestanden und habe Dir geschrieben …

Zuerst aber nochmals danke für Deine Zeilen. Sie haben mich sehr berührt. Ich finde Deine Ehrlichkeit sehr anziehend und bereichernd. Natürlich bist Du der Hahn im Korb bei diesen Veranstaltungen, oh ja, ich kann mir vorstellen, dass Du einige Verehrerinnen hast, Du hast die Auswahl. Hihi.

An einem Kurs hatten wir tatsächlich mal drei männliche Teilnehmer. Einer hat sich mir netterweise ‹anerboten›, und natürlich war ich sehr geschmeichelt, denn wie gesagt: Die Auswahl hatte *er* … Aber abgesehen davon, dass ich noch nicht bereit und er nicht mein Typ war, war er ‹nur getrennt›. Das geht für mich gar nicht. Darum habe ich das auch so in mein Profil geschrieben …

Er dümpelt übrigens noch immer im Zeug rum und will sich doch nicht scheiden lassen, obwohl seine Frau bereits mit einem anderen zusammenlebt. Das zeigt mir: Er kann nicht loslassen (was ja auch schwer ist, weiß ich selbst!). Da möchte ich doch nicht involviert sein, oder?!

Aber was ich eigentlich sagen will: Nein, ich habe keine Torschlusspanik. Ich kann auch gut alleine. Ich möchte meinen Ex auch nicht ersetzen. Ich möchte etwas Neues. Mein Neues! Etwas Echtes und auf immer.

Einfach ‹einen Freund finden›, das ist nicht das Problem. Diese Angebote gibt es. Ich möchte meinen Mann von Gott.

Was ich habe: Ja, die Sehnsucht. Die Einsamkeit, trotz Menschen um mich her, genau. Der Wunsch nach meinem Gegenüber …

Darum werde ich aber trotzdem keine Kompromisse eingehen, sondern will lieber sicher sein und warten, bis Papa mir meinen Mann zeigt … Ich vertraue einer starken Verheißung, darum weiß ich, dass ich einen Partner haben werde, aber Gott alleine weiß, wann es sein wird und wer es ist, und das beruhigt unglaublich.

Ich finde es schön, dass Deine Töchter mitreden dürfen. Natürlich muss es für sie auch stimmen.

Ich glaube, für meine Jungs ist es nicht kompliziert. Solange ‹er› hier nicht einzieht. Darum werden wir drei nie eine Patchwork-Familien-Konstellation im klassischen Sinn leben.

Ich habe ihnen versprochen, dass sie keinen Ersatzpapa bekommen, denn sie haben ja einen Vater. Aber das ist doch auch ein Bereich, der Zeit braucht und für alle stimmen muss.

Auch wenn es viele negative Beispiele gibt, ich sehe dieser Frage nach ‹Familie› gelassen entgegen. Für uns (ich rede allgemein) muss es ja nicht so werden (ich meine negativ), nur weil es bei anderen so läuft. Ich glaube ja immer, dass es von uns selbst abhängt!

Apropos Kinder: Ich weiß, dass mich auch junge Menschen sehr gut annehmen, das erlebe ich in der Schule immer. Ich werde niemandem das Gefühl geben, jetzt die neue Mutter sein zu müssen, aber es würde mich immer glücklich machen, eine beste Freundin und enge Vertraute zu sein und für ihren Vater eine liebevolle Partnerin …

Von uns Einzelnen hängt es ab, ob man eine friedliche Beziehung führt oder eine voller Streit und Disharmonie (glaube ich zumindest).

Ich habe keinerlei Streitkultur! Es heißt immer: ‹Paare müssen auch (richtig) streiten.› Ob das wahr ist, weiß ich nicht. Wir jedenfalls haben uns fast nie gestritten, höchstens einmal pro Jahr, und ich traue mir zu, es ein zweites Mal wieder genauso zu leben in meiner neuen Ehe.

Eine Beziehung, in der nur ‹gestichelt und attackiert› wird, braucht es nicht! Richtig!

Was ich noch zu Deiner Erstgeborenen fragen wollte: Ist sie ‹auf einem guten Weg›? Steht sie also auf eigenen Beinen? Manchmal kann es ja risikoreich sein, wenn man so früh auszieht. Oder ist sie aufgrund der Ausbildung ausgezogen? Ich hoffe, es geht ihr gut.

Auch würde mich interessieren, welche Hobbies Du hast. Was sind Deine Vorlieben, was Deine Abneigungen? Spielst Du ein Instrument, und welche Sprachen sprichst Du neben Deutsch und Spanisch? Tanzt Du? Welche Farbe magst Du und welche Tiere?

Dann frage ich Dich noch nach Filmen, Musik, Künstlern und Autoren: Welche magst Du?

Natürlich habe ich dann noch ganz viele weitere Fragen, aber für den Moment erst mal die etwas leichteren, haha.

Du fragtest nach meinen Hobbies und Interessen. Ich denke, das geht so Hand in Hand. Ich bin täglich bei Wind und Wetter draußen. Ich spaziere exzessiv. Am liebsten bis zu drei Stunden, zumindest am Wochenende. In meiner Zerbruchsphase musste ich laufen, laufen, laufen. Es war und ist eine Konstante in meinem Leben; ich liebe das Stetige, gerade wenn sich doch im Drumherum alles wandelt. Kurzum: Bewegung ist mir wichtig.

Ich würde auch im Sport gerne Neues entdecken. Momentan gehe ich neu ins Zumba, macht total viel Spaß, und ich muss so viel lachen, denn ich kann mir die Schritte nicht merken, bin immer ein paar hinterher, und wenn alle nach links zeigen, zeige ich nach rechts ...

Ansonsten gehe ich einmal im Monat ins Kino. Oder ins Museum, in Ausstellungen oder in ein Konzert. Das habe ich neu entdeckt. Und ich mache das bewusst allein. Denn es kostete mich sehr viel Mut, mich allein zu zeigen. Aber ich wollte einfach auch Dinge ‹mit mir› machen und mich selbst irgendwie wertschätzen.

Ich habe mich früher über meinen Ex definiert und wusste nicht mehr, was mir gefällt, was ich will und wer ich bin ... Deswegen bin jetzt daran, Neues und Altes (wieder) zu entdecken.

Was ich sehr gerne mache: für mich wichtige Menschen treffen. Gemeinschaft pflegen. Auch mal Kaffee trinken gehen, mit tiefen Gesprächen. Mein Freundeskreis ist mir sehr wichtig.

Das Schönste überhaupt sind Frühstücks- und Mittags-Büffets auswärts, wo man verwöhnt und bedient wird und vorher und nachher keine Arbeit hat. Das ist die schönste Neuentdeckung für mich.

Ich lese gerne Bücher, wenn ich Zeit habe. Eigentlich nur Biografien. Ich schaue wenig TV, aber gerne mal einen schönen und kurzweiligen Film. Auch hier am liebsten wahre Geschichten, Thriller oder Krimis. Und Disney. Eigentlich alle Sparten, wobei keine Heimatfilme und nie Horror oder Pornos.

‹Meine› Tiere sind Reptilien. Schildkröten liebe ich seit je her. Wäre wohl eher der Hunde- als der Katzen-Typ, habe aber keine Haustiere.

Zu der Christina zurück, die ich mit 25 war, bevor mein Ex in mein Leben trat, konnte ich nicht, denn die war suchtkrank. Darum ist es ein ‹sich neu entdecken›, was mir total viel Freude macht.

Ach ja, ich schreibe auch sehr gerne. Ich habe fast zehn Jahre lang einen Blog über Legasthenie und Lese- und Rechtschreibstörungen geschrieben, habe ihn aber nach der Trennung gelöscht. Nun schreibe ich halt nur Briefe (auch an mich selbst) und Mails. Aber wie Du siehst, auch diese gerne ausgiebig, haha! Eine neue Homepage ist noch im Aufbau.

Ich werde nachher gleich Deine Nummer speichern, sobald ich das Handy einschalte. Ich danke Dir dafür. Das überfordert mich überhaupt nicht, ich finde das sogar sehr, sehr schön! Merci. Einen guten und gesegneten Wochenanfang wünsche ich Dir, Christina K.»

*«Hallo Christina, Im Laufe vom heutigen Morgen fühlte ich mich plötzlich krank. Nun schleppe ich mich durch den Büro-Alltag.*

*Das mit dem Hahn in Korb war für mich eher belastend, aber bin es mir ein wenig gewohnt – ich lebte ja auch jahrelang mit vier Frauen zusammen (als davon drei Töchter!). Wie Du die Vorstellung beschreibst, wie Du in einer zukünftigen Beziehung das Verhältnis zu den Kindern vom Partner leben möchtest, sehe ich sehr ähnlich. Da die Töchter schon ziemlich selbständig sind, brauchen sie keine Mutter, sondern eine erfahrene Freundin. Ich habe dies vielleicht mit ‹Ersatz-Mutter› etwas zu stark ‹Mutter-orientiert› formuliert.*

*Wegen der Streitkultur: Ich kann manchmal die Leute schon mit Provokation aus der Reserve locken, damit sie Position beziehen. Mit Wischiwaschi habe ich so meine Mühe. Da kam es auch mal vor, dass sich die Leute brüskiert vorkamen, was mir dann aber wieder leidtut.*

*Grundsätzlich bin ich schon eher der, welcher dem Frieden zuliebe nachgibt. Und trotzdem kann ich meine Meinung oder Ansicht mit Argumenten begründen. Das war mit meiner Ex manchmal ein Problem: Ich bin wortgewandter als sie, und so fühlte sie sich auf der Verlierer-Seite, konnte das aber nicht ausdrücken.*

*Was mir in einer Beziehung wichtig wäre, ist der Respekt. Vielleicht kennst Du ja bereits das Buch ‹Liebe & Respekt› von Emerson Eggerichs. Das war für mich ein Augenöffner. Pauschalisiert ausgedrückt: Die Frauen brauchen Liebe, die Männer Respekt. Und genau diesen Respekt erlebte ich in den letzten Jahren unserer Ehe nicht mehr. Dies zeigte sich u. a. in Vorwürfen, die mich verletzt haben. Ich weiß nicht, ob Du verstehst, was ich zu formulieren versuche.*

*Nun mache ich Schluss und werde die Fragen betreffend Interessen und Hobbies später beantworten. Liebe Grüße, Matthias.»*

Von der Erfahrung mit Phil habe ich einige Dinge gelernt. Sei zurückhaltend mit Daten und Privatem. Auch wenn ich das Gefühl habe, bei Matthias könne ich alles sagen, alles ansprechen und alles teilen. Trotzdem gebe ich ihm die Namen meiner Söhne nicht preis und nähere Daten von mir auch nicht. Bin immer hin und her gerissen. Aber gelernt ist gelernt.

Ich berücksichtige gewisse Dinge sehr stark, aber da von ihm alles so natürlich kommt – und viel davon! –, und da die Sympathie beidseitig vorhanden scheint, bin ich nicht mehr ganz so skeptisch und vorsichtig. Dennoch keine Namen oder Telefonnummern von mir, weil ich keinen Anruf wünsche. Erst möchte ich ein Foto von ihm bekommen, weil er sein Profil ohne Bild führt.

Eigentlich ist es mir zu diesem Zeitpunkt noch völlig egal, wie er ausschaut, weil ich mir diesen Mann sehr schön vorstelle. Wir sind uns so sehr ähnlich und teilen extrem viele Gemeinsamkeiten. Ich mag, wieviel und was er schreibt, und weil alles stimmig wirkt, bin ich wirklich überzeugt, dass er mein zukünftiger Ehemann wird.

Aber ich habe durch die Erfahrungen mit Phil und vor allem durch ICL-Sitzungen gelernt, langsam und gelassen zu sein. Ich will es jedenfalls versuchen.

Dass ich eine offene Frau bin und mein Herz auf der Zunge trage, dafür kann ich nicht viel. Das ist mein Charakter. Ich öffne mein Herz schnell. Und ich verschenke es auch schnell. Unabhängig, an was oder an wen.

Ich bin jedoch sehr erschrocken, als ich an einem der nächsten Abende plötzlich eine Facebook-Freundschafts-Anfrage von Matthias bekomme. Und zwar noch einen Tag, bevor ich die Telefonnummer von Matthias, die ich bereits erhalten habe, zu meinen WhatsApp-Kontakten hinzufüge! Er hat doch noch keinen Nachnamen und keine Nummern von mir?!? …

In meiner E-Mail-Adresse steht als Absender «chrissiegrace824». Ich bin echt erschrocken und finde es gruselig, dass ich nun diese Anfrage bekommen habe.

Leider nur für einen kurzen Moment.

Ich gehe darüber hinweg und finde es im zweiten «Anlauf» gar romantisch.

Im Verlauf von weiteren Lebensberatungs-Kursen werde ich lernen, bei den ersten Eindrücken und den «ersten Gefühlen» innezuhalten und diese auch zuzulassen, sie zu notieren und zu hinterfragen – und sie erst *dann* gegebenenfalls als gut zu befinden.

Doch bei dieser Facebook-Anfrage tue ich es nicht, sondern finde es «süß», dass er mich als so interessant erlebt und mehr über mich wissen will …

*«Hallo Christina, so, nun kommt die Fortsetzung vom Mittag. Also, ich überlebte den Tag dank einem Medikament ganz gut. Mein Schwung hielt sich einfach in Grenzen.*

*Nun habe ich nochmals die paar letzten E-Mails gelesen und mich gefragt: In der letzten Mail schrieb ich, wie ich Dein Profil erlebte und warum es mich nicht losließ – stimmt meine Wahrnehmung denn mit dem überein, was Du sagen wolltest? Einmal schreibst Du auch, dass Du Dich nicht in ein Flugzeug getraust. Wie kommt das? Auch in diesen Zusammenhang gehört, dass Du Dir nicht (mehr) vorstellen kannst, im Ausland zu leben. Was hält Dich in der Schweiz?*

*Zu meinen Hobbies. Also, grundsätzlich bin ich ein Generalist: Vieles interessiert mich, und ich würde mich als sehr vielseitig bezeichnen. Doch gibt es ein paar Dinge, die ich bisher nicht gemacht habe oder auch nicht zu machen wünsche. Dazu gehören Extremsportarten wie*

*Fallschirmspringen, Downhill-Biken, Bungee-Jumping usw. Tanzen ist nicht meine liebste Domäne, nein, aber man sieht mich durchaus mal auf der Tanzfläche, ich kann das schon. Haustiere sind nicht meine erste Wahl, die Menschen sind mir lieber.*

*Aufgrund der familiären Herausforderungen habe ich meine Hobbies auf ein Minimum reduziert. Nun bin ich dabei, meine Bedürfnisse als Matthias neu zu finden und zu definieren. Dabei entdeckte ich den ganzen Wellness-Bereich. Ich gehe jetzt ins Gym, aktiviere Muskeln, von denen ich gar nicht wusste, dass es sie (bei mir) gibt, bewege mich intensiv, boxe, rudere, laufe, sprinte, schwitze. Es tut mir gut.*

*Ich sehe mich als handwerklich begabt, da kann man mir fast alles in die Hände drücken, ich repariere die Dinge, baue sie zusammen. Autos und Motoren haben mich hingegen nicht im gleichen Maße interessiert. Das Autofahren im chaotischen südamerikanischen Verkehr habe ich jedoch geliebt! Jogging war dort auch wichtig, auch zusammen mit den Arbeitskollegen, und das ist mir noch etwas geblieben, zumal ich eher der Mannschaftssportler und Teamplayer bin. Und ich liebe jeden Sport, der mit einem Ball zu tun hat, war aber nie profimäßig unterwegs, auch wenn ich es durchaus zu etwas hätte bringen können. War mal nahe dran ...*

*Heute würde ich das Wandern und Klettern in den Bergen vorziehen, habe aber im Verlauf der Jahre auch das Meer liebgewonnen. Es darf auch etwas abenteuerlich zu und her gehen, da hat das Buch ‹Der ungezähmte Mann› von John Eldredge auch seinen Teil dazu beigetragen. Nun bin ich aber auch in der Phase, wo ich das Schöne (Theater, Konzerte, etc.) genieße. Im Moment ist es einfach so, dass es mir eher schwerfällt, mich für diese ‹schöngeistigen Kulturanlässe› zu motivieren, da ich alleine gehen müsste. Manchmal finde ich jemanden, dann genieße ich es.*

*Da möchte ich aber gleich noch betonen, dass ich sehr gerne und gut allein sein kann, das schon.*

*Früher habe ich Bücher verschlungen. Heute nehme ich mir fast keine Zeit mehr dazu. Aber wenn ich lese, sind es oft Sachbücher und Fachliteratur. Mich interessieren biblische Themen, Psychologie, Coaching, aber wie schon gesagt, ich habe ein sehr breites Spektrum. Was Kino betrifft: Action-Filme, Agenten-Filme, Komödien, True-Life-Storys – alles noch so gerne!*

*Sprachen: Ich spreche Deutsch, Französisch, Englisch, Spanisch. Und ich bin kreativ: Zeichnen, Fotografieren, Filmen.»*

[An dieser Stelle erzählt Matthias viel Privates, gibt mir Einblick in seine Pläne, seine weiteren Berufswege, seine Vorlieben in Sachen Mode und Farben, seine Vorbilder in Bezug auf Psychologie und Menschenführung, seine Gemeinde-Erfahrungen, seine besten Freunde. Alles sehr, sehr offen. Erstaunlich offen für einen Mann. Es sind aber Dinge, die ich aus Gründen des Persönlichkeitsschutzes hier nicht wiedergeben kann.]

*«Ah, das noch: Via WhatsApp fragtest Du, wie ich Dich bei Facebook fand. Google sei Dank! Es gab nur eine Christina, deren Nachname mit ‹K› beginnt. Da Du im E-Mail-Absender ‹Christina K› hast, dachte ich, dass ich Dich gefunden habe. Doch irgendwie überzeugte es mich nicht.*

*Dann suchte ich im Telefonbuch nach ‹Christina› in Chur. Da gab es mehrere Treffer, aber die eine Christina mit zwei Söhnen und italienischem Nachnamen schien mir ‹verdächtig›. Als ich Dich im FB fand, gab es im öffentlichen Profil keine Fotos und Beiträge, aber das Profilbild und das Hintergrundbild deckten sich mit dem, was ich bisher von Dir wusste.*

*Kurze graue Haare, christlicher Spruch. Also wagte ich es, Dir eine Kontakt-Anfrage zu schicken. Ich war unsicher, ob es eine gute Idee war, sagte mir aber, dass Du so die Möglichkeit hast, mein Facebook-Profil zu studieren. Da findest Du viel darüber, wie ich ticke. Du siehst, was ich für einen Humor habe, was für Fotos es da gibt und welches meine Interessen sind.*

*Ich glaube, Du fragtest indirekt, wie Dein FB-Profil auf mich gewirkt hat: Eben, bei der Anfrage sah ich noch nichts. Aber heute konnte ich dann auch bereits etwas darin stöbern. Und es hat mich nicht ‹abgetörnt›, sondern bestätigt, dass Du eine äußerst interessante und span-*

*nende Persönlichkeit bist. Und natürlich überaus attraktiv mit Deiner schönen und bunten Haut!*

*Als ich die erste E-Mail schrieb, fragte ich mich, ob ich ein Foto anhängen soll bzw. will. Habe es aber bewusst nicht gemacht. Mir ist wichtiger, Dir persönlich zu begegnen und die Ausstrahlung zu spüren. Das ist viel echter als ein (eventuell gestelltes oder bearbeitetes) Foto.*

*Zu meinem FB-Profil noch eine kleine Bemerkung: Ich bin seit ein paar Jahren nur noch sporadisch aktiv und habe es vor allem noch wegen meinen Freunden aus Kolumbien, Ecuador und Bolivien gespiesen. Und eine Bemerkung zu WhatsApp, wenn Du mich aufnimmst: Ich habe keine mobilen Daten, sondern nur Prepaid-Guthaben. Wieder eine Gemeinsamkeit. Du weißt also, das heißt, wenn ich unterwegs bin, kann ich nicht online sein, sondern benötige WLAN. Das hat zur Konsequenz, dass ich in einem Notfall (oder bei kurzfristigen Nachrichten) eigentlich nur per SMS oder Anruf erreichbar bin.*

*Du meintest, dass dies die einfachen Fragen waren. Nun bin ich aber gespannt, was Dich sonst noch interessieren wird oder wie Du mich noch weiter herausfordern möchtest. Wie Du siehst, ich schreibe frisch von der Leber weg und will keine Geheimnisse haben. Auch im Wissen, dass ich mich so verletzlich mache, aber das ist es mir wert! Liebe Grüße, Matthias.»*

«Danke, lieber Matthias, für Deine Erklärungen. Wir sind wirklich sehr offen miteinander!

Was Mutterschaft betrifft: Rückblickend kann ich nur sagen, dass ich in ihr ‹die beste Mum ever› hatte, weil sie im Endeffekt immer zu mir stand, egal, was für Scheiß ich baute. Sie korrigierte mich zwar und belehrte mich ständig, aber sie war immer da. (Was ich nur ausnützte, um freitags die Wäsche zu bringen und sonntags wieder zu holen!) Ich habe meinen Weg ja dann gefunden, und was aus dieser Zeit in Erinnerung blieb, ist ihre Liebe …

[…] Pubertierende Jugendliche sind happig. Mittlerweile kann ich mit Kids in diesem Alter fast mehr anfangen als mit den Kleinen. Ich habe ein Herz für sie, insbesondere wenn sie Probleme haben. Trotzdem bin ich natürlich froh, wenn sie dann selbständig werden. Es ist nicht ‹ohne›, unsere Kinder so zu begleiten (gerade jetzt, wo wir als Elternteil alleine sind), aber es ist ein Privileg, gesunde Kinder zu haben, die ihren Weg gehen. Gott hat sie uns anvertraut. Das schönste Geschenk, trotz allem.

So, jetzt wünsche ich Dir einen schönen Abend und gute Besserung und Erholung. Sei gesegnet, Christina.»

*«Hallo, liebe Christina, beim Versenden kam schon die nächste Nachricht von Dir – was mich sehr freute! Nur ganz kurz: In Kolumbien und Bolivien waren unsere Töchter natürlich immer die ‹Stars› (Stichworte Haarfarbe, Augenfarbe usw.), und hier im Südwesten Deutschlands waren sie plötzlich ‹Normalos›. Das hat gewiss zu einer kleinen Identitäts-Krise geführt und hat ihnen das Leben schwer gemacht. Meine drei Töchter denken und fühlen oft wie Latinas, aber man sieht es ihnen natürlich nicht an.*

*So, nun gehe ich wirklich bald ins Bett. Liebe Grüße, Matthias.»*

«Guten Morgen, Matthias, danke für Deine Mails. Ich hätte am liebsten gestern bereits geschrieben. Aber die Vernunft obsiegte! Wobei ich danach trotzdem noch sehr lange über ‹diese Sache› sinniert habe. (Um nicht ‹über uns› zu sagen.) Was passiert hier? … Jedenfalls so viel, dass ich bei HP das Profil gelöscht habe. Das ist mein freier Entscheid und Wunsch. Ich könnte nicht ‹auf zwei Hochzeiten tanzen›.

Na, deckt sich Dein Empfinden mit dem, was ich ausdrücken wollte im Inserat? Das mit der Torschlusspanik habe ich ja bereits erklärt. Nein, ich bin relaxt. Und ja, ich schaue sehr positiv in die Zukunft. Manchmal noch schmerzvoll. Aber fokussiert und neugierig gespannt. Das Loslassen war ein langwieriger Prozess, aber meine Hände sind frei.

08/15, nein, das bin ich wirklich nicht. Aber auch nicht allzu extravagant. Zumindest in meinen Augen, hihi. Ich glaube, ich habe gute Wertvorstellungen, die in der heutigen Zeit einfach nicht mehr so geballt zu finden sind. ‹Old school› eben, ohne verstaubt zu sein. Ich finde: gesund. Ich mag mich.

Frisch von der Leber weg: Ja, denke schon. Aber ich suche doch meinen Gegenpol, meine Ergänzung – er muss ja ‹angezogen› werden von dem, was ich schreibe und sage. Es bringt mir ja nichts, hochtrabende Worte zu schwingen, und dann meldet sich das falsche ‹Publikum› …

Du findest, ich wisse, was ich will. Ja, das ist so 'ne Sache! Ich weiß, was ich nicht mehr will, ich bin äußerst kompromissbereit, aber ich lasse keine Unterdrückung mehr zu. In einem Satz kann ich sagen: ‹Ich will gesehen werden!› Und dann bin ich die glücklichste Frau auf Erden.

Was ich will: dass zwei Menschen sich glücklich machen. Und nein, nicht mein Gegenüber hat die Verantwortung dafür! Das erwarte ich nicht. Aber ich weiß, man kann sich gegenseitig extrem gut tun!

Ich möchte Wertschätzung, Respekt und Liebe schenken – und das möchte ich ebenfalls kriegen. Ich möchte eine unkomplizierte und harmonische Beziehung. Ansonsten kann ich allein bleiben und habe weniger Stress …

Da ich glaube, dass bei mir der Mann noch Mann sein darf, würde ich gerne Frau sein. Ich arbeite stetig daran. Und ja, ich bin selbständig, trug und trage immer gerne Verantwortung, würde meinem Mann jedoch gerne zugeordnet sein. Möchte auch mal schwach sein dürfen. Auch Verantwortung abgeben dürfen oder sie zumindest teilen. Und ich möchte beschützt werden.

Gott hat mich als Frau erschaffen, und ich denke, wenn man mich das sein lässt – Ehefrau, Mutter, Schwester und Freundin –, dann bin ich ganz in meiner grundlegenden Berufung und mittendrin in dem, was ich am besten kann! (‹Hausfrau› habe ich absichtlich nicht gesagt, da gibt es kleine Mängel …).

Zum Thema Flugzeug: Ganz einfach, ich habe Flugangst. Momentan weiß ich einfach nicht, ob ich sie im Griff habe. Ich hatte in den letzten Jahren nichts mehr im Griff, alles war unstabil geworden; mein Fundament – über Jahrzehnte hinweg mein Ex-Mann – war komplett weggebrochen. (Was nicht stimmte: Gott sei Dank war der Glaube ein absolut tragendes Fundament. Aber das erkannte ich erst nach einer gewissen Zeit.) Ich wurde zutiefst erschüttert, das meine ich so. Zutiefst. Darum habe ich noch Unsicherheiten. Und zwar existenzielle.

Ich mache voraussichtlich nochmals eine Ausbildung. Momentan liegen aber nur Steine im Weg rum! Ich trage Verantwortung, bin damit aber alleine, sprich: Ich habe keinen Mann mehr im Rücken. Ich werde einen neuen Partner haben, darauf hoffe ich, darauf lebe ich zu.

Das klingt jetzt, als seien es Bagatell-Sätze, aber es geht um Existenzielles, um lebensbestimmende Bereiche! Darum stelle ich mir eine ‹unsichere Flugreise› mit Flugangst zur Zeit als Berg vor, als Mauer, als Wand.

Abgesehen davon haben andere Dinge Priorität, etwa die Finanzen. Aber ich hoffe, dass es wieder zu Flugreisen kommt, ich wünsche mir das sehr!

Was mir bei Dir sehr gut gefällt, ist, dass Du auch noch nicht so lange geschieden bist. Die Männer, die ich jetzt kennengelernt habe, waren alle bereits zehn bis fünfzehn Jahre oder länger geschieden (oder noch nicht). Bei ihnen sieht die ganze Situation natürlich anders aus. Einerseits können sie gar nicht mehr nachvollziehen, in was für einem Prozess ich mich befinde. Und auf der anderen Seite sind sie bereits so viele Jahre allein, dass es für sie gar nicht einfach ist, sich wieder auf jemanden einzulassen.

Bei Dir habe ich das Gefühl, dass Du verstehst und akzeptierst, dass es immer noch schmerzen kann, und den Verlust und den ‹Sich-wiederfinden-Prozess› nachvollziehen kannst. Obwohl Du total zukunftsorientiert und offen bist für Neues.

Du selber schreibst, dass Du ‹Matthias suchen musstest›. Schön ausgedrückt! Das gefällt mir sehr, denn genau das empfinde ich für mich genauso.

Wir haben uns verändert, weil wir kleine Kinder hatten, einen Partner, im Grunde fast gar kein eigenes Leben mehr. Oder sagen wir mal: reduziert. Wir haben uns durch das Scheitern und Wegbrechen von Gewohntem verändert. Und nun haben wir diese Chance auf Neues, was aber auch Arbeit bedeuten wird.

Ich finde es schön, dass Du der Genießer bist! Das bin ich erst seit dieser Zeit des Sich-neu-Erfindens ... Es kostet Überwindung und, ja, Motivation, wie Du sagst, Dinge zu genießen, alleine. Aber für mich war und ist es wichtig, mich diesbezüglich zu überwinden. Denn sonst würde ich nicht genießen können. Kannst Du Dir vorstellen, wie glücklich ich sein werde, wenn ich das mit meinem Liebsten dann teilen kann?!

Ich bin auch der Berg-Typ. Ich mag das Meer nicht sonderlich (eigentlich nicht das Meer, fällt mir gerade auf! Ich muss es anders sagen: Ich mag keine heißen Orte!) – auch wenn ich die schönsten Strände ‹ganz in Weiß› gesehen habe. Und so gerne möchte ich Skandinavien kennenlernen. Kein Süden mehr. Das wäre schön …

Du fragst noch, was mich hier hält und warum ich mir nicht mehr vorstellen kann, im Ausland zu leben. Vor über zwanzig Jahren wollte ich mit meinem Ex unbedingt in Italien leben. Wir hätten dort eine Pizzeria übernommen, und eigentlich war soweit alles organisiert, ich musste einfach nur noch auf meinen Schweizer Pass warten. In dieser Zeit haben sie besagte Pizzeria angezündet, sie ist abgebrannt (es ging um Schutzgeld-Erpressung). Und unsere Pläne kamen dadurch natürlich ins Wanken. In der Zwischenzeit war ich auch in Erwartung unseres Erstgeborenen.

Unsere Kinder waren sehr gewollt und willkommen, aber ungeplant. Darum haben wir diese ‹Pizzeria in Italien›-Pläne im Endeffekt auch nie verwirklicht. Heute danke ich Jesus jeden (!) Tag, dass ich nicht ganz allein, aber mit zwei Kindern in einem sizilianischen Ristorante sitze und es nicht mehr in die Schweiz zurück schaffe. Ich möchte jetzt auch nicht weg von Chur. Hier leben meine wichtigsten Bezugspersonen. Für nichts und niemanden ziehe ich weg!

Ich brauche Heilung, was das ganze Thema Italien betrifft (Italien kann ja nichts dafür, das weiß ich schon!). Und darum bin ich nicht sehr offen, was den Süden und die Mentalität seiner Bewohner betrifft. Aber ich wünsche mir, irgendwann einen Trip nach Süditalien zu machen und mich mit dem Land und den Menschen zu versöhnen.

Was mich hier halten würde? Natürlich meine Söhne. Dann meine Mutter, meine Geschwister, vor allem meine ‹große› Schwester und Zwillingsschwester. Und, ganz wichtig: meine beste Freundin Francesca. Gott hat mir in seiner Weisheit eine sizilianische Freundin geschenkt!

Heute weiß ich: Dein geliebter Partner kann aus deinem Leben treten, und man überlebt das. Aber von Francesca möchte ich einfach nicht getrennt sein, nicht mal zugunsten eines Mannes. Vielleicht hört sich das nun extrem an für Dich, und vielleicht ist es das auch. Aber momentan ist es so, dass genau diese Menschen mir den Halt geben, den ich zusätzlich brauche.

Ferner schätze ich mittlerweile die Schweiz einfach sehr. Habe ich die Bewohner früher oft als kleinkarierte Spießbürger verschrien, mag ich mittlerweile das Höfliche, die zurückhaltende neutrale Art. Auch wenn die Menschen hier oft etwas distanziert wirken. Die Schweiz bietet einfach Möglichkeiten. Wir haben ein funktionierendes System, insbesondere im Bereich Gesundheit. Das mag ich.

Ich sage immer: ‹Sag niemals nie.› Aber es gibt Dinge, die möchte ich ‹neun Mal nie mehr!›. Punkt. Und ich möchte, wenn es für meinen Partner wichtig wäre, seinen Lebensabend im Ausland zu verbringen, keinesfalls sagen: ‹Cool, ich komme mit!›, wenn ich mir das in Tat und Wahrheit nicht vorstellen kann … Transparenz. Sorry.

Es gibt noch so viel zu schreiben, aber mittlerweile ist es nach 11 Uhr. Wir hören voneinander, wenn Du magst. Und nur noch so viel zum Schluss: ‹Prepaid: Hallo hier! Ich auch!› Hast Du manchmal Mittagsstunde? Buon appetito! Christina.»

«Hallo Christina, danke vielmals für Deine Nachrichten. Du fragst wegen der Mittagspause: Ich mache theoretisch eine halbe Stunde Mittag. Manchmal werden auch nur fünfzehn Minuten daraus. Und am Donnerstag gehe ich normalerweise mit einem Freund essen, das ist dann eine Mischung aus Freundschaftspflege und Businesslunch, und da sind wir dann schon mal ein, zwei Stunden weg.

Bei mir läuft während der Arbeit oft so viel, dass ich von morgens um sieben bis zum Feierabend äußerst fokussiert bin und bleibe. So las ich auch irgendwann einmal Deine WhatsApp-Nachricht, aber das war's dann schon. Sorry.

Du hast jetzt mal Dein Aussehen und Deine Tattoos angesprochen. Ich habe keine speziellen Bedingungen oder Vorstellungen an das Aussehen, wir beide sind in einem Alter, da darf man das Alter sehen (zum Beispiel graue Haare). Mir ist die natürliche Ausstrahlung einer Person in der Zwischenzeit viel wichtiger als ein makelloser Körper (habe ich ja *auch nicht mehr!). Mich sprechen eher schlanke Frauen an, welche sich auch elegant geben können (und nun hoffe ich, dass ich mit dieser Aussage nicht schon in ein Fettnäpfchen getreten bin).*

*Das Thema Tattoos war bisher bei mir kein Thema (Tabu?) bzw. ich habe mich nicht damit auseinandergesetzt. Auf der einen Seite ist es also etwas Neues, Spannendes, Faszinierendes für mich, auf der anderen Seite weiß ich für mich nicht, ob ich mich in dieser ‹Welt der Tattoos› wohlfühlen werde.*

*Ich nehme eine zukünftige Partnerin so, wie sie ist! Ich habe gelernt, dass ich nur mich selber verändern kann – niemanden um mich herum. Wir beide haben schon mehrere Jahrzehnte hinter uns, und somit auch Erfahrungen und Narben, Prägungen und Macken usw. Das gehört doch einfach zum Gegenüber, ist ein Teil vom Ganzen. Und das gilt für mich – und ebenfalls für Dich.*

*Vielleicht passen wir nicht zusammen, vielleicht kann ich nicht mit Deinen Tattoos umgehen, ich weiß es nicht – aber ich kann und will nicht von vornherein so etwas zum Killerkriterium machen.*

*Es freut mich zu lesen, dass bereits ein gewisses Vertrauen da ist und Du Dich selbst sein kannst – und somit auch öffnest. Danke vielmals, das bedeutet mir viel. Deine Offenheit und Dein Vertrauen schätze ich sehr und werde sie auch wertschätzen, aber nie missbrauchen. Ich bin loyal. Liebe Grüße, Matthias.»*

«Ha! Ich würde so gerne auf Deine Mails eingehen, Matthias, aber da ich gestern sozusagen eine Freinacht hatte und mich noch immer nicht gut fühle, möchte ich doch das Tablet zur Seite legen und mich schlafen legen.

Es macht mich wirklich froh, unabhängig, was sich entwickeln wird, dass Dich meine Tattoos nicht gleich verschreckt haben … Das finde ich speziell. Ich finde es toll, dass Du ‹dahinterstehst›, obwohl Du mich noch nicht ‹in Natura› gesehen hast.

Denn ‹live› fällt es den offenen Menschen oft weniger schwer. Ansonsten lebe ich halt mit dem Stempel. (Was auch okay ist; ich bin ja mit Sicherheit nicht jedermanns Geschmack.)

Was ich Dir noch zu Facebook sagen will: Ich habe inzwischen einen eher kleinen Freundeskreis, denn ich habe Hunderte ‹Freunde› entfernt. Und von diesen siebzig bis achtzig verbliebenen Freunden teile ich zum Beispiel meine Tattoos nur mit etwa dreißig Menschen. Ich habe meine Einstellungen ‹benutzerdefiniert›.

Und noch etwas: Du darfst nicht denken, dass ich solche Gespräche wie mit Dir auch mit anderen Menschen so ganz selbstverständlich führen würde. Nein, ich empfinde es momentan sehr besonders.

Weshalb ich das tue, verstehe ich gerade selbst nicht so recht. Aber vielleicht trügt mich mein Bauchgefühl nicht (was es sowieso nur selten tut): Wir sind zu zweit, die sich verletzlich machen! Ich wollte, dass Du das weißt. Gute Nacht! Christina.»

*«Liebe Christina, ganz herzlichen Dank für Deine Ausführungen. Sie haben mich in meiner Wahrnehmung bestätigt. Auch was Du Dir in einer Beziehung wünschst oder vorstellst, sehe ich in eigentlich allen Punkten genauso wie Du.*

*In Deinen Zeilen sprichst Du auch Deine Unsicherheiten, Verluste und Ängste an. Für mich ist es manchmal schwierig, solche Emotionen in Worte zu fassen, obwohl ich sie auch kenne. Es zeigt mir aber vor allem, dass es zum einen eine selbstbewusste Christina gibt, aber auch eine empfindsame, sensible. Danke vielmals für Deine Ehrlichkeit!*

*Was mich aber noch interessieren würde: Was hat meine Selbstdarstellung (so ein komisches Wort: Ich will mich ja nicht darstellen!) bei Dir ausgelöst, und wie ist sie bei Dir angekommen? Und wo hast Du dazu noch Fragen?*

*Du erwähnst, dass Dich noch schwierige Themen unter den Nägeln brennen: Was sind das wohl für Themen?*

*Oje, ‹diese Sache› hat Dich also ins Grübeln gebracht. Ich wusste gar nicht, dass ich eine Sache bin! – Nun hoffe ich, dass ich bei Dir nicht noch Kopfschmerzen verursache, sondern dass Du eine gute Nacht haben wirst! Liebe Grüße, Matthias.»*

«Hallo Matthias, vielleicht hast Du jetzt bereits Feierabend. Dann wünsche ich Dir einen schönen Abend und gesegnete Zeit. Ich lege rund um

Weihnachten extra wenige Termine, damit ich nicht auch in das Fahrwasser der Menschen rundherum komme. Denn eigentlich ist es ja eine besinnliche Zeit.

Es ist nach zwei Jahren Pause das erste Mal, dass mein Baum seit heute wieder steht: Lichter, Kerzen, Glitzer. Ich werde auch ein Weihnachtsessen machen dieses Jahr. Ich freue mich …

Wie Du das ausführst bezüglich Körper, Tattoos, schlank und elegant! Yups, unterstreiche ich! Denn ich stehe auch auf schlanke und elegante Frauen, bin jedoch save, dass ich das nie sein werde.

Im Ernst, wir sind wirklich in einem Alter, in dem man dem Körper Geburten, Gewichtsschwankungen, Schwerkräfte, Abnützung und Verschleiß einfach ansieht. Aber ich für mich kann sagen, dass es mir endlich wohl ist in meinem Körper. Auch wenn ‹Baustellen› da sind und ich zu Beginn bestimmt unsicher wäre in einer neuen Partnerschaft: Ich bin so sehr dankbar für ihn. Ich habe keine Schmerzen, er funktioniert, ich kann täglich laufen, und zwar weit und ohne Probleme, und das macht mich dankbar. Und ja! Ich fühle mich wohl und richtig gut in meiner Haut.

Endlich, das ist nämlich noch gar nicht lange so …

Mich erfreut mein Körper, und wenn ich meinen Mann damit erfreuen darf, bin ich glücklich.

Auch wenn ich gerne männliche Männer habe, lag mein Fokus nie auf Äußerlichkeiten oder Prestige. Wie gesagt, das vergeht ja. Gut, dass wir das beide wissen. Mir ist es bei einem Mann am Wichtigsten, dass er gut riecht, sich gut bewegt, sich pflegt und eine schöne Stimme hat. (Nur aufs Äußerliche reduziert jetzt).

Ich weiß aber jetzt schon, dass ich mit der Auswahl von unserem ‹Papa im Himmel› ganz zufrieden sein werde!

Wie Du bei mir ankommst und rüberkommst, fragst Du: Also, Du hast viele Charakterzüge aufgezählt, die ich sehr anziehend finde, aber auch einige, die mich aufhorchen lassen!

Du hast geschrieben, du bist der ‹Starke›, der ‹Kämpfer›. Den Kämpfer finde ich gut. Dass man sich für eine Sache einsetzt und kämpft, gefällt mir. Ich glaube, so bin ich auch. Aber der Starke?!? Hm, das weckt in mir gar keine guten Gefühle … Ich habe erlebt, dass ‹der Starke› sich immer und ausschließlich durchsetzt, ohne Rücksicht auf Verluste …

‹Entscheidungsstark, ehrlich und direkt›: Diese Worte sind mir nah, denn das bin ich auch, aber ich denke, in einer sanften, weiblichen Form. Beim Mann können das verletzende Eigenschaften sein … (Da bin ich mir bei ‹entscheidungsstark› nicht sicher; selbst wenn ich dem Mann wohl immer die letzte Entscheidung geben werde, darf es nicht auf Kosten anderer gehen.)

‹Bestimmend›: Dieses Wort löst bei mir auch eher etwas Negatives aus, denn wenn immer über deinen Kopf hinweg bestimmt wird, du nicht gesehen wirst, ist das negativ. Weshalb mich das bei Dir jedoch nicht gänzlich abschreckt, hat seinen Grund: Du bist ein Mann, der tatsächlich nicht stagniert hat.

Du bist einer, der ‹an sich arbeitet›: Hey, das ist das Coolste ever. Du interessierst Dich für das Wesen der Menschen, fürs Wesen Deiner selbst. Du liest Bücher, um Dich, Deine Frau, deine Ehe, Deine Kinder weiterzuentwickeln, und Du hast Dich selbst analysiert. Sprich: Du schaust hin! Dazu teilst Du Dich mit!

Du teilst! Und hast mehr als ‹Hallo, wie geht's?› geschrieben. Du bist transparent und, wie ich denke, ehrlich. Du singst und drückst damit Deinen Glauben und Deine Anbetung aus! Du redest mit Freunden, tauschst Dich aus, wirst dabei vermutlich auch mal ernstere Themen und Persönliches zur Sprache bringen – ich finde das extrem anziehend!

Und genau deswegen kann ich nicht glauben, dass diese Deine Hauptzüge ins Negative ausschlagen. Diese Eigenschaften können ja allesamt auch positiv behaftet sein. Natürlich! Aber Du fragst ja, wie es mir damit geht.

Den Genießer kenne ich, wie gesagt, gar nicht, den lerne ich in mir und an mir jetzt erst kennen, assoziiere aber Prickelndes damit. Genießen mit eben allen Sinnen, auf jeder Ebene. Ich denke, wenn ein Mann das kann, kann er sich auch hingeben und fallenlassen, oder?

‹Vielseitig› finde ich sehr schön, das ist eine offene Person. Du sagst auch, Du seist handwerklich geschickt, kannst alles selber flicken – das finde ich toll. Wenn Du jetzt noch kochen könntest, fände ich das mega sexy. Haha.

Du bist, so sagst Du, auch ‹der Positive, Optimistische›: Das finde ich sehr schön, denn wenn jemand permanent nur Negatives ausspricht, macht das krank. Ihn selbst, aber auch das Umfeld. Mit solch einer Person zusammen zu sein, ist schwer …

Du hast für mich sehr viel Ansprechendes zu bieten! Aber im Endeffekt wird das Gesamtpaket entscheidend sein. Ich weiß jetzt seit den ICL-Sitzungen, dass ich eher etwas ‹Gleiches› will! ‹Gleich und Gleich gesellt sich gern› – und nicht: ‹Gegensätze ziehen sich an›. Es verspricht einfach mehr Harmonie. Und die ist mir wichtig.

Ich habe erst heute auf Facebook gesehen, dass Du Fotos hast. (Ich mache viel am Tablet. Da es neu ist, muss ich mich erst an die neue Ansicht von FB gewöhnen.) Am Computer sah ich heute Dein Profil ein wenig besser. […] Jedenfalls haben Deine Fotos mich berührt. … Ich hoffe, das ist in Ordnung für Dich?!

Die heißen Themen sind auch die persönlichsten. Es sind die Glaubensfragen. In meinem Beruf hieß es immer, man spricht nicht über Politik und Glauben. In der Tat: Was sich Menschen doch ständig streiten über den Glauben! … Das liegt mir fern! (Und Politik ist nullkommanull Prozent relevant in meinem Leben.)

Ich weiß nicht, wie es sein wird, den Glauben mit meinem Partner zu teilen. Denn mein Ex war in dem Sinn nicht gläubig. Aber ich stelle es mir spannend vor. Vielleicht auch herausfordernd? Bestimmt auch verbindend und mega tief. Auf einer geistigen Ebene. Wie aufregend! Das war mein größtes Gebet: Mein Zukünftiger soll Christ sein. Aber es gibt Dinge, die sind mir sehr wichtig, auch in diesem Bereich. Vielleicht mit am Wichtigsten.

Nun ja, über was wird andauernd gestritten? Zum Beispiel Homosexualität … Wie siehst Du das? Oder dann: Sex vor der Ehe … Was denkst Du darüber? Oder Wiederheirat, auch wenn kein Ehebruch stattfand – hast Du Dich damit auseinandergesetzt? Und gehen wir weiter: Wie stehst Du zum Heiligen Geist? Gibt es aus Deiner Sicht noch die sogenannten Geistesgaben? Und zuletzt: Wie stellst Du Dir das Miteinander im Glauben vor?

Es ist nicht so, dass mir diese Fragen unter den Nägeln brennen. So intensiv sehe ich das nicht. Sie sind auch sehr persönlich, und ich glaube, es braucht auch hier Entwicklung. Aber es gibt immerhin so eine gewisse Grundeinstellung, und deshalb frage ich danach.

Und falls wir dann immer noch harmonieren und uns interessant und anziehend finden, werden wir natürlich dann auch früher oder später die ‹intimen› Fragen, Vorstellungen und Wünsche etc. ansprechen, nehme ich an, oder? Aber diesen Zeitpunkt werde ich immer Dir überlassen, denn ich weiß nicht, wann und wie das angebracht ist! Derartige Priorität hat es dann auch nicht, haha.

Soviel mal von mir. Schön, wie es im Moment ist, finde ich. Liebe Grüße, Christina.»

*«Hallo, liebe Christina, nun bin ich wieder zu Hause – aber Du bestimmt am Schlafen. Trotzdem schreibe ich Dir, damit Du morgen früh etwas von mir im Posteingang hast.*

*Weihnachtsdekoration ist auch auf meiner To-do-Liste für die nächsten Tage. Dies hilft schon, etwas ‹in Stimmung› zu kommen. Du wirst das Weihnachtsessen machen: Wie muss ich mir das vorstellen – wie wird bei Euch Weihnachten gefeiert?*

*Ich bin ja schon gespannt, wie wir unsere erste Begegnung erleben werden. Ich mache mir nicht so detaillierte Vorstellungen, sondern lasse mich einfach überraschen. Ob ich gut riechen werde: na ja, wer weiß? Auf alle Fälle rieche ich etwa zu 80% vom Tag nach Kaffee – ich trinke relativ viel Kaffee: stark, schwarz und mit Zucker.*

*Was geht bei Dir unter die Kategorie ‹männliche Männer›? Vollbart?*

*Wegen Deinen Bedenken bzw. wo Du aufgehorcht hast: Lass Dich überraschen. Viele dieser Begriffe haben immer zwei Seiten (ein Kämpfer kann zum Beispiel für sein Ego kämpfen oder aber für Gerechtigkeit; der Starke kann seine Stärke missbrauchen oder andere beschützen). Im Enneagramm hat jeder Typ ein Entwicklungspotenzial: und zwar vom unerlösten Typ hin zum erlösten Typ. Ich finde das mega spannend, aber ich will Dich damit nicht weiter ‹langweilen›. Aber ich möchte jetzt auch nicht noch mehr zu meiner Selbstdarstellung sagen, denn ich könnte ja dazu tendieren, die Sonnenseiten von meinem Typ hervorzustreichen und die Schattenseiten eher auszublenden. Du musst mich einfach kennenlernen!*

*Worüber ich aber wirklich schmunzeln musste: Dass ich als Hausmann ab und zu etwas koche, soll mich ‹mega sexy› machen! Ja, ich koche. Aber ich versuche, den Aufwand klein zu halten, nichts Spektakuläres also.*

*Ich habe Dir ganz bewusst diesen Zugang zu meiner Geschichte via Facebook gegeben. Du darfst alles wissen! All diese schönen Erlebnisse, Ausflüge und Begebenheiten möchte ich nicht missen, sie sind Teil meiner Vergangenheit. Auch wenn es manchmal schmerzlich ist, zu akzeptieren, dass diese Kapitel abgeschlossen sind und nie mehr weitergeschrieben werden.*

*Und nun noch zu den ‹heißen Themen›. Doch zuerst ein kurzer Rückblick: Was Glauben betrifft, wuchs ich tendenziell konservativ und eher eng auf. In dieser Zeit war für mich auch völlig klar, dass Homosexualität oder Sex vor der Ehe Sünde sind und dass ‹man› das nicht macht.*

*Was ich aber in all den Jahren gesehen und gelernt habe, ist, dass diese menschlichen Auslegungen der Bibel schlussendlich extrem einengend, verurteilend und unbarmherzig sind. Und gerade die Barmherzigkeit wurde mir in den letzten Jahren immer wichtiger. Jesus hat nicht nur verurteilt (wenn, dann tat er es meistens gegenüber Heuchlern), sondern war vor allem mit den Sündern barmherzig. Und das möchte ich immer mehr auch so leben.*

*Andere Antworten gebe ich Dir lieber face to face.*

*Was Sex vor der Ehe betrifft: Ich tendiere dazu, zu sagen, dass Sex in einen geschützten Rahmen gehört, welcher die Ehe sein sollte / kann. Aber was sage ich zum Beispiel meinen Töchtern, wenn sie mich um Rat fragen? Ich weiß es nicht hundertprozentig. Denn was schadet mehr? Was ist barmherziger?*

*Wiederheirat: Erneut die Frage, verurteile ich, oder bin ich barmherzig? Hier ist es noch schwieriger – weil ich ja selber betroffen bin: Ist es Eigennutz, dass ich heute zu mehr Barmherzigkeit tendiere, welche ich aber zu der Zeit meiner eigenen glücklichen Ehe anderen Paaren nicht zugestand? Aber da ich auf Deine Kontaktanzeige reagiert habe: ein klares Ja!*

*Heiliger Geist: ist ein Teil von Gott (Dreieinigkeit oder Dreifaltigkeit) und wirkt heute in mir und durch mich. Ich erlebe seine Gegenwart immer wieder in den Anbetungszeiten oder durch Impulse im Alltag. Auch hier: Tiefere Antworten dann gerne im persönlichen Gespräch.*

*Wie das partnerschaftliche Glaubensleben aussehen könnte? Ich weiß es nicht. Ich wünsche mir den Austausch und die Auseinandersetzung zu theologischen Themen und zu Fragen, wie wir die biblischen Wahrheiten im Alltag umsetzen können, wünsche mir auch gemeinsame Gebetszeiten. Ich bin mir jedoch auch bewusst, dass ich das richtig neu lernen muss.*

*Wann der gute Zeitpunkt ist und wie wir über unsere ‹intimen› Vorstellungen und Wünsche austauschen, weiß ich auch nicht. Ich kann dazu nur sagen, dass ich über alles sprechen können möchte. Es soll keine Tabu-Themen geben, welche umschifft werden.*

*Und was ich auch festgestellt habe, ist, dass bei mir eine harmonische Atmosphäre für Sex vorhanden sein muss. Was sonst eigentlich eher dem weiblichen Cliché zugeordnet wird. Da spielt das mit dem ‹stark sein› wieder hinein: Auch wenn dies auf den ersten Blick vielleicht nicht offensichtlich ist, bin ich im Innern sensibel und empfindsam.*

*Ich habe das Risiko in Kauf genommen, dass meine Ausführungen oder meine Denkweise Dich vor den Kopf stoßen werden. Ich habe keine Ahnung, wie Du über diese Themen denkst. Aber auch wenn wir gewisse Dinge unterschiedlich anschauen, wünschte ich mir, dass wir den anderen ‹stehen lassen› können, ihn nicht verbiegen wollen, sondern lösungsorientiert z. B. einen Kompromiss finden.*

*Mir würde es helfen, falls wir solche Themen weiter und tiefer auseinandernehmen möchten, dies face to face zu machen. Mir hilft es, wenn ich sehe, was eine Aussage beim Gegenüber auslöst. Ich hoffe, Du kannst das verstehen.*

*Aber jetzt bist Du wieder an der Reihe! Liebe Grüße, Matthias.»*

«Guten Morgen, Matthias, natürlich sind das alles Themen, die man face to face besprechen muss. Mein Bedürfnis war einfach, dass wir vorfühlen, ob es da grobe ‹No-Go's› gibt. Ich könnte nämlich nie mit einem gesetzlichen, ungnädigen und richtenden Menschen zusammen sein. Für mich hat Gnade Priorität, und zwar für den Nächsten wie auch für mich.

Manche Themen werden wir bestimmt und hoffentlich auch nicht abschließend klären können, denn es ist ja spannend, im Gespräch zu bleiben …

Und ein ‹Date› ist somit unumgänglich.

Ich bin auch total gespannt, was es mit uns macht. Ich bin bestimmt extrem nervös – und innerlich aber dennoch relativ entspannt. Wir Frauen tendieren vielleicht immer schon dazu, einen Schritt vorauszudenken …

Jedenfalls werde ich es genießen, denn diesen ersten Augenblick wird es nur ein einziges Mal geben, und wenn es der Beginn von einem ‹wir beide› sein sollte, dann ist er sowieso in jeder Hinsicht einmalig. Falls nicht, sind wir um eine Erfahrung reicher. Was ich nicht hoffe und mir nicht vorstellen mag.

Wie gesagt, Frauen und Schritte …

Du hast mich gar nicht vor den Kopf gestoßen, im Gegenteil: Du hast mich in meiner Wahrnehmung bestätigt. Für mich ist es auch ganz wichtig zu sagen, dass wir mit Sicherheit nicht überall gleich ticken müssen. Wir *sollen* ja andersartig sein! Ich möchte nicht verbogen werden oder jemand anderen verbiegen; es wäre für mich ein Traum, wenn wir uns entfalten könnten …

Du fragst noch, was für mich männlich ist. Ja, ich mag zum Beispiel tatsächlich Bartträger. Es muss nicht Vollbart sein, dürfte aber gerne. Auch Stoppeln sind sexy. (Aber bitte, kein Problem, wenn nicht!) Ich finde starke Behaarung schön, und meine Söhne sind entsetzt darüber. ‹Uncool!›, sagen sie!

Obenrum gerne kahl. Also Glatze, dazu Bart und behaart. So ein wenig Hipster, das finde ich attraktiv. Gut auch, wenn er größer ist als ich. (Mein Ex war für mich immer der Größte, auch wenn er kleiner war als ich. War für mich nie ein Problem – er war mein ‹Adonis›!)

Aber männlich ist im Endeffekt der Starke, der das nicht missbraucht, hihihi …

So, eigentlich gilt nur noch festzulegen, wann wir uns treffen werden und wo. Ich fahre kein Auto (nein, habe keinen Führerschein), und darum wäre ich froh, wenn wir uns in der Nähe eines Bahnhofs treffen könnten. Gerne Freiburg, Basel, Zürich oder so.

Ich denke, es ist gut, wenn wir uns also bald sehen und schauen, wie wir aufeinander wirken. Ansonsten setzen sich eventuell falsche Bilder fest. Was denkst Du? Freue mich darauf, später von Dir zu lesen. Jetzt höre ich noch eine Predigt und döse noch wenig. Ich erzähle Dir später von Weihnachten. Auf bald, Christina.»

*«Liebe Christina, als ich Deine E-Mail las und darüber nachdachte, musste ich mich zuerst etwas fassen und alles verdauen. Denn wenn eine außenstehende Person kommentieren würde, was bei uns in den letzten paar Tagen abgegangen ist, würde sie es vielleicht so formulieren: ‹So schön, da haben sich wieder zwei gefunden!›*

*Ich bin dankbar, dass wir bisher ausschließlich schriftlich kommuniziert haben. Manchmal wollte ich den Telefonhörer in die Hand nehmen, ließ es dann aber doch wieder bleiben. Ich habe mich auch schon seit vorgestern gefragt, wann und wo wir uns treffen könnten. Aber ich glaube, es war gesund, noch etwas Distanz zu den Gefühlen zu haben (so geht es wenigstens mir). Denn ich vermute, dass nach einem Date meine Gefühle (verliebt sein) dazu führen, dass mein Verstand nicht mehr so optimal funktionieren wird und ich an Objektivität verlieren werde. Was natürlich auch sehr schön ist und worauf ich mich freue!*

*Doch wie Du das so schön formuliert hast, wird dieser erste Moment einmalig sein und bleiben – egal, ob sich daraus mehr entwickeln wird. Und das ist mir ganz wichtig, auch wenn wir uns (noch) näherkommen werden (also vorwiegend emotional): Ob ein ‹uns› daraus wird, möchte und kann ich nicht übereilt entscheiden. Auch wenn die Gefühle über mich herfallen werden (also das befürchte ich), sollen diese nicht ausschließlich unser Ratgeber sein.*

*Ich bin da etwas (über-)vorsichtig, unter anderem weil ich auch gehört habe, dass mit einer neuen Beziehung so Themen wie Bindungsängste aufkommen könnten. Etwas, womit ich mich bisher nicht groß auseinandergesetzt habe.*

*Zurück zum nächsten Schritt: Am Samstag und Sonntag habe ich noch kein Programm. Ich würde sehr gerne von uns aus bis über die Grenze bei Basel und dann durch die halbe Schweiz nach Chur fahren, um Dich zu treffen. Wie sieht Dein Programm am Wochenende aus? Ginge das? Und dann stellt sich gleich die nächste Frage: Was und wie? Ich bin offen für fast alles: Essen, Spazieren etc., solange wir in Ruhe austauschen können und es gemütlich ist. Auch den Zeitrahmen darfst Du gerne festlegen (im Sinne von: Wie viel Matthias kannst Du auf einmal verarbeiten?).*

*Jetzt habe ich noch gar nicht auf den Rest von Deiner E-Mail reagiert. Habe ich das richtig verstanden, dass es bei Dir für den Moment keine absoluten ‹No-Go's› gibt, richtig? Denn wie gesagt, gerne kannst Du mir Deine Ansichten und Meinungen zu den ‹heißen Themen› face to face mitteilen statt auf schriftlichem Wege.*

*Ich werde auch sehr nervös sein, aber umgekehrt: innerlich nervös, aber äußerlich wirst Du davon kaum etwas merken. Aber mal schauen, vielleicht hast Du ja eine feine Antenne für das, was in meinem Innern abgeht …*

*Was ich jedoch spannend fand, denn ich dachte bisher dasselbe von den Männern: diese seien immer (in Gedanken) schon zwei bis drei Schritte weiter. Nun schreibst Du dies über die Frauen. Vielleicht ist das gar nicht Geschlechts-abhängig, oder wir müssen darüber auch noch etwas tiefer austauschen, weil wir darunter etwas Unterschiedliches verstehen? Ich weiß es nicht.*

*Aber das ist mehr als Klammerbemerkung zu verstehen, als dass es mir wichtig wäre, dies geklärt zu haben. Bis später! Matthias.»*

«Lieber Matthias, Deine Mail hat bei mir Tränen und Lachen ausgelöst. Beides zur gleichen Zeit! Tränen, weil Du Dich mitteilst! Du sagst, wie Du Dich fühlst, und das berührt mich natürlich bis ins Innerste, weil ich an Deinen so positiven Gefühlen doch schon maßgeblich beteiligt bin. Danke jedenfalls für beides.

Lachen, weil Du sagst, es sei gesund (gewesen), Distanz zu wahren. Haha … ja, meeeeega distanziert sind wir!

Aber ja, mir ging es betreffend Telefon genauso. Aber trotz allem finde ich es auch schön, dass unser Kontakt bis jetzt schriftlich ist. Ich glaube, wir werden noch so oft am Telefon hängen, dass uns die Ohren glühen … Aber gerne erst nach unserem Date.

Ich würde Dir gerne noch etwas sagen, das mich bewegt oder verunsichert hat. Du schreibst: ‹Wenn wir uns (noch) näherkommen werden (also vorwiegend emotional) – ob ein ‹uns› daraus wird, möchte und kann ich nicht übereilt entscheiden.›

Das ist natürlich so. Selbstverständlich wissen wir nicht, was sich aus all dem entwickeln wird. Wir brauchen es auch nicht zu wissen, und ich verlange gar keine Garantie. Die kann auch ich Dir ja nicht geben. Es könnte auch sein, dass wir uns sehen und uns getäuscht haben. Auch damit müssen wir rechnen!

Aber meine Frage und mein Wunsch dazu: Falls wir sagen: ‹Hey, ja, da haben wir uns gefunden›, und wir sagen einfach mal zueinander: ‹Wir beginnen mit einer Beziehung›, dann würde ich gerne sagen, dass wir daten und ich mein Umfeld das wissen lasse und mich zu Dir bekenne und Dich zu einem Teil von mir mache.

Natürlich wäre mein Wunsch dann auch, dass Du es Deinerseits auch tust. Wir können ja noch sehen wegen den Kids, aber ich möchte nicht so lange warten müssen, um meinen Geschwistern etwas sagen zu dürfen. Oder so in der Art. Weil: Dann bin ich *offiziell* ‹vergeben›. Weißt Du, was ich meine?

Ansonsten frage bitte. Das ist ein sehr wichtiger Punkt für mich! (Weil ich da eine entsprechende Erfahrung gemacht habe.) Aber glaube mir, auch ich bin sehr, sehr vorsichtig und ‹unsicher›! Da sind wir also schon zwei, und so verstehen wir uns auch besser. Das ist doch gut. Es macht mich ruhig, wenn es Dir auch so geht und wir nichts überstürzen! (Hahaaaa, neeein, wir bleiben ganz langsam unterwegs!)

Francesca weiß übrigens seit vorhin schon von Dir. Und ich gebe ihr dann noch die Adresse, für den Fall … Hahaha … Spaß!

Ich weiß nicht, ob mehr Bindungsängste aufkommen werden. Um ehrlich zu sein, glaube ich das nicht. Ich bin jemand, der sich voll und ganz bindet. Sobald ich merke, dass sich die andere Person auch traut und sich binden will!

Es ist ganz oft so, dass ich reagiere. Ich brauche manchmal einfach den ersten Schritt des Gegenübers und die Sicherheit, aber dann verschenke ich mein ganzes Herz und werde immer alles daransetzen, dass es dem Gegenüber gut geht! Ich *möchte* mich sogar binden.

In unserem Fall lass uns einfach sehen, was sich entwickelt und wie und wie schnell … Setzen wir *uns* ins Zentrum, falls es denn ein ‹uns› geben sollte, und bitte lass uns unsere Erfahrung machen. Das wäre mir lieb.

Du musst entschuldigen, falls ich mich ein wenig ‹ungelenk› verhalte! Aber so eine Geschichte passiert ja nun wirklich nicht alle Tage!

Was ich so schön finde in unserem Fall: Wir würden gemeinsam unsere Geschichten, die doch ähnlich sind, noch fertig aufarbeiten. Du hast Deine und ich meine bereits verarbeitet. Jeder für sich. Das ist mir sehr wichtig. Aber sie werden noch Platz haben, um von uns gemeinsam ‹abgeschlossen› zu werden – wenn Du das auch so siehst.

Auch mir geht es ab Samstag. Und ich glaube, ich verkrafte ganz viel Matthias! Denke ich jetzt einfach mal.

Ich könnte mir aber auch vorstellen, nach Zürich oder sogar nach Basel zu kommen, damit Du nicht so weit hast? Ich kann auch eine Nacht dort organisieren, falls es spät würde. (Also jetzt nicht zusammen, meine ich natürlich!)

In Chur könnte ich mir mit Dir alles vorstellen: Essen, Spazieren, Dessert, Abendessen, Bar … das volle Programm eben. Im Endeffekt einfach auch gerne ruhig und fokussiert. Was würde Dir passen? Was hast Du für Vorstellungen? Liebe Grüße, Christina.»

*«Hallo Christina, jetzt konnte ich es fast nicht erwarten, bis ich Deine Nachricht erhielt. Sprich: Seit 11 Uhr checke ich alle zehn Minuten die E-Mails und bin ziemlich unfähig, mich auf anderes zu konzentrieren. Also auch ziemlich teenie-haft, oder?*

*Ich habe mir bei diesem ‹Wenn› nicht allzu viel überlegt und bin mir jetzt gar nicht so sicher, wie differenziert wir das jetzt anschauen wollen. Soweit meine indirekte Antwort dazu: Heute Morgen habe ich bereits überlegt, welche ‹Rede› ich an Weihnachten halten werde, wenn meine*

*Familie und viele Freunde zusammenkommen werden. Ich hätte da in etwa gesagt:*

*‹Ich habe eine wunderbare Frau, Christina, kennengelernt. Sie wohnt zwar am anderen Ende der Schweiz, lebt 400 Kilometer von hier – aber wir sind daran, uns noch besser kennenzulernen, und am Herausfinden, ob eine Partnerschaft entstehen wird. Aber höchstwahrscheinlich wird sie meine Ehefrau werden.›*

*Denn ich gehe davon aus, dass mein näheres Umfeld merken wird, dass ich auf Wolke 7 schwebe! Also, etwas zu verheimlichen, nein, das kommt bei mir nicht in Frage. Aber nun weiß ich nicht, ob Du dies in etwa so gemeint hast oder ob Du es ebenfalls in etwa so formulieren würdest?*

*Ich glaube, ich bin schon ganz fest daran, mein Herz zu verschenken.*

*Mir kommt es wirklich nicht darauf an, ob ich via Karlsruhe und Freiburg nach Basel, Zürich oder Chur fahre. Wäre Dir Zürich lieber (da neutraler), oder geht es Dir wirklich ‹nur› um den längeren Weg, den ich hätte? Mich stresst das Autofahren nicht, und ich bin es gewohnt, weite Strecken zu fahren. Darum, für mich wäre Chur völlig okay, und ich könnte um 9 Uhr da sein. Das heißt: mit einem gemeinsamen Frühstück starten?*

*Klar, vielleicht müsstest Du in Chur ‹die Führung› etwas mehr übernehmen, weil Du Dich da besser auskennst. Zürich wäre in dieser Hinsicht für Dich einfacher: Wir beide stehen herum und wissen nicht, wohin wir jetzt gehen und was wir machen sollen (Smile)!*

*So, jetzt hoffe ich aber, dass ich die Verwirrung nicht noch schlimmer gemacht habe. Auf alle Fälle freue ich mich riesig auf den Samstag und werde es kaum erwarten können. Liebe Grüße, Matthias.»*

«Hallo Matthias, ich habe während dem Unterricht immer wieder an der Mail geschrieben. Nun wollte ich sie noch einmal überfliegen, und dabei habe ich den Entwurf gelöscht, weil ich dachte, es sind zwei. Es war so vermerkt. Wie gesagt, mein Tablet ist neu, und ich muss mich erst dran gewöhnen.

Okay, auf ein Neues: Ich weiß nicht, ob wir aneinander vorbeigeredet haben bezüglich einem ‹uns›. Was mich in einer vorherigen Mail verunsichert hat, ist, dass Du geschrieben hast: ‹Ob ein ‹uns› daraus wird, möchte und kann ich nicht übereilt entscheiden.›

Was mich nun doch wieder sehr erstaunt hat, war die zweite Mail. Darin überlegst Du Dir schon die Rede, wie Du Deinem engsten Familien- und Freundeskreis erzählst, dass Du die wunderbarste Frau kennengelernt hast, die es üüüüüberhaupt nur gibt, hihihii. (Ich übertreibe.)

Also gibt es für Dich ja doch ein ‹uns›?

Es ging nicht um ‹falls› oder ‹wenn›, sondern ich verstand: Du möchtest erst mal schauen und abwarten und erst dann informieren … Falls es dann irgendwann klappt, darf es jeder wissen …

Verstehst Du, was ich meine?

(Sorry, wenn ich umständlich bin. Ich erzähle Dir dann mal von einer Erfahrung, bei der ich nichts sagen sollte über einige Monate, nicht im Freundeskreis, geschweige denn der Familie. Das wurde über Monate nicht konkret, geschweige denn ‹öffentlich›.)

Natürlich darfst Du sehr gerne an Weihnachten alle informieren, wenn/falls (hihi) wir ein JA zueinander haben. Es hat mich wirklich zutiefst berührt, wie Du es tun würdest.

Das darfst Du gerne tun, wie es für Dich stimmt. Ich fand es wunderschön. Danke.

Und genau darum ging es mir. Für mich ist es in erster Linie ein Entscheid füreinander, einfach nur mal ein ‹Ja› zueinander. Ein Entscheid. Aber dann möchte ich es auch gerne offiziell …

Was daraus wird, das wissen wir beide nicht. Das weiß man ja nie. Wir müssen jetzt klaren Kopf bewahren und den Samstag abwarten … Ich muss mit meinem Sohn lernen. Und Du musst bald gehen. Auf bald, Christina.»


Ich bin in diesen Stunden zutiefst überzeugt und sicher, dass Matthias mein Mann wird – von Gott gegeben. Alles, was er schreibt und wie er es schreibt, löst in mir eine starke Verbundenheit aus.


Wir haben so viele Gemeinsamkeiten. Die Trauer und die Verarbeitung unserer gescheiterten Ehen verbindet uns. Beide haben wir beinahe ein

Vierteljahrhundert mit einem Menschen alles geteilt. Wie Matthias Dinge betrachtet und benennt und sein ganzes Glaubensleben – alles scheint sehr ähnlich zu meinen Vorstellungen zu sein. Ein Mann, der hinschaut, reflektiert und an sich arbeitet. Ein Traum!

Uns verbindet so viel, und ich bin gerührt und überglücklich, dass er mich auch anziehend findet und offensichtlich als ‹eine Gute› sieht.

Es sind aber auch wieder Momente, die mir heute, wo ich dieses Buch schreibe, die Schamröte ins Gesicht steigen lassen. Denn die Wahrheit ist: Hätte er mir ein ‹Blind Wedding› angeboten – ich hätte zugesagt, ich hätte es getan!

Noch immer war ich so unerfahren.

Fokussiert – und doch mit Scheuklappen!

Aber nun bin es nicht nur ich, die sich in eine neue Beziehung geben will, sondern auch er. Das macht mich noch sicherer, dass er mein Zukünftiger wird. Alles scheint so glasklar.

Ich kann es heute natürlich nicht mehr nachvollziehen, und ich bin unendlich dankbar für viele Erfahrungen und die Reife, die ich über zwei Jahre hinweg via Online-Dating erlangen durfte.

«Ganz schnell, Matthias: Ja, es ging mir wegen Basel oder Zürich nur darum, dass Du nicht so weit fahren musst. Wenn es Dir nichts ausmacht, dann finde ich das sehr aufmerksam und total nett, wenn Du extra nach Chur kommst. Dann lernst Du mich gleich in meiner natürlichen Umgebung kennen.

Ah! Zusammen frühstücken klingt natürlich super. Ist das aber nicht zu früh für Dich? Danach werden wir sehen …Wie es eben gerade kommt. Jetzt muss es nur noch Samstag werden. Ich hoffe, Du schläfst morgen mal aus … Ich auch. Umarmung, Christina.»

*«Also, dann ist Chur für mich okay. Wo sollen wir uns treffen – hast Du einen Vorschlag? Die Zeit ist okay. Es fällt mir schwer, lange auszuschla-*

*fen. Am Samstag oder Sonntag um halb acht aufzustehen, ist für mich schon spät. Wenn ich bis 10 Uhr im Bett liegen bleibe, heißt das, dass ich krank bin!*

*Wahrscheinlich liest Du diese Nachricht ja morgens, trotzdem wünsche ich Dir eine gute Nacht! Ich werde von Dir träumen. Liebe Grüße, Matthias.»*

Vielleicht könnte man denken, dass noch eine Mail fehlt dazwischen, und vielleicht tut sie das sogar. Aber wir haben auch sehr viel gechattet über WhatsApp, gleichzeitig und auch parallel. Somit kann auch die eine oder andere Frage gestellt oder beantwortet werden, die nun aus dem Zusammenhang gerissen scheint.

Ich habe mittlerweile Matthias doch um ein Foto gebeten. Er schickt mir sein Lieblingsbild. Das Foto ist wunderschön. Matthias hat ein sehr verschmitztes Lächeln drauf. Dunkle Haare und einen verschlagenen, aber sehr netten und anziehenden Blick.

Mein Herz schlägt schneller, denn er sieht unglaublich attraktiv aus! Ich bin begeistert, «das kann nur gut werden». Das Herz und der Charakter scheinen zu stimmen – und die «Hülle» auch. Er ist größer als ich, wenn auch nicht viel, und wie er sich beschrieben hat: ein bisschen kräftig. Ich empfinde das nicht so, das Bild spricht eine andere Sprache. Für mich ist er smart.

Ich kann es kaum abwarten bis zu unserem «first Date». Solch ein attraktiver Mann wird mein zukünftiger Mann, unfassbar! Ich freue mich wahnsinnig, dass ich ihn kennenlernen kann und von Angesicht zu Angesicht sehen darf. Ich bin aufgeregt und dennoch innerlich ganz ruhig, ich bin einfach von diesem «uns» überzeugt. Davon, dass er mein Mann wird.

Auch wenn ich sehr wenig Geld habe, ist es mir wichtig, dass ich ein ganz neues Kleidungsstück kaufe, in welchem ich ihn kennenlernen möchte. Es soll für immer unsere Geschichte erzählen. Ich gehe mit meiner besten Freundin Francesca Shoppen. Meine Wahl fällt auf einen wolligen beigen

Cardigan, den ich über eine schlichte Jeans und eine sehr extravagante Hemdbluse ziehen werde. Darüber muss trotzdem mein Daunenmantel angezogen werden, weil wir ja kurz vor Weihnachten stehen und es kalt ist.

Aber noch sind wir nicht so weit, und noch ist es nicht Samstag. Und somit folgen noch einige E-Mails. Ich fühle mich wie «im Himmel»: Hier ist ein Mann, der gerne schreibt, der viel schreibt, und der seine Gefühle zu Papier bringt und vermittelt; ein Mann, der sich mitteilt und das gerne macht. Ein seltenes Exemplar!!! Heaven!

«Hallo Matthias, zu Weihnachten: Wir feiern hier bei uns am 24. Dezember. Meine Mum wird kommen, die seit einem Jahr Witwe ist. Sie hilft momentan drei Tage die Woche bei den Urgroßkindern, weil es dort nicht so einfach ist. Dann kommen meine Zwillingsschwester mit ihrer Tochter, deren Freund und die zwei Babys. Sie sagen immer, dass es bei mir am schönsten ist und ich am besten koche, was aber nicht stimmt. Meine Zwillingsschwester ist bezüglich Kochen einfach nicht so ambioniert wie ich …

Ganz ‹traditionell› (haha) werde ich Sushi auftischen, nachdem ich zuvor Blätterteiggebäck und eine Kürbissuppe serviert habe und zum Dessert Brownies mit Pekannüssen und verschiedenen Pralinés und Biscuits zum Kaffee.

Du siehst, sehr weihnachtlich feiern wir eigentlich nie; es gibt keine großen Geschenke, denn bei uns steht Jesus im Zentrum, nicht der Kommerz. Natürlich beschenke ich dennoch jeden, denn das ist die Sprache der Liebe von mir. Ich schätze jedes Mitglied meiner Familie. Sie waren mein Halt, ganz großartig!

Ich denke, Du wirst sie eines Tages alle kennenlernen und mögen. Wir sind so unkompliziert und offen. Alles und alle sind willkommen.

Bis auf den Freund meiner Nichte sind alle vegetarisch unterwegs, darum gibt es Sushi mit Gemüse. Sie lieben das so. Deswegen ‹opfere› ich mich und betreibe diesen Aufwand ein Mal pro Jahr …Wir hören uns! Christina.»

*«Liebe Christina, [...] in der Gemeinde hat es verschiedene Scheidungen gegeben, und somit sind Du und ich nicht so sehr Exoten. Und trotzdem merke ich, dass verschiedene Leute nicht wissen, wie sie mir begegnen sollen. Klar, es kann auch sein, dass meine Ex-Frau ‹ihre Version› erzählt hat und die Leute folglich ‹vorbelastet› sind, aber ich denke, meistens sind sie einfach nur überfordert. Von der Gemeindeleitung erhalte ich Verständnis für meine Situation und treffe mich auch immer wieder mit dem einen Pfarrer zu Gesprächen.*

*Aber nun doch noch eine Frage: Bist Du auch Vegetarierin – oder nur der Rest der Familie? Betreffend Liebessprache: meine ist die Hilfsbereitschaft. Alles klar? Liebe Grüße, Matthias.»*

«Guten Morgen, Matthias. Ich musste schmunzeln. Ja! Alles klar. Bei Dir auch? Ich freue mich sehr auf morgen, und irgendwie stehe ich staunend neben mir und beobachte das. Dass das für uns emotional ist, ist eigentlich klar!

Ich werde versuchen, auch äußerlich relaxed zu bleiben und einfach zu genießen. Wir sehen, was passiert. Das finde ich so spannend. Und ich denke, der Bahnhof ist ideal. Hier hast Du viele Parkhäuser, und wir sind zentral für eventuell weitere Programmschritte. Hihii. Was für ein Wort!

Herrlich, unsere Kids sind groß und können sich eine Pizza in den Ofen schieben. Wir dürfen also nur zu uns schauen. Das werden wir tun. Sei umarmt, Christina.»

*«Liebe Christina, ich glaube nicht, dass ich am Morgen nochmals schlafen werde. Ich bin wirklich aufgeregt: wegen dem Neuschnee, wegen Dir und wegen morgen. Ich freue mich riesig! Ich freue mich, Dich zu sehen, Dich zu spüren und Dich endlich zu umarmen.*

*Alles, was seit einer Woche passiert ist, scheint mir so surreal zu sein, und ich frage mich, ob es wirklich wahr ist. Doch dann muss ich nur auf meine Gefühle schauen, und dann merke ich sofort, wie real und lebendig ich bin. Du lässt mich wieder leben und erleben!*

*Gestern habe ich darüber nachgedacht: Ich glaube, das Schönste am*

*Ganzen ist – oder was mich aufleben lässt und was mich beflügelt –, dass sich jemand für mich interessiert und mir Wertschätzung entgegenbringt. Und das, obwohl wir uns noch nie begegnet sind. Das ist einfach hammer und unglaublich!*

*Wegen meinem Nachtrhythmus: Warum musstest Du schmunzeln? Was sind Deine eigenen (Schlaf-)Gewohnheiten?*

*Das ist etwas, was ich auch noch fragen wollte: Wie stellst Du Dir die Begrüßung vor? Also, ich frage, weil ich Dich am liebsten so südamerikanisch umarmen möchte. Jedoch: Geht Dir das zu schnell oder zu nah? Sei umarmt, Matthias.»*

«Hallo Matthias, hahahahaa! Ich dachte, ich werde nicht fragen, wie die Begrüßung sein wird! Denn eigentlich bin ich in dem Punkt auch immer sehr gelassen. Aber in Deinem Fall war ich mir auch unsicher. Ich weiß auch nicht mehr genau, wie sich die Südamerikaner begrüßen. Weiß nur, wie *ich* es tue.

Was ich nicht mag und nie mache, sind die üblichen zwei oder drei Küsschen. Ich bin eine Frau, die eine Umarmung gibt, wenn mir jemand nahe ist. Das kann schon mal passieren, in Ausnahmefällen auch bereits bei Unbekannten. Will heißen: Wir werden uns morgen einfach eine Umarmung geben. Wenn das für Dich okay ist.

Ich finde, dass wir ehrlich sein dürfen zueinander. Wir sollten! Das ist mir sehr wichtig. Und es ist mir wichtig, dass Du mir sagst, wenn Du Dich nicht wohlfühlst. Und es wäre mir lieb, wenn ich das auch sagen darf. Ich habe da zwar keine Angst, dass uns das passiert. Das ist so fern, aber wie gesagt, ich habe trotz allem Unsicherheiten, immer. Man weiß im Endeffekt nie! Einzig und allein aus dem Grund, dass ich unerfahren bin in diesen Sachen und es mich genauso bewegt wie Dich, diese Wertschätzung zu erfahren, die mir hier entgegenkommt!

Das wollte ich eigentlich schon in einer anderen Mail erwähnen. Du hast mir in jeder Mail sehr viel Wertschätzung entgegengebracht. Dazu Transparenz und Ehrlichkeit. Danke.

Noch kurz betreffend Schlaf: Ich musste schmunzeln, weil das eigentlich genau mein Rhythmus ist. Es hat mich mit der Zeit extrem viel Kraft gekostet, dass mein Ex-Mann nie vor ein Uhr morgens ins Bett gekommen ist. Ich habe ihm die Freiheiten natürlich gelassen, aber eigentlich war es mein Bedürfnis, in Ruhe schlafen zu können und nicht unterbrochen zu werden. Das erste Mal wachte ich jeweils um 23.00 Uhr auf, wenn er vom Club heimkam, und ab 01:00 Uhr lag ich dann wach, weil jemand so stark schnarchte neben mir…

Ich habe eine Sehnsucht in mir, dass wir gemeinsam ins Bett gehen, vielleicht noch etwas lesen (das muss nicht das Gleiche sein und auch nicht gemeinsam), dass wir dann kuscheln und uns halten, dann noch austauschen oder so. Nicht nur immer sonntags. Und dass wir dann einfach gemeinsam einschlafen können. Es darf jeder seine Freiheit haben und natürlich auch seinen Rhythmus … So, ich werde aufstehen und danach mit Francesca in die Stadt gehen. Was planst Du noch so? Umarmung, Christina.»

*«Liebste Christina, doch-doch, das ist auch mein Wunsch: eine herzliche Umarmung – auch wenn ich dick eingewickelt sein werde in Mantel oder Jacke.*

*Bei uns in der Gemeinde ist das mit den drei Küsschen üblich und für mich normal. Aber bei engen und nahestehenden Freunden ist es eine Umarmung, jedoch nicht bei Frauen – außer die, welche zu mir gehört.*

*Und ja, unbedingt: Unbehagen, oder wenn Du Dich überfahren fühlst, unbedingt formulieren! Ich probiere dies auch, vielleicht kann ich es auch erst im Nachhinein in Worte fassen.*

*Wenn wir dann irgendwann in einem gemeinsamen Schlafzimmer übernachten, werden wir bestimmt den Weg (eventuell einen Kompromiss) finden!*

*Ich muss jetzt noch all die Dinge erledigen, welche ich mir für gestern und morgen vorgenommen habe. Was für ein Stress! Nein, im Moment hat jemand anders Priorität! Du wirst immer meine Priorität sein und haben, das verspreche ich hiermit.*

*Genieß die Zeit mit Francesca und plaudere nicht zu viele Geheimnisse über mich aus! Nein, ich gehe davon aus, dass ihr voreinander keine Geheimnisse habt! Ich umarme Dich, Dein Matthias.»*

«Lieber Matthias, dann fahr vorsichtig und komm gut an. Vielleich dann zwischendurch ein WhatsApp?! Damit ich Dich in Sicherheit weiß.

Natürlich haben Francesca und ich keine Geheimnisse voreinander (wie auch meine beiden Schwestern nicht). Aber wir wissen jetzt sicher auch nicht *alles* voneinander.

Eine intime Beziehung ist intim, und das gehört sich so. Zumal denken wir alle so. Das ist selbstverständlich. Ich muss gar nicht so viel ausplaudern, Francesca und meine Schwestern erfassen immer sofort, wie es mir geht. Sie machen sich keine Sorgen um mich.

Sei gesegnet und behütet, Christina.»

*«Liebe Christina, gute Nacht, bis morgen. Ich werde nicht schlafen, aber falls doch, mit Dir in meinen Träumen. Ich kann es nicht mehr erwarten. Dein Matthias.»*

## 44 | Das Date mit Matthias

Matthias und ich haben also ein Date vereinbart: morgens um 9 Uhr in Chur. Er wollte es so. Ich finde seine Gedanken wunderschön, denn er weiß mittlerweile, dass ich sehr gerne brunche, und er reist extra wegen mir quer durch Süddeutschland und die Schweiz, um mit mir zu frühstücken. Ist das nicht romantisch und voller Wertschätzung?

Es ist ein kalter Dezembertag kurz vor Weihnachten. Auch wenn ich bei den anderen Treffen weniger nervös war, bin ich es bei Matthias jetzt wieder sehr. Denn ich bin wirklich überzeugt, dass er mein zukünftiger Ehemann wird. Uns verbindet so viel, denke ich, und wir haben dieselben Interessen.

Da ich immer früh aufstehe, bin ich auch relativ schnell zurechtgemacht und einigermaßen hübsch. Ich ziehe eine vorteilhafte Jeans an, coole Schnürboots, einen kuscheligen Pullover, der nicht zu dick ist, darüber den neu gekauften Cardigan und meinen Daunenmantel. Ich bin normal geschminkt, betrachte mich im Spiegel und fühle mich einfach schön und wohl.

Ich mache mich auf den Weg, möchte diesen ersten Augenblick dann voll auskosten. Ich konzentriere mich und fokussiere mich wirklich auf den ersten Eindruck und auf diese erste Begegnung. Im Bewusstsein, dass dieser Augenblick nie wieder kommen wird und dass wir unseren Enkelkindern noch erzählen werden, wie wunderschön dieser Augenblick war. Nun ist er wirklich gekommen!

Ich hoffe, dass Matthias bereits dort steht, denn sowohl er wie ich lieben die Pünktlichkeit. Nun stehe ich auf der Rolltreppe und kann es kaum erwarten, dass ich ihn erblicke. Ich recke und strecke meinen Kopf nach oben, um schneller einen Blick auf ihn erhaschen zu können.

Und da steht er!

Ich erkenne ihn sofort.

Und dieser berühmte Augenblick, auf den ich so gewartet habe, tritt ein. Und ich werde diesen auch nie mehr vergessen – nicht mehr vergessen können! Denn schon in der ersten Sekunde, als ich ihn sehe, ist es …

… wie soll ich sagen? …

… ist es «Grauen auf den ersten Blick»!

Unverzüglich weiß ich, dass ich NICHT auf ihn gewartet habe! Nicht so!

Ich weiß sofort, dass er *nicht* mein Mann ist, und es ist *nicht* Liebe auf den ersten Blick, sondern bei mir gehen tatsächlich auf einen Schlag sämtliche Lichter aus. Ein Gefühls-, Hoffnungs- und Stimmungskiller ohnegleichen, und das innert Zehntelsekunden.

Es klingt gemein, wenn ich es sage, aber es war «Ekel auf den ersten Blick». Ja, das war es.

Ich bin massiv erschrocken über diese Situation – und auch über meine Gefühle und Gedanken. Denn damit habe ich überhaupt nicht gerechnet. Das war keine Option, das war nicht eingeplant, und es trifft mich wie ein Schlag.

Ich bin gleichzeitig ernüchtert, enttäuscht und abgestoßen. Konsequenterweise müsste ich mich umdrehen und weglaufen, das ist aber natürlich keine Art, das ist mir bewusst. Ich muss versuchen, das Beste aus der Situation zu machen, mit ihm frühstücken und danach das Weite suchen.

Diese Enttäuschung ist extrem herb. Es wartet ein Mann auf mich, der von der Körpersprache her gesehen wie der größte Abtörner wirkt. Das allein wäre nicht das Problem. Aber er ist gekleidet wie ein Clochard. Er hat, wie ich meinte, eine gut bezahlte Anstellung, dementsprechend hätte ich mir gedacht, dass er auch auf das Äußere ein klein bisschen Wert legt.

Er aber steht dort in gelb-grünen Turnschuhen, die so sehr ausgelatscht und zerrissen sind, dass man kaum mehr eine Sohle erkennt. Sie sind dermaßen durchgetreten, dass man sie bei Regenwetter nicht hätte tragen können, ungepflegt, alt, verbleicht, hässlich.

Die Hose ist viel zu weit hochgezogen und viel zu breit, so dass der Verdacht naheliegt, es müsse ein Modell aus den 80er Jahren sein. Darüber eine viel zu kurze Jacke, die genauso abgewetzt, verbraucht und verwaschen zu sein scheint – auch sie also «Modell Mittelalter».

Alles an ihm wirkt irgendwie schmuddelig und ungepflegt. Hier steht ein Mann vor mir, der nicht in Beziehung zu stehen scheint zu sich selbst. Von Achtsamkeit sich selbst gegenüber ist nichts zu erkennen. Wüsste ich nicht, dass das derselbe Matthias sein muss, der so wunderbare Mails und Briefe schreiben kann, würde ich denken: «What a loser! ...»

Wenn einer sich so anzieht für ein Date und dann noch dermaßen «verhühnert» dasteht, fast wie ein Tramp ... also, ich weiß nicht ...

Ich bin mega enttäuscht. Meeeega enttäuscht, eigentlich schon fast konsterniert. Da dies jedoch nur Äußerlichkeiten sind, ermahne ich mich zur Ordnung und sage mir, dass ich nicht auf Äußerlichkeiten schauen will, sondern auf sein Herz. Und das wird auf dem richtigen Fleck sein, nehme ich mal an.

Ich übergehe also ein weiteres Mal meine innere Stimme, meine Intuition, meine Bedürfnisse – und werde es im weiteren Verlauf noch einige Male tun.

Diese Gefühle, Gedanken und Assoziationen spulen sich allesamt in nur wenigen Sekundenbruchteilen in mir ab, als ich auf ihn zugehe. Wie zuvor besprochen umarmen wir uns und betreten gleich das Café am Bahnhof. Ich folge ihm. Eigentlich wollte er mir den Vortritt gewähren, aber ich mag das, «wenn der Mann vorangeht».

Hier im Café gibt es wunderbares Frühstück. Mittlerweile ist mir die Lust darauf allerdings komplett vergangen. Nicht wegen etwaiger Schmetterlinge im Bauch, nein, sondern aus lauter Enttäuschung. Ich kann das alles kaum einordnen, weil er doch auf dem Foto so toll aussah ...

Wir setzen uns an einen Tisch, und nach kurzer Verlegenheitspause greifen wir sogleich unsere bekannten Themen auf, gehen bald auf unsere Lebens-Situationen über. Er erzählt mir seine Geschichte in Kurzform.

Als ich an der Reihe bin, wird mir mit einem Mal klar, wie sehr ich noch immer unter dem Verlust meines Ex-Mannes leide. Wie sehr ich ihn liebte und in diesem Moment liebe und wie sehr ich ihn schön fand. Wie sehr ich ihn anziehend fand, begehrenswert und perfekt. Und ich spüre intuitiv, dass ich Matthias eigentlich gar nichts mehr erzählen möchte davon. Ich möchte mich zurückhalten mit den wirklich tiefen Ereignissen und Gefühlen.

Wahrscheinlich aus lauter Enttäuschung und natürlich auch wegen des tief empfundenen schmerzhaften Verlusts kann ich meine Tränen nicht mehr zurückhalten und beginne zu weinen.

Matthias ist das offensichtlich allzu peinlich, denn er sagt zu mir:
*«Bitte gehe auf die Toilette und weine dich dort aus!»*

Wenn bei mir nicht zuvor schon bei der ersten Begegnung «der Rollladen runtergegangen wäre», wäre es spätestens in exakt diesem Moment passiert. Er hätte mir auch eine Ohrfeige geben können, die Wirkung wäre dieselbe gewesen. Ich fühle mich in der Situation wie ein kleines Mädchen behandelt, und dagegen stehe ich innerlich auf. Solche Dinge will ich mir nicht bieten lassen, aus Entscheidung nicht.

Ich bleibe folglich sitzen und lasse meine Tränen fließen. Sie kommen jedoch sehr schnell zu einem Ende. Trotz allem fällt es mir schwer, Distanz zu wahren, und so erzähle ich dennoch einige Dinge aus meiner Vergangenheit, vor allem aus meiner Ehe. Nur die schönen und positiven Dinge. Die sind ja auch nicht gelogen, und davon habe ich so viel zu berichten. Und gerade jetzt in der abgrundtiefen Enttäuschung über mein Gegenüber sind sie noch bedeutend goldiger als ohnehin schon.

Die Vergangenheit mit unserem Verlust, unserem «Scheitern», das ist der gemeinsame Nenner zwischen Matthias und mir. Nachdem wir gebruncht und er mich dazu eingeladen hat, würde ich «der Sache» aber gern ein Ende setzen. Aber ich bringe es nicht übers Herz. Er ist doch extra stundenlang Auto gefahren, um mich zu treffen ….

Er möchte meinen Aussichtspunkt sehen, den ich nahezu täglich besuche. Der mir Trost schenkt. Und den ich täglich fotografiere. Wir laufen Richtung Spital und diskutieren und philosophieren darüber, ob man bei einer Scheidung die gemeinsame Berufung verliert oder nicht.

Ich finde es für Matthias wirklich tragisch, dass er alles aufgeben musste. In der Entwicklungs- und Sozialarbeit in Lateinamerika gab es für ihn vorübergehend keine Zukunft mehr. Aber er möchte unbedingt wieder zurück nach Bolivien und fragt mich ununterbrochen, wie ich dazu stehe. Ich wiederhole mich und antworte ihm immer wieder, dass ich so eine Verschiebung meines Lebensmittelpunktes nicht auf dem Herzen habe.

Er versteht es nicht.

Er weiß, dass ich mal vier Jahre bei «Jugend mit einer Mission» gelebt hatte, dass ich in Mittel- und Südamerika war, begeistert davon erzähle und immer noch Castellano spreche. Aber für mich sind das *tempi passati,* und ich weiß mit ziemlich großer Sicherheit, dass Gott andere Pläne hat mit mir.

Matthias wird an dieser Stelle regelrecht aufdringlich und meint, ich müsse meine Berufung überdenken und überprüfen. Er weiß, sagt er, dass es für ihn wieder nach Kolumbien und Bolivien zurückgehen wird, vielleicht auch wieder nach Ecuador. Er möchte mich «langsam dahingehend führen», dass er mich im Frühling mitnehmen will, vorerst einfach mal in den Urlaub.

Ich erkläre ihm, dass ich momentan nicht fliegen will, weil ich mich unsicher fühle. Auch wenn ich schon des Öfteren geflogen bin – momentan will ich das einfach nicht! Ich will nicht mit ihm! NICHTS!

Er drängt immer weiter.

Er möchte wissen, was mich denn hier hält?

Und die Antwort lautet: Alles!!

Ich habe zum Beispiel zwei Söhne, die ich nicht verlassen werde. Nicht mal für einen Urlaub! Sollte nicht so schwer zu begreifen sein.

Er sieht das aber bedeutend lockerer als ich. Mir wird klar, dass der Latino-Lifestyle stark auf ihn abgefärbt hat. Auch bezüglich «Bestürmen, Bedrängen und Bestimmen».

Er merkt selber, wie sehr ich unter Druck gerate. Und meint dann, dass er mich zu einem Mittagessen einladen will. Ich erwidere, dass wir zuerst mal in die Stadt zurückgehen und dort besprechen können, was wir tun wollen.

Unterwegs erklärt er mir, wie wichtig es ihm sei, dass seine Frau gepflegt ist – sie soll eine «Vorzeige-Frau» sein. Sie müsse ihn ja auch repräsentieren, gerade bei Meetings und Konferenzen. Das Äußere sei sehr wichtig, und er möchte stolz auf sie sein. Das könne er bei mir ganz sicher, weil er mich dann eben in einer Robe oder einem Cocktail-Kleid vorstellen wird!

Ich habe den Mut und frage: «Denkst du nicht, deine Frau wünscht sich genau das Gleiche? Ich jedenfalls wünsche mir das auch!»

Er verneint. «Das ist nicht sehr wichtig. Schau meine Turnschuhe, mit diesen habe ich bereits vor etlichen Jahren in Bolivien Streetsoccer gespielt!»

Na toll. Jetzt weiß ich, weshalb sie so aussehen, wie sie eben leider aussehen ... potthässlich.

Man soll nicht richten, aber man darf die Wahrheit aussprechen und benennen, das habe ich gelernt. Ich sage zu ihm: «Ich denke, dass es richtig wäre, wenn wir uns hier verabschieden, um beidseitig zu reflektieren.»

Er merkt, dass ich mich nicht mehr wohlfühle: *«Lass es mich gutmachen – bei einem kleinen Mittagessen.»*

«Eigentlich habe ich keinen Hunger mehr, aber ich kann ja etwas trinken», erwidere ich. Wir laufen durch die Altstadt, ich gebe ihm die Informationen über das Rathaus und die Kirche weiter, die ich damals von Phil erhalten habe. Wir bleiben vor der Kirche bei einem «Modell der Stadt Chur für Blinde» stehen. Ich erzähle ihm, dass «gleich da hinten» noch ein viel schönerer Aussichtspunkt ist. Den hatte ich früher oft besucht, aber da mein Ex-Mann genau hintendran wohnt, möchte ich dort nicht mehr hin. «Weil ich ihn nicht mehr in meinem Rücken haben möchte.»

Matthias findet, dass wir jetzt zusammen *genau an diesen Ort* hingehen sollen, weil wir so miteinander etwas Neues beginnen können. Ich könne so «mein Leben neu schreiben».

Als ich ablehne, reagiert er sehr pikiert. *«Gibst du mir nicht die Chance, dich von den vielen Wunden und Verletzungen zu heilen?»*

«Nein, Matthias! Das werde ich nicht tun. Und ich kann es auch nicht.» Ich räume noch ein: «... jedenfalls nicht zu diesem Zeitpunkt», weil ich merke, dass er «getroffen» ist.


Wir setzen uns in ein ganz kleines gemütliches Restaurant. Er bestellt einen großen Salatteller und ich meine Cola Zero mit Eis und Zitrone.

Für mich wird es immer schwieriger, die Kommunikation aufrechtzuerhalten. Es interessiert mich nicht mehr, was er zu erzählen hat. Es geht permanent immer nur um Südamerika und seine Erfahrungen dort. Was er verloren hat, und wie sehr er darunter leidet. Es tut mir von Herzen leid, aber eigentlich wollen wir ja nicht tiefer in der Vergangenheit verweilen. Auch wenn das Thema natürlich immer Platz haben soll, muss man die Balance finden und ausloten.

Er bezahlt ziemlich schnell, und wir stehen vor der Tür. Ich sage erneut, dass wir jetzt auseinandergehen sollten und später wieder voneinander hören können. Auch jetzt ist er nicht bereit dazu. Mittlerweile ist es 16 Uhr geworden, und er hat Lust auf ein Dessert. Er überredet mich, «noch einige Momente» bei einem feinen Eis zu verweilen. Ich sage ihm, dass das in Ordnung geht, wir danach aber wirklich fertig sein müssten, denn ich muss ja auch mal zu meinen Jungs schauen.

Wir kehren in einem kleinen Café ein, das bekannt ist für seine leckeren selbstgemachten Eissorten. Ich lasse es mir gutgehen.

Was sehr witzig ist – und was ich in diesem Moment nicht weiß –, ist, dass meine beste Freundin nur einige Tische von mir entfernt mit der Partnerin ihres Sohnes sitzt. Das war nicht abgesprochen und ist purer Zufall. Ich kann sie nicht sehen, weil ich hinter einem Pfeiler sitze. Sie hat mich beim Eintreten jedoch sofort entdeckt und war unschlüssig, ob sie gleich wieder umdrehen soll, als sie mich erblickte. Sie entschied sich zum Bleiben.

Als Matthias aufs Klo geht und an ihr vorbeiläuft, winkt sie permanent in meine Richtung, aber ich sehe sie nicht. Später erzählt sie mir, wie erschrocken sie war, dass Matthias überhaupt keine Ähnlichkeit hat mit dem Mann auf dem Foto, das ich ihr gezeigt habe. Dies werde ich danach mit Matthias auch thematisieren, ohne dass ich Francescas Gedanken kenne, und er sagt, dass er dieses Bild so sehr mag und es einfach sein Lieblingsbild sei. Er hat es vor zehn Jahren aufgenommen, als er in Belgien im Urlaub war.

Ja! Das erklärt vieles …

Wir kommen auf das Äußere zu sprechen. Er fragt mich, ob ich für ihn wieder lange Haare tragen würde. Falsche Frage! Ganz falsch! «Nein, das werde ich nicht, für niemanden. Ich fühle mich das erste Mal in meinem Leben ganz als ich, ganz bei mir und irgendwie mega sexy. Das gebe ich für niemanden mehr auf.»

Zweite Frage: *«Wärst du bereit, für mich auf weitere Tattoos zu verzichten? Denn ich muss sagen, so auf Dekolleté und Armen ist es schon grenzwertig.»*

Ich muss lachen, denn er hat bei weitem nicht alles gesehen: «Nein, niemals, für keine Liebe der Welt werde ich das, denn es werden weitere folgen, und weniger werden es nicht. Und ich bin geneigt zu glauben, dass mein Zukünftiger sein Augenmerk nicht auf äußerliche Dinge richtet!»

Auch das muss er – leer schluckend – akzeptieren. Ich muss irgendwie durchblicken lassen, dass *er* nicht mein Zukünftiger wird. Nein, er nicht!

Ich habe das Gefühl, dass er zu schmollen beginnt. Nur ganz leicht. Aber die Enttäuschung über meine Antworten sehe ich ihm an. Nichtsdestotrotz möchte er nun unbedingt ein paar Selfies machen. «Oh nein, bitte nicht! Ich bin nicht besonders fotogen und mag das überhaupt nicht!», so lautet meine Antwort darauf.

*«Doch! Du denkst doch nicht, dass ich dich gehen lassen würde, ohne diesen denkwürdigen Tag mit ein paar Fotos festzuhalten?!»*

Unaufgefordert setzt er sich zu mir auf die Bank und legt den Arm um mich. Ich bin gänzlich verkrampft in seiner Gegenwart, mein Lächeln wirkt eingefroren. Es braucht acht, neun Versuche, bis ein «gutes» Bild daraus resultiert. Er kommt ins Schwärmen, dass wir ein wunderschönes Paar sind.

Ich frage mich immer wieder, was mich blockiert, und mustere ihn von oben bis unten, immer wieder. Aber ich kann mir nicht helfen, es schaudert mich bei dem Gedanken, dass er mein Mann wäre.

Ich «darf» nun seinen Kaffee, seinen Kuchen und mein Eis bezahlen. Worauf ich wirklich bestanden habe, denn mir ist ja bereits seit dem Morgen klar, dass es nie ein «wir» und ein «uns» geben wird. Sobald ich die Rechnung begleiche, fühle ich mich weniger «schuldig».

Es ist bereits dunkel, und ich möchte einfach nur noch nach Hause. «So! Jetzt wird es aber wirklich langsam Zeit, um aufzubrechen. Du hast ja noch einen langen Heimweg.»

*«Das macht gar nichts. Ich möchte, dass dieser Tag nie mehr aufhört! Aber ich bin überglücklich, dass es der Beginn ist von einem ‹uns›, der Anfang von unserem gemeinsamen Rest des Lebens.»*

Ich versuche wirklich noch immer, «gute Miene zum bösen Spiel» zu machen, aber es fällt mir inzwischen wahnsinnig schwer.

Er möchte noch durch die Altstadt bummeln, die Lichter genießen und den Weihnachtsmarkt. Gut, der Markt liegt in Richtung Auto, darum willige ich ein. Ich gehe andauernd einige Schritte schneller und erhöhe die Pace, aber er versucht immer wieder zu bremsen, stehen zu bleiben, mich in Gespräche zu verwickeln.

Bald versucht er, das erste Mal zögerlich meine Hand zu ergreifen. Ich ziehe sie weg und sage, dass ich gerade in diesem Moment meine Handschuhe anziehen wollte. Er sagt, dass er meine Hände liebend gerne wärmen würde.

«Das ist sehr nett, aber wenn ich ehrlich bin, ist mir überall kalt. Wir sind seit neun Stunden unterwegs. Ich möchte jetzt heim.»

*«Ist das dein Ernst? Sind deine Söhne nicht zuhause?»*

«Na klar sind sie das, darum muss ich jetzt auch wirklich den Heimweg antreten …»

*«Ach so, ich dachte, du lädst mich jetzt noch zu dir ein!»*

«Ups, nein, das hast du falsch verstanden. Wir gehen jetzt getrennt voneinander heim.»

*«Wäre auch zu schön gewesen, um wahr zu sein. Aber bald werden wir für immer zusammen sein. Ich fahre jetzt nach Hause und studiere gleich die Stellenangebote hier bei dir. In meiner Berufsgattung gibt es bestimmt genug Angebote!»*

Mir ist schlecht.

Am Parkhaus bedanke ich mich für den «aufschlussreichen Tag, wir hören voneinander».

Er fragt, ob er mich küssen darf, und ich sage, dass ich dafür noch Zeit brauchen werde. Ich weiß, es ist eine Lüge: Ich brauche ja keine Zeit! Mir ist glasklar, dass ich ihn nie küssen würde! Aber mittlerweile bin ich einfach nur froh, wenn dieses «Desaster» endet.

Er zieht einen sehr großen selbstgebackenen Butterzopf aus dem Rucksack.

*«Weil du gerne frühstückst und morgen Sonntag ist: für dich mit viel Liebe gemacht.»*

Ich bin gerührt. Ich fühle mich schlecht, einfach weil es mir leidtut, dass ich nicht das empfinde, was ich mir gewünscht hatte. Dass mir jemand so viel Sympathie entgegenbringt und mir Aufmerksamkeit zollt und ich es nicht erwidern kann. Ich möchte ihn nicht vor den Kopf schlagen.

Und auf der anderen Seite verleugne ich mich selbst. Schon seit so vielen Stunden. Ich bin nur ihm zuliebe geblieben, habe nicht auf mich selbst gehört, nicht auf meine Bedürfnisse. Jetzt habe ich in den vergangenen Monaten schon so viele ICL-Gespräche geführt und habe festgehalten: Was sind *meine* Bedürfnisse? Was sind *meine* Empfindungen? Was brauche *ich?* Und was mache ich hier und jetzt? Ich höre nicht darauf. Und ich setze es auch nicht um.

Ich möchte am Abend dann alles nochmals Revue passieren lassen, möchte reflektieren und Matthias erst am nächsten Tag eine Antwort geben und ihm meine Eindrücke mitteilen. Und mir ist bewusst, dass er beleidigt und enttäuscht sein wird.

Nachts haben wir dann noch kurz gechattet, und er hat mir die Fotos von uns geschickt. Er hat eines davon bereits als Profilbild genommen und die anderen Fotos dort entfernt. «Das erste Mal seit vielen Jahren», wie er sagt.
   Ich bin erschrocken. Er schwärmt davon, was für ein Traumpaar wir doch seien. Hmmm ...
   Nach einer kurzen Nacht möchte ich behutsam und höflich meine Absage formulieren, gleichzeitig aber auch deutlich und klar. Ich rede zuerst mit Jesus darüber. Erneut Tränen. Erneut die Trauer, dass ich *überhaupt* in dieser Situation bin. Ich habe das alles ja nicht gewollt ... Nach den Tränen dann die Mail:

«Guten Morgen, Matthias. Herzlichen Dank noch für die WhatsApp-Nachricht und die Bilder gestern. Danke auch, dass Du extra für mich nach Chur gekommen bist. Danke für Deine Offenheit und das Teilen Deiner Geschichte mit mir. Danke Dir für Deine Transparenz. Und danke für den Zopf.
   Ich habe den Briefwechsel mit Dir wirklich sehr genossen. Wir haben innerhalb von einer Woche eine Tiefe erreicht, würde ich behaupten, die viele Ehepaare nicht mal in Jahren erreichen. Es ist völlig verrückt! Und ich habe mit Dir eine sehr tiefe Ebene und Verbundenheit erlebt! Verrückt, wie ich mich öffnen konnte. Ich habe mich wirklich wertgeschätzt gefühlt.

Und nun komme ich zum großen Dennoch:

DENNOCH weiß ich, dass Du nicht mein Mann bist!

Ich bin dankbar für das Treffen, und es war schön, aber mir wurde im Zusammensein bewusst, dass nicht *Du* es bist. Und weil Du mich inzwischen vielleicht ein bisschen kennengelernt hast, weißt Du, dass ich es nicht direkt aussprechen konnte und wollte. Aber auch, weil ich so etwas nicht übereilt entscheiden wollte. Ich wollte Dir von Herzen die Chance geben … und ganz, ganz sicher sein über das, was ich in mir höre. Wobei es mir aber den ganzen Tag über bereits klar war …

Lieber Matthias, ich hoffe, dass Du verstehst, wie sehr mich das schmerzt, Dir das mitzuteilen! Vor allem, weil auch sehr vieles gepasst hat! Theoretisch. Aber eben, es sind doch auch sehr grundlegende Sachen, die *nicht* gepasst haben – für mich.

Ich hoffe, Du bist nicht allzu sehr vor den Kopf gestoßen, und obwohl wir uns zuvor sehr anziehend fanden (schriftlich, meine ich), wäre ich heute froh, wenn Du für Dich schließlich zum selben Resultat gekommen bist!

Ich hoffe von ganzem Herzen, dass Du Deine Partnerin kennenlernst. Eine Partnerin, die mit Dir im Endeffekt auch Deine Vision und Deine Berufung unterstützen und leben kann. Eine Partnerin, die Dein Gegenpol ist und Deine Ergänzung. Die Dir Liebe und Respekt entgegenbringt.

Ich umarme Dich und sage tschüss. Gottes Segen, Christina.»

*«Guten Morgen, liebe Christina, vorhin hast Du noch eine E-Mail via Webseite erhalten. Die war nicht ganz ernsthaft und wurde geschrieben, bevor ich nun diese E-Mail erhielt. Sorry. Und ich erwarte keine Antwort darauf!*

*Ich respektiere Deine Entscheidung.*

*Auch möchte ich nicht über Deine Entscheidung verhandeln, so dass Du das Gefühl hast, Du müssest sie rechtfertigen. Nein, bitte nicht! Aber ich verstehe Deine Entscheidung nicht bzw. verstehe nicht, wie Du dazu gekommen bist oder was der Auslöser war oder was inkompatibel sein soll.*

*Falls Du mir irgendwann einmal noch diese Unklarheit klären könn-*

*test, wäre ich Dir sehr dankbar. Dafür kannst Du Dir aber gerne Zeit las-*
*sen und alles noch verdauen. Dennoch würde es mir helfen, wenn dies*
*nicht Wochen oder gar Monate dauern würde. Liebe Grüße und Gottes*
*Segen! Matthias.»*

«Lieber Matthias, ich bekomme so wenig E-Mails via Homepage, dass ich
die kaum checke. Darum werde ich sie nicht abrufen und vorläufig auch
nicht lesen.

Ich möchte Dich natürlich nicht im Unklaren lassen. Ich dachte, es
hatte sich in der Mail herauskristallisiert, weil ich sagte, ich wünsche Dir
eine Partnerin, die Deine Berufung teilt.

Ein Hauptpunkt, weshalb es mit uns nichts wird, sind Deine Südame-
rika-Pläne. Wenn man eine Berufung oder eine Vision bekommen hat,
oder auch ‹nur› eine Verheißung, wird Gott diese zur Erfüllung bringen.
Selbst wenn Menschen nicht kooperieren oder es zu Verzögerungen
kommt.

Ich habe natürlich gemerkt, wie Dein Herz für Kolumbien und Bolivien
brennt. Wahrscheinlich gehörst Du dorthin, das ist mir klargeworden.
Und genauso weiß ich, dass ich Dir da nur im Weg stehen würde.

Du wärst vielleicht bereit, mir Zeit zu geben. Und vielleicht wärst Du
sogar bereit dazu, zu meinen Gunsten ganz darauf zu verzichten. Und das
soll nicht sein!

Ich hoffe, Du verstehst jetzt besser, und ich danke Dir, dass Du meinen
Entscheid akzeptierst!

Es tut mir leid, dass wir nach unserem Flug durch die Wolken jetzt auf
dem Boden angekommen sind. Auch für mich ist es enttäuschend ...
Liebe Grüße, Christina.»

*«Liebe Christina, in einem der letzten WhatsApp hattest Du mich um ein*
*paar Zeilen gebeten. Weiter möchte ich Dir schreiben, welchen Weg Gott*
*mit mir in den letzten Tagen gegangen ist, mit der einzigen Absicht, Dich*
*nicht im Ungewissen stehen zu lassen. Vielleicht hilft es auch uns beiden*
*zur Entlastung. Ja, also für mich wird es Entlastung sein, weil ich Sachen*
*versprochen habe und weil ich dieses Kapitel mit uns nur abschließen*

und frei werden kann, wenn keine offenen und unbeantworteten Fragen im Raum stehen. Das heißt gleichzeitig auch, ich erwarte keine Antwort von Dir und stelle hier bewusst auch keine Fragen an Dich.

Am Sonntagmorgen schwebte ich noch auf Wolke 7, und plötzlich wurde ich wie eine heiße Kartoffel fallen gelassen. Ich war am Boden zerstört, und meine Welt brach zusammen. Unter anderem führte der starke Schmerz über den Verlust dazu, dass ich spazieren ging. Ich schluchzte und weinte. Ich schrie das Unverständnis und meinen Schmerz zu Gott. Mein Herz war völlig zerbrochen, und ich überreichte es Jesus zur Behandlung. In diesem Moment führte er an mir eine Herzoperation durch und stellte mein Herz wieder her. Es war nicht mehr dasselbe wie vorher, aber es war wieder ganz.

Gegen Abend schrieb ich Dir den Brief, in der Hoffnung, dass Du mir Antworten auf meine Fragen und mein Unverständnis geben kannst. Im Bett lag ich rastlos herum, weinte und betete. Zwischendurch nickte ich mehrmals ein, worauf ich später wieder mit Herzschmerzen oder Herzrasen aufwachte.

Am Montagmorgen war ich immer noch so aufgewühlt und durcheinander, dass ich mich krank meldete. Ich wusste, in diesem Zustand werde ich nicht fähig sein, zu arbeiten. Es weinte weiterhin aus mir heraus, und ich war unfähig, etwas Produktives zu machen. Ich hatte den Eindruck, dass ich das Buch Hiob lesen soll. Und das tat ich dann. Hiob, ein unschuldiger Mann, dem alles genommen wurde, was ihm lieb war. Er wollte nur sterben und auf keinen Fall so weiterleben. Genauso erging es mir, oder?

Weiter erinnerte mich Gott an zwei Lieder. Beide drücken meinen größten Herzenswunsch aus: Gott nahe zu sein, und dass Er mein ‹Ein und Alles› sein kann. In den letzten Jahren gehörten beide Lieder zu meinen Lieblingssongs.

Am Nachmittag spazierte ich nochmals durch die Gegend. Noch immer waren viele Schmerzen und Verlustgefühle präsent – und Tränen. Ich sagte Gott, dass ich loslassen und dadurch frei werden möchte. All das Schöne und Wunderbare, welches in den letzten Tagen mit mir passiert ist, ließ ich los und überließ es Gott. Auch Dich ließ ich los und frei.

*Ebenso überließ ich Gott Deine Zukunft, meine Zukunft und unsere Zukunft. Er soll darüber verfügen, und wie es auch kommen wird, ich werde es aus seiner Hand nehmen.*

*Dann kam das Thema Vergebung an die Reihe: Ich habe Dir, Christina, vergeben. Vielleicht fragst Du Dich, was das soll, weil Du Dich nicht schuldig fühlst – ist egal, das war für mich wichtig. Bis zu diesem Zeitpunkt bin ich mir auch keiner Schuld Dir gegenüber bewusst. Falls ich an Dir schuldig wurde, sag mir dies bitte unbedingt. Ich möchte Dich in einem solchen Fall um Vergebung bitten können.*

*Weiter bat ich Gott um Vergebung, wo ich ihm gegenüber schuldig wurde (z. B. Anklage). Es wurde mir extrem wichtig, dass ich ein reines Herz haben darf und nichts mehr Macht über mich ausüben darf – außer unser gütiger und gnädiger Gott.*

*Nun fühle ich mich frei, und auch Du darfst Dich frei wissen. Trotzdem sind der Schmerz und das Unverständnis weiterhin bei mir präsent. Übergroß. Wie zum Beispiel auch die Frage: Wozu schenkte Gott mir ein JA – und Dir ein NEIN? Was habe ich am Samstag Ungeschicktes gesagt, dass es zu Missverständnissen oder falschen Schlussfolgerungen kam? Hätte ich Christina behutsamer behandeln sollen, oder war das genau das Falsche?*

*Also, meine Absicht und großer Wunsch besteht darin, Dich nicht im Ungewissen zu lassen, welchen Weg Gott mit mir bereits gegangen ist. Auch wenn ich immer noch staune, wie rassig Er damit vorwärts machte, und ich mir vorstellen kann, dass der Prozess noch weitergehen wird. Liebe Grüße, Matthias.»*

«Stopp, Matthias, stopp! Für mich gibt es KEINE unbeantworteten Mails, Fragen oder WhatsApp. Das WhatsApp war gleich am ‹Tag danach› geschrieben, und darauf hast Du Bezug genommen. Für mich mehr als genug! Bitte beantworte mir keine mehr!

Ich habe keine Fragen an Dich! Auch nicht bezüglich Berufung etc. Du hast zig WhatsApp-Nachrichten und handgeschriebene Briefe geschickt und nun diese Mail. All diese haben mir mehr als genug Aufklärung gegeben. Ich habe alles verstanden!

Nun lass es endlich gut sein!

Du sagtest, Du respektierst meinen Entschluss. Und wenn Du noch ein paar finale Zeilen brauchst, die Dir helfen, um abzuschließen und loszulassen (wie Du in dem einen handgeschriebenen Brief wünschst), dann gebe ich Dir diese eventuell noch. Aber Du hörst jetzt bitte auf, weil ich genau auch losgelassen habe … Gute Besserung! Christina.»

*[WhatsApp] «Liebe Christina, ich glaube einfach, dass Du nicht richtig hinhörst, wenn es um Deine Zukunft und Berufung geht. Ich habe von Gott ein deutliches ‹Ja› zu Dir bekommen. Und deshalb glaube ich, dass Du ihn nicht richtig befragt hast – oder nicht richtig hörst. Du hast in Lateinamerika gelebt, deswegen ist doch eine Berufung nach Kolumbien oder Bolivien nicht abwegig?!»*

*[Neue WhatsApp] «Christina, ich verstehe es nicht. Was war das denn zwischen uns? Diese Verbundenheit, diese Vertrautheit? War das etwa nur gespielt? Ich fand Dich mehr als nur anziehend! Ich denke, entweder warst Du nicht ehrlich, oder aber Du hast Bindungsangst. Lass uns doch bitte darüber reden!»*

*[Eine weitere WhatsApp] «Liebe Christina, mir fehlt der Austausch mit Dir. Du fehlst mir. Wie auch Dein ‹Guten Morgen› und Dein ‹Gute Nacht›. Weshalb reagierst Du auf keine Nachrichten oder WhatsApp von mir?»*

*[Erneute WhatsApp] «Also, wie Du Dich verhältst, kann ich nicht verstehen! Zuerst schweben wir wie auf Wolken, und dann auf einmal bist Du wie ‹ein umgekehrter Handschuh›. Ich verstehe einfach nicht, was vor sich geht. Was Du kannst, kann ich schon lange. Ich werde mich zurückziehen und mich einfach nicht mehr melden. Du wirst sehen, was Du davon hast!»*

*[Eine weitere WhatsApp] «Liebe Christina, ich kann einfach nicht ohne Dich. Auch wenn wir uns nur ein paar Stunden getroffen haben, weiß ich, dass ich mein Leben mit Dir verbringen möchte! Gott hat mir ein*

klares ‹Ja› zu Dir gegeben, darum denk nochmals darüber nach. Hab keine Angst, wir schaffen alles gemeinsam. Dein Matthias.»

Es folgen nun jeden Tag unzählige WhatsApp-Nachrichten. Manche sind zum Weinen schön, andere gehen in Drohungen über. Die meisten sind gespickt mit Vorwürfen und Unverständnis. Er schickt mir Audios, Lieder und Bilder. Dazu täglich einen Brief per Post. Er macht mir langsam Angst. Ich finde seine Reaktionen nicht mehr «im normalen Rahmen».

Ich muss ihn auf den meisten Kanälen blockieren. Facebook, WhatsApp, Telefon und E-Mail.

Über meine Homepage hat er mir noch drei weitere Mails geschickt, auf die ich einmal antworten werde:

«*Liebe Christina, die letzten zwei Wochen waren geprägt vom Schweigen Deinerseits und Deinem Blockieren, nachdem wir zuvor eine intensive Woche mit Schriftwechsel bzw. ‹sich mitteilen› hatten. Diesen abrupten Richtungswechsel und gnadenlosen Bruch kann ich noch immer nicht einordnen, ich bedaure ihn sehr; und er ist für mich äußerst erniedrigend.*
*Bevor sich dieses Jahr nun dem Ende zuneigt, möchte ich mindestens von meiner Seite noch reinen Tisch machen und Klarheit schaffen:*
*Ich teile Dir mit, dass ich den Kontakt mit Dir abbreche. Ich lösche Dich aus meinen Kontakten, jedoch kann ich Dich nicht aus meinem Gedächtnis und Herzen eliminieren. Die geniale Zeit, wo wir uns ‹mit-teilten› und dadurch eine unglaubliche Tiefe und Verbundenheit schafften, werde ich immer als außergewöhnliche und schöne Erfahrung in Erinnerung halten.*
*All dies möchte ich nicht missen, und doch ist der Moment gekommen, ‹Leb wohl› zu sagen. Ich kann dies ohne Groll oder Bitterkeit in meinem Herzen tun. Im Gegenteil, ich wünsche Dir Gottes Gnade und Frieden auf Deinem weiteren Weg. Ich wünsche Dir alles Gute, viel Ruhe, genügend Kraft, ein gutes, neues Jahr und Gottes Segen. Liebe Grüße, Matthias.*

*PS: Falls Du mir doch noch mitteilen könntest, warum Du kein ‹uns›
siehst, würde mir dies sehr helfen. Ich weiß nicht, ob es physische Eigenschaften sind (welche ich auch nicht ändern kann), ob es mein Verhalten
war (woran ich jedoch arbeiten könnte), ob es grundlegend unterschied-
liche Werte und Ansichten sind (womit der Fall dann auch klar wäre), ob
es Missverständnisse wie z. B. die Sehnsucht nach Bolivien sind (welche
geklärt werden könnten), ob ich etwas falsch gemacht oder was Falsches
gesagt habe, ob ich Dich, Deine Würde oder Deinen Stolz verletzt habe,
was Dich genervt hat oder wovor Du Angst hast usw.»*

«Lieber Matthias, danke noch mal für Deine letzten Zeilen. Eigentlich bin
ich froh, wenn ich lese, dass Du meine Daten löschst und nun endlich aus
dem E-Mail-Verteiler, Telefonlisten, WhatsApp, Facebook etc. streichst.
Und ich bin dankbar, wenn Du Dich nicht mehr meldest. Ich schätze das
sehr, dass auch Du an diesen Punkt gekommen bist! Für Dich waren die
letzten zwei Wochen geprägt vom Schweigen meinerseits. Für mich waren sie geprägt vom ‹Terror› Deinerseits! Es ist gut, wenn es nun aufhört!

Zugleich finde ich es traurig, dass Du es als abrupten und gnadenlosen
Bruch empfindest.

‹Erniedrigung›? Das war nie meine Absicht! Ich hoffe, meine Mail gibt
Dir jetzt die Klarheit, die Du brauchst. Das werden meine allerletzten Zeilen sein. Die schreibe ich nur, weil Du mich nun löschst und dann hoffentlich in Ruhe lässt.

Da ich Dich als sehr anständig kennengelernt habe, werde ich Dir diese
allerletzte Mail schreiben. Einfach, damit Du endgültig abschließen
kannst. Ich werde Dir ehrlich meine Antwort, mein Empfinden durch-
geben. Ob das nun so ist oder nicht, spielt dabei keine Rolle!

Es sind einzig und allein meine Empfindungen und meine Wahrneh-
mungen in dieser ganzen Situation. Ob es Dir hilft, mit allem abzuschließen oder nicht, liegt nun einzig und allein in Deiner Verantwortung. Ob
es Missverständnisse sind oder irgendwelche divergierenden Ansichten,
spielt keine Rolle. Es ist so, wie es ist!

Das Resultat von der ganzen Sache jedoch ist: Du bist nicht mein Mann
– und ich bin nicht Deine Frau. Punkt!

Für mich ist alles auch sehr enttäuschend, das kannst Du mir glauben, ich habe genauso viele Gefühle und Hoffnungen investiert wie Du. Und wahrscheinlich haben wir beide es überstürzt getan, weil wir doch sehr unerfahren sind. Für mich ist das alles ein Lehrgeld. Und im Endeffekt bin ich froh, dass wir uns so schnell getroffen haben und ich feststellen konnte, dass Du nicht mein Mann bist.

Und jetzt komme ich endlich zu den Punkten, die zum Abbruch führten (die Du jedoch nicht mehr kommentieren musst!). Wie gesagt, das sind meine Empfindungen:

Punkt 1: Ich sah Dich dort stehen, und in der ersten Sekunde war mir klar, dass Du überhaupt nicht mein Typ bist! Dein wahres Aussehen hatte nichts mit dem Mann auf dem Foto zu tun. (Und eigentlich könnte man hier bereits aufhören. Denn das ist ein sehr wichtiger Punkt.) Du schickst mir ein Foto, über ein Jahrzehnt alt, das schon lange nicht mehr Realität ist. Das finde ich nicht transparent und nicht aufrichtig!

Punkt 2: Als ich beim Frühstücken weinen musste – wäre da nicht noch ein klein wenig Sympathie vorhanden gewesen für Dich, hättest Du mit Deinen Worten: ‹Geh aufs WC und weine dort!›, bereits *alles* kaputtgemacht! Alles!

Punkt 3: Du sagtest, dass Du gerne eine Frau haben möchtest, die repräsentieren kann. Ich habe schon verstanden, dass es nicht unbedingt ausschließlich um das Optische geht. Aber Dir selber ist das Optische an Dir so wenig wichtig, dass Du tatsächlich (zum ersten Date!) in Turnschuhen kommst, die bereits viele Jahre alt sind und dermaßen durchgetreten, alt, verbraucht und hässlich, dass es abstoßend war. Ich fand es schön und habe zur Kenntnis genommen, dass Du ein altes, aber gebügeltes Hemd getragen hast. Aber ansonsten war Deine ganze Erscheinung einfach nur jämmerlich und nicht wertschätzend. (Das hat nichts mit Oberflächlichkeit meinerseits zu tun als vielmehr mit Deiner Wertschätzung mir und Dir selbst gegenüber!)

Punkt 4: Du hast bestimmt einen guten Lohn, aber Dir ist Dein Aussehen so wenig wert, dass Du Dich nicht einmal selbst so wertschätzt, Dir jeden Monat fünfzig Franken zu gönnen, um einen guten Haarschnitt zu haben. Wir unsererseits leben mit sehr wenig Geld, aber ich lasse es mir nicht nehmen, jeden Monat nicht etwa den Rasierapparat selbst zur Hand zu nehmen, sondern mir die Haare fachmännisch schneiden zu lassen. Auch bei Shampoo und Seife zu sparen, wie Du sagst – das weckt in mir Unverständnis. Wären es bloß die Hautschuppen gewesen, die Du ansprichst, hätte ich es verstanden. Aber nicht das Motiv ‹Sparen›. Obwohl ich sehr bescheiden lebe und mir nichts aus Geld mache, bin ich gar nicht geizig. Das ist eine Eigenschaft, die ich nicht mag! (Ich behaupte damit aber nicht, dass Du das bist, ich kenne Dich ja nicht.)

Punkt 5 und sehr, sehr ausschlaggebend! Denn ja, das hat für mich klar eine ungesunde psychische Komponente. Du hast mir verschiedene Dinge geschrieben, teilweise unfassbar für mich:

Du wurdest ‹fallen gelassen wie eine heiße Kartoffel›, hast ‹den Boden unter den Füßen verloren›, bist ‹am Boden zerstört›, hast ‹starke Schmerzen und Verlustgefühle›, Dein ‹Herz ist völlig zerbrochen›, Du musst ‹schreien, schluchzen, weinen›, hast ‹Herzrasen›, musstest Dich gar ‹einen Tag krankschreiben lassen›.

Matthias, das ist doch echt nicht normal! Das sind Dinge, die ich nach 23 Jahren in einer meist sehr glücklichen Ehe nach deren Zerbruch erlebt habe! Das sind also Gefühle, die mir überhaupt nicht fremd sind, die ich nach jahrelanger Beziehung auch verstehen kann – aber ganz bestimmt nicht nach zwölf E-Mails, ein paar Dutzend WhatsApp-Nachrichten und einem einzigen Treffen!

Punkt 6: Das absolut Schlimmste fand ich, dass Du Dich tatsächlich mit Hiob vergleichst. ‹Ein unschuldiger Mann, der alles verloren hat!›, schreibst Du. Solche Gefühle hatte ich nicht einmal nach 23 Jahren Ehe! Ich habe wohl ‹mein Ein und Alles› verloren, aber ich kam nie an den Punkt, dass ich da sterben wollte oder den Hochmut hatte, zu denken, dass ich alles verloren hatte. Oder an den Punkt, mich nur ansatzweise mit Hiob vergleichen zu können!

Auch hier: Du musst Dich nicht rechtfertigen. Ich möchte nicht wissen, wie intensiv oder wie überspitzt das alles ist und ob ich Dich im Letzten ganz verstehe oder nicht. Denn wir können alles hundertfach diskutieren, und am Ende käme ich wieder zu Punkt 1 zurück, und das macht dann jede weitere Erklärung überflüssig.

Lieber Matthias, ich möchte nicht noch auf Weiteres eingehen. Und Du tust es bitte auch nicht mehr!
Ich hoffe, Du verstehst diese für mich sehr relevanten Punkte. Ich finde es schön, wenn Gott Dein Herz geheilt hat, wenn Du mir vergeben und Dich mit der Situation abfinden konntest. Ich wünsche Dir von ganzem Herzen die Partnerin, die von Gott für Dich vorbereitet ist. Und dasselbe wünsche ich auch mir selbst in Bezug auf den richtigen Partner. Daran halte ich mich fest. Ich bin freudig gespannt, was die Zukunft bringt. Alles Gute! Christina.»

Und Gott sei Dank endet hier das Thema «Matthias». In ihn hatte ich die größte Hoffnung gesetzt und war mir sicher, er würde mein Mann. Deswegen ist er auch die größte Enttäuschung aus meiner ganzen Dating-Zeit!

Vor allem kann ich mir jetzt vorstellen, wie Menschen, die enttäuscht sind, zu Stalkern werden oder sich um 180 Grad drehen. Es gab nach unserem Date diese zwei Wochen, in denen es mir mulmig zumute war. Täglich kamen auf allen Wegen Botschaften von ihm, und ich fühlte mich erdrückt und zum Teil auch bedroht. Ich war froh, als er dann «klein beigab», nachdem von mir nichts mehr kam. Dieser Kontakt war mir da ein guter Lehrmeister.

Ich habe nie mehr so schnell und so viel von mir preisgegeben. Habe mein Facebook-Profil umbenannt, gebe nicht mehr so schnell meine Handynummer raus. Verabrede Treffen nur noch auf neutralem Boden und gebe von Anfang an einen Zeitrahmen von zwei Stunden bekannt. (Verlängern ginge ja immer.)

Mit dem Kennenlernen von Matthias hatte ich mein Profil bei «Himmlisch-Plaudern» zum zweiten Mal gelöscht, und als es mit ihm dann nichts wurde, aktiviere ich es ein drittes und letztes Mal. Kaum ist mein Profil online, fliegen mir wieder unzählige Lächeln-Emojis entgegen: Sobald jemand neu auf die Plattform kommt, ist man «Frischfleisch» und am interessantesten. Ich bekomme von «Altbekannten» wieder die Lächeln, Blumen oder auch Nachrichten zugeschickt.

Erinnert ihr euch an die Zeilen von Dietmar in Kapitel 30? Ich schon. Aufgrund meiner ungefärbten und vielleicht auch kürzeren Haare erkennt er mich jetzt nicht mehr. Das Profil war identisch, da ich mir die Fragen kopiert hatte. Jetzt meldet er sich wieder:

## 45 | Prof16, die Zweite

*«Liebe Frau bunt, Dein Profil ist sehr ansprechend geschrieben. Du bist warmherzig und ehrlich. Sanft und schillernd. Du siehst sehr sympathisch und gut aus. Ich weiß nicht, ob ich jemanden wie Dich verdient habe, aber wenn Du mich berücksichtigen würdest, würde ich Dich immer ehren und wertschätzen. Gerne erwarte ich einige Zeilen von Dir. Liebe Grüße, Dietmar.»*

Haha! Ich schreibe zurück, dass unser Date für ihn wohl nicht sehr beeindruckend gewesen ist, da er mit der haargenau gleichen Message auf mich zukommt wie bereits vor Monaten und wahrscheinlich wie zu jeder «Neuanmeldung» auch.

Daraufhin seine Antwort: *«Hallo Christina, ich war mir nicht sicher, ob Du es warst. Aber anscheinend führst Du hier Männer an der Nase herum, und das ist eine Sauerei! Dietmar.»*

«Hallo Dietmar, allein weil Du mich nicht mehr erkennst, da ich meine Haare nicht mehr färbe und sie jetzt noch ein wenig kürzer trage, narre ich keine Männer! Nicht mal mein Profil-Text ist Dir in Erinnerung geblieben, der ist unverändert. Wenn Du Dich nicht mehr erinnern kannst, da Du offenbar jede neue Dame anschreibst – und dann noch mit exakt den gleichen Phrasen –, kann ich doch nichts dafür, oder?!

Unser Date ist Dir wohl so gar nicht im Gedächtnis geblieben. Im Gegensatz zu mir: Ein Mann, der beim ersten Treffen gleich zwei Mal pupst, bleibt für immer in meinem Gedächtnis eingebrannt! Alles Gute und viel Erfolg in allem, Christina.»

Ich blockiere ihn auf «Himmlisch-Plaudern», auf meinem Handy war das schon zuvor erledigt.

## 46 | Firefox, die Zweite

Ein altbekannter Mann schreibt mich erneut an – der aus Kapitel 8. Ja, ich glaube einfach, dass viele Menschen auf der Suche nach Liebe sind. Dadurch sind manche auch «blind» und haben wie gesagt einfach ihr Ziel vor Augen. Dass das Gegenüber dabei gar nicht «wahrgenommen» wird, verwundert mich nicht mehr. Aber dass ich doch von einigen Herren gleich zwei oder sogar drei Mal angeschrieben werde, verstehe ich nicht.

Das heißt, dass sie sich zu keinem Zeitpunkt auf das Gegenüber konzentriert, geschweige denn eingelassen haben. Firefox ist da keine Ausnahme, aber ich denke, vielleicht auch nicht ganz aufmerksam.

*«Ich Hallo, suche Deine id oder eine positive antwort, auch wenn ich mein mail nr. 1 gerade selber als rätsel betrachtete. Komprimiert und ‹zu verstehen› – als versuch auf Deine vorgaben einzugehen und interessant zu wirken ... sein!*

*Dein versprechen musst Du nicht halten, und auf kritik bin ich auch aus, möchte am liebsten nur vollkommene akzeptanz und das volle pro-*

*gramm von glück und vollkommener wunderbarer zufriedenheit. Wie*
*wenn es kein ärger oder komische probleme unter menschen gäbe!*
*Trägst Du das risiko?!, ist es riskant, Dich zu erleben oder lieben?! Gibt*
*es für mich ein risiko im positiven sinn? Ertrage ich, wenn eventuell*
*nicht was passiert?!*
*Ehrlich gesagt möchte ich einfach zustimmen und hoffen, das es gut*
*kommt und das kommt! Dass ein mail kommt und ein weg zum begeg-*
*nen da ist und dann das erhoffte volle glück anfängt!*
*Ich schicke Dir nicht aus jux ein bild eines pitbulls der mit einer krank-*
*heit ein entstelltes äußeres hat.*
*Mein kopf ist eventuell nicht immer so schlimm, wie ich es sehe, und*
*mein körper unter dem hals ist auch nicht so toll im schuss. Schmerz-*
*erfüllt, falsch belastet und nicht optimal genährt mit üblen folgen;*
*‹schlechte› haut und auch zum bewegen nicht alles original. Ich finde*
*mich logisch recht gut charakterlich und das einer noch grösseren einbil-*
*dung, die fehler nicht groß beachtet.*
*Bin hellgrün und pazifist und ein wenig aktiv im stil moto. Mein zu-*
*hause ist zum kotzen und soll mal ein kleiner palast werden: schön,*
*praktisch, modern, dauerhaft und pflegeleicht. Für hund und besuch*
*und kinder ideal.*
*Meine probleme mit der vergangenen situation zu hause oder im le-*
*ben werfe ich dann in den müll und gehe weiter mit Gott oder der frau*
*von ihm, die mit den langen grauen haaren und dem langen kleid, einer*
*unübertrefflichen güte und weisheit und geduld und liebe und intelligenz*
*göttin oma … nicht der alte taube ‹sack› mit dem kopf zum schlafen ge-*
*knickt und dem geruch eines buches … mit läusen im haar!*
*Bitte liebes liebes wunder, gib mir eine nachricht. Wenn ich bestehe*
*und mich nicht vor angst in luft auflöse, werde ich ja vielleicht zu Dei-*
*nem glück auch! Danke.»*

«Hallo Nino (ich kenne Dich noch vom letzten Mal!), nein, Du bist bestimmt nicht mein Mann. Denn:

1. Ich bin allergisch auf Hunde.
2. Du beschreibst Dich nicht gerade attraktiv.

3. Ich will in keinem Palast leben, der zum Kotzen ist.
4. Ich bin nicht grün und nicht Pazifistin.
5. Ich trage keine langen grauen Haare.
6. Ich trage auch keine langen Kleider.
7. Ich bin nicht Dein Glück!
Ich wünsche Dir die richtige Frau; ich bin es nicht!
Ich weiß auch, dass Du Dich nicht in Luft auflösen kannst, aber bitte schreibe nicht mehr. Danke! Liebe Grüße, und bleib gesund! Christina.»

*«Entschuldigung! Die berichtigung noch, und dann ist ende: Ich habe keinen hund, ich bin sicher nicht nur unattraktiv, mein haus ist das schönste, nur im umbau, umweltschutz und gegen krieg sind christliche haltungen, und würde ich mein bild von einem männlichen schöpfer und Du wärst die ‹Göttin› ... bitte! Danke. Nino.»*

Vorerst mal die letzten Zeilen von Firefox. Er hält sich danach immer still. Ist aber einer der Ersten gewesen, als ich erneut ein Profil erstellt hatte.

Die nächsten Zeilen lassen mich ehrlich staunen und gleichzeitig an der Menschheit zweifeln. Es ist erschreckend, welche Lebensformen, Theorien oder Meinungen sich – so meinen gewisse Leute – mit dem Wort Gottes untermauern lassen. Mich ermüden diese Kontakte langsam sehr. Mit jeder Kontaktaufnahme rücke ich dem Ziel anscheinend nicht näher, sondern weiter weg. Lies selbst:

## 47 Bruno & Frau brauchen Bettgefährtin

*«Guten Morgen Frau bunt, Dein Profil lässt mich aufhorchen. Ich stelle mir eine bunte, extrovertierte, lebendige, unangepasste Frau vor, die offen ist für alles und vieles hinterfragt. Die ihre eigenen Meinungen vertritt. Abgesehen davon, dass Du toll aussiehst und Leben ausstrahlst, mag ich, wie Du Dich gibst. Ich hätte großes Interesse an Dir. Dich kennenzulernen, Dich zu berühren, zu riechen, zu erleben. Davor möchte*

*ich jedoch, dass Du weißt, dass ich mit einer Frau in einer festen Part-*
*nerschaft lebe. Wir haben jedoch die Liebe zu unserem höchsten Gut er-*
*klärt. Wir haben genug Nächstenliebe, wie Christus es uns lehrt. Kein*
*anderes Gebot ist größer, sagt Jesus. Was denkst Du darüber? Liebe Grü-*
*ße, Bruno.»*

«Guten Tag, Bruno. Pfff, ich weiß nicht, wie ernst Du diese Aussagen
meinst. Ich kann Dir nur so viel zu Deinen Zeilen sagen, dass ich es nicht
mag, dass Du mich aus meinen wenigen Zeilen bereits zu kennen glaubst
oder Dir zumindest vorstellst, wie ich bin.

Ich habe keine Lust, den Moralapostel zu spielen. Jeder muss für sich
selbst verantwortlich sein. Für mich geht es nicht auf, dass man die
Nächstenliebe so interpretiert und beliebig ausdehnt. Aber nicht nur das
allein stimmt für mich nicht. Denn egal, wie extrovertiert oder bunt ich
scheine, ich bin auch noch egoistisch dazu (Zwinker-Smiley). Ich möchte
nämlich meinen Partner exklusiv für mich und möchte ihn sicherlich
nicht teilen!

So, ich wünsche euch Segen und Schutz. Liebe Grüße, Christina.»

*«Hey, Du interessante Frau. Mich hat es verwundert, dass Du nicht gleich*
*mit Bibelstellen ums Eck gekommen bist wie die meisten Frauen hier. Für*
*meine Partnerin und mich ist es sehr schwer, eine oder zwei weitere*
*Frauen zu finden, die in unserem Bund mitmachen. Uns ist der Glaube*
*an Jesus total wichtig, darum wollen wir eine Frau, die im Glauben steht.*

*Lamech, Jakob und Mose waren Bigamisten, und David war polygam.*
*Der hatte tausend Frauen. Gott verbietet es nicht. Nirgendwo. Aber das*
*sehen heute die Wenigsten so, weil sie, wie Du es bereits sagst, ego-*
*istisch sind. Anyway: Peace and love, Bruno.»*

«Lieber Bruno, auch Dir und euch Frieden und Liebe. Gut, ich glaube ja,
dass Jesus das Gesetz erfüllt hat und einen *neuen Bund* mit Papa geschlossen hat. Mir ist wie bestimmt auch Dir bekannt, dass die von Dir erwähn-
ten Männer noch nicht im neuen Bund gelebt haben und dass zu jenen
Zeiten andere Maßstäbe galten. Und ich gehe also davon aus, dass von

daher Bigamie und Polygamie heute nicht mehr in Gottes Willen sind. Aber wie auch immer, eines weiß ich ganz sicher: Ich weiß, dass ich das nicht will. Alles Gute. Christina.»

## 48 | Walter und die Riesenenttäuschung

*«Hallo, schöne, spanende Frau. Dein Profil spricht mich sehr an. Ich könnte hier jetzt sehr viel schreiben, aber ich suche das reale Kennenlernen. Wärst Du dabei? Liebe Grüße, Walter.»*

«Hallo Walter, danke für Deine Kontaktaufnahme. Prinzipiell bin ich natürlich offen für ein reales Kennenlernen. Aber um ehrlich zu sein, möchte ich erst einige Zeilen von Dir bekommen und Deine Gedanken kennenlernen. Das Eine schließt das Andere nicht aus, finde ich. Was gibt es zu Dir zu sagen? Könntest Du etwas Kurzes über Dich erzählen? Wünsche Dir einen schönen Abend, Christina.»

*«Hallo Christina, das ist kein Problem, wir können gern zuerst ein wenig schreiben. Es ist wichtig, dass Du Dich wohlfühlst. Ich interessiere mich für Dich und für alles, was mit Dir zu tun hat, folglich auch.*

*Ich kann Dir ein wenig von mir erzählen, wenn Du magst. Ich liebe die Natur. Und Velofahren. Ich bin viel und gern mit meinem Velo unterwegs. Oft mache ich große Strecken und fordere mich dabei regelmäßig regelrecht heraus. Ich radle stundenlang die Berge hoch. Gern bin ich auch mit einigen Kollegen unterwegs, wobei ich dann immer gnadenlos in die Pedale trete. Ich kann es nicht ertragen, der Unterlegene oder der Langsamste zu sein. Da bin ich also ehrgeizig. Ich hänge Dir mal einen Link an, damit Du das anschauen kannst. Tolle Bilder von mir.*

*Ansonsten fahre ich Ski und mache Langlauf im Winter, und ganz speziell gern spiele ich Eishockey. Ja, ich bin wirklich eine Sportskanone. Daneben arbeite ich als Dachmonteur, und Du kannst Dir denken, wie mein Körper dadurch gestählt ist. Ich bin sehr zufrieden damit.*

*Du fühlst Dich mit Deinem Körper auch wohl, wie Du schreibst. Du hast auch jeden Grund dazu. Das finde ich sehr wichtig. Denn nur mit positivem Körpergefühl kann man auch richtig miteinander umgehen.*

*Zu meinen Hobbys gehört das Kochen. Ich koche immer für mich. Immer frisch. Auf dem Bau muss man gut essen. Das ist mir wichtig. Daher esse ich immer zwei Mal am Tag warm. Essen kann auch sehr erotisch sein.*

*Ich besuche meist ein Mal pro Monat einen Gottesdienst, wenn das Wetter nicht allzu gut ist. Bei schönem Wetter bevorzuge ich den Sport. Was mich aber zur Ruhe bringt, wenn ich dann auf der Piste bin. Ich mag es jedoch sehr, über Gott und all das, was er getan hat, zu reden.*

*Ich hoffe, das waren genug Infos zu mir. Hier meine Telefonnummer: xxx. Liebe Grüße, Walter.»*

«Hey Walter, danke für Deine Zeilen, ich weiß es zu schätzen! Danke auch für den Link. In der Tat! Tolle Fotos. Oh, ich mag es auch sehr, über Gott zu reden und ihm zu danken für das, was er alles getan hat! Er ist einfach nur wunderbar! Gell?! Leider besuche ich auch keine Gemeinde regelmäßig, aber mein Wunsch und das Bedürfnis wären da. Gott kennt mein Herz.

Hmm. Essen kann erotisch sein? Soso! Davon würde ich gerne mehr erfahren, haha! Jedenfalls stelle ich mir das Kochen und danach gleich das Spülen vor, und da erlischt alles an erotischen Gefühlen, die ich mir vorstellen kann. Aber ja! Schön, wenn Du es so erlebst.

Was das Sportliche betrifft: Oh, da bin ich so überhaupt nicht auf einem Level mit Dir. Ich mache nur ein bisschen Fun-Sport. Und schon gar nicht verbissen. Ich kann das nicht ganz nachvollziehen. Mir ist jegliche Form von ‹Wettbewerb› fremd! Ob beim Sport oder auch sonst. Ich mag nicht gemessen werden und messe selber auch nicht. Ich denke aber, das ist so ein Männer-Ding. Aber okay, wenn es Dir gut tut.

Weißt Du, was? Ich habe das Gefühl, dass Du besser zu meiner Freundin Katharina passen würdest! Sie sehnt sich schon ganz lange nach einem Mann. Einem, der gerne Sport treibt. Sie ist auch eine sehr sportliche, gut aussehende und vor allem tiefgründige Frau. Gemeinsame Hobbys zu haben wäre vielleicht auch schön …

Ja! Ich erkenne Deinen Body gut auf den Fotos, die hast Du ja auch gut platziert. Gesundheit und Stärke sind effektiv ein Privileg. Ich danke Jesus wirklich jeden Tag dafür. Er hat Großes an mir getan. – Bis bald, Christina.»

*«Liebe Christina, ich spüre da eine Offenheit und Tiefe bei Dir. Dass du bei meiner Kontaktaufnahme gleich an Deine Freundin denkst, ist außergewöhnlich. Aber erst mal bekunde ich Interesse an Dir, sonst hätte ich Dich nicht angeschrieben. Aber ich finde die Idee beachtenswert. Danke.*

*Du lässt Dich bestimmt nicht leicht beeindrucken und lebst einen Glauben, mit dem Du im Reinen bist. Ich würde Dich sehr gerne mal hören. Deinen Dialekt und Deine Stimme. Ich stelle sie mir sehr lieblich vor. Danach können wir uns ja mal treffen. Ich fahre mit dem Velo oft quer durch die Schweiz und komme gern bei Dir vorbei. Was denkst Du? Zuvor aber kannst Du, wenn Du magst, erst mal anrufen. Meine Nummer lautet: xxx.*

*Zum Sport möchte ich noch sagen, dass wir auch mal eine Velotour machen können zusammen. Dann nehme ich natürlich Rücksicht. Wär ja noch schöner! Liebe Grüße, Walter.»*

«Danke, Walter, für die Zeilen. Bevor wir ein Treffen planen, möchte ich wirklich zuerst anrufen. Ich kann Dir nicht versprechen, dass es heute sein wird. Ich habe nicht große Freiheit, wenn meine Jungs da sind. Aber ich werde sehen, was sich machen lässt. Und ansonsten schreiben wir per WhatsApp, und ich bitte Dich, nicht anzurufen! Bis dahin, Gottes Segen für den Tag, Christina.»

Katharina weiß mittlerweile, dass ich auf «Himmlisch-Plaudern» registriert bin. Sie sagt, für sie sei das nichts, aber sie hört gerne ab und an von meinen Erlebnissen und Erfahrungen. Heute lade ich sie zu mir ein und erzähle von Walter.

«Ich habe das Gefühl, ihr passt gut zusammen, jedenfalls besser als ‹wir›. Ihr teilt die gleichen Hobbys, und schau mal, wie gut der ausschaut!», sage ich zu ihr.

Ich wünsche meiner Freundin schon lange einen Mann. Sie leidet nach etlichen Jahren noch immer an den Folgen ihrer Scheidung. Ich würde sie so gerne glücklich sehen. Sie ist von meinem Vorschlag aber überhaupt nicht begeistert. Sie steckt im Umzugsstress, und eigentlich, so erklärt sie mir, möchte sie keinen anderen als nur ihren Ex-Mann.

Auch gut. Dann werde ich Walter einfach nochmals mitteilen, dass ich ausgesprochen unsportlich bin. Eventuell kann uns ja dann etwas anderes verbinden. Kochen oder so.

Walter und ich telefonieren noch am selben Abend, und ich muss sagen, er hat eine atemberaubende Stimme! Sehr, sehr tief und männlich! Er hat früher im Chor auch Bass gesungen, erzählt er. Er sieht auf den Fotos eher drahtig und sehr muskulös aus, aber niemals so männlich, wie er spricht. Ich finde ihn plötzlich sehr anziehend. Dazu etwa 186 cm groß und sportlich.

Wir reden beinahe zwei Stunden, und es gibt nie blöde Pausen oder un-angenehme Themen. Wir könnten noch Stunden weiterreden, aber ich will zu meinen Söhnen und ihnen «Gute Nacht!» wünschen. Wir verabre-den uns tatsächlich noch für Sonntag an der «Ausfahrt Chur», da er von einer Radtour heimkommen will.

Samstagabend telefonieren wir eine Stunde lang, und er erzählt von sei-ner Tour mit Freunden aus der Romandie. Er hat seine vorgenommenen Etappen gut gemeistert und konnte mit den schnellen Freunden prima mithalten. Er kommt ins Schwärmen und kriegt kaum genug vom Erzäh-len. Ich höre ihm gern zu, einfach weil seine Stimme wunderschön ist. Er ist an Sonntagen kaum «online», da er mit dem Velo und seinen Freunden unterwegs ist.

Es ist Sonntagnachmittag, fünfzehn Uhr. Zwei Stunden vor unserem ver-einbarten Treffen bekomme ich eine WhatsApp-Nachricht, dass er *nicht* kommt. Ich habe noch nie so viele rote Wut-Smileys in einer WhatsApp erhalten. Er hat sich mit seinen Kollegen ein Kopf-an-Kopf-Rennen geliefert, am Ende aber verloren und sei, wie er erzählt, dabei von seinen siegreichen Kollegen «gedemütigt» und belächelt worden.

Er sei so wütend geworden, dass er sein Rad (das er liebevoll «The Queen» nennt) bei einer Waldböschung ins Tal hinunterschmiss … Ich denke bei mir: «Okay, adäquat ist das jetzt aber nicht! …»

Mir ist es im Grunde egal, dass er nicht kommt, denn es beginnt zu regnen. Wir telefonieren abends erneut beinahe zwei Stunden, als er geduscht und satt wieder ruhiger ist und bei mir seinen ganzen Frust abladen kann.

Im Verlauf der Woche telefonieren wir oft, denn er braucht Ermutigung und Unterstützung. Er wird offenbar von vielen Seiten gemobbt. Ich bekomme einige WhatsApp-Nachrichten während der Woche, alle gespickt mit den roten Smileys. Eine dieser Nachrichten zeige ich Francesca und meiner Zwillingsschwester – auch sie finden die Reaktion nicht angemessen:
Seine Message mit beigefügtem Foto zeigt eine Maschine, die er bei der Arbeit braucht, die aber nicht funktioniert und von ihm deswegen aus lauter Wut vom Dach auf den Boden hinuntergeworfen wurde.
«Okay», sagen wir zueinander, «ist das ein Muster?»

Und doch ist da auch eine andere Seite an ihm: Er erzählt mir, dass er Gott erlebt hat, etwa bei den Geburten seiner Kinder oder in Situationen, wo er sich krank fühlte und gebetet hat.

Die ganze Woche hindurch schreiben wir uns und telefonieren abends für einige Minuten. Da er sehr früh aufstehen muss und ganz in diesem Rhythmus drin ist, geht er auch jeweils früh zu Bett.
Am darauffolgenden Wochenende schlage ich ein Treffen vor. Ich möchte wissen, woran ich bin. Ist er ein eher jähzorniger Mensch? Oder einfach einer, der momentan durch eine harte Zeit geht und dem es auf der Arbeit und auf den Dächern oben nicht mehr gefällt? Es gibt so viele

verschiedene Befindlichkeiten und Charakterzüge! Den Unterschied zwischen dem, was ich vermute, und dem, was wirklich ist, werde ich wohl nur bei einem Treffen herausfinden.

Da er diesmal nicht aus südlichen Regionen heranfahren wird, sondern aus Richtung Liechtenstein, schlage ich ihm den Bahnhof Buchs vor. Er ist begeistert. Er freut sich sehr. *«Ich weiß, dass ich bei Dir zur Ruhe komme! Du bist immer ausgeglichen, positiv und weise; ich freue mich sagenhaft. Auch dass Du mir entgegenkommst, im wahrsten Sinne des Wortes!»*

Ich bin eher gespannt als freudig aufgeregt. Ich habe mich zurechtgemacht, den Zug rausgesucht, das Ticket online gelöst und mich auf den Weg zum Bahnhof gemacht. Nach einmaligem Umsteigen und genau 43 Minuten Zugfahrt komme ich an. Wir haben als Treffpunkt den Bahnhofskiosk vereinbart.

Ich denke, vielleicht hat es Stau – denn er verspätet sich um zehn Minuten. Danach denke ich, dass ich das Handy eventuell auf «Stumm» gestellt habe, er hat ja vielleicht angerufen. (Er weiß, dass ich keine WhatsApp-Nachrichten erhalten kann, wenn ich unterwegs bin, dass er also auf SMS oder Anruf umsteigen muss.)

Aber nein: Weder Anruf noch SMS.

Normalerweise würde ich keine zwanzig Minuten warten, denn Pünktlichkeit ist eine Tugend, die für mich extrem wichtig ist. Aber es fährt auch nicht gerade ein Zug zurück, darum warte ich auch noch nach dreißig Minuten.

Ich laufe in der Gegend rum, aber niemand da. Keine SMS, kein Anruf, kein Walter.

Nach vierzig Minuten steige ich in den Zug Richtung Chur und bin ernüchtert und enttäuscht. Das Wort «wütend» wäre eigentlich mehr angebracht, aber das sind Gefühle, die sich bei mir eigentlich nie äußern. Und das ist gut so.

Von Walter kommt nie mehr etwas. Als ich wieder zuhause bin, schreibe ich ihm:

«Danke für den tollen Nachmittag mit Dir, war schön!».

Aber ich wurde blockiert auf «Himmlisch-Plaudern» und auf dem Handy. Weshalb, weiß ich nicht. Zu dieser Zeit ist mir noch nicht bekannt, dass es dafür in der Online-Dating-Sprache einen Begriff gibt: «Ghosting». Wikipedia schreibt dazu: «Unter dem Begriff *Ghosting* versteht man in einer zwischenmenschlichen Beziehung einen vollständigen Kontakt- und Kommunikationsabbruch ohne Ankündigung. Obwohl vorher etwa Dates stattgefunden haben oder eine Beziehung bestand, laufen plötzlich jegliche Kontaktversuche ins Leere.»

Es lässt mich erneut leer und desillusioniert zurück.

## 49 | Mister «Superduper Sailing Boat»

Ich habe den Verdacht, «Herr Segelboot» möchte imponieren. Das zeigt sein Profilname, das zeigen ebenso die Fotos, die er eingestellt hat. Alles vom Feinsten. Eigentlich sehr extravagant, auch in der Kleidung, was mir grundsätzlich zusagen würde. Ein Blender, so kommt er mir vor. Von der Sorte haben mir noch nicht viele geschrieben. Aber er macht seiner «Gattung» alle Ehre.

Mich macht es einfach müde. Weshalb muss es so umständlich sein? So gerne möchte ich meinen Mann endlich kennenlernen. Geld, Prestige und Statussymbole geben mir nichts, darauf bin ich nicht aus. Ein einfacher Mann, der mich liebt, würde völlig reichen. Aber da warte ich wohl noch länger …

*«hallo frau bunt, dein beschreib von dir klingt sehr anziehend und außergewöhnlich. interessant, überaus! einen lieben gruß vom genfersee, marcello.»*

«Danke, Marcello. Grüße zurück aus Graubünden, Christina.»

*«hallo christina, schön, von dir zu lesen. mich interessieren deine tattoos, sind es wirklich so viele? das fasziniert mich sehr. was bringt dein weekend schönes? lg, marcello.»*

«Hallo Marcello. Wenn ich das wüsste! Ich erwarte immer Gutes, denn Gott will das für seine Kinder … Aber ich denke, ich werde nach Davos fahren.

Das bedeutet, dass ich mein Mütterchen und meine Schwester das erste Mal seit dem Lockdown wieder sehe, hoffentlich auch in die Arme nehmen kann. Ansonsten bin ich eher ‹planlos›. Es ergibt sich oft spontan etwas. Wie sieht es bei Dir aus? Hast Du Dir etwas vorgenommen?

Zu den Tattoos: Ja, ich bin sehr bunt und stark tätowiert. Alles farbig. Ich liebe es sehr.

Noch eine Frage am Rande: Bist Du Schweizer? Du könntest auch einen südländischen Touch haben. Liebe Grüße, Christina.»

*«gut erkannt, mein papa ist aus bergamo. schön, kannst du deine Familie besuchen. ich werde bei schönem wetter auf den see gehen und hoffentlich die Sonne genießen können. mein alltag als führender autohändler und importeur ist sehr anstrengend. möchtest du noch mehr tattoos? ich schätze dich als sehr ausgefallen, unabhängig und frei ein, marcello.»*

«Hey Marcello, na dann wünsche ich Dir doch, dass das Wetter wunderbar wird und Du viel Spaß und Entspannung haben wirst! Und ja, ich werde mit Sicherheit noch bunter werden. Buon fin' di settimana, Christina.»

*«der see wäre vielleicht auch eine abwechslung für dich … smile. wo bist du denn überall tätowiert und wo nicht? marcello.»*

«Haha, ja, den Davosersee liebe ich sehr, da er tatsächlich Abwechslung bringt … Auf jeden Fall mag ich Seen mehr als das Meer. Auch wenn das niemand versteht! Aber die endlose Weite: ‹Nein, nichts für mich.›

Vielleicht weil ich an einem der schönsten Seen in den Bergen aufgewachsen bin. Vermittelt mir Geborgenheit.

Zu den Tattoos: Ach, es gibt noch einige Stellen, die Platz bieten für bunte Bilder. Liebe Grüße, Christina.»

*«dann musst du den genfersee vom boot aus kennenlernen, ich würde dich und deine Bilder sehr gerne bestaunen. als autohändler sehe ich natürlich viele frauen, aber sehr wenige sind so spannend wie du! marcello.»*

«Hm, Genfersee liebe ich auch sehr. Ich kenne aber nur die französische Seite. Natur und Menschen dort sind toll. Genieße Deine knappe Zeit und erhole Dich gut. Liebe Grüße, Christina.»

*«christina, wie recht du hast, bin auch lieber in der haute-savoie und co. du bist, wie gesagt, eingeladen. ja, das wäre schön: sonne und see wären schöner zu zweit. willst du nicht kommen, du bist eingeladen. ein bisschen spaß wäre doch gut. marcello.»*

«Hallo Marcello, was soll ich darauf sagen? Ich finde das total nett. Aber ehrlich, würdest Du eine solche Einladung von einer wildfremden Frau annehmen? Na, vielleicht schon. Männer sind ja nicht so kompliziert! …

Ich meinerseits bin sehr offen. Aber sooo offen dann doch nicht. Ich bin nicht auf ein bisschen Spaß aus. Liebe Grüße, Christina.»

*«also, kompliziert bin ich wahrscheinlich nicht, das stimmt. wenn du möchtest whatsapp oder phone xxx, ich würde dich auch noch gerne etwas fragen. trägst du auch plugs?»*

«Hallo Marcello, danke für die Nummer. Ich werde nicht schreiben oder anrufen – es fehlt mir bei Dir das Interesse an mir. Ich bin weit mehr als

Körperschmuck, weißt Du, und nein, ich trage keine Plugs. Auch wenn sie mir gefallen, möchte ich keine solch riesigen Ohrlöcher und keine «Flesh Tunnels» im Ohr haben. Ich trage generell kaum Ohrringe. Und wenn, dann dezent. Gesegnetes Weekend, Christina.»

*«hallo christina. ich wünsche dir einen schönen start ins weekend. ich meine nicht die ohr plugs, sondern es interessiert mich, ob du auch anal plugs tragen würdest. das kann ich mir bei deinem körperkult gut vorstellen … marcello.»*

Boahhh!!! Ich bin wirklich geschockt. Dazu fehlen mir die Worte. Ich habe sehr schnell gemerkt, wie oberflächlich dieser Mann ist. Er kommt mit «Boot und führender Autohändler» Es dreht sich also alles bloß um ihn und um seine «Interessen». Darum war und blieb ich von Beginn an distanziert. Aber ich habe so eine Frage nicht erwartet und musste vor dem Antworten wieder einmal Dr. Google befragen, worum es sich bei den besagten Plugs eigentlich handelt. Heute lache ich darüber.

Natürlich beantworte ich nichts mehr und blockiere «den führenden Anal-phabetiker … äh … Autohändler». Aber ich muss zugeben: Ich bin baff. Und wohl immer noch etwas arg naiv. Aber ich lerne täglich dazu. Immerhin.

## 50 | Maronne will nackt putzen

*«Hallo Frau Bunt, ich glaube, wir kennen uns, entweder von einer Konferenz oder von einer christlichen Freizeit oder so. Ich könnte mich zwar auch irren, aber könntest Du mir vielleicht bitte ein Ganzkörper-Foto von Dir schicken, damit ich das überprüfen könnte? Liebe Grüße, Maronne.»*

«Hallo Maronne, ach, wenn Du Dich nicht mehr erinnern kannst, dann habe ich wohl keinen bleibenden Eindruck bei Dir hinterlassen.
Das mit dem Ganzkörper-Foto ist mir gerade nicht schlüssig. In der

Regel bleibt das Gesicht in Erinnerung und nicht der Körper. Und weißt Du, was? Du bist nur wenige Jahre älter als mein Sohn. Als ich auf Freizeiten war, musstest Du erst noch geboren werden. Von daher denke ich, dass Du Deine Such-Kriterien anpassen musst und in Deiner Altersklasse und nicht bei den alten Frauen suchen solltest. Liebe Grüße, Christina.»

*«Hi, mich stört Dein Alter überhaupt nicht. Du siehst nicht aus wie fast 50, und ich stehe auf ältere Frauen. Schon immer. Mich stressen die jungen Mädchen, die mich anhimmeln. Das sind viele. Ich würde mich gerne mit Dir austauschen, wie Du zum Beispiel über Sex vor der Ehe denkst usw. Findest Du mich eigentlich attraktiv? Du bist es sehr! LG Maronne.»*

«Hallo Maronne, mich stört das Alter gewaltig, denn wie gesagt, Du könntest mein Sohn sein. Denkst Du wirklich, eine reife Frau steht da drauf? (Auf einen so jungen Mann, meine ich.)

Zu dem Thema Sex werde ich nicht viel sagen, außer dass ich glaube, Gott möchte das in einem geschützten Rahmen wissen. Das wäre auch der Rahmen zum Austausch.

Ob du attraktiv bist oder nicht, spielt auch keine Rolle. Ich kann Dir empfehlen, dass Du für Deine zukünftige Frau betest. Denn Gott kennt ja Deinen Geschmack und Deine Vorlieben. Und falls diese Frau reifer sein soll, schenkt Dir Gott bestimmt eine, die ungefähr fünf Jahre älter ist, aber nicht 25 Jahre älter.

Aber was ich gerade auf Deinem Profil gelesen habe: Du studierst Psychologie und Theologie an der Uni B.? Kennst Du eine Silvia XXX, die ebenfalls dort an der Uni studiert, meines Wissens genau die gleichen Fächer? Ich glaube, ich kenne sie. Frag sie doch mal, ob sie sich an mich erinnern kann. Liebe Grüße, Christina.»

*«Hey, hey. Nein, eine Silvia mit diesem aparten Nachnamen kenne ich nicht. Ich wollte Dir nur mitteilen, dass das hier nicht ernst gemeint war und dass ich bloß Spaß gemacht habe. Liebe Grüße, Maronne.»*

«Hi Maronne, kein Problem, natürlich alles Spaß, schon gedacht! Schade, dass Du Silvia nicht kennst, ich war mir sicher, dass sie an derselben Uni die gleichen Fächer studiert. Aber macht ja nichts. So, ich gehe jetzt ein wenig chillen und Netflix schauen. Schönen Abend, Christina.»

*«Ach, diiiese Silvia, ja, die kenne ich doch. Ich werde sie fragen, ob sie Dich kennt. Ich bin auch gerade im Bett am Chillen. Es ist übrigens schön groß und warm. Also, es hätte genug Platz für zwei, falls du vorbeikommen willst. Ich warte!»*

«Hallo Maronne, wir hatten das doch geklärt mit den unterschiedlichen Bedürfnissen und dem Alter. Aber konntest Du Silvia mal anfragen? Vielleicht ist ihr Hirn ja besser als Deines und sie kennt mich, auch ohne Ganzkörper-Foto. Wünsche Dir einen schönen Tag, Segen für Dein Studium, Christina.»

*«Hi Christina, ich werde sie fragen. Ich vergesse es immer. Ich wollte Dich zwei, drei Sachen fragen. Also erstens: Magst Du mich nicht? Zweitens: Willst Du nichts mit mir zu tun haben? Und dann noch gerne eine dritte Frage. Ich denke, ich kann Dich so etwas fragen, ohne dass Du mich gleich verwirfst. Also: Ist es wahr, dass Frauen in Deinem Alter oft an Sex denken? Öfters als junge? Ich bin gespannt auf Deine Antwort.»*

«Hallo Maronne, Du bist ganz schön hartnäckig. Also, ich weiß nicht, ob ich Dich mag oder nicht, denn ich kenne Dich nicht. Und was soll ich mit Dir zu tun haben? Du wohnst in Deutschland, und ich nicht. Und zuletzt: Ich weiß nicht, wie oft Frauen in meinem Alter an Sex denken.

Ich bin nicht ‹Frauen›, und selbst wenn ich Dir diese Fragen beantworten könnte, würde ich das nicht tun. Denn ich habe Dir bereits gesagt, dass solche Gespräche nicht angebracht sind.

By the way, ist Dir Silvia jetzt mal über den Weg gelaufen, konntest Du sie fragen? So, ich werde jetzt den Haushalt schmeißen und meine Fenster putzen. Wünsche Dir Segen und Schutz, Christina.»

Es vergehen einige Tage, und ich denke schon, Maronne (der vor etlichen Jahren aus einen Französisch sprechenden Land nach Deutschland gezogen war) habe aufgegeben. Doch da meldet er sich erneut.

*«Hi Christina, ich war für einige Tage weg, zuerst Besuche bei Freunden, dann bei meinen Eltern. Nun geht es wieder los.*

*Ich würde Dir sehr gerne beim Putzen helfen. Klar würde ich Dir auch gerne zusehen. Aber es würde mir gefallen, wenn ich für Dich die Fenster machen könnte. Wenig bekleidet, oder gar nicht. Wie fändest Du das? Für Dich würde ich jeden Wunsch erfüllen, wenn ich nur dürfte. Liebe Grüße, Dein Maronne.»*

«Hallo Maronne, ich werde auf diese Zeilen nicht weiter eingehen. Denn sie sind es nicht wert. Ich frage Dich bereits seit beinahe zwei Wochen, ob du Silvia getroffen und gefragt hast. Aber davon kommt nie etwas. Wenn Du Dich in dieser Sache auch so ins Zeug legen würdest, fände ich das cool. LG, Christina.»

*«Stimmt, ich vergesse das immer. Aber ich werde sie heute noch fragen und mich melden. Schönes Wochenende, Maronne.»*

Es vergehen weitere fünf Tage, und ich beschließe ganz für mich, Maronne eine Lektion zu erteilen. Liebevoll, aber nachhaltig. So unglaublich es klingen mag, der Zufall will es nämlich, dass die besagte Silvia wahrscheinlich die zukünftige Schwiegertochter einer sehr guten Bekannten von mir ist. Ich bin mir zu 99% sicher, dass sie im gleichen Hörsaal sitzen muss wie Maronne. Man könnte sich eine solche Geschichte gar nicht selber ausdenken – das Leben schreibt sie selbst.

Da ich überzeugt bin, dass Gott noch was vorhat mit diesem jungen Mann, gehe ich auch davon aus, dass er diese Begegnung zugelassen hat und sie für den Studenten Maronne zu einer Lebensschule machen will. Ich hoffe, der junge Mann wird dann in Zukunft reflektierter auf Frauen zugehen.

«Guten Morgen, Maronne. Ich habe Dich nunmehr drei Wochen lang gefragt, ob Du Silvia kennst, und Dir ebenso lange Zeit gelassen, sie zu fragen, ob sie sich an mich erinnert. Da Du es nicht getan hast, möchte ich mich jetzt nicht mehr länger hinter dem Berg halten und Dir mitteilen, dass sie in sehr naher Beziehung steht zu einer sehr guten Bekannten von mir.

Mensch, Zufälle gibt es, gell?! Ja, die Welt ist ein Dorf! Und jetzt wird Silvia erfahren, dass Du eine Frau anmachst, die 25 Jahre älter ist als Du – und die sie sehr wohl kennt!

Mir ist bewusst, dass Dir das nun peinlich sein muss. Wie willst Du ihr jetzt erklären, dass und wie Du zu mir in Kontakt stehst?

Ich würde Dir gerne etwas Wichtiges auf Deinen Lebensweg mitgeben. Wenn Du Ohren hast, dann höre jetzt hin. Ich bin überzeugt, dass Gott noch etwas vorhat mit Dir. Dass er Dein Herz kennt und dass er ausräumen möchte, was sich da an störenden Elementen auftürmt. Er wird das liebevoll und geduldig tun – und nur, wenn Du ihm Dein Okay gibst dazu.

Ich denke nicht, dass es korrekt ist, wenn Du Frauen so anmachst und versuchst, sie in sexuelle Gespräche zu verwickeln! Du wirst besser wissen als ich, was Deine dahinterstehenden Absichten sind. Ansonsten wäre Deine zweite Frage nicht gewesen, wie ich über Sex vor der Ehe denke.

Wärst Du tatsächlich dafür zu haben gewesen? Schade! Sex ist heute zu einer Ware und einem Konsumgut verkommen, und ich kann Dir nur raten, auch wenn es jetzt nicht hip oder ‹normal› klingt: Konsumiere so wenig wie möglich von dieser Ware! Suche stattdessen Liebe! Ich tue es auch und will nichts anderes!

Falls Du jetzt sagst, dass Du nur aus Neugierde gefragt hast, dann stimmt das nicht, denn Du wolltest einige Tage später wissen, wie Frauen um die 50 Sex erleben. Und noch ein wenig später würdest du nackt für mich putzen. Merkst Du was? Dazu beteuerst Du, dass Du unbedingt eine ältere Frau haben möchtest, brauchst ein Foto von mir, machst mich an, obwohl ich Dich mehrmals auf mein Alter hinweise und sage, dass ich doppelt so alt bin wie Du. Und als ich Silvia ins Spiel bringe, ist plötzlich alles nur Spaß und nicht ernst gemeint gewesen.

Okay, Maronne, ich habe in den letzten Jahren so viel mit Männern und ihrer Anmacherei zu tun, da kriegt man natürlich Erfahrung. Und so habe ich Dich bereits mit Deiner ersten Frage von ‹einer Freizeit oder so› sofort enttarnt. Aber falls das jetzt nicht so gewesen wäre und ich es nicht gemerkt hätte, hättest Du jetzt leider eine Frau, die noch voller Hoffnung auf dieser Plattform ist, einfach nur veräppelt, um nicht zu sagen: ‹verarscht›. Du hättest mit ihren Gefühlen gespielt und Dir einfach einen Spaß daraus gemacht.

Ich finde beides nicht korrekt!

Das ist armselig. Einfach nur armselig.

Nun die Quintessenz daraus: Du hast ein Problem im sexuellen Bereich (und somit auch mit der Lüge) und solltest damit zu einem Berater, Therapeuten oder Seelsorger gehen. Denn falls Du das nicht tust, bist Du im falschen Studium – und werden Frauen früher oder später Dein ‹Verhängnis› werden. Oder sie werden umgekehrt mit gebrochenen Herzen dasitzen, weil Du nicht ‹sauber› bist.

Jetzt hast Du die Möglichkeit, Dich gut zu hinterfragen und zu reflektieren und auch ‹aufzuräumen›. Das müsste man von Dir mit Deinen 25 Jahren erwarten dürfen, Mann-o-Mann! Alles Gute, Christina.»

*«Liebe Christina, ich schäme mich abgrundtief! Ich hatte zu der Zeit eine Phase, in der mein Herz gebrochen war, und in der Zeit habe ich alles in mich hineingefressen. Meine Gedanken waren nicht klar! Ich war total entfernt von Gott. Ich weiß nicht, was ich sagen oder schreiben soll. Es tut mir von ganzem Herzen leid.*

*Ich weiß, dass ich es nicht mehr rückgängig machen kann, und ich weiß nicht, was in mich gefahren ist, dass ich solche Dinge schreiben konnte. Ich weiß nicht, wie ich mich entschuldigen kann. Mein Kopf und mein Herz waren einfach nur kalt zu dieser Zeit. Ich habe alles falsch gemacht, alles, einfach alles! Ich hoffe, Du vergibst mir das. Liebe Grüße, Maronne.»*

«Hallo Maronne, ja, Du hast wirklich alles falsch gemacht, und Du alleine weißt, ob es nur eine Phase war oder ob es eine veritable ‹Schwachstelle› ist von Dir (wovon ich ausgehe). Aber darum geht es mir nicht. Ich möchte Dir sagen, dass Jesus für alle unsere Vergehen und für unsere Schuld bezahlt hat. Das Geschehen vor 2000 Jahren dürfte Dir bekannt sein. Und wer bin ich, dass ich auf dieser Ebene nicht vergeben sollte? Gott hat auch mir so vieles vergeben müssen.

Ich bin froh, dass ich diesen Versuchungen und Verlockungen, mit denen ihr jungen Menschen (und gerade ihr Männer) heute konfrontiert seid, nicht ausgesetzt bin. Und ganz ehrlich, Gott sei Dank gab es keine Smartphones zu der Zeit, als ich zwanzig, fünfundzwanzig war. Da gab es sehr viel in meinem Leben, wofür ich mich abgrundtief schämen müsste. Gut, gab und gibt es da kein Zeugenmaterial. Also, schämen musst Du Dich nicht vor mir. Echt nicht. Wenn das Ganze Dir eine Lehre ist, bin ich mehr als froh. Dann ist alles gut! Liebe Grüße, Christina»

*«Liebe Christina, ich danke Dir für Deine Worte und Vergebung. Ich schäme mich noch immer sehr. Silvia wird immer schlecht von mir denken, wenn sie mich sieht. Mir ist alles so peinlich. Ich habe mich vor ein paar Tagen bei einem Freund gemeldet, und wir haben darüber gebetet. Ich war so dumm, und es tut mir leid. Danke für Deine Vergebung. Maronne.»*

«Lieber Maronne, Silvia wird nichts von Dir denken, weil sie davon wahrscheinlich gar nichts erfährt. Und Du musst jetzt auch nichts Größeres daraus machen, als es ist. Wir alle verfehlen ab und an das Ziel. Das ist noch nicht das große Drama. Wenn es Dir jetzt in Zukunft hilft, dass Du Dir zwei Mal überlegst, wie Du eine Frau ansprichst, hat sich alles gelohnt. Lass gut sein. Liebe Grüße, Christina.»

*«Ich weiß gar nicht, wie ich mich entschuldigen und zeigen kann, wie außerordentlich leid es mir tut. Ich musste weinen, so beschämt bin ich. Ich kenne mich so gar nicht. Deine Vergebung bedeutet mir gerade sehr viel. Du weißt gar nicht, wie viel! Bitte bete für mich. Maronne.»*

Maronne tut mir irgendwie wirklich leid, er wurde bei «etwas Peinlichem» ertappt. Schön finde ich, dass er sofort zu seinem Fehlverhalten steht und die Verantwortung dafür übernimmt. Er hat nichts beschönigt, und er hat nicht versucht, etwas zu vertuschen. Davon könnte sich manch einer eine Scheibe abschneiden!

Das war für mich eine der kurioseren Geschichten beim Online-Dating. Jetzt bin ich fünfzig Jahre auf diesem hochinteressanten Planeten und werde zum ersten Mal damit konfrontiert, dass ein 25-Jähriger nackt für mich die Wohnung putzen will. Und das unter dem Motto «Himmlisch-Plaudern»! Uff … Hoffen wir für ihn, dass er irgendwann die passende Partnerin findet. Und vorher noch ein schönes Stück reifer wird …

## 51 | Gebildeter Porsche-Lutheraner

*«Hallo hübsche Unbekannte … und frohe Ostern … auch wenn es kein normales Ostern wird. Verzeih mir bitte den holprigen Beginn, aber ich bin ein völliger Neuling hier.*

*Ich bin ein romantischer Abenteurer (oder abenteuerlicher Romantiker), der sich wieder nach Liebe, Wärme und Geborgenheit sehnt und die Liebe neu entdecken möchte. Das Leben ist zu zweit viel schöner. Abends zusammen einschlafen und morgens gemeinsam aufwachen, die Nähe des Anderen spüren und wissen, dass jetzt wieder jemand da ist. Dafür lohnt es sich, sich hier anzumelden. Mal schauen, was passiert. Nichts muss, alles kann.*

*Für mich ist das Glas immer halbvoll – egal, was passiert. Die Liebe ist das schönste Gut und tut so gut. Wer sehnt sich nicht nach ihr? Alles könnte so einfach sein, doch oft hat man Angst, sich wieder zu verlieben, denn jeder hat Enttäuschungen hinter sich. Es gibt für nichts kein Risiko, doch was gibt es für eine Alternative? Alleine zu sein?*

*Wenn Du Dich auf Schmetterlinge im Bauch freust; auf dieses Kribbeln, wenn man fühlt, dass etwas Großartiges zwischen zwei Menschen geschehen wird … wenn Du unbeirrt an die große Liebe glaubst und hier keinen One-Night-Stand suchst, sondern Deine vielleicht größte Liebe … wenn Du den Alltag mit viel Kommunikation und Kooperation zu schät-*

*zen weißt ... wenn Du Lust hast, mit mir Pferde zu stehlen, Fünfe auch mal gerade sein zu lassen und vor Lachen Muskelkater zu bekommen ... dann melde Dich und lass uns das Abenteuer beginnen!*

*Ich hoffe, dass ich Dein Interesse geweckt habe – denn Du hast sicher ein interessantes Profil, Dein Lächeln erwärmte mein Herz. Doch was ist schon das Geschriebene – es kommt doch am Ende immer auf die Ausstrahlung und Sympathie an.*

*Bis bald und liebe Grüße von Hans-Jürgen.*

*PS. Was den Glauben betrifft: Ich mag Martin Luther. Wie er sich gegen die Kirche und gegen das System aufgelehnt hat, bewundere und befürworte ich sehr.*

*PS. Nicht die Distanz in Kilometern ist entscheidend – sondern die Nähe der Herzen [Smile!]»*

«Lieber Hans-Jürgen, wow! Herzlichen Dank für Deine Zeilen. Ich mag es extrem, wenn Männer so schreiben. Und noch mehr, wenn es aussagekräftig ist! Also, ich finde nicht nur die Ausstrahlung und Sympathie wichtig, sondern schon auch das Geschriebene!

Denn ich finde, man kann in und zwischen den Zeilen sehr viel raushören oder rausfühlen, rausfinden, gerade über den Schreiber. Man merkt zum Beispiel, wenn die Zeilen mit Copy & Paste einfach lieblos kopiert wurden oder wenn sich jemand gerne selber liest etc.

Geht es Dir auch so?

Aber Du sagst, Du seist noch ziemlich neu hier. Dann hast Du vielleicht noch nicht so viele Kontakte gehabt, die Dir ein Feedback geben?! (Wobei ich Dich, laut Registrierdatum nach fünf Monaten, jetzt auch nicht mehr gerade als Frischling bezeichnen würde.)

Seit einigen Monaten bin ich dabei. Und habe schon so vieles gelesen und erlebt. Ich finde es eh mega interessant hier. Die meisten Männer machen kaum und höchstens spärlich Worte, drucksen ewig rum, stellen keine Fotos von sich ein.

Ich meinerseits tue es meist nach dem zweiten, dritten Kontakt, zeige dann weitere Bilder oder mein Bein-Tattoo, mit dem Resultat, dass mich mehr als die Hälfte gleich blockiert, ha ... Ich versuche, es nicht mehr persönlich zu nehmen. Wer mich auf meinen Körper reduziert, der sieht mit dem Herzen nicht gut. Der hat mich nicht verdient.

Wo Du recht hast, ist der Satz mit der Distanz und den Kilometern. Ich habe keine Angst vor Distanz. Ich vermute eh, dass mein Zukünftiger ein Deutscher oder Holländer sein wird. Da darf *frau* keine Angst haben! Zumal nicht vor Distanzen.

Martin Luther finde ich auch toll. Noch mehr beeindruckt mich seine Frau Katharina. Eine starke Frau war sie! Bist Du Lutheraner? Für mich ist und bleibt Jesus mein Leben, mein Zentrum und meine Gerechtigkeit, wie beschrieben …

So, wenn Du mir jetzt noch einmal einfach frei und frisch von der Leber weg erzählst, wer Du bist, wie Du bist und was Dich ausmacht, kann es schon sein, dass Du mich interessierst.

Vielleicht war unser ganzer Anfang holprig?!

Jedenfalls wünsche ich noch gesegnete Ostern. Ganz vorbei ist es ja noch nicht. Gute Nacht, und wer weiß, vielleicht bis bald … Liebe Grüße, Christina.»

Natürlich hat mich der gebildet-poetisch auftretende «Lutheraner» ohne weiteren Kommentar blockiert.

Warum? Beginnen wir vorne: Hans-Jürgen ist ein guter Schreiberling, fürwahr. Viel Bildung, viel Poesie, viel Schmalz. Aber seine Zeilen sagen wenig bis nichts aus über ihn. Und die Pointe: Er zeigt sich auf diversen Fotos mit seinem Porsche – mal nebendran, mal vornedran, mal innendrin. Ein Mann also, der offenkundig eine große Selbstliebe an den Tag legt und so auch die Damenwelt beeindrucken will. (Ob das mit einem Porsche bei den Damen dieser Welt immer hinhaut, weiß ich nicht. Bei mir funktioniert es nicht!)

Zweitens protzt der Mann ohne Ende. Und dieses Protzige gefällt meines Wissens eher wenigen Frauen: Golf als halber Lebensinhalt, Sport auf allen Ebenen, Ferien auf den Malediven (ja doch, nichts dagegen, aber so als Lockmittel ist das fürchterlich!). Und alles wird mit Sportfotos dokumentiert. (Ich kann inzwischen bezeugen: Männer – auch Hans-Jürgen! – zeigen sich uns Frauen extrem gern in Radlerhosen, als ob sie demonstrieren wollen, wie fit sie noch sind. Ich sage aber immer: Die Fotos in Radlerhosen sind mir dann doch lieber als die Fotos ganz ohne Bekleidung! Man kann ja alles erleben diesbezüglich …) Für solche Typen habe ich aber eh zu wenig Haare auf dem Kopf und auch nicht die richtige Haarfarbe! Und 90/60/90 kann ich auch nicht bieten.

Drittens war mir sofort klar, dass Hans-Jürgen nicht nur mir, sondern *vielen* Frauen schreibt (was ja weiter nicht schlimm, sondern auf diesen Plattformen durchaus legitim und normal ist!) – und zwar mit größter Sicherheit jedes Mal mit den beinahe identischen Text-Modulen. So etwas merkt man mit der Zeit, ich nenne es: Intuition.

Gleichzeitig schreibt er, er sei ein absoluter Neuling hier. Das bringt ihm natürlich sofort weibliche Sympathien ein, stimmt aber leider nicht. Für einen «Neuling» hat er viel zu viele Lächeln-Emojis und Blumen im Profil (das ist für jede Frau und jedermann sofort ersichtlich). Ich empfand seine Anfrage als nicht sehr ernst gemeint, sondern wusste sogleich, dass er allen Damen das Gleiche schreibt … Und ich wusste auch: Er ist nicht «echt».

Und genau deswegen nahm ich meine Bemerkung übers «Copy & Paste» in meine Mail rein – und wusste auch, dass er mich in der Folge blockieren wird. Man(n) wird ja nicht gerne ertappt … Meine Antwort war leicht provozierend, was er sogleich merkte – und sich folglich aus dem Staub machte.

Mit jedem «1», das unter «Himmlisch-Plaudern» bei dem Briefumschlag oben links auf dem Bildschirm aufleuchtet, keimen Neugierde und auch Hoffnung auf. Denn diese «1» bedeutet, dass man eine Nachricht erhalten hat! Man reagiert vor allem dann sehr stark darauf, wenn man wieder einige Wochen oder Monate auf der Plattform gewesen ist und inzwischen gar nichts mehr läuft. Es kommen kaum noch neue Anmeldungen hinzu, und somit fehlen die «Interessenten» und potenziellen Partner. Und wenig überraschend wird man unruhig und ungeduldig. Dann aber blinkt sie auf, die «1», und man fragt sich unweigerlich, ob hier nun endlich *«Der, welcher!»* anklopft.

## 52 | Mimmo, Süditaliener mit Charme

*«Hallo, Frau bunt. Meine Telefonnummer ist: 079 xxx xx xx. Ich möchte Dich treffen. Kannst Du anrufen? Mimmo.»*

«Hallo Mimmo. Ich werde nicht anrufen. Für mich ist es wichtig, vorab einige Dinge zu wissen. Vielleicht gibt es ein paar kurze Worte zu Dir, ansonsten wünsche ich Dir eine gesegnete und beschützte Zeit. Che Dio ti benedica. Liebe Grüße, Christina.»

*«Hallo Christina, danke für Deine Antwort. Ich komme gerade von Arbeit. Habe Sitzungen gehabt.*

*Ja, stimmt, ein paar Worte ist schon wichtig am Anfang zu wissen, ob es kann passen, aber es genügt nicht. Wenn Du möchtest und Zeit hast, würde Dich sehr gerne treffen für ein Kaffe so haben wir ein bisschen Zeit uns kennenlernen. Live und persönlich reden finde ich viel mehr und interessant und vor allem respektvoll. Ich hätte diese Wochenende frei, falls Du willst am Samstag oder Sonntag, können wir uns treffen, ich bin mobil und habe kein Problem irgendwo zu fahren. Ist für Dich ok? Machst mir ein Vorschlag? Dio benedica anche te con la potenza del suo Amore! Mimmo.»*

«Ciao Mimmo, danke für Deine Zeilen. Wenn ich ehrlich bin, würde ich gerne ein bisschen mehr wissen. Bevor wir vielleicht Zeit ‹verschwenden› und uns treffen.

Es gibt so gewisse Dinge, ‹No-Go's›, die ich habe und Du sicher auch; Dinge, die wir vielleicht im Vorfeld klären könnten. Ich weiß, das ist mühsam. Vor allem für Dich. Männer schreiben halt nicht so gerne. Kannst Du mir trotzdem etwas mehr erzählen über Dich?

Warst Du verheiratet? Wie lange? Wie lange bist Du Single? Und wie lange lebst Du in der Schweiz? Von wo kommst Du? Rauchst Du? Wie stehst Du zum Glauben, und besuchst Du eine Kirche? Haha. Schlimmer als die Carabinieri, gell! Scusa!

Es geht mir einfach darum, Dich ein wenig ‹zu spüren›. Mir ist klar, dass danach ein Kaffee sinnvoll ist. Aber wie gesagt, ich brauche das. Hast Du übrigens verstanden, dass ich tätowiert bin? Und zwar stark! Das mögen Italiener oft nicht so sehr ... Könnte ein ‹No-Go› sein für Dich.

Ja, das sind mal so die wichtigsten Fragen. Ich wünsche Dir eine gute Nacht. Christina.»

«Ok, ich komme Dich ein bisschen entgegen, vielleicht kannst Du Dich entscheiden, mich nicht mehr zu treffen.

Ist auch ok. Ist schon gut. Ich spüre die Leute live und mag nicht sich versteckt hinter Romanbrief ... Sich live treffen bedeutet das man Zeit sparen kann (falls Chemie nicht stimmt), aber nur ist meiner Meinung.

Ich bin über zwanzig Jahre verheiratet gewesen, bin geschieden seit 7 Jahren, habe drei erwachsen Töchtern die ausgezogen sind (und selbständig, alle in Ausland).

Ich bin 51, wohne allein jetzt. Ich komme ursprünglich aus Italien, lebe über 20 Jahre in Schweiz, ich bin auch Schweizer.

Ja ich rauche gerne und mag Alkohol, aber Drogen nicht. Ich mag Tattoo (habe auch 6), mache ich Sport und Musik, mag Natur, Sonne, Strand und Meer.

Ich bin sehr spirituell und habe Verbindung zu Gott, besuche keine Chiesa und gehöre nicht mehr in die Chiesa. Chiesa ist für mich gestorben. Ich wollte aber einmal Priester werdn.

Seit vielen Jahren versuche ich gesund leben. Dieser Lebensentscheid ist mir das Wichtigste! Noch vor Glauben.

Ich suche keine Sex oder so oder Abenteuer, ich hoffe das ich eine Frau treffen kann die auf meinen gleichen Level von innere Werte sich bewegen kann. Denke für jetzt ist genug. Gute Nacht.»

«Guten Morgen, Mimmo! Danke sehr für Deine ausgiebige Auskunft. Ich schätze das sehr! Grazie. So sind wir Frauen und Männer einfach unterschiedlich, und die Bedürfnisse sind eben anders. Danke, dass Du das berücksichtigen konntest.

Ich möchte Dir mitteilen, weshalb ich weiß, dass Du *nicht* mein Mann bist. Du bist Italiener, der ‹erst› etwa 20 Jahre hier lebt. Du bist kein Secondo. Und Du wirst meine Geschichte verstehen. Sie geht so:

Ich war 23 Jahre lang zumeist sehr glücklich mit einem Süditaliener verheiratet. Er ist ein großartiger Mann, und er hat das Leben von mir über lange Zeit hinweg sehr geprägt. Aber dann begann er zu leiden, mehr noch: Seine Seele brannte. Weshalb? Nostalgie. (Ich rede nicht von ein bisschen Heimweh!) Und die Schweiz gefiel ihm immer weniger. Obwohl wir zwei Mal pro Jahr zur Nonna, zu seiner famiglia al sua terra fuhren, vermisste er plötzlich seine Heimat immer mehr. Es hat ihn förmlich zerrissen …

Das Ende vom Lied ist, dass wir seit Valentinstag 2019 geschieden sind. Es hat mich zerstört, denn ich habe ihn über alles geliebt. Er war mein Leben. Ach, es ist so, so traurig.

Ich habe mich nach der Scheidung festgelegt! (Was man nicht tun sollte): Kein Süditaliener mehr (schon gar keiner, der nicht hier geboren ist).

Ich finde Deine Einstellung übrigens interessant. Das Spirituelle suchen und gesund leben. Es ist toll, dass Menschen endlich beginnen, sich um Nachhaltigkeit und die Umwelt zu kümmern, wie sie es doch verdient hat!

Bitte sei mir nicht böse, aber wir sind nicht füreinander gemacht. Dennoch wünsche ich Dir von ganzem Herzen, dass Du eine tolle Frau kennenlernen kannst. Eine, die Deine Ideale teilt und Dich glücklich macht. Liebe Grüße, Christina.»

*«Guten Morgen, Christina. Alles klar. Ich respektiere Deine Meinung, aber weiß Du … nicht alle Suditaliener sind gleich, ich habe keine Heimweh, keine Sensucht auf Italien oder auf Nonna, und keine Wille nach Italien zurückgehen … Mein Leben ist hier in der Schweiz! Aber siehst Du … Du hast mir vielleicht ein bisschen oberflächlich anders beurteilt*

*... Ist aber ok. Ich wünsche Dir auch viel Glück und alles Gute, ich bin nicht böse ... :-) machst Du Dich keine Sorge. Non ti preoccupare. Che Dio ti benedica. Pace a te. Bye, Mimmo.»*

«Nein, lieber Mimmo, da ist keine Sorge! Gott sei Dank sind nicht alle Süditaliener gleich! Das kannst Du mir glauben oder nicht: Das weiß ich sogar:-) ... Ich habe Dich gar nicht beurteilt, ich habe Dir nur zu erklären versucht, was *meine* Festlegungen sind. Es freut mich, dass Du Dich hier wohlfühlst. Viel Glück. Schönen Abend, Christina.»

*«Weißt Du, Christina, es gibt auch Freundschaften und nicht nur Liebe. Wir hätten können auch das machen. Aber ist schon gut! Ciao. Mimmo.»*

Oh! Es gibt bei dem wirklich netten und mir durchaus sympathischen Mimmo sehr, sehr viele Parallelen zu den Redensarten meines Ex-Mannes. Ich kann selbstverständlich nicht anders, als mich genauso zu fühlen, als ob mein Ex mit mir spricht. Aber nicht das ist der ausschlaggebende Punkt, weshalb ich Mimmo nicht in Betracht ziehe. Er ist «nur spirituell», mit der Kirche hat er gebrochen, der Glaube ist ihm nicht mehr besonders wichtig (ich habe ihn gegoogelt). Und er ist Raucher. War ich ja früher auch, mag ich aber nicht mehr. Und hey, ich sage mit Stolz: Ich habe gelernt, zu mir und meinen Bedürfnissen zu stehen. Viel mehr schon als zu Beginn dieses Online-Dating-Abenteuers!

## 53 | Firefox, die Dritte

Mögt ihr noch ein weiteres, aber letztes Mal den Inputs von Firefox folgen?

*«Du bist gut. Gebe Dir meine vorstellung grad jetzt nach dem lesen, ... war unsicher ob ich es zum x-ten mal lese und grad vergessen sollte. Wenige schreiben da sowas. Die angst ver...t zu werden ist da, gebt euch keine mühe, nur der gute siegt, sorry die gute!*

*Bin alt und leider nicht ganz zufrieden. Meine ex hat mich geweckt,* und so ganz bin ich nicht wieder normal, geschockt ob der gewalt. Habe mir gerade mal überlegt mit dem verstand das herz zu schützen, also nicht alle prinzipien zu vergessen um eine beziehung starten zu können, die dann halt enden ‹muss› und es kracht.

Deine mutige ehrliche guter sex erwähnun kann ich nicht so einfach beschreiben. Noten mache ich keine und lehrer? Kritik ist sicher erlaubt, passiv oder einseitig oder agressiv oder schmerzvoll oder komisch entäuschend, schlecht ist aber nur den andern zu verstossen und sagen er sei schlecht im bett.

Ich bin etwas gescheitert im leben, kein vermögen und kein berufsleben und oft überfordert! Das mit mir und Dir (?) ist aber glaube ich gut und zu verbessern bei diskussionen und der rest der welt hat die große rolle genau auch. Gibt sogar die menge in der man lebt das ok zum paar!?

Beim lesen habe ich an eine frau gedacht, die mich sehr sympatisch dünkt und die ich liebe. Ich mag falsch liegen und mein problem mit den wünschen und gefühlen halt stören. Bist es Du bin ich umso fröhlicher so zu lesen und zu denken. Ein bisschen denke ich auch an ein kontakt wie anonym und doch bekannt!

Ich kann mich nicht groß beschreiben, nur halt meine momente mit großer bedeutung in der jugend. Schule, Kirchengruppe, Lager und Begegnungen im Wochenende oder ernster. So denke ich ist man von Göttin zusammengeführt und verbunden und sicher und glücklich. Wie Du reagierst und wirkst und konstant bist.

Ich wäre froh um die gute behandlung mit meinen schwächen, punkto eigentum oder verständigung. Das kaputtmachen verhindern … es geschehen wunder bei Göttin!

Bist Du zufrieden mit einem nichtraucher, groß und haarig. Nicht mehr so kräftig da nur noch halbjung. Dein text war vielleicht nicht ganz alles gesagt, bin selber ziemlich gemein im kopf und den ‹beinen› kurzzeitig. Du bist wohl ein wenig angeschrieben oder unweiblich, bin auch verletzt.

Habe mut und hoffe auf zeit zum genießen und uns zu lebendigen Guten zu verwandeln.

*Du schreibst mir und ich danke und bete gegen mein misstrauen!*
*Mein Name ist Nino und ich liebe dich.»*

«Lieber Nino, danke für Deine starken Worte. Ich bin zur Zeit gerade dabei, jemanden kennenzulernen. Da hat natürlich kein anderer Mann Platz im Moment. Ich hoffe, Du verstehst das. Ich werde mein Profil wahrscheinlich nächstens löschen. Ich hoffe, Du findest Deine Frau. Gesundheit und Gottes Schutz, Christina.»

Manchmal muss ich schon schmunzeln, wenn ich allein schon nur die Spitznamen auf der Plattform lese. Ich frage mich oft, wie die Männer ihre Namen auswählen. Siehe die nächste Geschichte. Ich erfahre von Alex im Verlauf unseres Treffens, dass er sehr gerne kocht. Ich denke, daher kommt sein Spitzname. Alex ist ein großer, stattlicher, eher rotblonder Mann (man nennt diese Haarfarbe wohl «Ginger»). Eigentlich gefallen mir dunkle Typen besser, aber er scheint ein sehr gutaussehender und gepflegter Mann zu sein. Ich bin gespannt, was kommt.

## 54 | Weichkäse kann erotisch kochen

*«Hallo Frau bunt. Interessante Frau. Ich bin zur Zeit wohl gar nicht so weit entfernt von Dir, aber ob eine Fernbeziehung zwischen Süddeutschland und Graubünden funktioniert? Dein Profil ist aber sehr außergewöhnlich und ansprechend, und wieso soll man sich nicht näher kennenlernen? Man sagt ja, Liebe überwindet alle Grenzen? Liebe Grüße, Alex.»*

«Hallo Alex, danke für Deine Zeilen. Ich habe überhaupt keine Idee, ob eine Fernbeziehung zwischen dem Süden Germanys und Graubünden funktionieren kann. So aus dem Bauch heraus würde ich sagen, zuerst muss die Beziehung zwischen beiden Menschen funktionieren. Ich glaube auch, dass Liebe immer einen Weg findet. Denn überhaupt Liebe zu finden und dann noch echte, aufrichtige Liebe, das ist besser als ein Sechser im Lotto. Jedenfalls für mich.

Ich war im Profil sehr transparent und kann nicht mehr als warnen, dass ich sehr bunt bin und nicht jedermanns Geschmack. Also, bitte fühl Dich frei! Liebe Grüße, Christina.»

*«Oh, ich mag bunte Persönlichkeiten. Da bin ich aber direkt fad oder im Moment eher rot wie ein Krebs. Zuviel Sonne abbekommen und Sonnencreme nur beim Sohn verwendet.*

*Wie viele Söhne hast Du? Ich habe einen 16-jährigen und zwei ältere Tochter. Wobei die Töchter schon ausgezogen sind. Die mittlere Tochter macht eine Hotelfachschule, weil auch ich so gerne bewirte, betreue und bekoche. Das kommt Deinem Wunsch entgegen. Kirchlich bin ich nicht mehr so sehr unterwegs. Ich bin in einer Freikirche im Glauben unterrichtet und getauft worden, darum ist die Bibel für mich kein Buch mit sieben Siegeln. Aber ich möchte mit der Kirche nichts mehr zu tun haben. Ich schaue jedoch sehr gerne ⟨Bibel TV⟩. Übrigens stehen Dir graue Haare super. Ich finde Dich mega heiß. Liebe Grüße, Alex.»*

«Ha! Du hast bei mir einen Triggerpunkt gefunden! Nicht den mit den grauen Haaren – danke fürs Kompliment. Ja, ich bin sehr dankbar, endlich zu mir stehen zu können. Mit allem, was ich bin und wie ich bin.

Nein, ich meine Deine Aussage zum Glauben bzw. vielleicht Deinem ⟨Nichtglauben⟩ (eher Nicht-Kirche). Oder sicher zu Deinem anerzogenen Glauben. Mega spannend!

Wie es scheint, bist Du ⟨gläubig⟩ aufgewachsen. Und weil wir etwa gleich alt sind, stelle ich mir vor, dass es sehr gesetzlich, eng und nicht gerade faszinierend war.

Ich bin in den 80er Jahren christlich aufgewachsen – in einer sehr gesetzlichen Gemeinschaft. Nun habe ich vor knapp fünf Jahren den ganzen Themenbereich ⟨Gnade⟩ kennengelernt. Ich kann Dir sagen, dass ich sehr skeptisch war, aber ich kann Dir auch berichten, dass ich so frei wurde und bin wie noch nie zuvor! Und ich meine nicht, frei zu sündigen, bestimmt nicht. Das wird einem ja gerne nachgesagt, wenn man von Gnade spricht.

Die Beziehung zu Jesus hat bei mir eine Tiefe erreicht, die ich mir in den fünfzehn Jahren zuvor nur wünschen und erträumen konnte. (Bis zum dreißigsten Lebensjahr wollte ich mit Gott und Glauben gar nichts mehr zu tun haben.)

Ja, ich bin auch so frei, mich zum Beispiel tätowieren zu lassen. Eine spezielle Entscheidung, gewiss. Aber ich weiß, dass ich durch Christus gerecht gesprochen bin und ich nichts tun oder lassen kann, das mich besser oder schlechter macht! Ich bin immer geliebt, angenommen und gerecht. (Nicht sündlos, das sage ich nicht!)

Dies zu wissen, macht frei! Zu glauben, dass ich keine Gesetze mehr einhalten muss! Abgesehen davon war ich nie erfolgreich darin. Sondern war mir immer nur meiner Sünden und Fehler, aber nie der Gnade und Liebe Gottes bewusst!

Es kann durchaus sein, dass Dir diese Gedanken jetzt missfallen. Oder dass sie Dich gar abstoßen. Ich weiß, wie sehr mich gewisse Christen mit ihrem Gelaber genervt haben. Aber ich möchte dazu noch sagen, dass ich jahrzehntelang mit einem eher ‹ungläubigen› Mann zusammen war – und der Glaube stand doch nie zwischen uns!

Der Glaube, mein Glaube, ist persönlich, aber mein Wunsch, ihn dieses Mal zu teilen, ist natürlich da. Jesus bedeutet mir alles, und ich würde ihn nie betrüben wollen. Aber ich bin ihm dankbar, dass ich mein Leben genießen und frei gestalten darf, freie Entscheidungen treffen darf, wie es mein Gewissen zulässt. Unabhängig von den Meinungen anderer! Und: Mit Kirche habe ich es übrigens auch nicht so.

Du bist vielleicht nicht bunt, aber bestimmt nicht fade! Das haben mir Deine wenigen Sätze bereits gezeigt! Du hast doch eine Vergangenheit, eben gerade: christlich aufgewachsen, Du bist geschieden und hast drei Kinder, die ins Erwachsenenalter übertreten. Da ist doch ganz viel Geschichte dahinter! Würde gerne mehr davon erfahren, wenn Du magst …

Meine Jungs sind 15 und 19. Der Große hat soeben die Teilprüfung zum Mechatroniker bestanden! Hat er mir vorhin mitgeteilt. Der jüngere will dann mal zur Polizei …

Die Tochter Hotelfachschule, Du Hobby-Koch, mhm, Du hast mein

Profil aufmerksam gelesen. Ja, ich würde auch in diesem Bereich der Geschmäcker und des Essens sehr, sehr gerne Neues entdecken und mit allen Sinnen genießen! Und ich stelle es mir sehr spannend und schön vor, in der Zukunft mit einem Partner zu kochen – oder sogar mal von ihm bekocht zu werden.

Erst mal so viel von mir. Ich hoffe, ich erschlage Dich nicht damit. Liebe Grüße, Christina.»

*«Uh, das ist aber viel, was Du da erzählt hast. Also gesetzliche Gemeinden kenne ich nicht. Dafür Konfirmandenunterricht – da war ich dabei. Darum ist mir das Biblische nicht so fern. Obwohl ich den Inhalt heute mehr als Lebensanleitung und Weisheits-Sammlung anschaue denn als ‹Pflicht›, danach zu leben. Es wird so vieles ausgesagt, was heute noch wichtig ist und immer wichtig sein wird, wenn wir zusammen leben und überleben wollen.*

*Zumindest von einer gewissen Seite des Lebens bin ich durchaus im sündigen Bereich: Ich esse viel zu viel und viel zu gut. Essen ist eben etwas, das in meinem Leben wichtig ist.*

*Heute habe ich ausgeschlafen. Hättest Du spontan Zeit und Lust auf ein Treffen mit mir? Ich finde Dich sehr anziehend und interessant. Meine Telefonnummer ist: xxx. Ich wünsche Dir einen schönen Abend, Alex.»*

«Hallo Alex, ich hatte schon befürchtet, es könnte zu viel sein. Sorry.

Ist es nicht schön zu wissen, dass Gott Freude hat, wenn wir uns freuen an allen Dingen?! Du hast anscheinend eine gute Einstellung zu allem gefunden. Es muss stimmen für Dich.

Ich werde Deine Nummer später bei WhatsApp hinzufügen, und dann verabreden wir uns. Ja! Ich habe Zeit und total viel Lust darauf, Dich zu treffen. Gerne an einem neutralen Ort. Aber das besprechen wir dann. Ha! Wie spannend! Liebe Grüße und auf bald, Christina.»

Wir verabreden uns für den übernächsten Tag und haben in Landquart einen Treffpunkt im Auge. Ich habe ihm von Anfang an gesagt, dass ich zwei Stunden Zeit habe. Er findet das auch gut, denn er möchte nicht allzu lange von seinem Sohn weg sein.

Er wartet bereits am Gleis, als mein Zug einfährt. Ich bin überhaupt nicht nervös, sondern total ruhig. Ich weiß nicht, ob es so ist, weil ich bereits nicht mehr daran glaube, dass ich meinen Zukünftigen so finde, oder weil ich gar keine Erwartungen mehr habe. Der erste Eindruck ist nett. Wir gehen aufeinander zu, um uns mit einer lockeren Umarmung zu begrüßen. Er ist groß, sehr gut gekleidet und riecht auch gut.

Aber als er lächelt, erschrecke ich. Seine Zähne sind nicht nur sehr schräg und sein Gebiss weist nicht nur einige Lücken auf, seine Zähne sind auch sehr ungepflegt und von vielen Einschlägen gezeichnet – wie ein Wald nach einem schweren Sturm. Das hatte ich nicht erwartet! Er sieht blendend aus. Bis er lächelt. Krass!

Und natürlich muss ich unentwegt «dahin» schauen.

Nichtsdestotrotz unterhalten wir uns sehr nett. Er erzählt von unendlich vielen Rezepten: wie man richtig würzt, was einen Kuchen saftig oder eine Sauce cremig macht. Er erzählt, wie erotisch das Essen und schon die Zubereitung sein können.

Ich muss lachen. «Kochen ist für mich alles andere als erotisch!» Er verspricht: Wenn wir zusammen kochen, wird er mich eines Besseren belehren. Natürlich möchte ich mir das gar nicht näher vorstellen …

Er erzählt vom Sport. Dass er viel und gerne wandert. Dass er sehr ausdauernd ist und schwierige Gelände mag. Dass er stundenlange Touren macht, diese jedoch nicht immer nur zum Spaß, sondern um sich an die Grenzen zu pushen.

Wir spazieren einen ruhigen Weg entlang, zwischen Wiesen und Bäumen, und jedes Mal, wenn Biker an uns vorbeidüsen, schaut er ihnen nach und widmet ihnen die vollste Aufmerksamkeit. Er weiß über jedes Fahrrad-Modell etwas zu berichten. Wie die Gänge funktionieren und die Bremsen eingestellt werden müssen.

Ich merke je länger je mehr, dass wir nichts gemeinsam haben. Und bin sehr dankbar, dass ich als Limit zuvor die zwei Stunden festgelegt habe!

Ich spreche noch den Glauben an. «Weshalb suchst Du auf ‹Himmlisch-Plaudern›, wenn Du eigentlich nichts mit dem Glauben am Hut hast?» Darauf erwidert er:

*«Ich habe nach Jahren der Pause begonnen, Bibel TV zu schauen, und dort tolle Frauen und Christinnen gesehen. Der Wunsch wurde in mir wieder groß, eine solche Frau kennenzulernen. Sie haben noch Werte und ein Verhalten, wie es kaum noch im Trend ist. Darum. Aber auch, weil es gratis ist und Parship oder Elite Partner viel zu teuer sind.»*

Mir ist ja bereits vorher bewusst, dass er nicht mein Mann ist. Trotzdem verspüre ich «Stiche» im Herz. Wieder habe ich Zeit investiert und vielleicht trotzdem ein klein wenig Hoffnung oder Erwartungen gehabt. Auch wenn ich dachte, dass ich inzwischen ganz locker sei. Ich frage mich einfach: Wo ist mein Mann? Es kann doch nicht sein, dass schon über eineinhalb Jahren vergangen sind, und das ohne jegliche Resultate?
Bis jetzt steht unterm Strich nur eines: Frust!

Er bringt mich zum Zug. Kurze Umarmung und: «Wir hören voneinander.» Ich warte vergeblich auf eine WhatsApp-Nachricht oder ein Zeichen auf «Himmlisch-Plaudern». Ich melde mich auch nicht. Völlig befremdlich. Keinerlei Feedback zu unserem Treffen. Nichts. Nichts darüber, wie er es fand, was er denkt oder wie es für ihn war. Was macht es so schwer, einfach noch einige Worte zu schreiben?

Das Gefühl, dass da gar nichts mehr kommt, ist befremdend und ernüchternd. Ich glaube gar nicht mehr daran, dass noch einige Zeilen kommen werden. Aber da habe ich mich doch noch getäuscht. Nach vierzehn Tagen kommt ein kurzes Statement. Er findet das «ehrlicher»!

*«Hallo Christina. Es ist schön, Menschen kennenzulernen, aber ich glaube, die Distanz ist zu groß. Ich wünsche Dir alles Gute für Deine Suche und für Dein Leben. Ich will Dir keine Hoffnungen machen, die ich nicht erfüllen kann, darum ist das ehrlicher. Liebe Grüße, Alex.»*

«Wunderbar, da spricht doch nichts dagegen! Auch Dir ganz viel Glück. Christina.»

## 55 | Morty scrollt und belehrt

Auch «sehr nett», die Zeilen von Morty. Ich werde nie verstehen, weshalb viele Menschen offenbar stundenlang und tagelang durchs World Wide Web surfen und danach suchen, wen sie korrigieren können.

Morty ist so einer. Anstatt weiterzuscrollen, fühlt er sich berufen, mir folgende Message zukommen zu lassen, weil er wohl besorgt ist über mein Verhalten.

Schon fast sympathisch ist der Link, den er mir mitschickt, dank dem ich einen Artikel lesen darf, der beweisen soll, dass Zumba vom Teufel stammt.

«Die Kirche von Chris Martin» wird mit Sicherheit vom Heiligen Geist inspiriert sein ... Tja, unglaublich!

*«Hi Du, eine kleine Info für Dich. Vielleicht bin ich so ein gesetzlicher Christ, aber Zumba ist doch von Satan, und ich hoffe, dass Du Deine gelebte Sexualität in der Ehe auslebst. Gute Nacht, Morty.»*

*https://thechurchofchrismartin.wordpress.com/2012/10/26/445/*

«Lieber Morty, danke für Deine Zeilen. Erwartest Du eine Antwort, oder wolltest Du mir einfach Deine Gedanken mitteilen? Wünsche auch Dir eine gute Nacht. Christina.»

*«Liebe Christina, Erwartungen hatte ich keine, es ging mir darum, Dir meine Gedanken mitzuteilen. Der Heilige Geist soll Dir den richtigen Weg zeigen. Liebe Grüße, Morty.»*

Good Golly, Miss Molly! Also, diese Zeilen erheitern mich außerordentlich. Ich bin mir nicht sicher, ob sie tatsächlich ernst gemeint waren. Dass

Menschen jedoch glauben, dass Zumba und das Tanzen generell eine Idee vom Teufel seien, doch-doch, das weiß ich natürlich. Aber der Link zu «Chris Martins Kirche», das ist der Brüller. (Chris Martin ist der Frontmann der englischen Band «Coldplay».) Darüber hinaus macht sich Morty noch mehr Gedanken und wünscht mir die Führung des Heiligen Geistes (ein Wunsch und Segen, den ich normalerweise sehr schätze! Aber hier? …) . Nach zig Mal lesen muss ich sagen: Ich kann mich kaum mehr halten vor Lachen! Ich finde diese kurze Begegnung die lustigste ever.

Und doch bleibt die Frage: War es ernst gemeint oder «Verarsche»? Ich hoffe Letzteres. Aber köstlich!

## 56 | **Fynn von der Besserwisser-Front**

Ähnliches will mir «SilvesterAlone» mitteilen. Sehr gehässig, der Typ, richtend und ein Besserwisser, wie er im Buche steht. Anstatt von erneuten Beleidigungen und Belehrungen träume ich meinerseits aber natürlich von (m)einem Mann.

Erneut neigt sich ein weiteres Dating-Jahr beinahe dem Ende zu. So schnell vergehen zwei Jahre! Ohne weiteren Erfolg, und ohne einen Mann am Horizont. Aber ich will nicht vergessen, vielleicht bin ich nur einen Mausklick von einem Date oder meiner großen Liebe entfernt? Wer weiß das schon?

Tadaaa, da schreibt mich wieder einer an. Schön, denke ich. Aber dann dies:

*«Hallo Frau bunt. Wenn Du tatsächlich Christin wärst, dann wüsstest Du, dass Du Dich nicht scheiden lassen durftest! Und schon gar nicht darfst Du ein zweites Mal heiraten! Das ist klar Sünde. Und wer Dich heiratet, begeht Ehebruch. Du musst enthaltsam leben und Buße tun über die Sünde der Scheidung! Fynn.»*

Mein Herz klopft. Natürlich nicht aus Freude, sondern weil ich mich frage, ob es tatsächlich solch gemeine, richtende, verurteilende, lieblose und gesetzliche fromme Menschen gibt?! Und wenn das «fundamentalistisch» ist, wer will dann so sein oder so werden?

Fynn bekommt von mir keine Reaktion, denn einer solchen ist er nicht würdig. Eigentlich ist einer wie er auch gar nicht der Rede wert. Aber ich finde es wichtig, dass man weiß, wie manche Christen über einen Bruder, eine Schwester oder überhaupt über ihre Mitmenschen richten und urteilen. Wie sie sich zur Zurechtweisung berufen fühlen und über allem und jedem zu stehen meinen. Wie traurig. Denn an der Liebe sollte man Christen erkennen. Oder man erkennt sie überhaupt nicht.

Wo Menschen ohne Liebe derart über andere herziehen, erkennt man stattdessen ganz anderes: den Heuchler, den Pharisäer, den Scheinheiligen. Nicht meine Welt.

## 57 | Keine Reflexion, Robert schaut nach vorn!

*«Erst einmal ein herzliches Hallo, Dein Profiltext hat mich neugierig gemacht. Die hin und her Schreiberei ist aber nicht mein Ding. Wenn Du willst, können wir auch über whatsapp telefonieren: xxx. Liebe Grüße aus Baden-Württemberg, Nähe Stuttgart, Robert.»*

«Hallo Robert, dankeschön für Deine Nachricht. Und für die Nummer. Du hast recht, ich bin interessant. Deine Neugierde ist also berechtigt! Ich verstehe, dass die Schreiberei nicht so Dein Ding ist … Aber ist es dennoch okay, wenn wir ein paar grundlegende Dinge doch vorher noch schriftlich klären können?

Ich würde auch gerne ein Bild von Dir sehen und wissen, mit wem ich schreibe oder telefoniere. Ansonsten habe ich das Gefühl, dass ich sehr transparent bin, Du jedoch ‹im Dunkeln› bleibst. Wenn Du magst, schreibe mir doch eine Mail auf XXX, aber bitte fühle Dich frei. Wünsche Dir einen schönen Tag und Gottes Segen, Christina.»

*«Hallo Christina, hier ein Foto von dem müden Robert.»*

Robert ist äußerlich überhaupt nicht mein Typ. Und dennoch: Ich weiß auch nicht, weshalb, aber ich kann ihn nicht einfach so «abservieren». Männer haben damit gar keine Probleme und keinerlei Skrupel. Sie lassen eine Frau ohne Weiteres mal ohne ein nettes Wort zum «Abschied» im Regen stehen. Die meisten buhlen ein wenig um Sympathie, aber sobald es nicht nach ihrem Gusto läuft, ist die «Sache gegessen» und frau bereits ad acta gelegt – und der Anstand auch ...

Darum schreibe ich ihm noch einige Zeilen, weil ich anders bin und niemanden nur wegen dem Äußeren ignorieren oder gar blockieren will.

«Hi Robert, danke dafür! Dann hattest Du wohl einen anstrengenden Tag? Möchtest Du mir einige ‹Eckdaten› zu Dir geben?

Ich sehe im Profil, dass Du nur getrennt lebst. Ich weiß, dass es in Deutschland anders ist als in der Schweiz, aber manchmal ist ‹getrennt› ja so: noch viel zu regeln, Altlasten. ‹Getrennt› ist für mich problematisch, um nicht zu sagen: fast unmöglich ...

Hast Du erwachsene Kinder? Wie viele? Ich habe einen erwachsenen Sohn und einen Teenager. Sie sind bei mir. Ansonsten habe ich ja ziemlich viel im Profil geschrieben.

Ich habe schon verstanden, dass Du lieber telefonierst, aber ich möchte einfach noch ein wenig abtasten. Falls es Dir zu umständlich ist oder zu langsam geht, verstehe ich das. Wünsche gute Erholung, Christina.»

*«Hallo Christina, ja, es gibt da einiges zu regeln ... Haus, Ausgleichszah-*
*lungen, Umgangsrecht ... Das Gute ist, ich habe einen lebendigen Gott,*
*der mich trägt, leitet und führt. Zudem habe ich sehr gute Freunde, und*
*aufgrund von meinem Beruf habe ich die Erfahrung, Probleme zielfüh-*
*rend zu lösen.*

*Ja, ich habe Kinder, drei an der Zahl. Alle schon erwachsen. Ich selbst arbeite in der Dienstleistungsbranche in leitender Stellung.*

*Gerne lese oder höre ich von Dir. Du faszinierst mich jedes Mal, wenn ich Dein Profil lese. Liebe Grüße, Robert.»*

«Hallo Robert, herzlichen Dank für Deine Transparenz! Danke für die lieben Zeilen, gerade da Dir Schreiben nicht so liegt. Merci.

Du hast bestimmt gelesen, dass ich bei den LSL-Kursen mitarbeite. Trennung und Scheidung und deren Aufarbeitung sind ein Schwerpunkt für mich geworden. Besser gesagt: eine Berufung. Ich glaube, dass Gott da noch einiges mit mir vorhat. Jedenfalls wünsche ich mir das sehr. Nicht für alle ist Scheidung so easy, nur wenige empfinden ein ‹Na, endlich!›, und es kommt auch immer darauf an, ob man verlassen wurde oder verlassen hat …

Ich kenne mittlerweile viele Geschichten. Tieftraurige und solche, die neue Türen und Wege öffnen. Ihr seid wohl auch lange zusammen gewesen …

Ich war 23 Jahre mit meinen Ex-Mann zusammen, 20 davon verheiratet. Nun bin ich seit dem Valentinstag 2019 geschieden.

Bei uns ging die Scheidung sehr schnell, weil ich auf alles verzichtet habe. Das heißt, auf das Haus (in Italien). Er hätte mir die Hälfte ausbezahlen müssen, was nicht gegangen wäre, außer er hätte es verkauft. Das wollte ich nicht.

Anyway, weshalb ich Dich gefragt habe: Für mich ist es wichtig, dass die Verhältnisse klar sind. Ich möchte nicht etwas aufbauen, und dann erkennt mein Gegenüber, dass die Ex-Frau eben doch *die Eine* ist, welche.

Ich finde es wichtig, dass man(n) die Bindungen los ist (dass man nicht an Vergangenem hängt, es aber auch nicht verleugnen muss). Natürlich darf es noch weh tun, und natürlich haben beide dann einen ‹Rucksack› Aber es ist einfach wichtig, dass ein Schlussstrich gezogen ist. Also, für *mich* ist es wichtig.

Folglich läuft die Scheidung bei euch. Bist Du schon lange Single? Hast Du noch Kontakt zu Deiner Ex-Frau? Bist Du in Deiner Gemeinde ausgegrenzt worden? Ups, schon wieder so viele Fragen.

Ansonsten bist Du ja neu auf ‹Himmlisch-Plaudern›. Bin gespannt, was für Erfahrungen Du sammeln wirst. Ich zweifle inzwischen nach zwei Jahren auf HP tatsächlich noch einiges mehr an der Menschheit und an der Männerwelt, als ich es vorher schon tat ... Aber es gibt sie bestimmt noch da draußen, die ‹normalen› Männer und Frauen. Bist Du ansonsten noch auf interessante Profile gestoßen? Ich bin gespannt, ob es funktionieren kann, für Dich und auch für mich ...

Ach ja, ich möchte nochmals betont haben, dass ich stark tätowiert bin. Das ist für die meisten Christen ein No-Go. Ich sage es einfach für den Fall, dass Du es überlesen hast. Oder es durch das Lesen vieler Profile vergessen ging ...

Erholsamen Feierabend. Liebe Grüße, Christina.»

*«Liebe Christina, ja, ich war mit meiner Frau fast dreißig Jahre verheiratet. Eine so lange gemeinsame Zeit wirft man nicht einfach mal so über Bord. Für mich gilt: in guten wie in schlechten Zeiten.*

*In den letzten fünf, sechs Jahren hatten wir eigentlich nur noch eine Wohngemeinschaft. Meine Frau wollte getrennte Schlafzimmer, keine Zärtlichkeiten mehr, keinen guten Sex ... Als meine Frau mir vor einigen Monaten mitteilte, dass sie mich nicht mehr liebt, ich solle bitte aus dem Haus ausziehen und mir eine Wohnung suchen, ging alles sehr schnell.*

*Ich legte alles in Gottes Hände ... Schnell hatte ich eine schöne günstige Wohnung. Meine Freunde unterstützten mich beim Umzug. Mir geht es jetzt fast besser als vorher. Zurückschauen ist nicht meine Welt. Die Vergangenheit ist so, wie sie ist. Nach vorne schauen, das bringt mich weiter.*

*Meinen Rucksack habe ich meinem himmlischen Vater in die Hand gedrückt – und das ist gut so. Jetzt bin ich also glücklicher Single. Fühlt sich neu und merkwürdig an. Die Scheidung habe ich noch nicht eingereicht, aber einen Weg zurück gibt es nicht mehr.*

*Auf dem Portal bin ich ja erst seit kurzem. Und unsere Gemeinde ist sehr liberal. Nein, ich wurde nicht ausgegrenzt – ganz im Gegenteil. Auch wenn ich nicht regelmäßig den Gottesdienst besuche.*

*Dass Du stark tätowiert bist, habe ich in Deinem Profil gelesen. Auf einem Bild von Dir blitzt auch etwas von dem Kunstwerk durch. Muss gut aussehen. Ich bin kein Christ, der sich an Äußerlichkeiten stört. Dein Gesicht, Dein Lachen, Dein Mund und Deine Augen auf dem Bild inspirieren mich. Zudem hast Du einen sinnlichen Hals (Triple Smile!)! Alles Liebe Dir. Kannst mich auch gerne mal anrufen. Würde Dich schon gerne kennenlernen. Wir können uns mal in der Mitte treffen. Etwa zu einem Gottesdienst um 11:00 Uhr, und danach tauschen wir uns bei einem Spaziergang, beim Essen oder beim Baden aus. Ich denk an Dich ... Liebe Grüße, Robert.»*

«Guten Morgen, Robert, ich möchte Dir einfach danke sagen, dass Du so viel schreibst, obwohl es Dir nicht liegt. Ich habe das registriert. Danke. Danke auch für Deine Ehrlichkeit und für die Komplimente.

‹Sinnlicher Hals› *ggg* [ganz großes Grinsen]. Ich musste gleich nochmals meine Fotos anschauen und dann lachen. Hmmh ..., danke. Ich finde Sinnlichkeit etwas total Schönes. Aber eigentlich möchte ich auf ‹Fremde› nicht so wirken, um ehrlich zu sein. Das soll dann doch nur für mich und meinen Mann sein. Aber ich nehme das jetzt gerne an.

Es freut mich, dass Du so positiv in die Zukunft schauen kannst! Es ist nicht gerade leicht, wenn man nach so langer Zeit auseinandergeht. Weshalb habt ihr keine Ehetherapie gemacht? Ich verstehe das nicht.

Vielleicht war Deine Frau in den Wechseljahren, und ihre Lust ist dabei auf der Strecke geblieben. Oder Corona war zu viel? Das tut mir für beide leid. Aber ich kenne sie ja nicht. Und möchte mir folglich auch kein Urteil bilden.

Oh ja, da liegt noch harte Arbeit vor euch. Für beide. Ich denke, auch für sie, wenn sie erkennt, dass jetzt dann die Konsequenzen ihrer Entscheidungen kommen ... Viel Kraft euch beiden.

Hey, Du musst in einer tollen Gemeinde sein. Christen können gerade in solchen Situationen leider recht fies sein. Oder besser gesagt: überfordert.

Ich war seit langem nicht mehr in einer Gemeinde. Hatte je zwei Versuche à je neun Monate, aber es wurde nichts daraus. Nun habe ich vor

Corona eine Gemeinde besucht, und ich glaube allen Ernstes, dass Jesus mich dort ‹einpflanzen› will.

Es fällt mir nicht leicht, alleine da hinzugehen, alleine dazusitzen, alleine da zu singen, alleine da zu stehen. Aber die Menschen waren so nett und sind jedes Mal auf mich zugekommen. Ich bin auch sehr offen, aber Menschenansammlungen mag ich weniger. Ich denke, das könnte trotzdem etwas werden.

Selbstverständlich bin ich hier in der Region mit vielen Christen verbunden. Aber während der Scheidung habe ich ein paar sehr traurige Erfahrungen gemacht. Eine ehemalige sehr gute und enge Freundin habe ich dadurch auch verloren. Aber ich habe auch neue Menschen kennengelernt und bin ansonsten gut eingebettet. Zwar muss ich mit dem Zug immer vierzig Minuten fahren, ich habe eine Stunde von daheim bis zur Gemeinde. Aber ich glaube, es lohnt sich.

Ich habe dort noch nie ein negatives Urteil über mein Äußeres gehört, im Gegenteil! Und kein negatives Urteil über meinen Status. Mal sehen, was Gott vorhat.

Ja, es liegen schwierige Zeiten hinter mir … Und wunderschöne vor mir! The Best is yet to come!

Wegen einem Treffen: Ich fände die Idee an sich nicht verkehrt. Auch gerne mit Gottesdienst, ja. Kennst Du eine passende Gemeinde an passendem Ort? Finde die Idee lustig.

Aber ich bin mir bei Dir nicht ganz schlüssig: Wenige Wochen getrennt, und dann bereits glücklicher Single? Nach dreißig gemeinsamen Ehejahren?

Vor dem Treffen können wir mal telefonieren. Liebe Grüße, Christina.»

*«Hallo Christina. Hast Du mir Deine Rufnummer? Das Schreiben ist etwas lästig!»*

«Lieber Robert, erst jetzt habe in den Brief-Eingang geschaut. Ich habe Deine Nummer. Du weißt, Transparenz ist ein Schlagwort für mich. Sie hatte und hat immer Priorität für mich.

Bedeutet: Ich bin mir unsicher bei Dir.

Beim Spazieren habe ich mir viele Gedanken gemacht und auch gebetet. Es läuft immer auf dasselbe hinaus: Mich stört, dass Du Dich nach wenigen Wochen Trennung schon ‹glücklich› nennst. Denn das ist nicht das, was ich immer wieder höre. Nach einer Trennung sind die meisten Menschen irritiert, zermürbt, traurig, niedergeschlagen, deprimiert und von einem Gefühl des Scheiterns und der Niederlage verfolgt.

Ich glaube Dir durchaus, dass Du vorwärts lebst und dass es kein Zurück mehr gibt.

Mir ging es ähnlich. Von Anfang an war mir das klar. Aber ich muss auch eingestehen, dass ich nach zwei Monaten noch nicht mal verstanden habe, was eigentlich passiert ist und was jetzt abläuft. Ich war in Trauer gefangen, auch noch nach zwei Jahren. Nicht nur nach Monaten. Klar, das ist individuell, aber gerade bei verlassenen Menschen eigentlich an der Tagesordnung …

Ein paar wenige Wochen sind zu kurz. Ich möchte Dir nicht im Weg stehen, um zu reflektieren und Bilanz zu ziehen. Das ist eine solch wertvolle und chancenreiche Zeit. Ich würde Dich dabei nur behindern.

Und ich wollte nie die sein, deren neuer Lebenspartner nach einer gescheiterten Beziehung gleich bei *mir* landet. Lieber Robert, ich hoffe so sehr, dass Du meine Beweggründe verstehst.

Sie haben mit Dir direkt nichts zu tun, sondern entsprechen dem Faktum der Altlasten. Ich habe das sofort angesprochen, und selbst wenn sie für Dich bisher nicht ‹zur Last› geworden sind, ist für meinen Geschmack bei euch noch fast gar nichts geregelt.

Verstehst Du mich? Ich hoffe sehr, Du fühlst Dich nicht missverstanden. Wie schade, haben wir uns nicht ein halbes Jahr später getroffen. Was denkst Du? Sei gesegnet, Christina.»

Offensichtlich hat Robert gedacht, es gibt noch andere Frauen mit sinnlichem Hals, die faszinierend sind. Er hat darauf nie mehr geantwortet und mich blockiert. Das meine ich mit fehlendem Anstand. Ein einziger Satz würde ja genügen. Aber die meisten Männer sind dahingehend fokussiert, dass es sie gleich zu der nächsten Frau hintreibt …

# 58 | Dan the Man, die Dritte

*«Hallo Frau bunt, Dein Profil hat mich angesprochen. Du siehst sehr gut aus, und ich denke, Du bist ausgefallen. Ich bin im nächsten Monat 45 Jahre alt. Ich war nie verheiratet.*

*Ich suche eine Frau so wie Du. Aber eine, die sich kitzeln lässt. Das liebe ich. Ich bin offen und freundlich. Wenn Corona es zulässt, mache ich im Sommer 21 noch eine Zusatzausbildung, vielleicht bei der Bahn; die suchen Leute. Ich freue mich, von Dir zu hören. Falls Du mich per E-Mail nicht kontaktieren kannst, hier meine Natel-Nummer 079 xxx xx xx. Gesegnete Zeit, Daniel.»*

«Hallo Dän, ich habe jetzt das dritte Mal die Ehre mit Dir. Und es wurde bereits zwei Mal geklärt, dass wir nicht zusammenpassen. Erst suchtest Du eine Prophetin, dann eine Frau, die sich kitzeln lässt. Schon eine kleine Diskrepanz! Nun interessiert es mich mittlerweile doch, was es auf sich hat mit dem Kitzeln! Ist das ein Fetisch? Liebe Grüße, Christina.»

*«Hallo Christina, ja, stimmt, ich hatte Dich schon angeschrieben, ich weiß, aber Du gefällst mir noch immer. Ja, genau, das ist es. Ich liebe es, der Frau die Fußsohlen zu kitzeln. Magst Du das? Oder sonst gekitzelt zu werden?*

*Ich würde halt gerne eine Prophetin haben, die das mag. Magst Du das nicht? Dän.»*

«Hallo Dän, nein, ich mag das nicht. Abgesehen davon, dass man Füße netter behandeln kann, finde ich den Vorschlag ‹Kitzeln› in solch einem Fall, wo man sich ja noch gar nicht kennt, etwas Unangebrachtes, etwas sehr Entwürdigendes, Abwertendes und Unreifes. Aber ich wünsche Dir, dass Du diese Frau findest (viel Glück, gerade in christlichen Kreisen!), und vielleicht achtest du bei einem gegebenenfalls vierten Mal besser darauf, wem Du schreibst. Gruß, Christina.»

*«Ja, Christina, dann passen wir wohl nicht zusammen. Ich würde aber schon schauen, dass es mit dem Kitzeln nicht zu extrem wird. Aber ich denke, es ist nichts für Dich. Sei gesegnet, Dän.»*

«Genau, Dän, wir würden nicht zusammenpassen. Egal, wie extrem oder weniger extrem die Kitzelorgie ausfällt. Diese Vorliebe kann und will ich nie mit Dir teilen. Ciao.»

## 59 | Stefan mit der Jahrhundert-Vorliebe

Ähnlich schräge Vorlieben hat der nächste Bewerber. Wenn ich diese Dinge nicht selber «schwarz auf weiß» gesehen hätte, dann könnte ich es nicht glauben, mit welchen Präferenzen sich Menschen (heimlich) umgeben. Diese Dinge sind mir so fremd und oft auch völlig absurd für mich, und meist sorgten sie für herzhaftes Lachen. Nach einer durchweinten Zeit der Trauer ist das eine willkommene Abwechslung. Unglaublich …

*«Hallo Frau bunt, Mir hat Dein Profil gefallen. Ich suche bereits seit einigen Jahren eine Frau. Es ist nicht gerade leicht, diese zu finden, weil ich da eine Vorliebe habe, die die meisten Frauen nicht mit mir teilen wollen. Aber für mich ist das ganz wichtig, und es ist auch kein Scherz.*

*Also, ich finde Furzen etwas ganz Aufregendes. Ich meine jetzt nicht nur das Pupsen an sich. Das auch. Aber ich finde das aufregend, wenn die Frau vor mir furzt. Ich verstehe nicht, weshalb man heute nicht mehr vor dem Partner furzen sollte? Es ist schließlich natürlich.*

*Heute könnte man denken, dass Gott uns ohne Flatulenzen erschaffen hätte! Auch Frauen müssen aber furzen. Warum nicht vor mir? Dabei finde ich es schön, je lauter, desto besser! Ich mag es nicht, wenn es stinkt. Darauf soll sie achten. Es sollte nicht stinken. Aber wenn es richtig knallt, dann macht es Spaß. Am meisten Spaß würde es machen, wenn wir zusammen furzen könnten. Und zusammen lachen. Denn das ist lustig!*

*Wie gesagt, das ist kein Witz. Ich würde das so gerne mit einer Partnerin erleben. Liebe Grüße, Stefan.»*

«Hallo Stefan, okay, ich weiß jetzt nicht, ob das eine tatsächlich ernst gemeinte Nachricht ist oder ob Du mich verarschst?! Hmm, ich kann mir beim besten Willen nicht vorstellen, dass Deine Anfrage ernst gemeint ist. Falls ja, ist es für Dich an erster Stelle am Wichtigsten, dass Deine Partnerin mit Dir oder vor Dir pupst?! Im Ernst?

Ich muss bereits wieder lachen! Dann frage ich mich unweigerlich, woher kommt eine solche Vorliebe, oder wie entsteht das? Naja, das wird für mich wahrscheinlich wirklich ein Rätsel bleiben. Christina.»

*«Hi Christina, diese Nachricht war mehr als ernst gemeint. Nahezu keine der Frauen, die ich anschreibe, gibt Antwort, und falls doch, glauben alle, dass ich Witze mache. Ich weiß auch nicht, woher diese Vorliebe kommt, aber ich fand es bereits als Kind aufregend und spaßig, als in der Familie gefurzt wurde. Und natürlich macht man als Jugendlicher die Streiche mit den Feuerzeugen usw.*

*Aber ich habe schnell gemerkt, dass es mehr ist als bloß lustig. Ich finde, es hat eine erotische Komponente. Ich finde nichts dabei, wenn sie vor dem Partner furzt oder auch mit dem Partner. Das fände ich sogar schön. Ich finde es zwar eklig, wenn es stinkt, darauf soll sie achten. Aber wenn sie sich wirklich anstrengt und laut furzt, wäre das ein Traum. Träumst Du mit? Liebe Grüße, Stefan.»*

«Oh, hallo Stefan. Naja, Dein Schwerpunkt für eine Beziehung ist vielleicht nicht gerade der Schwerpunkt, den ich jetzt für mich so sehe. Nein, da kann ich definitiv nicht mitträumen!

Natürlich kommt irgendwann in jeder Beziehung der Zeitpunkt, in dem man voreinander pupst. Aber ich könnte mir das als Spaß nie vorstellen … Da fehlt mir die Fantasie für. Dennoch danke für Deine offenen Zeilen und ganz viel Erfolg beim Finden Deiner pupsenden und nicht stinkenden Frau. Liebe Grüße, Christina.»

Ha, das gibt es also! Und ich denke mir: Wenn der pupsende Dietmar aus Kapitel 31 jetzt eine Frau wäre, könnte ich die beiden ja unter Umständen sogar miteinander in Verbindung bringen! Und dann könnten sie miteinander trainieren und dann zusammen die Nationalhymne pups... – ach, lassen wir das! :-)

## 60 | Cadillac mutiert zu Don Moralino

Et voilà! Fabian, «der Cadillac Man», hat das Bedürfnis, ein drittes Mal anzuklopfen. Offenbar hat auch er die vorherigen Male mein Profil höchstens flüchtig durchgelesen und sich nur die Punkte herausgepickt, die ihm unter den Nägeln brennen. In seiner gewohnt minimalistischen Art fragt er mich ohne «Guten Tag», «Hi» oder «Hallo» gleich ganz direkt:

*«Hautfrau, würdest Du diese Kunst heute wieder auf Deine Haut machen? LG, Fabian.»*

«Hallo Fabian, ich bin noch immer damit beschäftigt, ja. So ein Luxuskörper hat viel Fläche, weißt Du! Gruß, Christina.»

*«Ja, Christina ... Das Fleisch lässt grüßen!!! Warum tut Frau so etwas?? Du bist doch ‹gläubig› und weißt doch, dass Gott dazu Nein sagt. Das ist nicht gesetzlich, sondern Gottes Wort lesen und tun, was er sagt.»*

«Natürlich ist das fleischlich, denn ich lebe in meiner fleischlichen Hülle. Aber ich habe Gnade erfahren und lebe im Geist. Das ist meine wahre Identität, Jesus und seinem Opfer am Kreuz sei Dank. Mir ist ein für allemal vergeben worden. Dir übrigens auch.

Und doch-doch, das ist durchaus gesetzlich, wenn Du mit der einzigen Bibelstelle zu diesem Thema kommst: 3. Mose 19, ‹du sollst dich nicht ritzen›. Das ist AT und Alter Bund. Ich lebe, Preis sei dem Herrn, unter der Gnade. Yeah.

Ansonsten lese ich in der Bibel nichts darüber.

Und glaube es mir oder nicht: Jesus ist immer in meiner Nähe, auch beim Tätowieren, und auf jeden Fall kann ich dort viel von ihm erzählen. Denn viele Motive in diesen Studios sind ‹religiös›, da gibt es folglich Redebedarf. Ansonsten mag ich ‹religiös› nicht so. Auch keine Moralapostel übrigens. Ganz liebe Grüße, Christina.»

*«Ich bin kein Moralapostel ... aber ich wusste, dass diese Aussage kommen wird. Ich beurteile und verurteile Dich wegen dem in keinster Weise. Es war einfach eine Frage. Wo ich hinschaue, hat es nur noch Tätowierte und Gepiercte – auch unter ‹Christen›. Viel Glück. LG F.»*

«Ich wollte damit auch nicht sagen, dass Du ein Moralapostel bist! Habe bloß ausgeführt, was ich nicht so mag.

Logisch kommen immer die gleichen Antworten auf die immer gleichen ‹Anklagen›. Denn wäre es nur eine Frage aus Neugierde gewesen, auf die Du offensichtlich bereits von diversen ‹Christen› Antworten bekommen hast, hättest Du nicht erneut fragen müssen.

Deine Anführungs- und Schlusszeichen zeigen doch schon, wie Du denkst, stimmt's?! Aber hey, danke für Dein Interesse (an was auch immer) und das Erfragen meiner Antworten (für was auch immer). Um es ‹christlich› zu sagen: ‹Wir sind alle Blümchen in Gottes Garten.› Einige bunter, andere weniger!

Sei gesegnet und beschützt. Möge Deine Frau kommen. Und mein Mann auch! Dieser hoffentlich ‹christlich›, womöglich tätowiert, vielleicht sogar gepierct, ausgestattet mit Glatze und Bart – oder gerne auch ganz anders. Danke für die Wünsche. Nachti, Christina.»

Ich habe auch heute noch nicht verstanden, weshalb einige Männer mich ein zweites oder gar drittes Mal anschreiben und sich nicht an ein erstes oder zweites Mal erinnern. Obwohl da derselbe Beschrieb und der gleiche Name stehen.

Vermutlich ist das so, weil alles, was weiblich ist und auf den Portalen sucht, immer gleich angeschrieben wird. Kaum bewegt sich was, wird abgedrückt: Der Finger gleitet auf «Senden», der Schuss geht los, ein paar weitere Schüsse werden noch hinterhergeballert – und dann wird auf Treffer gehofft. Anders kann ich es mir nicht erklären.

Was mich bei Fabian ärgert, ist, dass er zuerst völlig rücksichtslos agiert: Wenn ich ihn nicht anrufe, ist der Kontakt schon vorbei. Eingehen auf eine Frau? Nein, null Prozent. Kann er nicht, will er nicht (Kapitel 11). Beim zweiten Mal fragt er mich, ob ich devot oder dominant bin (Kapitel 42), und beim dritten Mal unterstellt er mir nun Fleischlichkeit! Unverschämt!

Nebenbei: Dass andere Männer und Frauen zu Tattoos ganz andere Meinungen haben können und dürfen und vielleicht auch sollen als ich, ist doch ganz selbstverständlich. Aber diesem Fabian alias Don Moralino, der mich in Kapitel 42 schon so richtig frech und rotzig nach meinen sexuellen Vorlieben und meinen Unterwerfungswünschen im Bett befragt hat, gebe ich den Raum, auf diese Weise in mein Leben hineinzureden, natürlich nicht!

## 61 | Jack: deutsch, attraktiv, Gentleman

*«hallo, frau bunt! ich interessiere mich für ein unverbindliches treffen mit dir! ohne hier ewig lange hin und her zu schreiben! nur durch ein persönliches treffen, wo ich dir in die augen schauen kann, ist es möglich zu erkennen, ob diese person für eine mögliche partnerschaft infrage kommt! bin aus deutschland und suche in der nordwestschweiz anschluss. unter +49 xxx xxx xx xx bin ich über whatsapp jederzeit erreichbar. lg und bleib gesund! jack.»*

«Hallo Jack, danke für Deine Nachricht! Ich bin nicht die Richtige für Dich!

Erstens sind die Nordwestschweiz und die deutsche Grenze nicht wirklich in meiner Nähe (ich lebe in Graubünden), und zweitens liebe ich es, wenn ich zuerst spüren kann, ob es sich tatsächlich lohnt, ein unverbindliches Treffen zu starten. Ich finde, man klärt mit den ersten Mails im Vorfeld doch immer schon ganz viel, auch ohne ewig hin und her zu schreiben. Das haben wir nun ja bereits getan …

Wünsche Dir aber ganz tolle Kontakte! Gottes Schutz, Christina.»

*«liebe christina, vielen dank für die aufrichtige antwort. ich werde, wenn es so weitergeht, sowieso wieder zurück nach deutschland ziehen. der herr wird mir schon den rechten weg weisen. auch ich wünsche dir von herzen alles liebe und gute auf deiner suche nach einem geeigneten partner! pace e bene, jack.»*

«Ja, der Herr zeigt Dir ganz sicher den Weg. Ich weiß, dass es in unserem Alter kaum mehr möglich ist, sich so locker zu verpflanzen … Meine ureigene Erfahrung zeigt, dass Menschen, die ihre Kindheit in einem anderen Land erlebt haben, sich hier nie wirklich heimisch fühlen.

Und entweder leben sie mit einem permanenten Seelenpaket voller Verlust- und Mangel-Gefühle, gepaart mit viel Heimweh, oder es zieht sie tatsächlich nach Jahren wieder zurück. Die Schweiz ist toll, und die Menschen hier sind es auch, aber eben nicht für alle. Für einige sind wir allzu distanziert, allzu verschlossen, unfreundlich, überreguliert, zu wenig flexibel und zu wenig offen.

Naja, Deutschland ist bestimmt auch schön. Jedenfalls die Orte, die ich kenne. Es ist wichtig, dass man ein gutes Umfeld mit sozialen Kontakten hat. Aber die Erfahrung sammelst Du ja anscheinend gerade. Also nochmals, alles Gute, Segen und Bewahrung. Der Rest kommt. Pure a te, tanta pace e benedizione. Christina.»

*«hallo christina. ich finde es sehr schade, da wir eigentlich schon recht viele gemeinsamkeiten hätten. Aber die schweizer sind da sehr reserviert gegenüber ausländern. obwohl wir deutsche doch sehr berühmt sind für unsere freundlichkeit und aufgeschlossenheit. mein gesamtbild von den eidgenossen hat sich leider sehr ins negative verschoben. aber egal, war einen versuch wert! alles gute und bleib gesund, schöne frau! jack.»*

«Hallo Jack, ja, das könnte sein, dass wir viele Gemeinsamkeiten hätten, nur ist das relativ schwer zum Herausfinden, ohne beizeiten ein bisschen Kommunikation betrieben zu haben.

Es ist schade, dass Du hier schlechte Erfahrungen gesammelt hast und dass sich Dein Bild ins Negative gewandt hat. Das höre ich relativ oft. Ich glaube aber, wenn Du erst mal Freundschaft geschlossen hast, dann erlebst Du den Schweizer als sehr loyal, tief und treu.

Aber bis dahin ist's nicht einfach. Traurig, ich weiß. Der Deutsche ist berühmt für seine Freundlichkeit, sagst Du? Ho! Also verstehe mich recht, ich liebe Deutschland und seine Menschen. Ich glaube sogar, mein Zukünftiger könnte durchaus ein Deutscher sein. Aber berühmt für ihre *Freundlichkeit* sind sie jetzt nicht unbedingt. Nicht in unserem Land. Wünsche Dir einen schönen und erholsamen Abend. Gute Nacht, Christina.»

*«hi christina, danke für deine worte. ich würde einfach gerne wieder jemanden lieben dürfen. und mit deinem hübschen aussehen sollte es nicht allzu lange dauern, bis du deinerseits jemanden finden wirst … dir auch alles gute. jack.»*

«Danke! Naja, die vielen Tattoos machen es mir nicht einfach! Gerade bei Christen nicht. Du bist aber auch ein sehr schöner und, wie ich finde, attraktiver Mann, und Du wartest bestimmt auch nicht lange. Ich hoffe, es kommt die Richtige für Dich! Christina.»

*«hi, gnädige frau, merkst du was? wir schreiben nun doch länger, als ich geplant habe. komm, wir telefonieren mal. die nummer hast du – und nichts zu verlieren. na, wie wärs? ich habe das ganze wochenende frei. bis bald, würde mich echt freuen. jack.»*

Jack sieht für meine Begriffe sehr attraktiv aus. Schütteres Haar und Bart. Auf den meisten Fotos mit Kopfbedeckung. Angezogen genau in dem Style, der mir gefällt. Weste, eher klassisch als sportlich. Trotzdem leger. Ich finde, er hat eine fantastische Ausstrahlung. Und ich glaube, das ist auch der Grund, weshalb ich anrufe. Obwohl ich den forschen Einstieg und sein temporeiches Vorgehen nicht so mochte.

Abends rufe ich an. Mit klopfendem Herzen sage ich mir, dass ich nichts zu verlieren habe. Und wer weiß, vielleicht gewinne ich ja?

Es klingelt. Rasch nimmt er ab: «Hier ist Jack. Hallo, schöne Frau, ich wusste, du rufst an!»

Ich bin ein wenig verlegen und weiß nicht genau, was ich jetzt sagen soll. Er scheint sehr unkompliziert: *«Moment, ich reinige gerade mein Klo; ich hoffe, das stört dich nicht?!»* Ich sage ihm nicht: «Doch, das tut es. Sehr sogar, denn ich fühle mich dadurch nicht gerade wertgeschätzt.» Nein, das lasse ich schön bleiben, denn ich habe meine romantischen Vorstellungen von Männern irgendwie schon längst begraben.

Wir kommen sehr schnell ins Gespräch. Er erzählt von seinem Verlust. Auch er hat nach über zwanzig Jahren seine Frau «verloren», seine Kinder, dadurch die Familie. Wir haben ziemlich ähnliche Geschichten und Emotionen. dadurch fühlt man sich automatisch verstanden und verbunden. Wir tauschen wirklich sehr offen und vertraut aus. In einer Tiefe, die er aber immer wieder mit sehr lockeren Anekdoten und Aussagen aufbricht.

Als wir wieder auf «uns» zu sprechen kommen, meint er, dass er bei uns nur ein Problem erkennen kann, denn *«bis jetzt stimmt ja alles»*. Als ich frage, welches, meint er: *«Bei uns sehe ich nur ein Problem: dass ich kleiner bin als du!»*

«Mein Ex-Mann war auch kleiner als ich, und das stellte für mich nie ein Problem dar, denn er war immer der Größte für mich! Wenn du jetzt nicht gerade sagst, dass du 165 Zentimeter bist, dann ist es egal – ich bin 173 Zentimeter.»

*«Nein, ich bin keine 165 Zentimeter, ich bin sogar noch etwas kleiner! Die Größe hat mir schon ganz viele Striche durch die Rechnung gemacht!»*

So! Und jetzt würde ich lügen, wenn ich sage, dass ich gejubelt habe, als ich hörte, dass er so klein ist. Denn in meiner Vorstellung ist mein Zukünftiger wirklich größer. Aber ich würde nun wirklich nie einen Mann aufgrund von Äußerlichkeiten ablehnen. Das sage ich ihm auch so, und wir quatschen noch einige Zeit unbeschwert weiter. Irgendwann spreche ich das Thema Tattoos an. Das ist ein Thema, das ich immer offen und ehrlich auf den Tisch bringe, denn damit kann bekanntlich nicht jeder umgehen.

Er beruhigt mich, findet es cool. Er wollte es früher immer mal machen, kam jedoch nie dazu, *«aber ich war dazumal einer der Ersten mit Piercings!»* – «Ach, mir ist gar nicht aufgefallen, dass du ein durchstochenes Ohr hast. Finde ich spannend! Beidseitig finde ich ganz heiß!» – *«Nein, ich habe es nicht am Ohr.»* – Als ich frage, wo er es denn trägt, meint er: *«Sagen wir mal so: Ich könnte damit sehr gut deinen G-Punkt treffen!»*

Das ist genau der Moment, der mich abtörnt! Hatte ich zuvor noch ein wenig «Feuer gefangen», ist es nun schlagartig gelöscht!

*«Ich müsste mich aber auch gar nicht ausziehen und könnte dich im Handumdrehen ready machen»*, sagt er dann. *«Ready for take off, parat zum Abheben!»*

Ich erkenne immer mehr, dass ich mich für jegliche Art von sexueller Äußerung oder Annäherung verschließe. Ich finde es einfach unangebracht. Und ja, ich habe in meinem Profil geschrieben, dass ich mir in einer Partnerschaft gelebte Sexualität wünsche und vorstelle. Aber das heißt ja nicht, dass ich permanent darauf reduziert werden soll! Oder dass derart plumpe Annäherung passieren soll!

Ich möchte das Gespräch rasch beenden.

Was zwischen uns nun außergewöhnlich ist: Wir haben trotzdem noch weit über ein halbes Jahr Kontakt miteinander. Zwar nur sehr oberflächlich und nur sporadisch via WhatsApp, auch nie wieder ein tiefes Gespräch, aber dadurch, dass ich ihm ganz klar mitgeteilt habe, dass «aus uns nie etwas wird», kann ich mit ihm sehr ungezwungen sein. Ich habe an seinem Leben ein wenig teilgenommen und ihn in der Zeit von Corona und Troubles im Geschäft ein wenig ermutigen können. Er hat kaum soziale Kontakte hier.

Darum sage ich auch ohne Bedenken «Ja», als er das Bedürfnis äußert, mich zu besuchen. Er sei in der Nähe.

Wir verabreden uns für meine vorgegebenen zwei Stunden an demselben Ort wie früher mit Prof16. Ich mache mir keinerlei Gedanken, wie ich aussehe, und gehe mit meinen Jeans-Klamotten raus aus dem Haus. Da es ein heißer Sommertag wird, wähle ich als Oberteil etwas Kurzes und «Luftiges», ganz zur Freude von Jack. Und ich darf ganz «ich sein». Authentisch und ohne lange Überlegungen, wie ich jetzt wohl ankomme.

Wir umarmen uns ganz selbstverständlich. Und er versichert mir, wie sexy und toll ich aussehe. So ohne den Druck, gut ankommen zu müssen, tun die Komplimente zwar gut, lösen aber auch nichts aus. Wir laufen in die Stadt und steuern eine Gartenwirtschaft an. Jack bietet mir den Platz an und schiebt mir den Stuhl zurecht!

Ich bin ehrlich gerührt und sage ihm, dass das nicht einmal mein Ex-Mann je für mich getan hat! Eine Frau hat diese Szene beobachtet und nickt mir lachend zu. Ja, ich finde es toll!

Wir reden erneut über unser vergangenes Leben. Wir wurden im gleichen Jahr geschieden, haben Ähnliches erlebt. Aber im Gegensatz zu mir würde er wieder zu seiner Frau zurückkehren, wenn sie es wollte. Das ist bei mir nicht der Fall und ein weiteres Indiz, dass er seine Vergangenheit nicht hinter sich gelassen hat. Männer «schauen weniger hin» als Frauen. In der Regel.

Wir essen lecker und unterhalten uns gut. Wir albern auch rum, und er spielt mehr als einmal «den Retter» vor den aufdringlichen und aggressiven Wespen. Jack zahlt ganz selbstverständlich und erwartet keine Widerworte, er macht es von Herzen, das merke ich.

Wir lachen viel. Der Spaziergang zum Auto wird ganz schön ausgedehnt. Was mich sehr stört, sind seine sexuellen Avancen und Annäherungen. Das ertrage ich nicht mehr und sage es ihm endlich deutsch und deutlich.

*«Bitte entschuldige! Ich überspiele damit meine großen Komplexe»,* erwidert er. Wow! Er erzählt mir, dass er bereits seit dreizehn Jahren fast keinen Sex mehr erleben durfte. Dass er seine drei Kinder mit der Ex-Frau zeugte, und danach war Schluss. Seine Ex-Frau hatte nach einem tragischen Ereignis «keine Lust» mehr, und er stellte sich treu und loyal zu ihr, erzählt er mir. *«Eigentlich sehne ich mich erst mal nur nach Umarmungen und Kuscheln. Auf alles andere konnte und kann ich verzichten!»*

Puh, ich bin berührt. Zuhause habe ich mich gefragt, und das nicht nur einmal, ob er nicht doch mein Partner sein könnte. Er hat mich auch auf eine schöne, höfliche und anständige Art immer wieder umworben und, ja, auch «angesprochen». Hat mir gesagt, dass er in seinem Beruf auch locker in meiner Gegend Arbeit finden könnte. Auch eine wunderbare Freundin sagte zu mir: «Iris, liebe, wenn du wartest, bis alles perfekt ist, wartest du vergebens.»

Und trotzdem weiß ich, dass er nicht mein Partner sein wird. Denn obwohl ich ihn mag und ihn auch sehr attraktiv finde, bleibt das Faktum, dass wir erstens im Glaubensleben nicht auf einen Nenner kommen, er zweitens seine Frau nicht losgelassen und die Scheidung nicht verarbeitet hat – und er drittens seine ganze Lebensgeschichte noch nicht wirklich durchleuchtet hat; sie bleibt bis jetzt irgendwie unversöhnt, diese Geschichte, und es bleiben noch zu viele «What if's», zu viele «Was wäre, wenn …» übrig in seinen Gedanken. Das sind schlagende Argumente!

Aber ich habe ihn als «guten Bekannten» schätzen gelernt, und es würde mich freuen, wenn wir uns bei Gelegenheit vielleicht nochmals hören würden. Denn er ist ein toller Typ, ein Gentleman und eine ehrliche Haut. Und ich könnte nicht behaupten, dass man das bei Männern im Bereich Online-Dating in gehäufter Form findet …

## 62 | Oliver versinkt tief in meinen Augen

*«Oje … 600 km bis zu Dir! Warum wohnen die himmlischsten Geschöpfe immer in Graubünden? Grüße, Apfelbaum67.»*

«Heya Apfelbaum67. Sie wohnen in Ostdeutschland? Kürzlich hat mir ein Mann geschrieben, dass er bloß vierzig Kilometer entfernt wohnt und es ‹praktisch wäre› mit uns, aber dass er unter keinen Umständen ‹so eine Frau wie mich sucht›, haha. Charmant, nicht? – Wie auch immer: Danke fürs Kompliment und liebe Grüße, Christina.»

*«Heute! … 19 Uhr, das muss mein Glückstag sein: Die Oberschönheit von Graubünden hat sich doch tatsächlich Zeit genommen, um mir ein paar Zeilen zu schreiben! Was soll ich sagen? Ich bin ‹hin und weg›! Deshalb:*

*Liebe Christina! Ich freue mich wirklich sehr, dass Du mir ein paar Zeilen widmest. ‹Graubünden›, das musste ich erst mal googeln … Krass … Du wohnst ja im Paradies!*

*So richtig will ich das gar nicht glauben, was Du mir geschrieben hast: Es wird sich doch kein Kerl bei Dir melden, um Dir mitzuteilen, dass Du nicht ‹DIE› Frau für ihn bist! Und überhaupt: So weit ich das hier überblicke, bist Du hier die schönste Frau! Dazu noch intelligent, lustig und mega heiß …*

*Es hat mich wirklich eine Menge Mut gekostet, dass ich Dir einen Satz schreibe – und Du hast doch tatsächlich reagiert! Und jetzt bin ich auch etwas verlegen. Wie könnte ich den nächsten Satz so formulieren, dass ich wieder Post aus Graubünden bekomme?*

*Sollte ich schreiben: ‹Hallo, hier ist Olli aus Sachsen-Anhalt, und ich finde Dich gut …›? Vermutlich würdest Du mich jämmerlich in den Arsch treten … Deshalb formuliere ich das anders: ‹Liebe Christina, hast Du Dir schon Gedanken gemacht, wie Graubünden und Sachsen-Anhalt irgendwie näher zusammenrücken können? LG, Olli.»*

«Hallo Olli, danke für Deine Worte und Deine Komplimente. Naja, ein wenig übertrieben! Natürlich nehme ich mir Zeit, wenn mich ein netter Herr anschreibt. Deswegen bin ich ja hier. Aber es hält sich mittlerweile massiv in Grenzen, das mit dem Anschreiben.

Ui, nein, mir ist sehr wohl bewusst, dass ich nicht jedermanns Geschmack bin. Das habe ich in aller Deutlichkeit geschrieben. Ich polarisiere sehr mit meinem Äußeren. Du hast ja noch nicht gesehen, *wie* bunt ich bin. Und Du hast auch kein Ganzkörper-Bild gesehen. Ich könnte 100 Kilo sein … (Ich bin 50, das reicht. Jahre meine ich, nicht Kilo).

Aber um ehrlich zu sein: Das Äußere ist bestimmt nicht mein Kapital, es sind die inneren Werte. Ich glaube, dass ich 'ne Gute bin. Haha … Ich habe noch gute Werte, bin ‹old school› und mag das auch bei jeder anderen Person. Bei einem Mann auch: Anstand, Wertschätzung, Pünktlichkeit, Verbindlichkeit, Stil etc.!

Möchte jetzt aber nicht zu philosophieren beginnen, wie schrecklich alles auf der Welt geworden ist. Wenn man auf Gott und seine Schöpfung schaut, hält man es hier sehr gut aus. Ja, ich lebe im Paradies. Echt wahr. Das Engadin, das Prättigau, das Churer Rheintal (hier leben wir): Graubünden ist überall schön.

Um nochmals ehrlich zu sein, gehe ich auch mal googeln, was Sachsen-Anhalt so zu bieten hat. Wobei ich nicht denke, dass es eine Konkurrenz sein kann: Deutschland ist auch überall schön, ich liebe Land und Leute sehr. (Im Gegensatz leider zu vielen Schweizern, die denken, die Deutschen seien zu forsch und zu dominant.)

Was gibt es ansonsten so über Dich zu sagen?

Bist Du geschieden, hast Du Kids? Ist Dir der Glaube wichtig? Das interessiert mich eben. Natürlich nur, wenn Du magst. Liebe Grüße, Christina.»

*«Hallo Christina! Was hat denn Deine Suche bei Google über Sachsen-Anhalt so ergeben? Gibt es hier eine neue Gegend, die es jetzt auf Deine ‹To-do-Liste› geschafft hat? ;-) Sachsen-Anhalt kann man mit dem Churer Rheintal schwerlich vergleichen …*

*Ich bin nicht geschieden, nein – war auch nie verheiratet. Und die letzte Trennung ist auch schon eine Weile her. Der Glaube ist ein stetiger Begleiter in unterschiedlichsten Formen. Und das kann man auch vom Zweifel sagen …*

*So wie jetzt: Man lernt das schönste Wesen aus der Region Chur kennen – und es wird wohl unmöglich sein, dass meine Gedanken, Träume und Wünsche in Wirklichkeit jemals wahr werden …*

*Es ist eine bittere Erkenntnis: Die Liebe stirbt wegen der Geografie. Ich bin derzeit bei der Post, arbeite in Schichten. Das ist auch der Grund, warum ich hier leider nicht immer sofort antworten kann. Aber ich nehme mir öfter die Zeit und schaue immer mal Dein Profil an. Also ich denke schon, dass Dein Äußeres sofort die Blicke auf sich zieht. Und vermutlich wirst Du jeden Tag auf Deine wunderschönen Augen angesprochen. Der Glanz … die Tiefe … Ich versinke immer darin, wenn ich mir Deine Fotos anschaue …*

*Und dann versuche ich zu erahnen, wie es wohl wäre, neben Dir zu sitzen und Deine Stimme zu hören. Überhaupt habt Ihr bei Euch einen besonderen Dialekt … ich liebe ihn! Keine Ahnung, was die Schweizer über uns denken. Es gibt auch einen erheblichen Unterschied zwischen Ost- und Westdeutschland. Also auch von der Mentalität her. Ich kenne einige aus meiner Gegend, die waren viel in der Schweiz auf Montage … und sie lieben die Schweiz.*

*Vielleicht sind wir gar nicht so verschieden.*

*Und Du schreibst ja selbst, dass du ’ne Gute bist – das glaube ich Dir sofort. Das merkt man irgendwie an Deiner Art, wie Du Dich in Deinem Profil beschreibst.*

*Ja, dass Du ‹bunt› bist, kann man auf Deinen Bildern erkennen. Es könnten Blumenkunstwerke sein! Schade, dass wir hier nicht Fotos senden können – oder hab ich die Funktion hier noch nicht gefunden? Fotografieren gibst Du ja als Hobby an. Hin und wieder mache ich mit mei-*

*nem Handy ein paar Bilder, sie sind aber bei weitem keiner Ausstellung würdig! Sie sind mehr so für mich, um irgendwas noch mal zu recherchieren (bisserl Heimatgeschichte oder technische Sachen ... oder Faxen machen!)*

*Du gehst exzessiv spazieren? Oh ...*

*Also, sollten wir jemals in diesem Leben doch das Glück haben, uns zu sehen – dann nimm mich mit! Und in Bezug auf Filme brauchen wir uns auch keine Gedanken machen, dass ich Dir die Fernbedienung wegreiße: Da bin ich voll auf Deiner Seite: Liam Neeson, Jason Statham, Helen Mirren ... Mark Wahlberg würde ich noch aufzählen! Und ja: Horrorfilme find ich auch nicht toll!*

*So, nun hab ich endlich mal ein paar Zeilen geschrieben, und schon sitzt die Zeit wieder im Nacken: Nachher wieder Nachtschicht. Das heißt, dass ich jetzt schnell ins Bett gehe und schlafe ... Und von DIR träume! Sei ganz herzlichst gegrüßt, Oliver.»*

«Hi Olli, danke vielmals für Deine Zeilen. Eigentlich habe ich gedacht, dass ich trotzdem nicht so sehr der ‹Burner› war. Ich bin es mir mittlerweile gewohnt, dass die Männer schreiben und sich nach einigen Nachrichten wieder verkrümeln. Gerne auch sang- und klanglos. Ich nehme es nicht persönlich, denn *sie* verpassen etwas, nicht ich.

Aber schön, hast Du geschrieben. Bitte mach Dir keinen Kopf, wie viel Du schreibst oder in welchen Abständen. Du hast den Punkt (Distanz!) ja bereits geklärt, dass aus uns nichts wird. Das ist völlig in Ordnung, und ich sehe das wie Du. Wenngleich ich auch die Person bin, die sagt: ‹Liebe überwindet alles, Liebe findet immer einen Weg.› Das liegt mir bedeutend mehr als eine Aussage wie: ‹Liebe stirbt an der Geografie.› Selbst wenn Du recht hast!

Aber Liebe ist für mich nie problematisch, sondern immer lösungsorientiert. Vielleicht bin ich noch immer naiv und blauäugig ... Aber wie gesagt, leider ist die Distanz wirklich unüberwindbar.

Ha, Oliver, Du bist ja charmant! Nein, ich bekomme nicht mehr täglich Komplimente oder Liebesschwüre zu hören. Diese Zeiten sind vorbei. Ich fühle mich jedoch geehrt, dass Du das sagst. Eine Frau hört das gern.

Schöne Augen. Die ich meinem Sohn vererbt habe, und er schimpft immer, dass er meinetwegen ‹wie ein Chinese› ausschaut …

Bei mir ist es vielleicht einfach, mich auf meinen Körper zu reduzieren. Zwar nicht, weil er so perfekt ist. Ha, nein. Schön wär's. Sondern weil er sehr bunt ist. Ja, man erkennt ein klitzeklein wenig von meinen Blumen und Tieren, die sich von der linken Schulter bis zur Mitte des Arms ziehen. Rechts ist der ganze Sleeve mit Blumen, Vögeln, Bienen, Käfern, Wolken, Ähren und einem Löwen verziert. Das Dekolleté und das ganze rechte Bein werden von einem Phönix verziert usw.

Also, ich hatte beides: Männer, die ausflippen bei diesem Anblick, aber auch die anderen. Solche, die mir dann ‹Gottes Wort näherbringen wollen›. Oder es mir am liebsten um die Ohren hauen, im Sinne von: ‹Wie kannst du gläubig sein, du tätowierte Missratene?!› Aber wie Du es sagst: ‹Der Glaube begleitet mich in vielen Formen, manchmal auch die Zweifel.›

Wobei mir Letzteres schon sehr, sehr lange nicht mehr passiert ist. Insbesondere, weil Jesus mich durch meine Lebens- und Sinnkrisen getragen hat. Mir so nah war, als ob er physisch anwesend wäre. War er ja auch. irgendwie…

Mark Wahlberg: Ja, unbedingt. Meine Liste war nicht abschließend. Giovanni Ribisi mag ich auch sehr. Und noch viele andere …

Ich hoffe, Du hast in besagter Nacht gut geschlafen. Es ist wirklich nett, was Du über mich sagst. Eigentlich machst Du gar nichts falsch. Ich wünsche Dir von ganzem Herzen, dass eine nette, spannende, süße und liebe Frau ganz in der Nähe auftaucht und Dir Dein Herz stiehlt. Das wäre was! Denn wir sind ja alle auf der Suche nach Liebe und dem Ende der Einsamkeit. Kraft und Segen auf Deinem Leben, Schutz und Bewahrung. Schönes Weekend, Christina.»

*«Liebe Christina! Du bist der absolute ‹Burner›! Ich bin immer ganz aufgeregt, wenn ich sehe, dass Du mir eine Nachricht gesendet hast! Und kaum bin ich erst ein paar Tage bei ‹Himmlisch-Plaudern› angemeldet, so schreiben wir beide schon die traurigste Geschichte des gesamten Portals … haha!*

*Es ist so deprimierend zu wissen, dass wir beide uns wahrscheinlich nie näherkommen. Wie gerne hätte ich gewusst, wie es ist, Deine Hand zu halten, Dein Wesen zu erleben, Deine Stimme zu hören.*

*Wie fühlt es sich an, wenn wir uns küssen, uns in den Armen liegen, Deinen Herzschlag zu hören ... was müssen es für wunderschöne Momente sein, wenn wir gemeinsam spazieren ... den Alltag bewältigen ... gemeinsam Dinge planen und zusammen erleben ... Deine Tattoos bewundern und mit meinen Händen die Konturen Deines Körpers nachzeichnen ...*

*Hach, Christina ...*

*... und all das bleibt mir in diesem Leben verwehrt ...*

*Du hast recht, wenn Du sagst, dass Liebe alles überwindet. Das ist nicht naiv oder blauäugig. Ich frage mich, seitdem wir hier schreiben, ob es nicht an mir liegt, dass eine reale Welt mit Christina entstehen könnte ...*

*Fehlt mir der Mut zu solch einem großen Schritt?*

*Eigentlich hätte ich nichts zu verlieren – und was hält mich hier in Sachsen-Anhalt? Wenn ich ehrlich bin: nichts! Naja, ich muss da wohl noch eine ganze Weile darüber sinnieren. Und vielleicht an mir arbeiten!*

*Also, auf Deinen Körper reduziere ich Dich keinesfalls! Wie könnte ich auch? Kenne ja nur die Fotos mit Deinem Gesicht, kenne nur Deine leuchtenden Augen und Deinen wunderschönen Erdbeermund! Aber zu gern würde ich auch Deinen nackten Körper sehen wollen ... Ich vermute, ich komme dann aus dem Staunen nicht mehr heraus!*

*Dem alten Dichter Goethe wird ja nachgesagt, er habe den Ausdruck ‹Einmal Neapel sehen und dann sterben ...› geprägt. Was für ein Dödel, es muss doch vielmehr heißen: ‹Einmal Christina erleben und dann sterben!›*

*Du schreibst, dass Deinen Körper Blumen, Vögel, Bienen, Käfer, Wolken, Ähren und ein Löwe zieren. Ich finde das ziemlich cool! Wenn ich mich jemals dazu entschließen sollte, mich tätowieren zu lassen, dann wird es das Wappentier von Graubünden: ein Steinbock! Es würde mich immer an Dich erinnern!*

*Es ist sehr nett von Dir, dass Du mir eine nette, spannende, süße und liebe Frau wünschst. Aber wie soll das gehen, jetzt, wo ich Dich kennenlernen durfte? Du hast die Messlatte unerreichbar hoch gesetzt!*

*Was machst Du eigentlich im Alltag? Und wie alt ist denn Dein Sohn? Und zum Schluss noch eine fiktive Frage: Stell Dir vor, Du wohnst in Sachsen-Anhalt und möchtest nach Graubünden – wie würdest Du das anstellen? Oh, es ist bald 22.00 Uhr – und ich darf um 02.00 Uhr schon wieder aufstehen, die Post ruft … Es ist nicht die Frühzeitigkeit, die mich nervt, sondern dass mir so wenig Zeit bleibt, um von Dir zu träumen!*

*Ich wünsche Dir eine gute Nacht und sanfte Träume! Fühl Dich ganz doll umarmt! Olli.»*

«Haha! Olli, Du spinnst … Maßlos übertrieben, Deine Worte. Aber danke dafür.

Ich werde jetzt nicht antworten, denn ich muss ebenso in die Heia, darf aber länger schlafen als Du. Sei gesegnet und behütet. Und übrigens: Für mehr Schlaf kann man die Off-Taste drücken und offline gehen …»

*«Guten Morgen, liebe Christina! Bin vorhin aufgestanden und muss gleich los. Wollte Dir eigentlich nur sagen, dass ich diese Nacht von Dir geträumt habe! Aber wenn ich das in Worte fassen sollte, dann müsste ich hier wohl einen Erotik-Roman schreiben … mit der Alterfreigabe 18+.*

*Ich bete, dass der Herr Dir einen wunderschönen Tag beschert! Ganz liebe Grüße, Olli.*

*PS: Würdest Du mir eine Postkarte schicken?»*

«Hi Olli, bevor ich es vergesse, nehme ich schnell Bezug auf die kurze Nachricht. Postkarte?

Ist das hier eine Option (ich finde ‹Himmlisch-Plaudern› diesbezüglich sehr unübersichtlich), oder meinst Du noch die guten alten Postkarten wie aus dem Urlaub?

Ja, ich darf wirklich da leben, wo andere Ferien machen. Aufgewachsen bin ich ja im noch viel schöneren Engadin, wo sich Fuchs und Hase gute Nacht sagen. Aber es gibt kein schöneres Stück Erde auf dieser ganzen Welt. Jedenfalls für mich.

Jetzt zu Deiner Nachricht: Danke dafür. Ich habe ja bereits gesagt, dass das Meiste maßlos übertrieben ist.

Hahaha! ‹Die traurigste Geschichte dieses Portals›, so nennst Du unseren Kontakt –, oh ja, das mag sein! Ich musste lachen! Mit Dir sind die Pferde jedoch ganz schön durchgegangen:

‹Einmal Christina sehen und sterben›, ‹Erdbeermund› … und Du stellst Dir vor, wie ich nackt aussehe, und ‹kämst aus dem Staunen nicht mehr heraus›?… Ho, das denke ich auch! Ich kann vielleicht ganz gelassen mit meinem Mini rumlaufen und meine bunten, schönen Beine und Arme zeigen, aber Du kannst mir glauben, dass es gut ist, wenn der Rest verdeckt wird! Ich habe Kurven, wo es keine braucht, und habe keine, wo es hip wäre. Ich habe Kinder ausgetragen und ernährt, habe Gewichtsschwankungen erlebt, und die Schwerkraft ging nicht spurlos an mir vorüber!

Verstehe mich richtig: Für mich bin ich toll, ich bin dankbar für meine Gesundheit, aber ich bin definitiv nicht die Frau der Träume … Aber ich bin ja auch nicht verantwortlich für Deine Fantasie …

Dasselbe mit Deinen Wappentier-Tattoo-Ideen: Hammer, ich musste lachen ohne Ende! Aber so abwegig ist es gar nicht. Mein Tätowierer hat schon einige Steinböcke gestochen.

Noch zu den privaten und seriösen Fragen: Ich arbeite mit Kids. Ich betreue an zwei Morgen Migranten-Kleinkinder und fördere sie in der Sprache, wobei der Fokus auf dem Spielerischen liegt. Und an drei Nachmittagen gebe ich Hausaufgaben-Hilfe in einer Stadtschule. Aber ich muss umsatteln. Ab November ist nochmals eine Ausbildung dran als MPA, denn in zwei Jahren will ich finanziell unabhängig sein.

Mein großer Sohn ist 19, der jüngere knapp 16. Tolle Jungs, die mir eigentlich keinerlei Probleme bereiten. Bis auf das Gamen, dieses Thema empfinde ich als happig … Aber naja.

Mein jüngerer Sohnemann wird mindestens noch sechs Jahre hier leben, und so lange wird auch kein Mann bei uns einziehen. Dieses Versprechen habe ich ihnen gegeben. Bedeutet: Mein Mann muss eine eigene Wohnung haben.

Aber ich sehe es bei meiner guten Bekannten und ihrem Mann: So ein tolles Paar. Leben Tür an Tür, besuchen sich gegenseitig und schlafen mal hier und mal da, aber das funktioniert wunderbar. Strange, nicht?

Ich finde es stimmig! Dass ich mal so denken würde, war für mich allerdings jenseitig, habe ich doch mit meinem Ex-Mann beinahe ein Vierteljahrhundert zusammengelebt. Aber es ist nie zu spät für Veränderungen! Chakka-Boom!

Oh, fiktive Fragen mag ich sehr. Man weiß nie, ob es dann dazu kommt oder nicht. Aber ich durfte feststellen, dass ich letztlich meistens so gehandelt habe, wie ich es zuvor angekündigt hatte – das ist doch schon mal was! … Also, Frage aus Sachsen-Anhalt: Ich lebe in Deiner Gegend und will nach Graubünden. Wie stelle ich das an? Zu überlegen gilt:

Erstens: Ich bräuchte extrem gute Gründe dafür, dorthin zu wollen! / Zweitens: Ich würde mit Gott darüber reden. Ihn um Weisheit bitten. / Drittens: Ich würde einige verlängerte Wochenenden oder Ferientage einplanen, um die Gegend abzuchecken und zu sehen, wo in Graubünden es mir am besten gefällt. Er ist schließlich in Sachen Fläche der größte Kanton der Schweiz! / Viertens: Ich würde den Arbeitsmarkt studieren und prüfen, ob es eine Möglichkeit gäbe, in meinem Beruf Fuß zu fassen. / Fünftens: Ich würde mir die Sache erneut gründlich überlegen und abwägen, ob ich mich *tatsächlich* verpflanzen lassen will.

Denn auch wenn mich ‹nichts hält› – Wurzeln lassen sich nicht abschütteln. Und die halten mehr, als man sich das denken würde. Die drücken früher oder später durch …

Ich wünsche Dir heute einen längeren Schlaf, damit Du Dich erholen kannst. Ohne Ablenkung und ohne Träume im 18+-Bereich – und schon gar nicht von mir! Obwohl ich das durchaus nachvollziehen kann, finde ich das unangebracht und meiner auch nicht würdig!

Aber ich wünsche Dir auch, dass Du jemanden in Deiner Nähe kennenlernen kannst. Du bist noch ganz neu auf der Plattform, und ‹gut Ding will Weile haben›, Du weißt schon.

So! ‹Ich habe fertig!› Nachti, Christina.»


Ich glaube, Apfelbaum67 ist eingeschlafen und träumt seine 18+-Träume inzwischen vermutlich von einer Anderen. Denn es kam nie wieder eine Reaktion von ihm. Damit ist auch mein Erdbeermund nicht mehr in den vordersten Rängen seiner Beliebtheitsskala, und aus dem Steinbock-Tattoo wird wohl auch nix.

So schnell sind Träume ausgeträumt. Und dennoch fällt mir auf, dass doch mehr Herren als gedacht auf meinem Profil zur Kenntnis nehmen, dass ich «guten Sex mag» und mir in meiner Partnerschaft und Ehe «gelebte Sexualität» wünsche. Interessanterweise werde ich oft angesprochen darauf – auf die eine oder andere Art. Gewisse Männer reduzieren mich darauf oder denken zu wissen, «auf was ich stehe» oder *wie* ich dazu stehe. So auch Alberto (und danach Karl Heinz):

## 63 | Einer zeigt, was ich nicht sehen will

Obwohl ich die Gespräche mit Jack nicht immer als ganz «sauber» empfand, machte ich im Großen und Ganzen keine schlechten Erfahrungen mit ihm. Ich konnte mit ihm reden und ihm mitteilen, dass ich es als unangenehm empfinde, wenn er sexuelle Anspielungen macht. Und so war auch bald klar, dass wir nicht ganz zusammenfinden würden.

Wohl deswegen lasse ich mich relativ schnell mit Alberto ein und bin nicht abgeneigt, mit ihm zu chatten. Manchmal können Tage oder Abende ganz schön lang sein, vor allem, wenn meine beiden Jungs ihren eigenen Dingen nachgehen und ich alleine daheim rumsitze. Ich glaube, das ist mit ein Grund, weshalb ich über WhatsApp einen Versuch starte und ihm antworte.

Alberto ist um die 42 Jahre alt, groß und kräftig. Er sagt von sich: «Ich bin geschieden, lebe im Mittelland und suche eine Beziehung.» Also kombiniere ich: Der sucht etwas Festes, kennt sich in Beziehungen aus und lebt nicht dermaßen weit entfernt von mir.

*«Hola Guapa, ich bin Alberto, habe Dein Profil gesehen und muss sagen, dass ich Dich hübsch finde. Was denkst Du, wollen wir Nummern tauschen und chatten? Meine Nr. ist xxx. Hasta pronto, Alberto.»*

Ja, an diesem Abend bin ich offen. Sein Profil ist auch ansprechend, dazu Fotos vom Fußballplatz und von der Arbeit auf dem Bau. Demnach «guter Body», was man sofort erkennen kann, dazu braungebrannt, wobei ich denke, dass er eh aus der Dominikanischen Republik oder einem jener Karibikstaaten kommt. Er ist katholisch, hat im Profil auch eine Bibelstelle angegeben und beschreibt, was ihm zum Thema Glaube wichtig ist. Mich spricht das auf Anhieb an. Ich melde mich bei ihm, und er hat ehrlich Freude.

*«Ciao Guapa, ich habe gehofft, dass Du Dich meldest, wie geht es Dir?»*

«Danke, mir geht es gut. Ich möchte, dass Du weißt: Ich lasse mich sonst eigentlich nicht so schnell auf Chats ein. Ich weiß auch nicht, weshalb ich es bei Dir jetzt dennoch tue. Freut mich, Dich kennenzulernen. Was gibt es von Dir zu wissen? Christina.»

*«Christina, hast Du schon mal einen so großen Schwanz gehabt? Gefällt Dir, was Du siehst? Alberto.»*

Ich bin wirklich zutiefst erschrocken, Alberto hat mir zwei Penisbilder geschickt! Zwar hängt ein Badetuch über seinem «Stück», aber man erkennt den erigierten Penis darunter. Ich dachte immer, dass das vielleicht Teenager in ihrer Unwissenheit und Entdeckerfreude machen. Aber doch nicht «gesetzte» und «reife» Männer!

Ich bin einfach nur fassungslos! Wirklich wahr! Natürlich kenne ich das Wort «Schwanz», aber es kommt in meinem Vokabular nicht vor. Später höre ich oft, dass es keine Seltenheit sei, dass Penisbilder verschickt werden. Aber ich konnte es mir nie vorstellen. Ich frage mich, ob Alberto wirklich ein Christ ist, der tatsächlich versucht, auf diesem Weg eine christliche Frau zu finden? Hach, nein, das kann ja nicht sein! Eher macht er sich einen Spaß daraus, Frauen zu erschrecken.

Ich lerne: Egal, wie langweilig oder einsam ich gerade sein mag, ich gebe meine Nummer nicht mehr her bzw. chatte mit niemanden mehr nach bloß einem ersten Kontakt!

Es verleidet mir langsam. Nun ist bald das Jahr zu Ende – und somit sind auch zwei Jahre vergeblicher Online-Suche ins Land gegangen. Höchst unbefriedigend …

## 64 | Kalle hat falsche Vorstellungen

*«Hallo Frau Bunt. Mir ist vorhin Deine natürlich weibliche Ausstrahlung aufgefallen. Finde ich sehr anziehend! Du scheinst sehr besonders und anders zu sein. Ich mag, was ich sehe und was ich lese. Viele Grüße von Karl Heinz.»*

«Hey Karl Heinz, danke für Dein Kompliment. Letzthin hat mir ein Mann geschrieben, ich hätte einen ‹intensiven Gesichtsausdruck› … Ich kann da jetzt nicht viel dafür. Ist nun mal so. Und es ist gut.

Meine Stärke ist bestimmt nicht mein Äußeres, es ist vielmehr mein Herz. Und die Liebe, die ich nicht verloren habe, obwohl es genügend Grund dafür gegeben hätte.

Und Du? Du kreuzt hier mit einem (übrigens sehr guten) Zitat des Dalai Lama auf! Mich würde noch interessieren, ob Du nicht entrüstete Feedbacks darauf erhalten hast?

So, ich muss schon wieder. Ab morgen gilt bei uns die Maskenpflicht auch beim Einkauf, und deswegen erledige ich den Wocheneinkauf schon mal heute. Ich wünsche Dir einen gesegneten Abend, Christina.»

*«Hallo Christina, nein, einen Shitstorm habe ich nicht erhalten, aber es haben sich schon einige gemeldet, denen das gar nicht gepasst hat. Das gilt auch für mein Interview, weil ich dort als Charakterisierung meiner selbst das Wort ‹dominant› eingetragen habe. Hast Du das gesehen?*

*Ich kann mir vorstellen, dass das bei Dir anders ist. Du bist bestimmt offen für vieles. Du schreibst zwar, dass Du nicht devot bist, aber Du schreibst auch, dass Du guten Sex magst. Wer mag das nicht? … Ich kann mir vorstellen, dass Du es gerne ein wenig härter hast, wenn Du ehrlich bist. Sonst würdest Du das nicht so schreiben. Guten Sex, da se-*

*hen sich doch bestimmt einige Herren direkt angesprochen und fühlen sich nicht auf den Schlips getreten, nicht ;-). Viele Grüße, Kalle.»*

«Hi Kalle … Ich kann mir vorstellen, dass Damen vielleicht mit beidem ein wenig Mühe haben. Dominanz polarisiert mit Sicherheit. Ich glaube übrigens, dass sich nur ein Mann, der sich mit minderwertigen Gedanken sich selbst gegenüber rumplagt, gegen außen hin dominant verhalten muss. Sorry!

Ja, ich schreibe, dass ich guten Sex mag. Aber ich schreibe auch: ausschließlich in einem ‹geschützten Rahmen› und ohne ‹Rollenspiele›, also kein ‹Sich-Unterwerfen› und kein ‹Dominiert-Werden›. Denn ja, solche Anfragen sind gekommen, und auch Du scheinst mich dementsprechend einzuordnen …

Meine Güte, eigentlich wollte ich damit nur sagen, dass ich in meiner zukünftigen Beziehung auch diesen Aspekt gerne leben würde – aber bitte: einfach nur natürlich, ohne all diese Spielarten und Abarten. Ich finde andere Aspekte des Lebens bedeutend wichtiger.

Du bist schon so lange auf ‹Himmlisch-Plaudern›. Darf ich fragen, weshalb Du noch keine Partnerin gefunden hast? Wenn Du doch so ein Frauen-Kenner und Frauen-Versteher bist? Ich selbst bin bald mal zwei Jahre dabei, aber es läuft so üüüberhaupt nichts. Ödet Dich das nicht langsam an? Oder suchst Du eher ‹Plaudern›?

Nahezu 1800 Lächeln-Emojis hast Du bereits erhalten. Hey, das ist ‹auch nicht nichts!› – sagt jedoch das eine oder andere über Dich und Deinen Status aus! Wie auch immer, ich wünsche Dir, dass Du findest, was Du suchst. Gute Zeit, Christina.»

Karl Heinz ist bereits seit über acht Jahren aktiv auf HP. Da glaube ich einfach nicht, dass jemand noch ernsthaft sucht. Nach meiner Antwort hat er sich jedenfalls nie mehr gemeldet. Ich bin vielleicht doch nicht «so natürlich, so besonders und so anders», wie er sich das gedacht hat! …

Gerry in dem folgenden Kapitel ist so einer dieser typischen «netten Kontakte». Mit ihm hätte ich mich bestimmt verabredet, wäre er plus-minus aus der Gegend gewesen. Aber mein Motto lautet seit längerem: «Vergiss Sätze, die mit *hätte* und *wäre* beginnen!»

Und trotzdem würde ich mich wieder über etwas Tieferes und Echtes freuen. Wo ist mein Mann? Das frage ich mich zwar immer noch, aber de facto immer weniger. Denn die Ernüchterung wird groß und größer.

## 65 | Gerry: Ein prima Kamerad, aber …

*«Hallo Frau bunt, endlich wer, der nicht dauernd am Handy rumhängt und Selfies schießen muss. Gadgets sind ein lästiges Übel, aber es geht halt nicht mehr ohne sie. Was gibt es von Dir noch zu berichten? Wie geht es Dir? Liebe Grüße, Gerhard.»*

«Selfies zu schießen bin ich außerstande. Und ich benutze auch keine Filter. Haha. Hallo Gerhard! Ich finde mich mit jedem Jahr schöner, zumal interessanter, denn ich empfinde Reife und Weisheit als viel anziehender als die Dauersehnsucht, den perfekten Body oder keinerlei Falten zu haben.

Ich bin Christina, bald mal fünfzig, und komme aus der Schweiz. Ich liebe Deutschland jedoch sehr, fühle mich verbunden, kenne und liebe die Kultur und die Menschen dort.

Was gibt es zu mir sonst noch zu sagen? Es steht extrem viel in meinem Profil – im Gegensatz zu den Profilen der allermeisten Herren. Schon fast ein wenig peinlich.

Merci für Deine Zeilen und schönen Abend noch. Guten Start in die Woche, Christina.»

*«Dankeschön und hallo Christina. Freut mich sehr, hast Du zurückgeschrieben. Das machen die wenigsten Damen. Man(n) wird meistens ignoriert.*

*Du hast einen sehr intensiven Gesichtsausdruck (bitte nicht falsch verstehen). Kann man mit Dir gut ‹quatschen›? Ich schätze: ja, oder? Weiß nicht, warum, aber ich gehe davon aus. Ich werde mir heute mal Dein*

*Profil genauer ansehen, um mehr von Dir zu erfahren. Du interessierst mich. Übrigens, ist Graubünden der Teil der Schweiz, der mal diese geniale Steinbock-Werbung gemacht hat? Liebe Grüße, Gerhard.»*

«Guten Morgen, Gerhard. Ich habe nicht nur einen intensiven Gesichtsausdruck. Ich höre, dass ich auch sonst sehr intensiv sei. Haha! Sicher verstehe ich Dich nicht falsch! Ich glaube, ich polarisiere eh: bin stark tätowiert, habe extremen Haarschnitt – und hinterlasse oft einen falschen Eindruck. Darum sollte man nicht vom Äußeren aufs Innere schließen.

Aber wer genau hinsieht, erkennt mich schon ...

Ja, viel Spaß dann beim Studieren meines Profils. Es ist so, wie ich wirklich bin: ziemlich geradeheraus und nicht verschnörkelt. Wäre schlecht für Männer ...

Genau, Graubünden ist der Kanton, der auch den Steinbock im Wappen trägt. Und ‹Gian und Giachen› sind unsere Werbestars. Uns sagt man nach, dass wir stur seien, aber immerhin den schönsten Dialekt sprechen! Christina.»

*«Hallo Christina, Polarisieren finde ich total genial. Nicht jeder Mensch hat die Gabe, das zu können. Wenn ich Dein Profil so anschaue, bin ich wohl mehr als wortkarg. Typisch Mann eben. Bin eben auch der bessere Zuhörer als Erzähler. Wie finden Deine Söhne die Tattoos? Sind doch sicher megastolz auf Ihre Mama! Übrigens finde ich geradeheraus um Welten besser, als irgendwie verdruckst zu sein. Liebe Grüße, Gerry.»*

«Hallo Gerry! Ich kann Dich beruhigen, Dein Profil ist großzügig ausgefüllt im Quervergleich! Aber ja, wir wissen doch, dass die Frauen von Haus aus kommunikativer sind.

Mir fällt es auch leicht zu schreiben. Ich versuche dabei immer, sehr bedacht zu sein. Klappt mit zunehmendem Alter auch immer besser. Aber ein guter Zuhörer zu sein, ist auch eine tolle Qualität. Das fällt auch nicht jedem leicht. Ist doch gut so. Darum glaube ich auch an Ergänzung – und nicht an die Notwendigkeit, ‹gleich sein› zu müssen. Wobei bitte Ähnlichkeit und Kompatibilität, ja, das schon. Aber nicht Gegensatz.

Meine Söhne stehen völlig hinter mir. Sie finden gut, was ich tue. Mein Großer hat mir zum Geburtstag einen Gutschein von meinem Tätowierer geschenkt und eine Abschlussarbeit darüber geschrieben *stolz bin!*. Selber will er noch keine, was ich sehr gut finde, denn es ist wichtig, das Konzept zu kennen. Bleibt ja für immer, hihi.

Mein Jüngerer findet mich ganz okay. Er kann gut damit umgehen, dass seine Ma so ist. Du hast auch drei Kinder? Ich glaube Töchter, habe ich gelesen. Sind sie erwachsen? Siehst Du sie oft? Habt ihr ein gutes Verhältnis?

Und wenn wir schon dabei sind: Bist Du schon lange allein? Wie lange warst Du verheiratet? War die Scheidung für Deine Kirchengemeinde ein Problem? Ich hoffe, dass ich Dich das fragen darf. Falls Du keine Auskunft geben magst, ist auch alles gut. Wünsche Dir einen schönen Abend, Gottes Segen über den Schlaf. Liebe Grüße, Christina.»

*«Guten Morgen! Natürlich darfst Du fragen! Sehr gerne sogar. Ja, ich habe drei Töchter. Sie sind 14, 18 und 19. Das Verhältnis zu ihnen ist super. Wir sehen uns regelmäßig, und sie sprechen auch noch mit mir (Smile!). Alle zwei oder drei Wochen übernachten sie bei mir, und dann unternehmen wir am Wochenende etwas zusammen. Mit der Mittleren der drei gibt es allerdings zuweilen Probleme. Sie ist manchmal kurz angebunden, distanziert und introvertiert, bei anderen Gelegenheiten aber zum Glück doch auch wieder enorm kommunikativ. Da schwanken die Stimmungen also etwas.*

*Natürlich haben wir alle unsere Wunden abgekriegt, und ich hoffe, dass diese Verletzungen, die eine Trennung wohl immer mit sich bringt, auch wieder heilen dürfen.*

*Mit meiner Frau war ich insgesamt 24 Jahre zusammen, davon mehr als zwanzig Jahre verheiratet. Die Trennung erfolgte nach meiner schweren psychischen Erkrankung, weswegen ich längere Zeit behandelt wurde. Die Scheidung steht auch vor der Tür.*

*Ich hoffe, meine frühere psychische Erkrankung schreckt Dich nicht ab und ich höre wieder von Dir. Würde mich echt freuen. Ich gehe in keine Kirche, darum gab es da auch keine Probleme. Du arbeitest im Sozialbereich – was heißt das? Liebe Grüße, Gerry.»*

«Hallo Gerry, danke für Deine offenen und ehrlichen Worte. Nun, ich finde es einfach sehr, sehr traurig, wenn ich Deine und Eure Geschichte höre. Es ist einfach tragisch, wenn langjährige Beziehungen und ganze Familien auseinanderbrechen. Tut mir wahnsinnig leid.

Mein Ex und ich waren 23 Jahre lang ein Paar, und er war mein Leben. Wir haben uns nicht aus Mangel an Liebe scheiden lassen, sondern weil es ihm schlechtging, er sich aber nicht behandeln ließ. In dieser Zeit traf er verheerende Entscheidungen. Nachhaltig. Aber er war uneinsichtig, und deswegen kam es zur Scheidung. Seit Valentinstag 2019 bin ich geschieden. Einzig dank dem Glauben an Gott und dank seiner Hilfe kam ich nicht unter die Räder.

Aber nun fühle ich mich frei und offen für Neues. Narben werden immer bleiben, aber bei mir sind die Wunden weitgehend verheilt. Ich habe meine Trennung auch aktiv verarbeitet.

Wie war das bei euch: Wolltest Du gehen, oder sie? Könnt ihr es ohne Kampfscheidung hinkriegen?

Was meinst Du mit ‹psychische Erkrankung›? Das ist ja ein weites Spektrum. Nein, grundsätzlich schreckt es mich nicht ab, da es in meiner näheren Umgebung auch andere Menschen gibt, die unter solchen Beschwernissen leiden. Da bist Du ja mitnichten allein!

Ich finde es schön, dass Du hinschaust und daran arbeitest. Das ist ja das A und O, damit Heilung überhaupt möglich wird.

Sozialbereich heißt, dass ich zwei Jobs habe, bei denen ich mit Kids arbeite. Ich werde jedoch ab November nochmals eine Ausbildung beginnen – als Medizinische Praxisassistentin MPA.

Für mich ist der Aspekt Mensch am Wichtigsten. Du bist der Kopfmensch? Was machst Du beruflich? Erst mal liebe Grüße, Christina.»

*«Hallo Christina, psychische Erkrankung hieß in meinem Fall: komplettes Burnout mit schweren Erschöpfungsphasen. Ich war todmüde, antriebslos, konnte keine Entscheidungen mehr treffen, zweifelte auch total an mir, empfand mich als gescheitert und konnte weder im Betrieb noch im Privatleben noch irgendwelche Verantwortung übernehmen. Kurzum: Ich war nicht mehr bei mir selber. Dazu schwere Kopfschmer-*

*zen, Gelenkschmerzen, zuweilen auch Schwindelgefühle. Ich bin jetzt aber Gott und den Ärzten sei Dank wieder genesen und gesund.*

*Und so wurde ich vom Kopfmenschen zum Gefühlsmenschen, der sich mit Spiritualität und Glauben befasst, was ich früher für völligen Humbug gehalten habe. Beruflich habe ich mich ganz neu orientiert, lebe nun deutlich stressfreier und kann so meine Zeit ausgestalten, ohne Gefahr zu laufen, erneut in so eine körperliche und mentale Engführung zu rasseln.*

*Das Ende unserer Ehe wurde zum beidseitigen Wunsch. Für meine Frau war es gewiss nicht schön, mit einem mental dermaßen ‹zerschlagenen› Mann zusammen zu sein. Eigentlich war sie tapfer, aber die Liebe litt natürlich enorm.*

*Gleichzeitig hatte ich immer den Eindruck, sie wolle mich jetzt bemuttern und mir in meiner Erkrankung ständig sagen, was jetzt als Nächstes zu tun sei. Sie wurde fast wie eine Krankenschwester oder eine Ärztin, die mir andauernd befahl, was ich jetzt zu tun und zu lassen habe. Wahrscheinlich durchaus lieb gemeint, aber bei mir hat es die Liebesgefühle vermurkst und stattdessen das Leiden, die Schwindelgefühle und Kopfschmerzen nur noch verstärkt. Ich hielt das fast nicht mehr aus.*

*Seitdem wir getrennt sind, geht es mir eindeutig besser. Ich will jedoch kein schlechtes Wort verlieren über meine Ex-Frau. Aber eines kann ich schon so formulieren: Ich suche eine Partnerin, die mir wieder auf Augenhöhe begegnet. Das war bei meiner Ex-Frau nicht mehr möglich – aber da kann ich sie ja durchaus auch verstehen. – Liebe Grüße, Gerry.»*

«Hi Gerry! Weißt Du, ich kenne mich mit Burnout leider nur allzu gut aus. Eine sehr schwierige Situation. Überhaupt nicht abschreckend für mich, und das kann wirklich jede und jeden treffen. Ich selbst hatte nach der Geburt meines ersten Sohnes eine Zeitlang happige Angststörungen, und nach der zweiten Geburt fiel ich in eine paradoxe Belastungsdepression. Er war ein Schrei-Baby. Schwierig. Ich wollte keine Psychopharmaka, ging aber regelmäßig zu Gesprächen. Und zwar beide Male.

Psychische Beeinträchtigungen waren in unserer Familie (*meiner Fa-*

milie!) nie ein Tabu. Aber als es meinen Ex-Mann traf, weigerte er sich, Hilfe zu holen. Einfach aus dem Grund, weil ein Süditaliener niemals Schwäche zeigt. Aus Prinzip nicht. Und dieses Prinzip ließ sich nicht durchbrechen. Und wer nicht *darüber* reden kann, muss eben immer *darunter* bleiben. Da macht ein anderes Prinzip vor einem Süditaliener eben nicht Halt!

So war das bei uns. Mit dem brutal schmerzhaften Side-Effekt, dass nicht nur mein Ex und Papa unserer zwei Söhne *darunter* bleiben musste, sondern auch wir drei mit ihm. Wir kamen alle vier unter die Walze, sozusagen. Und dennoch: Er war ein großartiger Typ, eigentlich.

Tja, das ist meine und unsere Geschichte. Andere haben auch schwere Geschichten. Unsere Scheidung war sehr schnell durch, und seit der Trennung haben wir keinen Kontakt mehr zueinander. Aber natürlich wünsche ich ihm nur das Beste. Ich kann ihn von Herzen segnen, das geht durchaus. Nur schon all der glücklichen Jahre wegen. Ich musste erst mal lernen, mich zu ‹entlieben›, so sehr war er mein Leben!

Ja, das ganze Thema ‹Trennung & Scheidung› ist ein wichtiger Schwerpunkt geworden in meinem Leben. Ich arbeite mittlerweile ehrenamtlich in Kursen mit, die getrennten und geschiedenen Paaren bei der Aufarbeitung helfen.

Es freut mich sehr, dass Du offensichtlich genesen bist. Auch, dass es mit der beruflichen Neuorientierung geklappt hat! Das ist ja auch nicht selbstverständlich.

Ja, der Glaube und der ganze Bereich der Spiritualität – natürlich war das Humbug! Auch in meinen eigenen Augen! Was denkst Du, wie *ich* darüber dachte?! Man darf das gar nicht benennen hier, da müsste ich mich heute schämen! Bis ich auch in der Depression war, mit einem kleinen Kind und einem Baby. Und mit Panikattacken. Das war sehr schwer, und in dieser Situation suchte ich Gott – und Jesus ist mir begegnet. Seit diesen Erlebnissen lebe ich mit ihm. Und aus den verurteilenden Gedanken über ‹diesen hirnverbrannten Humbug› wurde eine Lebenseinstellung der Hingabe.

Falls ich Gott in den letzten paar Jahren nicht ganz nah bei mir gewusst hätte, wäre es durchaus möglich gewesen, dass ich psychologische oder sogar psychiatrische Hilfe benötigt hätte. Es waren gruselige Zeiten. Aber davon kannst Du ja selbst ein Lied singen.

Wie dankbar bin ich um die Perspektiven, die Kraft, den Glauben, über Hoffnung, Familie und Freunde. Der Weg geht weiter. Unabhängig. Auch gut.

So, ich muss mich parat machen, am Arbeitsplatz rufen die Kinder bald nach mir. Wünsche Dir einen kraftvollen Tag mit wunderschönen Begegnungen. Liebe Grüße, Christina.»

*«Hallo Christina, Du hast ja auch schon einiges mitgemacht und kannst (leider) viel erzählen. Ich wünsche uns beiden, dass wir die Umstände, die eine solche Total-Entkräftung mit sich bringt, nicht noch mal erleben müssen. Diese Erfahrung reicht wohl, wenn man sie einmal im Leben machen muss. Da fragt man sich dann schon manchmal, was man verbrochen hat und warum es einen so hart trifft. Aber das muss dann wohl so sein.*

*Morgen Abend habe ich eine Sitzung mit einer Channeling-Expertin. Ich lasse mich da mal überraschen … Ich habe mit Kirche nicht mehr viel am Hut. Zwar mag ich die Werte und die christlichen Frauen, aber ich suche heute eher in der Esoterik und im Spiritismus. Ich bin enttäuscht von der Kirche und den Gläubigen. Würde mich aber freuen, wieder von Dir zu hören! Liebe Grüße, Gerry.»*

«Hi Gerry, jeder dritte Mensch leidet ein oder mehrere Mal in seinem Leben an einer psychischen Störung. Ich denke nicht, dass wir etwas verbrochen haben. Im Endeffekt ist es das Leben.

Aber hey, weshalb brauchst Du eine Channeling-Expertin? Du suchst Botschaften aus der übernatürlichen Welt? Ernsthaft jetzt? Ich kann nur von mir sprechen: Ich hatte in der Zeit meiner Angststörungen eine solche Sitzung und wurde ‹rückgeführt›. Es war eine Katastrophe. Danach war nichts mehr, wie es gewesen ist. Ich habe den Halt verloren, fand keinen Boden mehr unter den Füßen …

Spiritualität kann sehr, sehr gefährlich sein, gerade wenn du *Deinen* Weg suchst und *Andere* darüber fragst. Ich würde Dir dringend davon abraten – immer! Das ist etwas aus der Abteilung ‹Teures Geld für nichts›, im besten Fall ... Du bist natürlich frei, das zu tun, was Du tun willst. Und wenn Du denkst, es hilft, dann mach die Erfahrung.

Warst Du denn als Erwachsener in einer Kirche oder Gemeinde? Suchtest Du Gott, kanntest Du ihn denn? Oder nur vom Anhören von Predigten? Falls Du ihn nie kennengelernt hast: Er lässt sich in der Bibel finden und, viel unkomplizierter noch, wenn man ihn in aller Demut um eine Begegnung bittet ... Aber ich will niemanden bekehren oder besserwisserisch um die Ecke kommen! (Das magst Du ja eh nicht!)

Mein Tag war gut. Für meinen Geschmack zu heiß. Fast dreißig Grad, bah! Habe nicht viel geleistet bis jetzt, muss noch die Küche machen und meine Söhne verköstigen. Liebe Grüße, Christina.»

*«Hallo Christina, hatte gerade die Spirituelle Sitzung mit dieser bekannten Channeling-Expertin, war echt gut. Bestand im Großen und Ganzen aus einer geführten Meditation, was mir persönlich immer sehr viel bringt. Ich kann dabei zum einen völlig abschalten, und zum andern ist es fast wie Urlaub für mich. Zumindest fühle ich mich so dabei. Wenn Du willst, erzähle ich Dir später mehr darüber. Das mit dem Glauben und der Kirche aber ist kompliziert. Wünsche Dir einen schönen Abend, Gerry.»*

Eigentlich ist mir bereits klarer als klar, dass Gerry nicht mein Mann sein wird, nicht mein Mann sein kann. Ich möchte beim Glauben keine Kompromisse eingehen und suche ja keinen «Suchenden», sondern einen Mann, der Gott und seine Gnade, seinen Schutz und seinen Beistand gefunden hat. Einen, der auch bereits einige Jahre im Glauben steht und mit dem man sich «auf Augenhöhe» über diese Dinge austauschen kann.

Ansonsten haben wir jedoch einen sehr offenen und ehrlichen Dialog. Das gefällt mir. Gerry sieht auch gut aus und ist authentisch. Wir schreiben uns über dies und das, über unsere Freuden und Sorgen, über die Beziehung zu den Kindern, über die Arbeit, übers Freizeitverhalten, über Hobbys – fast wie alte Freunde. Dann kommt folgende Nachricht:

*«Hallo Christina, nochmals ich, habe da eine eventuell indiskrete Frage: Hättest Du mal Interesse an einem Video-Date? Skype, WhatsApp oder so? Ich würde zu gerne mal Deinen Dialekt hören, Deine Stimme genießen – die ist bestimmt lieblich wie Dein ganzes Wesen ... Liebe Grüße, Gerry.»*

«Hi Gerry, naja ... Du, um ehrlich zu sein, mag ich Video-Chats gar nicht! So überhaupt nicht. Auch nicht mit meinen Leuten! Und Telefonieren ist auch schwierig, wenn meine Jungs zuhause sind. Ich kann mich dafür nicht genug zurückziehen.

Weißt Du, dann komme ich eh gleich zum Gedanken, ob es überhaupt Sinn macht, uns noch weiter zu schreiben oder zu telefonieren. Klar, kommt darauf an, was man sucht ...

Was *ich* wirklich suche, ist etwas sehr Verbindliches. Jemanden, mit dem ich diesmal die 25 Jahre voll bekomme *schnief* ...

Und ich glaube, wenn wir jetzt bezüglich uns beiden eine kleine gedankliche Zeitreise machen und weiter nach vorn denken würden, müssten wir sehen, dass da nichts entstehen kann ...

Du hast ein Leben in Deutschland, und ich bin hier in Graubünden. Ich glaube, auf eine immerwährende Fernbeziehung hat niemand Lust. Ich bin noch für mindestens sechs Jahre ortsgebunden und kann und will auch nicht mit jemandem zusammenziehen.

Hmm ...

Ich glaube, auch Du suchst ja eine Frau für eine verbindliche Beziehung in der Ü50-Zeit. Was ich meinerseits nicht suche, sind Brieffreunde oder Kollegen. Das habe ich alles.

Ferner ist es mir auch wirklich ein Anliegen, dass mein Zukünftiger mit mir den Glauben teilt. Natürlich ist der Glaube individuell, aber es geht in eine bestimmte Richtung. Da ist mir meinerseits der Aspekt der Gnade am Wichtigsten, und ich habe sogar begonnen, in eine Gemeinde reinzuschnuppern, die mir entsprechen könnte. Mein Ex-Mann hat das nicht mit mir geteilt, und es war völlig okay, aber nun wünsche ich mir das. Das ist mir heute im Gottesdienst bewusst geworden. Ich habe diese Kirche erst vier Mal besucht in diesem Jahr (ich bin nicht die große

Kirchgängerin), aber ich glaube, ich werde demnächst noch des Öfteren da hingehen.

Du siehst, alles Argumente, die gegen ein Vertiefen unseres Kontaktes sprechen. Ich hoffe, Du nimmst mir das nicht übel.

Aber das sind *meine* Gedanken dazu. Wie siehst Du das? Wünsche Dir einen schönen Abend, Gottes Segen und Schutz. Christina.»

«*Hallo Christina, ich finde es schade, aber es wird wohl der bessere Weg sein. Hätte mich zwar gerne noch mit Dir ausführlich ausgetauscht, aber Deine Argumente sind durchaus ‹schlagkräftig›. Und zu all dem kommt noch, dass ich den Glauben in der Intensität, wie Du ihn lebst, nicht leben kann oder will. Mich treibt es aus der Kirche hinaus und nicht hinein.*

*Ich wünsche Dir von ganzem Herzen, dass Du den Partner findest, den Du Dir wünschst, und mit ihm glücklich wirst! Und falls Du mal jemanden zum Chatten brauchst, weißt Du ja, wo Du mich findest.*

*Im Übrigen finde ich Dich ausgesprochen interessant und auch liebenswert. Tief. Echt. Und auch sehr anziehend. Du bist eine Perle unter den Frauen. Dein Zukünftiger darf sich freuen, eine solch verständnisvolle und loyale Frau zu haben. Die meisten hätten das Weite gesucht, als das mit der Psyche ins Spiel kam. Du bist anders! Schönen Abend und alles erdenklich Gute für Dich, herzliche Grüße, Gerry.*»

«Lieber Gerry, ich finde es wirklich toll, dass Du so reagierst. Und danke für Deine guten Wünsche. Das wünsche ich Dir auch, von ganzem Herzen: eine Frau, die Dir auf Augenhöhe begegnet. Auch Dir wünsche ich diese Eine, die Dich glücklich macht – und Du sie. Ich weiß, dass es das gibt, durfte ich es doch zwei Jahrzehnte lang erleben.

Ich bin froh, dass Du meine Argumente akzeptieren kannst. Möchte aber, dass Du auch verstehst, dass es wirklich nichts mit Dir zu tun hat. Denn von außen – und ich denke, auch von innen her – hast Du mich wirklich sehr angesprochen. Grüße aus Graubünden, Christina.»

Hm, auch dieser Kontakt landet in einer Sackgasse. Es ist schade: Mit manchen Männern kommt man durchaus in die «Tiefe», und trotzdem wird dann nichts daraus.

Ich werde immer ungeduldiger, aber auch verzagter. Jedes Mal öffne ich mich, gehe Schritte auf mein Gegenüber zu. Das fordert auch: Kräfte, Emotionen, Gedanken, Gefühle, die richtigen Worte, die richtige Atmosphäre, die richtigen Aktionen und Reaktionen – alles will geschaffen werden, alles will stimmig sein und soll passen. Denn wie gesagt, es hängen immer Erwartungen und Hoffnungen mit dran.

Mittlerweile hat die Pandemie die Welt verändert. Und die Menschen rücken weiter auseinander anstatt näher zusammen. Es vergehen Wochen, bis nur wieder eine einzige Neuanmeldung dazukommt. Kaum Kontakte mehr. Ich dachte, es würde anders laufen hier ...

## 66 | Arian und ich tun einander weh

*«Guten Abend Frau bunt, Dein Profil hat mich angesprochen. Du siehst sehr attraktiv und erst recht sympathisch aus. Aber ich glaube auch, dass wir unterschiedlich sind und ich nicht Deinen Erwartungen entspreche und umgekehrt. Ich wollte Dich das nur wissen lassen. Schönen Abend, Arian.»*

«Guten Morgen, Arian, danke für Deine Nachricht. Danke für das Kompliment zu meinem Aussehen. Ich nehme an, dass es ein Kompliment ist! Natürlich sind wir unterschiedlich, das liegt bereits in unserer Natur begründet. Weshalb denkst Du, dass wir uns nicht entsprechen?
     Du siehst auch sehr nett aus. Ich tippe, Du bist Lateinamerikaner oder Südeuropäer. Jedenfalls wünsche ich Dir ein ganz schönes Wochenende und gute Zeit, Christina. Que dio ti benedica.»

*«Hallo Christina, ja und nein – ich bin ursprünglich aus der Türkei. Aber mittlerweile seit über 25 Jahren hier. Ich bin wegen meiner großen Liebe*

*und der Familie hierher gekommen – und geblieben. Es ist natürlich grundverschieden in Deutschland. Aber es wurde auch zu meiner Heimat. Gerade durch meine Frau und die Kinder. Trotzdem nicht immer einfach.*

*Ich denke, wir sind einfach sehr verschieden, wenn ich Dein Profil so lese. Ich bin eher konservativ. Also im Glauben. Aber ich mag zum Beispiel sehr gerne laute türkische und kurdische Musik und tanze mit meinen Kindern. Die mögen das total.*

*Was bedeutet, Du bist bunt? Darunter kann ich mir viel vorstellen und doch nichts. Arian.»*

«Hallo Arian, danke für Deine Zeilen. Ich denke, nicht nur die Verschiedenheit ist ein Problem, sondern erst mal die Distanz. Aber ja, wenn jemand sehr ‹gesetzlich› oder zu ‹traditionell› oder konservativ ist, habe ich meine Probleme damit. Aber weißt Du, in gewissen Dingen bin auch ich sehr traditionell und auch sehr konservativ. Etwa indem ich sage, dass es einzig und allein Jesus ist, der die Errettung bringt, er der Weg, die Wahrheit und das Leben ist und kein Weg zum Papa, zu Gott, führt, außer über ihn. Punkt.

Das war es dann aber auch schon mit konservativ … Durch seine Gnade bin ich versöhnt und frei. Das möchte ich nicht mehr missen. Es ist die Gnade, die mich trägt.

Ich bin dadurch auch frei, bunt zu sein. Bunt bedeutet natürlich auch: Durch meine Vita, meine Erfahrungen und meine Erkenntnisse ist meine Persönlichkeit bunt gefächert. Aber ich wollte damit auch ausdrücken, dass ich stark tätowiert bin. Für mich sehe ich keinen Widerspruch im Glauben, und deswegen war ich frei, es zu tun. Das ist etwas zwischen mir und Gott, da braucht es keine Meinungen von Dritten. Aber natürlich würde es mich freuen, wenn mein Zukünftiger daran Freude hat. Das muss ja fast, sonst haben wir ein Problem. Ha!

Oh ja, ich kann mir sehr gut vorstellen, dass Du Dich nicht immer zuhause gefühlt hast in Deutschland. Es ist für einen wie Dich mit Sicherheit sehr schwer. Ich habe das selbst miterleben müssen und meinen süditalienischen Ehemann regelrecht verloren: nicht wegen eines Todesfalls, sondern aufgrund von Heimweh. Ich rede jetzt nicht von ein wenig Nostalgie, nein, mein Ex wurde regelrecht krank. Und dadurch hat er wirklich sehr gravierende Dinge getan (die ich hier nicht ausbreiten möchte), hat nachhaltige Fehlentscheidungen getroffen.

Es muss schlimm sein, wenn das Heimweh und die Sehnsucht nach den Wurzeln, dem Land, in dem man geboren und aufgewachsen ist, so groß wird, dass das Leben hier zur Qual wird. Ich habe mit allem, was ich bin, versucht, meinen Ex-Mann zu unterstützen, aber ich konnte es nicht. Leider. Würde man einen Film drehen darüber, könnte man ihm (in Anlehnung an Rainer Werner Fassbinders Werke) den Titel geben: ‹Sehnsucht fressen Seele auf›.

Nun sind wir seit zwei Jahren geschieden, aber dieser Verlust war das Schwerste für mich, das ich jemals erlebt habe. Es brachte mich beinahe um den Verstand, und das meine ich so. Ich habe Tausende Tränen geweint. Wenn man die Liebe seines Lebens verliert, verliert man sich selbst. Zumindest zu einem großen Teil.

Aber in all dieser Zeit habe ich Jesus derart stark erlebt wie noch nie zuvor. Das ist die andere Seite. Darauf möchte ich nie wieder verzichten, und mittlerweile bin ich auf einem guten Weg. Ich gehe vorwärts. Allein oder zu zweit.

Das wünsche ich Dir auch. Ich habe gesehen, dass Du auch jemanden verloren hast, dass Du Witwer bist. Das tut mir wirklich sehr leid für Dich und Deine Kinder. Du schreibst, dass Du fünf Kinder hast. Welch ein Segen. Es muss unendlich schwer für euch sein. Wie traurig! Ist es schon lange her, wenn ich fragen darf?

Ich hoffe für euch alle, dass ihr Hilfe habt. Natürlich in erster Linie für euer Herz, dass es getröstet wird, aber auch, dass ihr ganz praktisch Hilfe kriegt. Ich war so dankbar in meiner Trauerzeit, als meine Freundin oft ‹zu viel gekocht hat› oder ihre Mutter für uns geputzt hat. Ich war ja im ‹Überlebensmodus› Aber auch wenn es immer eine immense Narbe sein wird, die Wunde heilt, und man geht vorwärts.

Gott hat gute Gedanken und Pläne. Das weiß ich, und das erlebe ich auch. Selbst wenn es Zeit braucht. Die darf man sich nehmen. Ich hoffe, die hast Du Dir auch genommen.

Ich freue mich auf Nachricht von Dir. Seid reich gesegnet, Du und Deine Kinder. Gottes Schutz, Christina.»

«*Hallo Christina, also Dein Brief war wie ein Schlag ins Gesicht für mich! Meine Frau ist seit sieben Monaten tot, und seit jenem Tag versuche ich, meine fünf Kinder in ihrer Trauer zu unterstützen. Sie machen das gut. Wir haben Hilfe. Ich komme erst jetzt ins Verstehen. Aber dass Du schreibst, dass Du einen Verlust hast, finde ich nicht richtig. Und Du schreibst, dass Du eine Trauerzeit hattest. Du sagst, Du habest die Liebe Deines Lebens verloren. Du schreibst, als ob Du einen Todesfall zu verarbeiten und zu betrauern hast. Das ist nicht richtig! Es verhöhnt mich, ich habe wirklich meine Frau verloren! Du hast Dich nur scheiden lassen. Du wolltest das so. Bist also selber schuld, und dann sagst Du mir, dass das genauso weh tut?*

*Das ist Lästerung für mich.*

*Ich bin jetzt müde. Gute Nacht, Arian.*»

«Puh, Arian! … Deine Frau ist ein halbes Jahr tot, und Du denkst, dass Du hier jemanden finden musst? Ja, ich kenne den Aspekt ‹Ablenkung›. Ich kann nur für Deinen nächsten Kontakt hoffen, dass diese Frau entweder noch nie verheiratet war – oder dann Single oder verwitwet, damit sie in Deinen Augen Gnade findet. Ich werde Dich jetzt nicht belehren und Deine Worte, soweit es geht, stehen lassen.

Aber ich möchte trotzdem noch sagen, dass Du erst jetzt aus dem Schock des Unabänderlichen in die Trauerzeit hineinkommst – dass dieser Prozess also erst beginnt. Da wäre eine andere Frau nur ‹Mittel zum Zweck›, aber das geht mich nichts an. Ich wünsche Dir, dass Du all die verschiedenen Phasen der Trauer durchleben kannst (man spricht von insgesamt mindestens fünf) und dadurch frei wirst. Vielleicht ja trotzdem mit einer Frau an Deiner Seite.

Zu richten darüber, wer mehr Recht hat, über seinen Verlust zu trauern, oder ob Verlust überhaupt nur in der Situation eines Todesfalles überhaupt betrauert werden kann, finde ich jetzt nicht angebracht.

Weißt Du, wenn man sich scheiden lässt, obwohl man das zum Beispiel nicht will, verliert man sehr wohl einen geliebten Menschen. Man ist genauso der Zukunft beraubt. Die Familie existiert nicht mehr. Das Gewohnte ist weg. Der Lieblingsmensch ist nicht mehr da. Zwar ist er nicht tot, da hast Du ganz recht, aber er ist auch nicht neben mir. Hat man den Partner jetzt auch noch an eine andere Person ‹verloren› oder wurde betrogen und belogen, kämpft man nicht nur mit Verlust und Trauer, sondern zusätzlich auch noch mit Scham und Demütigung!

Man bekommt auch keine schönen Karten mehr zugeschickt, kriegt keine tröstenden Worte und kein Mitleid, sondern wird sehr schnell gefragt: ‹Na, geht's dir noch nicht gut?› Und falls einem das ‹Trauerjahr› vielleicht gnädigerweise doch zugestanden wurde, muss es spätestens dann ‹gut› sein.

Ich habe mich sehr schnell hinterfragen müssen: Wie intensiv darf ich trauern? Und dann: Wie lange ist normal? Und dann gibt es solche wie Dich, die es unangebracht finden, dass man überhaupt trauert …

Aber ich möchte, wie gesagt, gar nicht mehr Worte verlieren. Ich wünsche Dir Trost und Gottes Gegenwart, auf dass ihr getragen seid.

Ich werde den Kontakt blockieren, dadurch erreichen mich keine Nachrichten mehr von Dir (ich schreibe das nur, falls Du das noch nicht weißt). Aber wie schön, dürfen wir lernen. Jeden Tag. Du – und auch ich. Ciao, Christina.»

Uff! Auch gegenseitige Verletzungen passieren auf solchen Plattformen. Ich wollte Arian natürlich niemals in irgendeiner Form «treffen» oder gar verletzen, und ich bin sicher, er mich auch nicht. Er war in Trauer gefangen. Und ich war vielleicht wieder viel zu offen, wie ich es eben von meinem Naturell her bin. Dabei habe ich es ja wirklich nur gut gemeint.

Aber es ist eine alte und wahre Erkenntnis aus der Kommunikationslehre: «Entscheidend ist nicht, wie etwas gemeint ist – entscheidend ist, wie es beim Andern ankommt.» Und deshalb ist dazu gekommen, dass ich etwas gut gemeint geschrieben habe – und es Arian mitten in der Seele traf.

Ich kann seine Reaktion verstehen, es ist ja nicht das erste Mal. Ich kenne diese Art der Argumentation – zumal wir ja in einer Zeit leben, in der viele für sich beanspruchen, in einer noch viel größeren «Opferrolle» leben und leiden zu müssen als alle anderen …

Dass die ganze Sache auch mir sehr weh getan tat, steht außer Frage. Gleichzeitig gebe ich zu: Ich möchte nicht mit Arian tauschen, möchte nicht in seiner Haut und seiner hochschwierigen Situation stecken, möchte nicht seine Lasten tragen müssen.

Ich merke, ich bekomme immer mehr «Ermüdungserscheinungen». Nach dem nächsten Kontakt lösche ich mein Profil auf «Himmlisch-Plaudern». Ich habe auch mit meiner Ausbildung angefangen und werde mein Augenmerk jetzt ganz darauf richten.

Langsam, aber sicher kommen wir zum Finale. Nach der folgenden Geschichte in Kapitel 67 und gut zwei Jahren auf christlichen Singlebörsen habe ich die Hoffnung, auf diesem Weg einen Partner zu finden, weitestgehend aufgegeben.

Mittlerweile glaube ich und vertraue ich, dass es für Gott ein Leichtes sein wird, mir meinen Mann «auf natürliche Weise» zu schenken. Ich habe auch den Weg in eine Gemeinde gefunden. Im neuen Jahr bin ich zufällig auf ein YouTube-Video gestoßen, in dem ein Pastor seine Gemeinde vorstellt. Über eine weitere «zufällige» Facebook-Bekanntschaft habe ich den Weg dorthin gefunden.

In der dritten Predigt spricht Gott durch einen der Pastoren zu mir: «Wenn du eingepflanzt bist, wird dir alles andere zufallen!» Mir wird bewusst: Wo finde ich einen Mann, der Gnade liebt, wenn nicht dort, wo Gnade verkündigt wird? Aber bevor ich das vertiefe, hier noch eine weitere Episode auf meiner Suche.

## 67 | Henry: Lügner, Feigling, Notfall?

Das ist meine letzte Geschichte zu meinen Online-Dating-Versuchen. Es ist die originale Unterhaltung, aber natürlich habe ich auch hier ein paar Dinge verändert und verwischt, um ihn unkenntlich zu machen. Was ich aber nicht verwischen will: Ich war sehr interessiert an diesem Mann. Und ich dachte eigentlich, dass das auf seiner Seite auch so sei …

Henry und ich sind vielleicht nicht so sehr in die Tiefe gekommen, wie es bei Phil oder Matthias geschehen ist. Wichtige Bereiche wie Glaube oder Intimität wurden bei unseren Kontakten überhaupt nicht angesprochen, tausend andere Dinge auch noch nicht. Dennoch war ich mir sicher, dass wir uns kennenlernen werden – und dass wir beide darauf hinarbeiten und vielleicht bald ein «Date» stattfinden könnte. Der Kontakt zu Henry war auf jeden Fall ernsthafter als fast alle Kontakte vor ihm.

Ich finde Henry sehr ansprechend: Er ist «ein Kerl wie ein Baum», Deutscher, geschieden, Typus Basketball-Spieler, bärtig, viel Haar, dunkelblond. Auf einem Bild sitzt er ganz lässig auf einem Motorrad, auf einem anderen steht er vor der Statue von John Lennon, auf einem dritten Bild sehe ich ihn mitten in einer Kunstausstellung, hinter ihm ein großes Gemälde von Roy Lichtenberg. Zwischen ihm und mir «entsteht» etwas, so empfinde ich es jedenfalls.

Aber ich sollte mich irren. Einmal mehr. Ich weiß nicht, ob ich unterwegs gewisse Fehler gemacht habe? Der Dialog ist einfach abgebrochen, und «Henry ward nicht mehr gehört», stattdessen wurde ich nach meiner letzten Message plötzlich blockiert. Ohne ein weiteres Wort. Das ist nicht ehrlich, nicht transparent, finde ich. Und das enttäuscht mich einmal mehr.

Für meine Begriffe habe ich Henry zuvor zwei, drei Mal darauf hingewiesen, dass es okay ist, wenn es aus seiner Sicht «irgendwie nicht passen sollte». Und dass ich in den Zeilen und zwischen den Zeilen und über und unter den Zeilen und in der ganzen Atmosphäre unserer Kontakte keine Signale lesen kann und will – er möge also bitte immer ehrlich sein zu mir.

Aber nein, anscheinend geht das für die meisten Männer nicht. Und das ganz unabhängig davon, ob sie Christen sind oder nicht. Ich hätte sooo gerne daran geglaubt, dass christliche Männer in diesem Punkt anders sind als alle anderen. Aber die Erfahrungen haben mich wohl doch eines Besseren belehrt. – Hier die ganze Story:

*«guten morgen, geheimnisvolle unbekannte, du hast sehr schöne eigenschaften. für heute wünsche ich dir einen angenehmen tag. liebe grüße, heinrich.»*

«Hallo Heinrich! Herzlichen Dank für Deine Zeilen. Du schreibst mir um zwei Uhr morgens? Huch! Kannst Du nicht schlafen, oder musst Du arbeiten?

Mir gefielen die Worte und Gedanken in Deinem Profil sehr. Ich möchte dazu Folgendes sagen: Ja, oft möchte man das Herz verschließen und möglichst nichts fühlen. Aber das geht ja nicht, und ich kann nicht mal ‹leider› sagen, denn ohne Gefühle wären wir ja arm. Ich jedenfalls bin froh um die ganze Gefühlspalette, muss aber auch gestehen, dass es einfacher ist, wenn die Gefühle positiv sind.

Auch Dir einen mega schönen Tag! Ich starte heute meine Ferien. Liebe Grüße, Christina.»

*«hallo christina, danke für deine antwort. dann wünsche ich dir ganz schöne ferien! genieße sie! bleibst du zu hause? oder verreist du?*

*ich war übrigens noch länger mit freunden unterwegs gestern. und dann bin ich jeweils voll aufgedreht und kann fast nicht schlafen. deswegen die späte message.*

*ich glaube, wenn ein herz sich verschließt, hat es auch einen grund, und es braucht seine zeit, bis sich so ein herz wieder für das leben öffnet. das herz macht dinge, die der verstand einfach nicht begreifen kann. bevor ich erkannte, wie wichtig die sprache des herzens ist, musste ich viele schwierige erfahrungen machen und viel lernen. plötzlich merkte ich: erst das herz und die vernunft gemeinsam machen den menschen aus. ohne herz ist der mensch einfach unmenschlich.*

*so, ich gehe langsam zu bett und hoffe, bald von dir zu lesen. liebe grüße, henry.»*

«Oh, hallo Henry! (Dein Kosename gefällt mir noch deutlich besser als Dein langer Name! Sehr gefällig! Henry Fonda? Smile!) Na, danke schon mal für Deine (schöne) Antwort. Und nein, ich verreise momentan nicht. Mache Urlaub in Balkonien. Bin schon seit Jaaahren nicht mehr richtig verreist. Aber ich finde das auch nicht schlimm, obgleich es auf meinem Wunschzettel steht, auch diese Reise-Erfahrungen wieder zurückzuerobern! Dieses Jahr aber mal nicht.

Wenn es hier in der Stadt zu heiß wird, werde ich zuweilen nach Davos fahren. Ich liebe die Ruhe dort, das Klima, den See, den Wald und dass es keine Zecken gibt, haha. Morgens fast alleine um den See zu laufen und abends gleich nochmals – unglaublich schön. Davos ist mein ‹Loslass›-Ort ... Meine Söhne sind übrigens ziemlich selbständig, so dass es nicht mal groß ins Gewicht fällt, wenn ich mal weg bin.

Ich fand das, was Du über das Herz schreibst, total schön. Man sagt ja den Frauen nach, dass sie eher Gefühlsmenschen seien und Männer verstandes-orientiert. Das mag stimmen, und ist wohl auch gut so. Aber ich finde es eben genauso wertvoll, wenn man im Alter (oder weil man muss) erkennen und entdecken kann, dass man eben die komplementäre Seite auch in sich hat und sie sogar benützen kann! ...

Für mich hieß das zum Beispiel: Entscheidungen eben auch mit dem Verstand treffen, selbst wenn das Herz das jetzt gerade nicht so will ... Mein Herz wird erst jetzt wieder – ganz vorsichtig – offen dem Leben gegenüber. Alles braucht seine Zeit, das Lachen und das Weinen, und wenn es Zeit braucht, braucht es eben Zeit.

Aber ich fand es eben sehr schön zu lesen, dass Du entdeckt hast, dass Du ein Herz hast und auf die Herzensbildung achten willst. Das hat Dich garantiert bereichert! (Und das wird nicht nur Dir zugute kommen!) Haben Deine Aussagen mit einem früher gebrochenen Herz zu tun? Wenn ich das so direkt fragen darf?

Wenn Du mit Freunden weggehst: Was steht dann auf dem Programm? Guten Start ins Weekend! Christina.»

*«hallo christina, vielen dank für deine zeilen. es freut mich, dass dir meine überlegungen gefallen haben.*

*finde ich toll, dass du dir die zeit nimmst, die ruhe aufzusuchen und die gedanken in die ferne und in die vergangenheit und zukunft schweifen zu lassen. so tritt der alltag inmitten des davoser sees in den hintergrund!*

*Meine freunde und ich gehen meist für ein paar stunden ins gym, schwimmen dann vielleicht noch ein paar runden, dann besuchen wir die pubs und bars, diskutieren, feiern das leben, vergessen die zeit. manchmal unternehmen wir auch gemeinsame wanderungen, das dann natürlich tagsüber. Wir wollen fit bleiben – und wir sind fit!*

*ja, du hast recht: der mensch hat nicht nur das herz, um zu fühlen, zu spüren und zu erkennen, es braucht dazu auch den verstand. ich habe auch gemerkt: wenn es in der herzgegend zieht und drückt und dieses ungute gefühl dann in richtung magengrube wandert, dann stimmt etwas nicht – und dann muss ich handeln.*

*ich habe auch erfahren müssen, dass ein mensch mit betont starker herzensbildung es nicht einfach hat. vor allem, wenn er ein mann ist.*

*es gefällt mir, wenn du so direkt fragst. du möchtest ja auch wissen, wer ich bin. ich gebe dir gerne antwort.*

*ja, die trennung war nicht ok, und sie brach mir das herz. jetzt melde ich mich langsam wieder ins leben zurück.*

*darf ich dich auch was direktes fragen? hat man dich sehr verletzt? wie würdest du das gesamtpaket beschreiben? ich freue mich, von dir zu lesen. tschüss! henry.»*


«Heya Henry, großartig, dass Du offensichtlich des Öfteren mit einer tollen Männertruppe unterwegs bist! Gemeinschaft, Sport, Pub-Besuche, Essen, Trinken, Diskutieren, die Seele baumeln lassen und zwischendurch auch die Natur genießen: Yes! Das gibt Power!

Von Herzen danke für Deine netten Worte und Deine ehrliche und direkte Antwort. Ja, mir ist es am liebsten, wenn es zwischen uns offen, direkt und ehrlich sein darf! Aber natürlich hat jeder immer die Option, es zu erwähnen, wenn eine Frage oder Aussage unpassend ist.

Es tut mir sehr leid, dass auch Dein Herz gebrochen wurde. Und dass eure Trennung auch nicht okay war. So traurig!

Ja, ich meinerseits wurde sehr verletzt. Ich dachte zuerst, ich müsse sterben. Es war das Grausamste, das ich je erlebt habe. Das Schlimme bei uns war, dass wir nicht auseinander gegangen sind, ‹weil es nicht mehr ging›, wir uns auseinandergelebt oder nicht mehr geliebt hätten. Sondern weil Mann sich stark veränderte und sich nicht helfen lassen wollte (und danach Mist baute).

Drei Jahre lang versuchte ich, sein Leben aufrecht und intakt zu halten. Aber wir begannen als Familie zu leiden, weil sich bei ihm eine massive Wesensveränderung bemerkbar machte. Wirklich unvorstellbar, wenn man es nicht selbst erlebt hat … Kurzum, er hat einige sehr fatale Entscheidungen getroffen. Nachhaltig und irreversibel. Sodass ich einen Schlussstrich ziehen musste.

Einen gewissen Trost habe ich, indem er mir immer beteuert, dass es nicht an mir lag oder an den Kindern. Und dass mich keinerlei Schuld trifft. Dass ich vielmehr das Beste war in seinem Leben. Aber was nützt mir das? Kaputt ist bei mir und bei uns als Familie ja trotzdem alles! Aber ich bin eine Frau, die sehr fokussiert hinschaut und dann vorangeht!

Nach dem Aus absolvierte ich einen Kurs, um die Trennung und die Scheidung intensiv und in der Tiefe aufzuarbeiten – und arbeite mittlerweile sogar selber da mit. (Der Kurs nennt sich ‹LSL = lieben-scheitern-leben›.)

Ich habe sehr viel geschrieben in dieser Zeit. Mich hat der Glaube dort in außergewöhnlicher Weise durchgetragen, sodass ich nicht vollends in ein Loch gestürzt bin. Jesus half mir und hilft mir noch immer. Ohne ihn … ach, kaum auszudenken.

Aber ja, es war psychisch und physisch ein Kraftakt. Nun bin ich seit dem Valentinstag 2019 geschieden, und ich bin schon ziemlich angekommen in der neuen Realität. Doch nach einem knappen Vierteljahrhundert in einer weitestgehend glücklichen Ehe ist es jetzt extrem schwer, wieder alleine zu sein …

Aber was heißt ‹alleine›? Ich habe zwei wunderbare Chaoten-Söhne! Sie sind 19 und 15. Wir kommen wirklich gut miteinander aus. – Du hast mehrere Kinder, wenn ich mich nicht irre. Sind sie schon groß? Siehst Du sie regelmäßig? Habt ihr Kontakt?

Ist bei Dir die Scheidung auch noch nicht so lange her? Wie lange dauerte eure Ehe? Wie ist der Kontakt zu Deiner Ex-Frau? (Vielleicht gerade ein bisschen viele Fragen?!)

Das ‹Entlieben› ist für mich ein gewaltiger Prozess gewesen, und er gelang nur, indem ich komplett auf Distanz ging und keinen Kontakt mehr hatte mit meinem Ex-Mann. Man könnte es so sagen: Zuerst lautete das Motto zwanzig Jahre lang ‹all in›. Nach der Scheidung konnte es nur noch das ‹all out› geben, sonst wäre ich draufgegangen. Verrückt.

Nun beginne ich nochmals eine Ausbildung als Medizinische Praxisassistentin MPA und hoffe dann, in zwei Jahren *ganz* in meinem neuen Leben angekommen zu sein. Es kommt, wie es kommen muss! Wie gesagt, ich beginne langsam damit, mein neues Leben zu umarmen. Ich bin offen für das, was kommt. Denn ich glaube, das Beste liegt noch vor mir. Und das wünsche ich Dir auch! Liebe Grüße, Christina.»

*«hallo christina, vielen dank für deine zeilen, sie freuen mich sehr! es tut mir leid, dass du und deine jungs so etwas erleben mussten. und ich finde es mega schön, dass du so offen und ehrlich sein kannst. das braucht auch viel kraft, hut ab!*

*nein, das ist nicht befremdlich, denn du hast dafür deine gründe, und dein umfeld muss deine entscheidung einfach akzeptieren. denn es muss für dich stimmen und sollte nicht mit dem slogan connected sein: ‹man macht das nicht! Und was denken wohl die andern über mich?!› leider ist diese denkweise immer noch in den köpfen eingelagert.*

*ich finde es auch super, dass du dich an profis gewendet hast. Ja, klar, nur der glaube kann in solchen zeiten tragen. sicher tut es manchmal noch weh, dem neuen genügend platz zu verschaffen und etwas neues zuzulassen. denn ein vierteljahrhundert mit einem menschen glücklich zusammenzuleben, ist nicht einfach ein ‹fingerschnipp›.*

*ich sehe, bei dir gibt es die ersten hoffnungsstreifen am horizont. die mpa ausbildung (hut ab), das realisieren deiner träume und die entscheidung, ohne reue nach vorn in die zukunft zu schauen. denn diese situation hat dir als pluspunkt wenigstens gezeigt, wie wertvoll dein leben ist.*

*ob du mich zu viel fragst? nein, ich finde es richtig. du darfst mich fragen. es gibt sicher faktoren, die ich im jetzigen zeitpunkt noch nicht beantworten kann und werde. wer mich kennt, der weiß: ich bin authentisch, ehrlich, direkt und offen für vieles.*

*Über die kinder nur so viel: Es sind drei, zwei söhne, eine tochter. alterskategorie 15 bis 21. alle drei haben das herz auf dem rechten fleck und engagieren sich sozial, wobei die söhne auch gute handwerker sind. wir haben kontakt, ja. ich sehe sie alle vierzehn tage. die scheidung erfolgte vor sechs jahren. zu meiner ex-frau habe ich noch kontakt, ja. wir haben immer noch ein gutes verhältnis.*

*Ich hatte seither noch ein paar andere beziehungen, aber sie liefen nicht so wie gewünscht. Eine ging in die brüche, weil die partnerin es einfach nicht schaffte (oder nicht wagte), ihre gefühle und gedanken in worte zu fassen und sie zu äußern. Unsere kommunikation funktionierte nicht. ich erhielt ständig die standard-antwort: ‹alles ist in ordnung. ich weiß nicht, was du hast! mir geht's gut, ich fühle mich wohl›, und zuletzt ging sie dann doch weg und legte noch einen abschiedsbrief auf den küchentisch. ich fand das schrecklich, aber was konnte ich machen? ich wollte noch kämpfen für die beziehung, aber es hatte schon keinen sinn mehr, sie wollte das nicht.*

*in einer anderen beziehung stand nicht fehlende kommunikation zwischen uns, sondern ... leider der alkohol. In weiteren beziehungen passten einfach viele kleinere und größere details nicht zusammen.*

*bin ich hier zu ehrlich? oder was findest du? wenn du magst, schreib mir, ich würde mich freuen, etwas von dir zu lesen. liebe grüße, henry.»*

«Guten Morgen, lieber Henry! Merci für Deine ausführliche Mail. Mega! Danke auch fürs Offen-Sein und all die Antworten. Du zu ehrlich? Weshalb fragst Du? Denkst Du, ich verkrafte nicht so viel? Ha! Also, ich habe nichts gelesen, was mich in irgendeiner Form erschreckt hätte ...

Wenn ich das richtig verstanden habe, hast Du nach eurer Ehe nochmals weitere Versuche für eine Partnerschaft gestartet. Tut mir leid, dass es nicht geklappt hat. Ich denke mir, man gibt sich ja trotzdem jedes Mal ‹rein›, und es schmerzt mit Sicherheit. Aber gewiss kein Vergleich zu dem Schmerz über die langjährige Verbindung, die gescheitert ist.

Hui, Du hattest eine Partnerin, die sich nicht äußert. Wie ungewöhnlich. Hm, Frauen reden doch eigentlich gerne. (Ich meine jetzt nicht das Blabla.) Also, ich finde das klasse, wenn mein Partner Interesse zeigt, zuhören will und meine Meinung wissen will. Für mich bedeutet das größte Wertschätzung!! Ich finde das unglaublich bereichernd – und ein Geschenk.

Schade, kam es nie zum offenen Gespräch, und so bliebst Du im Unklaren, was wirklich das Problem war. Ich vermute jedoch einfach mal, dass es bei ihr selbst zu suchen war und sie es nicht gelernt hat, sich offen mitzuteilen. Oder dass sie es vorher nie tun musste oder vielleicht auch nie tun durfte.

Wie auch immer, ich kenne sie ja nicht.

Gestern Abend ging ich noch spazieren. Ein Nachmittag voller Kuchen musste verdaut werden – wir hatten privat den Arbeitsabschluss einer Arbeitskollegin gefeiert.

Und da ist mir doch tatsächlich mein Ex-Mann kurz über den Weg gelaufen … Es war so unverhofft und so unerwartet. Und ich habe gemerkt, dass es noch immer ‹etwas macht mit mir›. Mein Herz versteht auch nach zweieinhalb Jahren noch immer nicht, dass es soeben an diesem einst über alles geliebten Mann vorbeiläuft. Und das nur gerade mit einem knappen und fremd empfundenen ‹Hallo›! …

Da ist eure Variante ‹gutes Verhältnis› natürlich bedeutend einfacher. Aber wer weiß, ich habe das noch nicht ganz abgeschrieben. Irgendwann wird es vielleicht auch bei uns möglich sein. Der Stand heute macht mich jedoch nicht bitter oder wütend; er macht mich nur traurig. Aber ich fange mich immer schnell und akzeptiere. Ich segne ihn dann innerlich immer und wünsche ihm so sehr, dass er glücklich wird und es ihm gut gehen darf. – Dir wünsche ich einen kraftvollen Tag! Liebe Grüße, Christina.»

[Henry und ich schreiben in der Folge ellenlange Nachrichten hin und her, in denen wir uns über seine vergangenen Beziehungen, unsere Chat-Erfahrungen, vor allem aber auch unsere Kinder, ihre Erziehung, ihre Ausbildung, ihre Eigenheiten, Nöte und Stärken austauschen – genauso wie aber auch über unsere elterlichen Unsicherheiten, Versäumnisse und Schwächen. So können wir uns auch gegenseitig stärken und Mut machen, können die eigene Familienkonstellation am Beispiel der anderen Familie in einem einigermaßen vergleichbaren «Spiegelbild» sehen und wahrnehmen – und daraufhin abwägen, ob wir auf gutem und tragfähigem Kurs unterwegs sind. Diese Mails helfen mir und geben mir viel. Das sind aber beidseitig allzu persönliche Dinge, die ich hier im Buch nicht im Detail ausbreiten kann.]

*«guten morgen christina, vielen dank für deine zeilen. wenn ich deinen text lese, läuft bei mir ein film ab. es ist alles so lebendig.*

*was kann ich mir eigentlich unter ‹sozialbereich› vorstellen? bist du in der kommunalen selbstverwaltung, deinem landkreis oder in der kirche tätig? oder arbeitest du in einer firma oder im care management?*

*für mich ist eine gute sozialkompetenz eine wichtige eigenschaft. es prägt nicht nur den menschen selbst, sondern auch die mitmenschen und das ganze umfeld. man hinterlässt eine wichtige botschaft bzw. einen stempel, den man nicht so schnell wieder vergisst. auf bald, henry.»*

«Hallo Henry, herzlichen Dank für Deine Ausführungen. Es freut mich jedes Mal sehr, von Dir zu lesen! Ich bin auch echt verwundert, dass Du so viele Worte machst. Dass es Dir offenbar nicht so eilt mit Telefonnummern-Austausch. Ich habe es bis jetzt nicht in diesem Maße erlebt, dass sich ein Mann hier auf der Plattform so viel Mühe gibt. Wobei ich ja sagen muss, dass viele extrem neugierig sind auf die Pics – und sobald sie diese gesehen haben, heißt es dann: ‹Oh, das sind aber viel zu viele Tattoos!› So läuft das hier. Irgendwo lustig, andererseits aber auch wieder nicht.

Ich kann's ja verstehen. Tattoos mag nicht jeder. Muss er auch nicht. Aber ich kann doch auch nicht mehr tun, als das zu beschreiben, was ich bin und habe, oder? Soll ich sie denn warnen vor mir? Ha, nein, das wäre ja noch was!

Aber ich glaube auch, dass man(n), um es mit Saint-Exupéry zu sagen, nur mit dem Herzen wirklich gut sieht. Zumal sagt man das über Gott, und eigentlich ist mir im Leben nur eines wichtig, nämlich wie Er über mich denkt, niemand sonst! Und darum finde ich es eben auch toll, dass sich jemand die Mühe macht, die Dinge zu Papier zu bringen, wie Du es tust. Ungewöhnlich für einen Mann, aber hohe Schule!

Natürlich kann es sein, dass sich nach einiger Zeit herausstellt, dass einseitig oder gegenseitig kein Gefallen da ist. Und das ist doch auch okay, oder?!

Fakt bleibt, dass ich es einfach schön finde, in welcher Reihenfolge es nun hier bei uns passiert. Aber sag, was suchst Du eigentlich? Bist Du schon lange auf solchen Plattformen?

Ich bin schon seit längerem dabei, und ich habe mir vorgenommen, spätestens nach einem halben Jahr auszusteigen. Aber eine enge Freundin hat in den letzten Monaten auf diesem Weg einen Mann kennengelernt, bei dem alles stimmt (bis auf die Distanz: Er lebt noch im Ausland). Aber ja, sie versuchen es jetzt zusammen, mit gutem Grund! Sie ist überzeugt, dass er der Mann sein wird, den Gott an ihre Seite geführt hat. Sie erlebt es als ein Geschenk. Ich freue mich so sehr für sie!

‹Sozialbereich› heißt in meinem Fall, dass ich zwei Arbeitsstellen habe. Ich arbeite eben nur stundenweise. Morgens mit Migrantenkindern in der Sprachförderung, wobei das Spielerische absolut im Mittelpunkt steht. An den Nachmittagen gebe ich Aufgabenhilfe in einer Schule – für Kinder der vierten bis sechsten Klasse. Die Kids merken vermutlich schnell, wie sehr ich sie mag, dass ich aber trotzdem sehr konsequent bin.

Du hast absolut recht mit dem, was Du in einer anderen Mail schreibst wegen dem Alter. Ich fühle mich mit fünfzig so viel besser als mit dreißig! Ich würde sagen, ich bin endlich bei mir. Auch wenn mein Körper ‹gelitten› hat und eben nicht mehr dreißig ist, kann ich mich endlich annehmen. Ich fühle mich gut so. Und ich freue mich darauf, wenn ich meinen Körper auch wieder erfahren darf im Zusammensein mit einem Mann.

Auch wenn das vielleicht nicht sofort ist oder noch dauert und vielleicht auch sehr schwierig wird.

Ich hoffe, das ist jetzt nicht zu persönlich gewesen.

Wünsche Dir einen gemütlichen Abend und später gute Nacht, sei gesegnet. Christina.»

«hallo christina, vielen dank für deine starken worte. für mich nicht selbstverständlich. ich schätze es sehr! in deinen worten verspüre ich eine ruhe, schönheit, leben und liebe. somit genieße ich deine buchstaben, die sich zu wörtern und dann zu sätzen vereinen ...

... wie du dich auch beschreibst. deine eigenschaften haben charme und witz, und du faszinierst mich.

du hast dir einen phönix stechen lassen. das ist ein echtes kunstwerk, und dein feuervogel widerspiegelt alles, was du in deinem leben erlebt hast und noch erleben wirst, wow!

hast du den phönix selber kreiert? wie lange warst du unter den nadeln? es waren sicher mehrere sitzungen nötig? tattoos mit bedeutung liebe ich, sie strahlen eine faszination aus.

mein wunsch ist es, eine partnerin zu finden, die ein ‹gesamtpaket› ist. sie soll frau, partnerin, freundin, beraterin, gehilfin und noch vieles mehr sein, und als mann möchte ich ihr gegenüber das gleiche geben. denn es geht nur mit einem miteinander ... die ziele und bedürfnisse müssen gegenseitig mit wertschätzung, achtung und respekt unterstützt werden.

ich habe das gefühl, dass ab fünfzig bei beiden geschlechtern eine große umwandlung stattfindet. nicht nur im geist, sondern auch körperlich.

ich möchte eine frau nicht nur fühlen, sondern auch ihren charakter erleben, die frau eben als ‹frau› erleben dürfen. für mich sind ehrlichkeit und kommunikation zwei der wichtigsten pfeiler in einer beziehung. ich bin froh, dass du so offen und ehrlich bist.

du kannst mich fragen, und ich gebe dir antwort. es gibt sicher auch fragen, die ich nicht sofort beantworte. diese werden bei einem date beantwortet werden.

ich bin seit 3 wochen auf der plattform dabei.

schön – deine freundin hat ihren mann gefunden, cool.

besuchst du eigentlich regelmäßig eine kirche, konzerte, kleintheater, comedians und so? ich finde viele davon toll. – liebe grüße, henry.»

«Heya Henry, herzlichen Dank für Deine Zeilen. Sie sind so vollgepackt und voller Tiefe. Ich mag es sehr, von Dir zu lesen und Dich auf diese Art kennenzulernen. Oft muss ich lachen und frage mich, ob ich *tatsächlich* diesen Weg über eine App oder Plattform gewählt habe und ob es wirklich funktioniert? Wir werden sehen. Meine Bilanz ist bis jetzt im Großen und Ganzen sehr ernüchternd ausgefallen.

Nicht, dass es keinen Kontakt oder keine Dates gab. Aber die meisten waren wirklich sehr plump und wenig initiativ. Und Tiefgang gab es fast nie. Manchmal spielte auch die Entfernung eine Rolle. Und während die Pandemie wütete, lief erstaunlicherweise fast gar nichts. Aber manchmal kommt es im Leben ja dann nur auf das Eine, aber Richtige an. Zur richtigen Zeit!

Mein Konto möchte ich dann Ende Monat endgültig löschen. Insgesamt musste ich feststellen, ‹dass es etwas mit einem macht›, Männer auf diese Art kennenlernen zu wollen. Und wahrscheinlich erlebt es eine Frau anders – aber aufgrund von Glaubensrichtung, Fotos, Distanzen oder anderen Kriterien dann am Ende doch noch abgelehnt oder ‹blockiert› zu werden, nein, das habe ich nicht immer als easy empfunden …

Aber noch mehr machte es etwas mit mir, wenn es nach etlichen Kontakten doch nicht ‹der› war. Denn man gibt sich ja schon jedes Mal ein bisschen (sehr) rein, wenn Interesse da ist. War nicht viele Male so, aber das habe ich an mir eben schon beobachtet. Naja. Ich habe es hier auf der Plattform wahrscheinlich vor allem versucht, weil es bei meiner Freundin so gut geklappt hat.

Danke für Dein Erzählen, Deine Antworten und Deine Fragen. Ich mag sie! Sehr! Ich fühle mich von Dir ‹gesehen›.

Ich war während unserem Ehe-Aus eigentlich nicht mehr in einer Kirche oder einer Gemeinde. Auch nicht im Kino, im Theater oder an Konzerten.

Ich habe mir nach einiger Zeit dann gesagt, dass ich wieder anfangen möchte, richtig zu leben! Und dass ich das jetzt möchte, auch wenn ich allein bin. Zu Beginn fühlte ich mich natürlich wie beschnitten oder unvollständig: Meine Sicherheit, meine andere Hälfte war ja weg!

Der erste Schritt zurück ins Leben hinein bestand darin, dass ich mir ein Ticket von ‹Divertimento› ergattert habe – für nur 25 Franken! (Du siehst, es gibt auch Vorteile, wenn man Single ist, ha!). Jedenfalls war der Gang in das Zelt dann extrem schwer. Mit gesenktem Kopf bin ich durch die Menschenmenge gelaufen und direkt auf meinen Platz gehuscht (einen Sitz ganz außen am Rand natürlich). Aber im Verlaufe des Abends habe ich mich total amüsiert und herzhaft gelacht. Gut, ich bin dann trotzdem als Erste wieder rausgestürmt, damit ich niemanden sehe. Aber das war so der Anfang.

Danach habe ich entschieden, ich werde jeden Monat mindestens ein Mal allein ins Kino gehen, denn vor meiner Ehe war ich eine Cineastin … und ich bin dann auch tatsächlich ans Phil-Collins-Konzert nach Zürich gepilgert, und noch immer gehe ich zuweilen gern mit mir selbst brunchen und gönne mir das. Ich gehe dann bewusst ohne Handy und halte es mittlerweile sehr gelassen aus, mal nur mit mir allein zu sein, ohne mich abzulenken oder gar Scham zu empfinden. Und das bedeutet doch: Ja, ich bin angekommen bei mir.

Beim Phönix waren es um die 18 Stunden ‹nadeln›, insgesamt vier Sitzungen. Und nein, ich habe nie Vorlagen, sondern gehe mit einer Idee zu meinem Tätowierer, und er setzt es um. Alle Schwanzfedern sind zum Beispiel freestyle aufgemalt worden. Dauert alles, braucht Zeit, aber die Ergebnisse können sich sehen lassen.

Mir jedenfalls gefällt es, und ich finde mich schön so, yeah. Soll nicht eingebildet klingen. Bin weit entfernt von perfekt. Aber ich denke, Du verstehst.

Ja, es ist wahr, dass bei beiden Geschlechtern um die fünfzig große Veränderungen stattfinden! Prioritäten werden anders gesetzt. Andere Dinge werden wichtig. Ich mag die gewonnenen Erfahrungen und hoffentlich auch die Weisheit, die daraus resultiert. Man weiß, worauf es wirklich ankommt, und ich mag die Gelassenheit, die man gewinnt.

Es ist so schön und treffend, wie Du das zusammengefasst hast, was Du Dir wünschst und was Du suchst. Und ich fand es sehr schön, dass die Frau dabei reif sein darf, denn das alles bringt ja nur eine reife Frau mit sich. Cool! Und es hört sich bei fast allem so an, als ob auch Du angekommen bist. – Liebe Grüße! Christina.»

*«guten abend christina! wie war dein wochenende? bist du im kühleren davos gewesen? warst du wandern? kein problem. man muss sich auf das leben konzentrieren, und dieses besteht nicht aus elektronischen 0 ... oder 1 ... aber die entscheidungen, die im leben getroffen werden, basieren auf dieser methode. sei es auf der seite des herzens oder der geistigen ebene. ich finde es schön, dass du nach so viel erlebtem zurückschreibst.*

*du hast in einer anderen nachricht mal von leuten geschrieben, die nach einer scheidung sozusagen ‹feiern›. ich habe wie du mühe mit solchen leuten, die nach der trennung mit freunden und kollegen anstoßen, scheidungspartys organisieren oder auf plattformen, etwa auf facebook, publizieren, dass die scheidung abgeschlossen sei, es dürfe jetzt gefeiert werden, denn man könne und wolle jetzt die neue freiheit zelebrieren. nein, das ist nicht mein fall!*

*es sind amerikanisierte verhältnisse. ich meine, man durfte diesen menschen einmal lieben, man durfte gemeinsam kinder großziehen, man durfte eine gewisse zeit auf der gleichen schiene des lebens fahren – und plötzlich kam die weichenstellung ...*

*schließlich ist eine trennung bzw. scheidung eine ernste seelische angelegenheit, eine veritable krise, und das haben viele protagonisten (noch) nicht gerafft und feiern, als wenn sie ein fußballspiel gewonnen hätten. du hast das richtige wort getroffen: ‹ernüchterung›!*

*man darf wütend, enttäuscht oder frustriert sein. hat alles seinen platz, und es bedarf auch der zeit, diese trauer zu verarbeiten. kampfscheidung, scheidung wegen gewaltanwendungen oder eine scheidung wegen krankheit (wenn der betroffene sich nicht helfen lässt), sind tragödien! das thema ist noch einmal anders anzugehen, und es bedarf professioneller hilfe. das private umfeld ist da auch wichtig, aber es ist nicht so ganz einfach. ich meine, dem ex-partner sollte man den respekt zollen. früher oder später zahlt jeder von uns seinen preis.*

*ich durfte dich durch deine zeilen kennenlernen, und es verwundert mich nicht, dass dein umfeld dich so braucht. du bist eine starke persönlichkeit! du bist aus deiner ‹asche› auferstanden und hast dein leben lieben gelernt. dass es im tiefsten einen großen kraftakt benötigt, wissen viele nicht. du wirst jetzt als beraterin und bezugsquelle eingenommen. je nach thema kann es ziemlich weh tun, und die emotionen können plötzlich durchstarten.*

*was ich hier auf der plattform auch erfahren musste: nachdem man die antworten geschrieben hat, kommen keine reaktionen zurück ...*

*ich bin übrigens sehr gern in der natur, durchwandere weite landschaften. da habe ich die schönsten ‹konzerte›! und kirche ist für mich momentan nicht angesagt. ich war hier in deutschland lange in der evangelischen kirche, aber eigentlich bin ich nur enttäuscht von gott und den menschen. dieses thema möchte ich jedoch nicht vertiefen.*

*respekt: 18 stunden beim tätowierer, wow! du hast wirklich einen genialen künstler gefunden, und deine aussage gefällt mir sehr, dass du dich selber jetzt schön findest! das braucht reife ...*

*... ich wage jetzt etwas. es soll überhaupt nicht provokativ sein. ich fange klein an. der rest folgt, wenn du mir deine fotos gezeigt hast und wir uns getroffen haben.*

*aber in diesem moment, wenn ich so deine beschreibungen bedenke und die art, wie ich dich kennengelert habe, betrachte ich dich mit deinen zwei ‹phönix-feuerdamen› als ein wundervolles gesamtwerk, innerlich wie auch äußerlich.*

*ich hoffe, wieder von dir zu lesen, würde mich mega freuen. ich finde dich sehr sympathisch, humorvoll, geheimnisvoll, ehrlich – und attraktiv. liebe grüße, Henry.»*

«Lieber Henry: Achtung! Heiße Phase! Ich zeige Dir alle Fotos. Da erkennst Du, wie farbig ich bin. Ich glaube, das ist auch gut so, denn es setzen sich sonst mit der Zeit falsche Bilder fest in einem. Ich werde Dir erst auf Deine Nachricht antworten, wenn ich sehe, dass Du mich wegen der Fotos nicht blockiert hast ...

Also, ich bin ein großes Mädchen, ich weiß, dass es jetzt auf Deiner Seite wirklich eine ‹schöne Überraschung› geben kann, aber auch ein: ‹Oh nein, das ist mir too much!› Wir dürfen bitte beide transparent sein. Das finde ich ganz wichtig! Wir sind noch keinerlei Verpflichtungen eingegangen! Und trotzdem bin ich gespannt, was Du denkst, klar. Liebe Grüße, Christina.»

*«guten abend christina, merci für deine fotos! es hat mich sehr gefreut, dich ‹ganz› zu sehen! sympathische erscheinung. tolles tattoo! tolle frau! ich bin begeistert. wow, kann ich nur sagen!*

*leider musste ich heute eine große blutuntersuchung absolvieren. mich hat ein virus erwischt, jetzt wollen die ärzte rausfinden, was mich da plagt. fühle mich schlapp und müde, musste am morgen etliche male erbrechen, bin ziemlich neben der spur. vielleicht fehlt mir auch was, vitamine, natrium, vielleicht ist die schilddrüsenfunktion nicht intakt, wir wissen es noch nicht. der check läuft.*

*wobei ich jetzt ehrlich sein muss: ich bin generell nicht wirklich gesund. ich habe schon ein paar heftige operationen hinter mir, habe große lungenprobleme, kriege manchmal keine luft mehr. was du noch nicht wissen kannst, du siehst einen mann, der in gewisser weise latent schwer gefährdet ist. will heißen: wenn mich eine attacke anfällt, kann ich ersticken. so ist das bei mir. ich wurde auch schon reanimiert.*

*so, jetzt habe ich dir mein geheimnis kundgetan.*

*es ist schade, dass wir uns unter solchen umständen kennenlernen müssen. du bist eine super frau. du wirst hundertprozentig einen tollen partner finden. ich habe damit keine probleme, denn ich bin eine zeitbombe … man weiß nie, wie mein körper sich verhält und wann ich auf notmaßnahmen angewiesen bin. das überfällt mich manchmal geradezu, und dann kann's jeweils extrem eng werden. das thema ist bei mir natürlich auch angstbesetzt, es ist sehr, sehr unangenehm.*

*wenn du trotzdem ein date vereinbaren möchtest: ich könnte vielleicht zu dir in die nähe reisen. ich habe ferien in aussicht. aber es hängt natürlich von meinem gesundheitszustand und meiner reisetauglichkeit ab. wenn du lust hast, könnten wir uns treffen. ich würde dich sehr, sehr gerne kennenlernen. wünsche dir noch einen schönen abend! liebe grüße, henry.»*

«Lieber Henry, das tut mir unendlich leid zu hören! Das berührt mich unglaublich tief. Bin zu Tränen gerührt! Echt wahr, sie laufen! Da kämpfst Du in Deinem verhältnismäßig jungen Alter mit so einer Krankheit. Ich finde das jetzt gerade ganz, ganz schlimm. Ich weiß nicht, was ich sagen oder wie ich Dich ermutigen kann.

Spontan kommt mir natürlich gleich unser himmlischer Daddy in den Sinn. Wie ich in meinem Profil geschrieben habe: Er ist mein Vater, und ich würde gerne für Dich beten.

Das geht mir gerade so durch den Kopf. Vielleicht lehnst Du das ab, denn Du kennst mich noch nicht richtig, und das alles ist doch recht ‹intim›. Und Du magst momentan Themen wie Gott und Kirche nicht – also wirst Du auch das Thema Beten jetzt nicht besonders mögen, ich weiß. Das würde mich nicht verletzen. Bitte nenn mich nicht naiv, aber ich glaube an diese Kraft, Du nicht vielleicht auch?

Deine Lungen und Deine Atmung sollen stark sein!

Ich würde Dich sehr, sehr gerne kennenlernen. Auch wenn ich noch so lange warten muss ... Wirklich gerne.

Ich danke Dir, dass Du mir Dein Geheimnis anvertraut hast, und ich würde gerne mehr davon hören. Denn das hat Dich sicher sehr geprägt.

Du könntest also tatsächlich in meine Region kommen? Wie könnten wir das zeitlich und logistisch hinkriegen? (Einfach, damit Du das weißt: Graubünden ist überall wunderschön und immer eine Reise wert, wirklich!) Ich habe ja noch immer Ferien, und ich richte mir die Zeit für Dein Kommen ein. Das machen wir! – Gottes Segen, Christina.»

«Lieber Henry, ich bin's noch mal! Ich lese gerade nochmals unsere vorletzte Konversation. Ich bin Dir da noch einige Gedanken ‹schuldig›. Wie immer Merci für Deine Worte. Ich finde es extrem anziehend, wenn ein Mann sich ausdrücken kann – und es dann auch tatsächlich tut! Für mich hat das mit Wertschätzung zu tun! Miteinander zu reden ist so kraftvoll, so voller Leben. Ich mag es, wenn ich versuche, die Gedankengänge eines Mannes zu verstehen – und auch hier mag ich die Andersartigkeit!

In einem Punkt bin ich natürlich schon überrascht: Du hattest von Deinen Freunden erzählt, von Sport und Schwimmen. Da wäre ich nie darauf gekommen, dass Du gesundheitlich solche Handicaps haben könntest. Wie auch immer, ich finde es toll, dass Du diese Gruppe hast und ihr so zusammen unterwegs sein könnt. Ich hoffe, es sind jeweils unbeschwerte Treffen.

Lieber Henry, darf ich noch ganz direkt etwas fragen betreffend Deiner letzten Nachricht? Du schreibst:

‹es ist schade, dass wir uns unter solchen umständen kennenlernen müssen. du bist eine super frau. du wirst hundertprozentig einen tollen partner finden. ich habe damit keine probleme›. – Henry, das verunsichert mich jetzt.

Für mich klingt das so: ‹Es ist besser, wenn du dich mal umschaust nach jemand anderem, aber aus uns beiden wird wohl nix ...›

Entweder versuchst Du mir jetzt charmant – und ohne dass Du mich verletzen willst – einen Korb zu geben, oder Du machst Dir tatsächlich Gedanken, wie es (nicht) werden könnte, weil Du krank bist?! Ich möchte Dir dazu einfach sagen: Ich kann keine ‹Signale› von fremden Männern und Personen lesen, weder in den Zeilen noch dazwischen; ich habe da keinerlei Stärken! Ich bin deshalb total darauf angewiesen, dass Du sagst, was Du denkst!

Wie gesagt, es könnte sein, dass Du mich nicht vor den Kopf stoßen willst. Es könnte aber auch sein, dass Du aufgrund Deiner Lungenprobleme ehrliche Bedenken hast.

Dazu möchte ich sagen: Wir reden bis jetzt ja nur mal darüber, einen Kaffee zu trinken ... Wir wissen ja beide nicht, was sonst noch kommt. Ich habe zuvor schon gesagt, wir sind keinerlei Verpflichtungen eingegangen, lernen uns einfach mal kennen. Wenn wir *beide* das mögen und wollen. Sonst natürlich nicht. Aber ich bin dankbar, wenn es klar sein darf.

Ich habe es jedenfalls so gesagt und bleibe dabei: Ich würde sehr gerne mit Dir einen Kaffee trinken, zum Beispiel nächsten Monat. Ich könnte mir alternativ aber auch vorstellen, mit dem Zug in Deine Nähe zu fahren. Aber sag Du!

Ich bin übrigens nicht Autistin, auch wenn ich keine Signale lesen kann, hihi. Ich glaube einfach, um die wirklich lesen zu können, braucht es Beziehung. Und hey, wir könnten uns natürlich auch auf halber Strecke treffen. Aber ich kann auch warten. Ist nur so eine Idee. Muss nicht. Liebe Grüße, Christina.»

[Von Henry kommt drei Tage keine Antwort.]

«Heya Henry, geht es Dir gut? Ich mache mir gerade viele Gedanken – nach der letzten Nachricht, die Du mir geschrieben hast. Und jetzt kommt nichts mehr von Dir … Dann kann ich nur hoffen, dass es andere Gründe sind, weshalb Du Dich nicht meldest, und keine gesundheitlichen … Ciao, Christina.»

[Von Henry kommt inzwischen sieben Tage keine Antwort.]

«Hallo Henry! Über eine Woche Funkstille! Ich hoffe einfach, es gehe Dir nicht schlecht!»

[Von Henry kommt inzwischen neun Tage keine Antwort.]

«Wünsche Dir ein gutes Wochenende. Ich denke an Dich! Grüße, Christina.»

[Nach elf Tagen kommt endlich eine Antwort. Dazu muss ich sagen, dass er während dieser elf Tage nicht «online» war – das ist ja am jeweiligen Einlogg-Datum erkennbar. Wenn das anders gewesen wäre, hätte ich mir wahrscheinlich keine größeren Sorgen gemacht und gedacht, naja, der flirtet jetzt eben mit weiteren Damen rum. Was ja eigentlich in Ordnung wäre … Aber so? …]

*«guten abend christina, bei mir sind gerade einige emotionen mit im spiel. danke für deine worte! es ist für mich schwierig gewesen, und ich hatte respekt vor der situation: ich habe mich ja doch ziemlich entblößt, und solche nachrichten schockieren in der regel das gegenüber. Es gab in meinem leben auch beziehungen, bei denen die partnerinnen mich nicht mehr ‹tragen› konnten mit meiner krankheit. obwohl ich sie nie da-*

*rum gebeten hatte, das zu tun. Habe es auch nie erwartet. habe höchs-*
*tens mal gefragt: ‹wenn ich keine luft mehr kriege, könntest du für mich*
*im krankenhaus anrufen oder mich mit dem taxi hinfahren?›*

*in diesem punkt bin ich also ziemlich verunsichert und habe angst,*
*dass mit einer weiteren partnerin wieder was ähnliches passieren wird.*
*Ich möchte dich aber schon treffen, auf jeden fall. dann gehen wir mit-*
*einander was trinken. Ich schlage eins der kommenden wochenenden*
*vor. schreib mir, welches passen würde.*

*ich freue mich, von dir zu hören und zu lesen, wirklich! du musst aber*
*wissen: ich muss im moment starke medikamente einnehmen, und die*
*machen mich müde und schläfrig. Einer der gründe, weshalb du nichts*
*mehr gehört hast von mir. auf bald, henry.»*

«Lieber Henry, na endlich! Du hast da mit Sicherheit eine bedrohliche
Krankheit, und die würde jeden Menschen total verunsichern. Zumal sie
ja offenbar immer überfallartig erfolgt, wenn sie kommt. Die klopft nicht
lange an und bittet um Einlass. Dann geht's ‹von jetzt auf gleich› um Existenzielles und Lebensbedrohliches. Tut mir sehr leid.

Es mag sein, dass solche Nachrichten ein Gegenüber schockieren können, ja. Aber Du kannst mir glauben: Mich schockiert es noch viel mehr,
wenn ich nach so einer Nachricht dann elf geschlagene Tage nichts mehr
höre von Dir! Du hattest Deine Gründe dafür, und ich bin jetzt einfach
froh, dass Du wieder einigermaßen wie der Henry klingst, den ich bis jetzt
kannte.

Wegen einem Treffen melde ich mich später nochmals. Habe gerade
nur wenig Zeit. Liebe Grüße, bis dann! Christina.»

[Ich schicke später noch eine zweite Nachricht hinterher:]

«So, hallo Henry! Also, Fakt ist: Ich wäre dankbar gewesen für einen
kleinen Satz, in dem Du zum Beispiel schreibst: ‹Ich nehme mir eine
Auszeit.› So in der Art. Ich habe mir wirklich Sorgen gemacht, habe
Dich im Geiste schon auf einer Intensivstation gesehen – und noch
schlimmer …

Meine Erleichterung war heute wirklich groß, aber ein wenig wütend war ich schon auch. Ein Wort von Dir hätte ja genügt! Aber Du hast bestimmt recht, ich kann mich natürlich nicht wirklich in Dich hineinversetzen und mitempfinden, wie es Dir ergehen muss. Vielleicht haben sich einfach auch einige Ereignisse kumuliert, und Deine Energie reichte nur gerade fürs Allernötigste?

Mir war nicht bewusst, dass Du schon einige Partnerschaften hattest nach eurer Ehe und dass so manches noch ziemlich frisch ist. Ich dachte, Du habest eher ein oder zwei kürzere ‹Versuche› hinter Dir. Und die Umstände, wie sie auseinandergingen, waren für Dich ja auch nicht sehr akzeptabel … Schade, dass diese Frauen Dich offenbar nicht unterstützen oder Dir geben konnten, was Du wirklich brauchst. Aber wie gesagt, ich kenne die Umstände nicht. Und diese Frauen kenne ich auch nicht …

Es kostet bestimmt Kraft, sich in eine Beziehung reinzugeben und dann doch wieder auseinander zu gehen. Davor habe ich einen gewaltigen Respekt. Dann lieber alleine bleiben …

Ob Mann und Frau eigentlich zusammenpassen? Uhh, darüber möchte ich jetzt gar nicht philosophieren. Wäre abendfüllend!

Ist es für Dich kein Problem zu reisen? Du musst doch bestimmt aufpassen. Fährst Du trotzdem Zug? Und hast Du immer Medis dabei? Anyway, nächstes Wochenende wäre passend für mich! In meiner oder Deiner Gegend. Für mich wäre beides okay, aber Du musst einfach wissen, was für Dich sinnvoll ist.

Erst mal wissen, ob Ja oder Nein. An welchem Tag und weitere Details können wir immer noch klären.

Mir sind noch drei Gedanken durch den Kopf gegangen, als ich heute in aller Herrgottsfrühe am Spazieren war:

Erstens darf ich Dir sagen, dass ich sehr erleichtert war, zu hören, dass es Dir gut geht. Ich war aber auch froh, Dir schreiben zu können, dass ich etwas wütend war (wenn auch nur für einen Moment).

Zweitens: Je nach der Art, wie Deine Ex-Partnerinnen (und mein Ex-Mann) agiert haben, kann das Trigger-Punkte auslösen, Schmerzen, Verhärtungen …

Drittens: Ich hoffe, Du hast meine Bemerkung, dass Du Dich nicht gemeldet hast, nicht als großen Vorwurf verstanden. Das wäre jedenfalls nicht meine Absicht gewesen; ich habe damit nie gearbeitet und werde es auch in Zukunft nicht tun wollen … Es war also mehr Ausdruck meiner eigenen Not und Sorge.

Und auch ich musste reflektieren und sagen: ‹Er ist vielleicht nicht so: Wenn es sehr happig wird, redet er kein Wort, stattdessen verkriecht er sich tagelang …› Nein, so bist Du nicht. (Könnte *mein* persönlicher Trigger-Punkt sein.) Weißt Du, was ich sagen will?

Wir haben beide unsere Pakete, und beide hören mit den Ohren so, wie sie es gewohnt sind. Ich für meinen Teil freue mich, das immer wieder zu hinterfragen, neu hinzuhören und mich auf Neues einzulassen. Ha, hoffe, es wird hier nicht zu kompliziert, bevor es überhaupt nur mal ein Kaffee wurde!!! Auf den freue ich mich aber sehr!

Wünsche Dir einen guten Tag! Christina.»

*«guten abend christina, danke für deine worte. ich bin ja selbst schuld, dass ich mich nicht gemeldet habe. ja, eine kurze mitteilung hätte die wogen beruhigt, da gebe ich dir recht. ich war mit dieser situation ein bisschen überfordert.*

*leider ist an diesem wochenende schon alles verplant, und danach unternehme ich wieder etwas mit den kindern. ich könnte auch einen tag in dein geliebtes davos kommen, und du würdest mir dort die highlights zeigen. Hauptsache, wir lernen uns kennen, trinken etwas zusammen und tauschen uns aus. auch ich freue mich sehr darauf. liebe grüße, henry.›*

«Hallo Henry, da muss ich jetzt direkt aufpassen, dass ich nicht ins Mütterliche rutsche: ‹Du musst schauen, dass Du Dich genügend ausruhst!› (Smile!) Anscheinend bist Du nicht nur ein Frühaufsteher, sondern auch ein Sehrspätzubettgeher! Ich wünsche Dir Gesundheit in allen Bereichen und dass es auch Deiner Seele gut gehen darf. Und Deiner Lunge! Viel Segen, Christina.»

*«hallo christina, ich musste schon ein wenig schmunzeln, du liebe! vielen dank für deine starken worte. ich freue mich immer aufs neue, von dir zu lesen und dich zu entdecken. du bist besonders, weißt du das? du besitzt tiefe, weitblick und weisheit. liebe grüße, henry.»*

«Heya Henry! Du hast viel erlebt! Ich stelle mir Deine Situation sehr emotional vor. Sehr anstrengend, das alles zu verkraften und zu verarbeiten. Und auch das Leben zu genießen, jeden Tag: intensiv und trotzdem ohne Angst. Ob man das lernen kann? Alles Gute! Christina.»

Und wie bereits geschrieben: Vier Tage danach wurde ich blockiert. Einfach fertig. Blockade. Keine weiteren Worte. Nada.

Es hinterlässt jedes Mal ein mulmiges und trauriges Gefühl. Irgendwie bleibe ich jedes Mal noch ein Stück leerer zurück. Nicht nur, weil es wieder nicht geklappt hat, sondern weil es ganz offenkundig einfach nicht aufrichtig zu und her gehen kann auf diesen Plattformen. Nicht mal, wenn man darum bittet. Mensch Leute, sagt doch, wie es ist! Und agiert doch mal ohne diese schreckliche «hidden agenda», liebe Männer!

Das Ende von Heinrich alias Henry und mir war an dieser Stelle noch nicht ganz gegeben. Denn wir Frauen finden alles raus. Wenn nicht wir, dann unsere Freundinnen. Haha! Ich habe ihn mit seinen Angaben im Internet ausfindig gemacht und ihm dann über Facebook hoffentlich einen kleinen Schrecken eingejagt. Einfach, indem ich ihm über «Privatnachricht» noch ein paar sehr nette Zeilen geschrieben habe. Da wir nicht «befreundet» sind auf Facebook, muss es ihn ähnlich geschockt haben wie mich dazumal in der Geschichte mit Matthias (in Kapitel 43). Hoffe ich zumindest. – Das hier habe ich ihm geschrieben:

«Lieber Henry, Du sagtest: ‹Wer mich kennt, der weiß, dass ich ehrlich, authentisch und direkt bin.› Deine Worte. Lass mich Dir sagen, dass Du noch das Wort ‹Feigling› vergessen hast!

Es hätte ein einziges Wort genügt! Aber einfach blockieren, na, das erwarte ich vielleicht von einem pubertierenden 15-Jährigen, aber nicht von einem erwachsenen Mann wie Dir. Grüße, Christina.»

Der Überraschungseffekt war bestimmt gegeben. So gerne hätte ich sein Gesicht gesehen! …

Auch auf Facebook wurde ich dann kommentarlos blockiert, natürlich!

Ich habe mich gefragt, ob Henry die ganze Zeit gelogen hat oder ob er nur zu feige war? Ich bleibe ratlos zurück. Mir reicht's!

Neue Gedanken tun sich in mir auf: Gott wird mir meinen Mann auf eine andere Weise zur Seite stellen. Ich empfinde dazu eine Verheißung, und auf die will ich mich verlassen. Ich habe erkennen müssen, dass ich mir hier auf diesen Plattformen *selber* zu helfen versuche. Nicht falsch, gewiss nicht, aber vielleicht auch nicht zielführend. Dadurch traue ich Gott im Herzen womöglich gar nicht zu, dass er mir meinen Mann über den Weg schicken wird, wer weiß?!

Ich darf jetzt einfach entspannt warten und wissen: Wenn die Zeit da ist, wird auch dieser Mann da sein.

Ich habe mit dem Online-Dating einige Erfahrungen sammeln dürfen. Solche, die mich verletzt haben, solche, die wertvoll waren, und solche, die einfach unbedeutend waren. Auf jeden Fall ist es aufregend, spannend, aber auch höchst verwirrend, was man auf christlichen Plattformen alles erleben kann.

Bei meinem ersten tieferen Kontakt mit Phil (Kapitel 20 bis 27) habe ich alles gegeben. Mehr noch: Ich habe alles preisgegeben! Habe mich ganz und gar geöffnet und offenbart. Schließlich waren wir doch beide auf der Suche nach einem Partner, dachte ich. Ansonsten hätte man sich doch gewiss nicht auf Plattformen wie «Chringles» und «Himmlisch-Plaudern» angemeldet, oder? Also habe ich ihm alle Infos geschickt, alle Fotos, habe ihm meine Gedanken und Gefühle offenbart, meine Sorgen und Hang-ups, meine Freuden und kleinen Siege.

Auch bei Matthias (Kapitel 43 und 44) habe ich mich sehr stark reingege-ben, weil ich mir sicher war, dass er «*derjenige, welcher!*» sein wird. Aber bei ihm habe ich bereits mit Fotos gegeizt.

Selbst bei Henry war ich zwar noch sehr offen, wenngleich ich diesmal mit Daten, Namen, allgemeinen Infos und Bildern bewusst sehr viel zu-rückhaltender war. Das zeigt: Ich habe gelernt. Aber mein Wesen und mein Charakter werden immer offen und vertrauensvoll sein. Ich denke aber, dass ich nicht mehr derart naiv bin und Dinge (hoffentlich!) schnel-ler durchschauen kann.

Trotzdem: Jedes Mal, wenn am Ende eines neuen Versuches und einer neuen Hoffnung wieder die Enttäuschung Einzug hielt, ging ich ge-schwächt und viel, viel trauriger aus der Geschichte raus, als ich am An-fang noch in den neuen Kontakt reingegangen war. Jedes Mal stand mir mein immenser Verlust wieder groß vor Augen.

Auch wenn einzelne Kontakte nett und positiv waren und es vielleicht nur wegen der Distanzen nicht klappen konnte, waren Frustrationen und hinterher auch diverse Arten von Trauerbewältigung über Wochen und Monate hinweg meine täglichen Begleiter.

Und darum bin ich auch an dem Wendepunkt angelangt, wo ich einsehe, dass ich nach zwei Jahren Online-Dating meinen zukünftigen Mann wahrscheinlich auf ganz andere Weise suchen und kennenlernen werde. Mann-o-Mann!

# 68 | Und dann hat's «Boom!» gemacht

**Ein Epilog**

Nun liegen die Erfahrungen, die ich beim Online-Dating gesammelt habe, schon ein wenig in der Vergangenheit.

Falls ich es bis jetzt versäumt habe zu erwähnen, hole ich es jetzt nach: Ich möchte – allen schwierigen Momenten zum Trotz – «eine Lanze brechen» für «Chringles», «Himmlisch-Plaudern» & Co. Ich finde nämlich, dass zum Beispiel Matthias Röthlisberger, der Gründer von «Chringles», und seine Mitarbeiterinnen und Mitarbeiter einen hervorragenden Job machen. Gerade «Chringles» erstrahlt seit kurzem in neuem Glanz und in neuem attraktivem Gewand.

Mir wurde in meiner aktiven Zeit bei «Chringles» immer liebevoll, schnell und kompetent geholfen. Die Reaktionen der Admins erfolgten zeitnah, und das auf sehr nette und persönliche Weise.

Auch wenn die «Chringles»-Website sehr übersichtlich und einfach zu bedienen ist, bin ich im Nachhinein doch sehr, sehr dankbar, dass die Option zum Löschen des Profils ziemlich versteckt war.

Natürlich erzähle ich euch nachher noch, weshalb! …

Bei «Himmlisch-Plaudern» tummeln sich einfach bedeutend mehr Menschen auf der Plattform. Was bestimmt auch einen weit größeren Administrations-Aufwand bedeutet. Diese Site ist breiter aufgestellt, ist auf Deutschland, Österreich *und* die Schweiz ausgerichtet. Die Optionen auf der Website sind reichhaltig, und für meinen Geschmack sind es sogar einige zu viel.

Auch in den diversen Gruppen und Foren braucht es Mitarbeiterinnen und Mitarbeiter, das ist also anspruchsvoll. «Himmlisch-Plaudern» gehört zum «Clarus Verlag», dessen Inhaber Tobias Zschöckner ist. Bei HP arbeiten mehrheitlich junge Studierende und aktive Mitglieder mit. Wenn man länger als sechs Monate dabei ist, darf man u.U. ehrenamtlich mitarbeiten. Auch für diese Truppe ist es das größte Anliegen, dass gläubige Christen sich dank der Plattform finden können.

Ich bin sehr dankbar für die Möglichkeiten, die ich hatte, auf christlichen Plattformen mein Gegenüber zu suchen: einen Mann, dem der Glaube und die Beziehung zu Jesus Christus dasselbe bedeuten wie mir. Auch wenn es meistens frustrierend und anstrengend war, oft auch mit Ratlosigkeit verbunden und bestimmt auch mit einigen Tränen. Wobei die meisten Tränen vom Lachen kamen!

Ich würde diesen Weg trotz gewissen Verzweiflungsmomenten ziemlich sicher noch einmal wählen, würde ich nochmals am selben Punkt stehen wie damals vor den ersten Kontakten. Denn:

In der Zeit vor unserer Scheidung gab es bei mir keine regelmäßigen Kirchenbesuche mehr. Ich gehörte keiner Gemeinde an, weder in der nahen noch fernen Umgebung, fühlte mich auch nirgends wohl oder willkommen, geschweige denn angenommen. Gleichzeitig zu meiner Suche auf den Plattformen führte Gott mich in eine christliche Gemeinde, in der ich auf das Herzlichste willkommen geheißen wurde! Dass ich eine «Geschiedene» bin? Wurde so zur Kenntnis genommen. Tätowiert von Kopf bis Fuß? War hier kein Thema!

Dass ich diese Führung erleben durfte, hat sicher auch damit zu tun, dass man sich, wenn man sich mal (vielleicht auch mit großer Nervosität!) auf so einer Dating-Plattform anmeldet, irgendwie als ganzer Mensch ein Stück weit öffnet, sich auch ein wenig preisgibt und offenbart, auf jeden Fall aber auch sichtbar macht. Im Sinne von: «Hallo, hallo, ‹big Universe› – hier bin ich! Hört man mich, sieht man mich? Werde ich da draußen wahrgenommen?»

Ich denke, diese neue Offenheit in mir konnte Gott sehr gut «gebrauchen». Ich hörte generell aufmerksamer hin, überall – auch auf die sanften, weichen Töne, auch in Bezug auf Herzenssprache (gerade auch in den Nachrichten und Mails). Aber gewiss auch im Gebet.

Leider gab es in dieser Gemeinde keine ungebundenen Männer in meinem Alter, und auch deswegen standen für mich vermutlich keine weiteren Möglichkeiten offen, einen gläubigen Mann face to face kennenzulernen.

Es geht doch den meisten gläubigen, aber einsamen Herzen so: Sie sind vielleicht in einer Kirche oder Gemeinde «eingebettet», aber es mangelt an ungebundenen gleichaltrigen Männern und Frauen. Wo sonst findet man dann den gläubigen Partner? – Eben! …

Darum: ein Hoch auf christliche Dating-Plattformen!

Ich bedanke mich auch ausdrücklich bei «Chringles» – nicht nur, weil ich dank ihnen ganz am Ende einen wunderbaren Partner finden durfte, sondern auch, weil sie die Löschfunktion ziemlich versteckt hatten. Denn hätte ich diese Option selbst finden und aktivieren können, hätte ich diesen Mann nicht kennengelernt, ha!

Hier die Geschichte dazu: Nach Henry, meinem letzten Kontakt, hatte ich das Online-Dating aufgegeben. Ich war mittlerweile mehr als frustriert und hatte keine Motivation und Hoffnung mehr, auf diesem Weg einen vernünftigen Mann kennenzulernen.

Ich hatte immer diese innere Gewissheit mit mir getragen, dass mir eine «Qualitätsbeziehung» verheißen war, und deswegen glaubte ich nach zwei erfolglosen Jahren auf solchen Plattformen, dass Gott auch Wege finden wird, wie er mich auf andere Weise mit so einem Mann zusammenbringt. Als Konsequenz daraus war ich nun bereits seit einigen Wochen von der Plattform abgemeldet.

Da ich jedoch dieses Buch in Arbeit hatte und ich den ganzen Anmeldevorgang nicht mehr 1:1 präsent hatte, meldete ich mich erneut an, um den Ablauf und den Anmeldeprozess nochmals nachzuvollziehen. Denn ich wollte hier ja alles korrekt wiedergeben.

Natürlich rechnete ich nicht mit einer Kontaktaufnahme, ich schaute mir nicht einmal mehr die Kandidaten an. Ob neue oder altbekannte Gesichter auf der Seite waren? Geschenkt. Aber ich fand die Löschfunktion nicht mehr auf Anhieb.

Ich schrieb den Admins deshalb eine Nachricht und bat sie, mein Profil gleich wieder zu löschen.

Einige Stunden später hatte ich die Anfrage eines sehr sympathischen Mannes im «Postfach». Eigentlich hatte ich keinerlei Interesse mehr an einem weiteren Korb – und schon gar keine Hoffnung mehr. Ich schrieb dem «hombre», dass mein Profil in wenigen Stunden gelöscht würde, da ich dessen Tilgung beantragt hatte.

Und da tat ich etwas, das ich in all den Monaten des Datings nie zuvor getan hatte: Ich gab ihm meine private E-Mail-Adresse!

Sollte man nie, ich weiß.

Was mich dazu bewegt hat? Keine Ahnung. Mein Pastor Michael sagte mal: «Emanuel kam, sah, erkannte – und schnappte dich einfach gleich weg!»

Ich mag diesen Gedanken bis heute sehr.

Nun, es ist tatsächlich so. Völlig wider Erwarten traf ich so auf meinen zukünftigen Mann! Bei unserem ersten Date, eine Woche später, wusste ich vielleicht nicht mit Sicherheit, dass er mein Zukünftiger sein wird, aber vieles sprach doch schon dafür. Er erfüllte, ohne es zu wissen, einige Punkte auf der Liste, die ich schon ganz am Anfang meiner Suche zu Papier gebracht hatte: Meine Wünsche an meinen zukünftigen Ehemann … (So eine Liste macht übrigens Sinn! Kann ich nur empfehlen, jedenfalls solange sie realistisch bleibt und nicht den perfekten Mann beinhalten muss!)

Emanuel rückte mir zum Beispiel im Café meinen Stuhl zurecht, damit ich mich setzen konnte. Ganz «old school». Und wie meine Leserschaft inzwischen weiß: Die Iris Christina Kloos mag «old school»-Werte!

Darüber hinaus beschenkte Emanuel mich mit zwei feinen Mitbringseln, obwohl er nicht wissen konnte, wie das Date ausgehen würde.

Wir vergaßen die Zeit und die Menschen um uns herum. Es kamen und gingen unendlich viele Gäste, daran erinnere ich mich noch vage. Und obwohl ich unser Treffen auf zwei Stunden anberaumt hatte, verließen wir das Café erst fünf Stunden später für einen Spaziergang, der dann auch noch gut zwei Stunden dauerte. Auf diesem achtete er ganz genau darauf, dass er auf der Seite zur Straße hin lief, damit mir nichts passieren konnte …

Als wir uns zum Abschied umarmten, hüpfte mein Herz merklich. Es schlug wirklich höher, und wenn man mir gesagt hätte, dass es für alle Leute hörbar war, ich hätte es geglaubt.

Ist er mein Mann?

Wir schrieben uns über Monate hinweg täglich und telefonierten jeden Tag um die drei Stunden. Wir lernten uns aus einer gewissen Halbdistanz immer besser kennen. Es tat mir einfach gut, dass wir uns so behutsam aufeinander einlassen konnten. Und nie sprach etwas gegen ihn. So konnte ich im Vertrauen weitergehen, step by step.

Das zweite Date war noch weitaus «aufregender». Ich war so sehr nervös, dass ich wirklich nicht wusste, wie ich mich zu verhalten hatte. Er holte mich am Bahnhof ab, da wir unser zweites Date in meiner Church planten. Aufgrund von Covid-19 waren alle Restaurants geschlossen, und so mussten wir uns etwas einfallen lassen.

Da es Winter war und er mir wegen der Kälte keine Tulpen mitbringen konnte, lag auf dem Beifahrersitz ein gedrucktes Bild mit einer wunderschönen Tulpe drauf. Meiner Lieblingsblume. Das hatte er sich gemerkt.

Als wir vor dem Gottesdienst noch mindestens eine Stunde zusammen im Auto saßen, reichte Emanuel mir seine Hand. Wir «hielten Händchen». Ich musste unweigerlich weinen, denn ich realisierte, dass es nicht die Hand meines Ex-Mannes war. Ich weinte nicht wegen ihm, sondern aus Überforderung, weil ich mittlerweile seit über 26 Jahren keinen anderen Mann je so berührte, geschweige denn so berührt wurde.

Ich war dermaßen überfordert, dass ich Emanuel sagte, ich müsste beten. Das taten wir auch, wobei sich meine Aufregung einfach nicht legen wollte.

Heute lachen wir darüber.

Nach dem Gottesdienst fuhren wir zu einer alten Burg in der Nähe. Es war eiskalt und schneite heftig. Emanuel hatte seine Kühlbox randvoll mit Köstlichkeiten gefüllt. Den Kofferraum seines Kleinwagens hatte er mit Decken ausgelegt – er wollte mich kulinarisch verwöhnen. Mir aber war eiskalt und so gar nicht nach Essen zumute. Nach einigen Bissen war ich satt.

Wir wagten einen Spaziergang im Schnee, stiegen hoch zur Burg. Emanuel scharrte für mich jeden zugeschneiten Tritt mit seinen Stiefeln frei und reichte mir bei jeder Stufe seine warme Hand. Wie fürsorglich!

Auch wenn ich jetzt schwärmen kann, wie zuvorkommend er war – ich genoss unser Date nicht wirklich. Es war einfach zu kalt, und ich fror stundenlang. Und dennoch denke ich sehr gerne daran zurück.

Es folgten noch etliche Mails, Anrufe und zaghafte Dates, bis wir am Valentinstag gemeinsam entschieden und ich auf Facebook öffentlich machte, dass wir «in einer Beziehung» sind.

Wer mein Buch aufmerksam gelesen hat, erkennt, dass ich zwei Jahre zuvor am Valentinstag geschieden wurde …

Ja, Gott hat mir mit Emanuel ganz offenkundig meine «Qualitätsbeziehung» geschenkt, mit der ich nun sogar den Glauben leben, teilen und praktizieren kann. Auch wenn ich horrend viel verloren habe, habe ich jetzt auch sehr, sehr viel gewinnen dürfen. Dem Himmel sei Dank.

Unterdessen haben Emanuel und ich uns Freundschaftsringe anfertigen lassen. Neben unseren Namen ist auch das Wort GRATIA eingraviert. Wir sehen es als «Gnade», dass wir mit 51 und 56 Jahren nochmals mit einer neuen Beziehung beschenkt wurden. Eine, bei der Jesus im Mittelpunkt steht.

Emanuel hat nach neun Monaten Beziehung – und nachdem ich mir hundertprozentig sicher war, dass er mein Ehemann wird – meine Söhne kennengelernt. Wir haben vor zwei Monaten Weihnachten miteinander verbracht und haben Geburtstage gefeiert. Er hat meinen älteren Sohn bei den Prüfungs-Arbeiten unterstützt und unterhält sich gerne mit meinem «Junior». Die beiden mögen Emanuel sehr, und er ist in meinem gesamten Familien- und Freundeskreis liebevoll aufgenommen worden und ist dort immer willkommen. Nach einem Jahr Beziehung hat er eine Wohnung in meiner Nähe gemietet, da er nun auch in der Ostschweiz arbeitet.

Einer Heirat im nächsten Jahr steht wohl nichts mehr im Weg! Ich freue mich auf eine gemeinsame Reise mit ihm, «bis ans Ende unsere Tage»!

Ihr erinnert euch an Martina (in Kapitel 4)? Sie war gleichzeitig mit mir bei «Chringles» auf der Suche. Uns verband seit Jahren die Arbeit und die Sympathie zu LSL (lieben-scheitern-leben), aber wir pflegten keinen weiteren privaten Kontakt. Lustigerweise haben auch wir uns über «Chringles» dann wieder «gefunden». Seit der spaßig gemeinten Kontaktaufnahme verbindet uns nun eine immer tiefer werdende Freundschaft.

Wir haben beinahe zeitgleich unsere Partner kennengelernt und stehen oft vor den gleichen Fragen, Herausforderungen, Erwartungen, Hürden, Freuden und Erfahrungen.

Unsere Freundschaft ist für uns beide bereichernd und hilfreich. Wir haben allen Grund, uns regelmäßig zu hören und uns WhatsApp-Nachrichten zu schreiben. Eigentlich täglich. Manchmal sogar mehrmals pro Tag. Wir treffen uns einmal im Monat, um miteinander zu frühstücken und auszutauschen über unsere je neue Partnerschaft.

Wir alle, die wir geschieden sind und erneut in eine Beziehung treten, haben Rucksäcke, Prägungen und oft auch schwere Erfahrungen gesammelt. Manchmal blickt man als Frau (wie gewiss auch als Mann) allein einfach nicht mehr durch und braucht Verständnis, eine Außenwahrnehmung und Feedbacks, was die neue Liebesbeziehung betrifft. Dabei unterstützen Martina und ich uns gegenseitig. Welch ein Segen für uns!

Martina wurde auf der Plattform als Allererstes von Jürgen kontaktiert. Ihr Eindruck war, dass Gott ihr sofort zusprach, dass er ihr diesen Mann zur Seite stellen möchte. Sie fand ihn anziehend, sympathisch und nett. Aber sie dachte auch: «Es kann doch nicht sein, dass *der erste Mann,* der hier schreibt, gleich mein ‹Match› wird!» Sie hielten weiter Kontakt, und dennoch traf sie sich über die Monate hinweg noch mit zwei anderen Männern.

Auch Martina machte die Erfahrung, dass die Männer sie sehr toll und attraktiv fanden, dass man zusammen aß, trank und gar verreiste. Und dass Martina sehr schnell bereit war, recht arglos ihr Herz zu öffnen und zu verschenken, dass aber besagte Herren nicht sehr aufrichtig waren. Auch wenn sie ihr schmeichelten und sie umwarben: Beide Männer, beide aus der christlichen Öffentlichkeit wohlbekannt, wollten offenbar parallel zu den Kontakten zu ihr immer noch weiter Ausschau halten, ob vielleicht nicht doch noch «etwas Besseres, Schöneres, Jüngeres auf den Markt kommt». Zumindest einer der beiden fuhr zwei- und dreigleisig...

Der Kontakt riss dann mit beiden Herren abrupt und ohne ersichtlichen Grund ab. Martina hörte nichts mehr von ihnen. Und auch sie blieb mit diesem «bitteren Nachgeschmack» allein und ratlos zurück.

Selbst wenn zwischen mir und Jack (Kapitel 61) nichts entstanden ist: Ich habe ihn irgendwie lieb gewonnen. Wir behielten sporadisch noch Kontakt und trafen uns zwei Mal.

Aber es passte von meiner Seite her einfach nicht. Im Endeffekt auch, weil er seine Ex-Frau einfach nicht «loslassen» konnte. Dessen war ich mir jedoch nicht wirklich bewusst, denn sonst hätte ich Martina und ihn nie verkuppeln wollen ... Beide waren gegenüber meiner Idee aber überhaupt nicht abgeneigt.

Sie verabredeten sich folglich für einen Ausflug ins Tessin, um Sonne, Pizza und Vino zu genießen. Mehrheitlich im Zug sitzend und plaudernd, lernten sie sich kennen. Sie fanden sich sehr sympathisch, aber Jack wurde sich erneut bewusst, wie sehr er nach wie vor an seiner Ex-Frau hängt. Er konnte und wollte im Tiefsten nicht ohne sie, obwohl die Scheidung Jahre zurückliegt. Das entsprach jedoch ganz dem, wie ich ihn auch kennengelernt hatte: sehr respektvoll und transparent. Ein anständiger Mann. Ein «Guter»!

Jedenfalls hat Jürgen um Martina gekämpft – und letztendlich gesiegt. Er hat ihr Herz erobert. Jürgen ging weiterhin sanft und doch auch selbstbewusst auf Martina zu. Bis sie erkannte, dass er alles hat, was sie braucht. Er ist ganz klar ihr Gegenpol. Sie ist in ihrer Arbeit sehr gefordert, und auch privat ist sie eingebunden in unzählige Vereine und arbeitet ehrenamtlich an vielen Orten engagiert mit.

Jürgen hingegen ist eher etwas gemütlicher und geerdet unterwegs und kann ihr deswegen Ruhe und Gelassenheit bieten. Er ist für sie eine Oase der Erholung und des Genießens. Auch wurde für ihn sehr bald ein neuer Arbeitsplatz in Martinas Gegend gefunden.

Sie wissen, dass sie füreinander bestimmt sind, und deswegen wird jetzt die Hochzeit ins Auge gefasst!

«Chringles» sei Dank!

Ich glaube also, dass Online-Dating eine gute Sache sein kann. Die beiden Beispiele oben bezeugen das. Aber ich habe auch erfahren, dass es von Vorteil ist, wenn man zuvor ein wenig informiert ist. Besser informiert jedenfalls, als ich es gewesen bin. (Ein Buch wie dieses hier hätte mir damals enorm helfen können.) Ich bin einfach ins kalte Wasser gesprungen und habe es ausprobiert. Vielleicht zu naiv und zu leichtgläubig, in jedem Fall aber mit viel Zuversicht und vielen guten Gedanken über die Männerwelt. Dabei habe ich unzählige Erfahrungen gesammelt. Schöne und weniger schöne. Und deshalb möchte ich Dir meine Tipps weitergeben. Es sind meine wichtigsten Punkte. Die Liste ist jedoch ganz bestimmt nicht abschließend.

# Tipps fürs Online Dating

### ⤴ Profil anlegen

Männer: Bitte! Versucht, mit etwas mehr als bloß mit einem einzigen Wort auf die Profil-Fragen zu antworten.

Wenn Du eine Frau bist: Es reicht, wenn Du **kurz und knapp** darauf antwortest. Obwohl Frauen sich mehrere Sätze wünschen würden, um ihr Gegenüber besser einschätzen zu können, geben sich fast alle Männer äußerst bedeckt und präsentieren sich (wohl bewusst) absolut minimalistisch. Kaum ein Mann antwortet mit mehr als einem Satz auf eine Profil-Frage, und kaum einer liest sich Deine Antworten richtig durch, wenn sie zu lang sind.

Der Mann hat dann an der Stelle bereits «abgehängt». Er klinkt sich aus und schaut sich lieber die Bilder an.

**Stelle schöne Fotos ein.** Ein Porträt-Bild, ein Ganzkörper-Bild und vielleicht noch zwei, drei Fotos von Freizeit, Hobby oder Job.

Bei den Männern scheint es klassisch zu sein, die Selfies von unten nach oben zu schießen; Fotos, die niemanden attraktiv aussehen lassen. Oder dann von oben nach unten. Genauso schlimm. Ganz viele denken, es sei anziehend, sich «oben ohne», vielleicht auch in Badehose oder Slip zu präsentieren. Und von Geschlechtsteilen rede ich erst gar nicht. Eigentlich klar: Männer, das will zu diesem Zeitpunkt der Kontaktaufnahme keine Frau sehen! Es müssen auch keine zwölf Bilder sein. Lieber gute, aussagekräftige und scharfe Bilder. (Nein, ich meine das andere «scharf»! Nicht die Slip-Nummer!)

**Sei erst mal zurückhaltend** mit persönlichen Gefühlen, Infos und Daten. Wie die Kinder heißen, was sie tun, deren Geburtstags-Daten, Dein Wohnort, Deine Telefonnummern, Dein Einkommen etc. – das alles sollte **nicht** Gegenstand eurer ersten Kontakte und Gespräche sein. Auch sonst haltet euch erst mal zurück mit persönlichen Daten. Sie können immer missbraucht werden, und falls Du rasch keinen Kontakt mehr haben willst, verbaust Du Dir den Rückzug.

Matthias hat mir (siehe Kapitel 43) mal einen regelrechten Schreck eingejagt mit seiner Facebook-Anfrage. Alles aus meinen Mails abgeleitet, gesucht und gefunden. Und dies, obwohl ich da schon viel zurückhaltender war!

Und noch ein Tipp: Gib nicht Deine Haupt-E-Mail-Adresse an, sondern **lege Dir einen neuen Account zu,** solange noch kein Vertrauen gewachsen ist.

**Glaubt nicht alles.** Es gibt immer mehr sogenannte «Catfish», gerade auch auf christlichen Plattformen (das sind Personen, die aufgrund ihrer Täuschungsaktivitäten gefälschte Online-Identitäten annehmen). Ich wurde von einem Franzosen angeschrieben, der «bei einem Autounfall Frau und Kind verloren hatte. Und der sich im Ausland aufhielt und nicht zurück nach Deutschland kam, weil ihm das Geld fehlte». Ich war erst kurz mit ihm im Gespräch, als er blockiert und mir von den «Himmlisch-Plaudern»-Verantwortlichen netterweise mitgeteilt wurde, dass er ein Betrüger war.

Ein anderes Mal schrieb mir ein «Bruder aus Afghanistan», der Geld für ein Kinderheim sammelte. Für mich war das sehr emotional. Und ich war schnell bereit zu helfen. Schließlich war er Christ. Aber bevor es so weit war, wurde auch er offensichtlich bei «Himmlisch-Plaudern» gemeldet und blockiert. Zu diesem Zeitpunkt hätte ich beide nicht als «Catfish» erkannt und enttarnt. Ich wusste nicht mal, dass es das gibt.

**Pass auf, wenn Du immer vertröstet wirst.** Es läuft immer darauf hinaus, dass es *nie* zu einem Anruf, Skype-Gespräch oder Date kommen kann, weil diese Männer «auf Geschäftsreise» oder sonstwie «gerade im Ausland» sind. Sie schmieren einem regelrecht Honig um den Mund und vertrösten immer «auf bald». Dabei wird aber schon übertrieben schnell von Zusammengehören und gar von Heiraten gesprochen. **Meist geht es dann sehr schnell um finanzielle Interessen. Vorsicht also!**

Aber sei auch bei «normalen Männern» skeptisch, wenn es nie zu einem Anruf kommt oder übertrieben schnell (also zum Beispiel gleich in den folgenden ein, zwei Tagen) mit Nachdruck ein Treffen vorgeschlagen oder gar verlangt wird. Eventuell ist er verheiratet oder «tanzt auf mehreren Hochzeiten» … oder sehr beliebt ist bei Männern: Sie schreiben sporadisch, vermeiden möglichst ein Treffen und halten sich gleichzeitig mehrere Frauen «warm». Nennt sich «benching», eine Hinhaltetaktik. Man wird sozusagen «auf die lange Bank geschoben».

Sobald ich dessen gewahr wurde, habe ich den Kontakt jeweils sofort abgebrochen. Ich finde, das geht gar nicht.

**Trefft euch demnach relativ schnell.** Es ist wirklich so, dass Erwartungen entstehen, ob man das nun will oder nicht. (Falsche) Bilder setzen sich sehr schnell in einem fest. Damit man entweder bestätigt wird oder die Enttäuschung am Ende nicht allzu zu groß wird, ist ein baldiges Treffen durchaus sinnvoll.

Matthias ist damals in einer stundenlangen Fahrt zu mir gekommen. Obwohl ich angeboten hatte, dass wir uns in der Mitte treffen könnten. Ich war felsenfest überzeugt, dass er mein Mann wird, darum habe ich diesen Vorsatz, «sich in der Mitte zu treffen», bei ihm fallenlassen. Das war ein Fehler. Ich fühlte mich wegen seiner langen Anreise schuldig und konnte deswegen unser (enttäuschendes) Treffen nicht schon nach einem Kaffee beenden.

Nach dieser Erfahrung hielt ich mich bei jedem Treffen an den Vorsatz «neutraler Boden» und an meine selbst aufgestellte «Zwei-Stunden-Regel». Ich empfehle: **Trefft euch in der Mitte. Oder zumindest an einem neutralen Ort. Nie bei Dir oder bei ihm!**

Ich sagte später bei den Treffen oder Dates immer, dass ich **genau zwei Stunden einplanen** werde. Da es ja grundsätzlich einfach mal um ein Beschnuppern geht. Bei gegenseitiger Sympathie «gehen wir locker in die Verlängerung» oder wiederholen das Treffen.

Die Männer hatten allesamt keine Probleme damit und nahmen es wie selbstverständlich an. Für mich war das sehr entlastend.

### ↗ Sagt Bescheid

Jemand aus Deinem Verwandtenkreis sollte **Bescheid wissen, mit wem Du Dich wo und wann triffst.** Meist wussten meine Schwestern und meine Freundin Francesca Bescheid. Sie erhielten den Namen und ein Foto der Männer, die ich daten oder treffen würde. Sicher ist sicher.

### ↗ Outfit

Für mich hatte es mit Wertschätzung zu tun, dass ich **zu meinem Date gepflegt und hübsch erscheinen** wollte. Eigentlich sollte das selbstverständlich sein. Es ist anständig, aber auch anziehend, wenn Herren das auch tun. Ich schätzte die Männer, die zurechtgemacht gekommen sind: sauber, wohlriechend, gepflegt, adrett.

Weit mehr als die Hälfte meiner Dating-Partner kam leider unangemessen zum Treffen: schlecht angezogen, ungepflegt, lieblos, vernachlässigt.

Achtet doch auf das Äußere, denn nur dann werden die inneren Werte gegebenenfalls interessant.

Sobald das Treffen oder Date stattgefunden hat, weiß man sofort, ob es eine Wiederholung geben wird – oder ob es ein weiterer Reinfall war.

## ⬈ Wissen

**Stelle Dich auf alles Erdenkliche und alles nur Mögliche ein!** Wenn Du zögerlich bist mit der Herausgabe und Offenlegung Deiner Daten, persönlichen Infos, Lebensstationen und Gefühlswelten, ist das nicht verkehrt.

Sei hellhörig, wenn Du bereits beim ersten oder spätestens zweiten Kontakt ein «Ich liebe dich!» hörst. Das könnte zum «love bombing» führen: Ein Mann gibt vor, vollkommen «geflasht» zu sein von Dir; er überhäuft Dich mit Komplimenten und Geschenken – bis er sein anderes Gesicht offenbart.

Ich denke, Matthias (Kapitel 43 und 44) wäre solch ein Kandidat geworden, wobei die Sympathie beidseitig war. Bei Walter (Kapitel 48), als ich nach vierzig Minuten geduldigem Warten am Treffpunkt die Vergeblichkeit dieses Unterfangens einsehen musste, und bei Henry, meinen allerletzten Kontakt (Kapitel 67), «stand ich ratlos und völlig fragend in der Luft, wie ein Geist» – dafür gibt es den Begriff «ghosting»: den abrupten Kontaktabbruch. Gerade schrieb man sich noch pausenlos liebevolle Nachrichten, plante vorwärts und verabredete sich auf ein Date – und plötzlich meldet sich das Gegenüber nicht mehr. Nie wieder. Ohne erkennbaren Grund. Katastrophal für Seele, Selbstvertrauen und Gemüt.

Auch beliebt: Das Date erscheint erst gar nicht zum Treffpunkt. Ist mir «nur» einmal passiert, aber gerade unter jüngeren Singles ist es sehr verbreitet. Und es lässt ein «Scheißgefühl» zurück. Bitte entschuldige diesen Ausdruck. Aber wie bereits erwähnt, *jedes Mal* ging ich offen und erwartungsvoll in das Abenteuer. Mach es, aber stell Dich auf «Überraschungen aller Art» ein. (Das können auch sehr positive sein!)

Im Endeffekt glaube ich, dass Gott unsere Bedürfnisse kennt, unser Verlangen sieht und uns mit dem Richtigen oder der Richtigen beschenken wird. Ob wir ihm oder ihr auf einer Dating-Plattform begegnen oder im «realen Leben». Wobei ich auch schon das ganz *Andere* gehört und erlebt habe: Dass Gott nämlich die Sehnsucht eines Menschen nach einem Partner gesehen hat und ihm step by step die Gnade schenkte, sein Leben als Single immer mehr als völlig beglückende und erfüllende Lebensqualität zu sehen. Auch das kann's geben!

### ↗ Intuition & Eindrücke

Auf Seite 237 habe ich geschrieben: «Ich übergehe also ein weiteres Mal meine innere Stimme, meine Intuition, meine Bedürfnisse – und werde es im weiteren Verlauf noch einige Male tun.» Wenn ich einen der wichtigsten Tipps überhaupt hier noch anbringen darf: **Höre auf Deine innere Stimme, auf Deine Intuition, auf Deine ersten und alle folgenden Eindrücke. Nimm sie ernst, gewichte sie.** Wische sie nicht einfach weg, weil sie Dir vielleicht gerade nicht gefallen oder passen – sondern vertraue ihnen. Immer! (Ich habe es oftmals nicht getan und bin schlecht gefahren damit. Eine Frau sollte ihrem inneren Sensorium vertrauen, unbedingt! Ein Mann übrigens auch, klar!) Ein leiser Zweifel, eine leise Verunsicherung? Höre darauf, achte darauf. Lieber die inneren Alarmlämpchen einmal zu viel beachten, als bewusst auf den «Off»-Knopf zu drücken, damit diese feinen Signale bitte aufhören mögen, das Date zu «stören». Man bereut solches Nichtbeachten hinterher meistens.

Ich wünsche allen Leserinnen und Lesern Gottes Segen.

Blessings, Iris Christina Kloos

---

Sollte jemand der Autorin schreiben wollen, kann man das unter der folgenden Adresse sehr gerne tun – alle Zusendungen werden vertraulich behandelt und nur von der Autorin gelesen:

autor@fontis-verlag.ch

# Danksagungen

- Danke, Noé und Raffaele, für Eure Liebe zu mir. Ihr seid großartige Söhne – Ihr seid mein Leben.
- Danke, Mum, Du bist ein Leben lang immer und jederzeit zu mir gestanden. (Außer zu den Tattoos, die mochtest Du nie! Haha!) Danke, dass Du mich den Glauben gelehrt hast. Ich liebe Dich!
- Danke an meine Schwestern Heidrun und Ingrid, meinen Bruder Bodo und alle Familienmitglieder. Ich liebe Euch alle! Danke auch für Eure stetige Loyalität, die mir so viel bedeutet.
- Danke, Francesca, my best friend! Ohne Dich hätte ich nicht gewusst, wie ich meinen Verlust jemals hätte verkraften können. Du bedeutest mir unendlich viel! Danke auch an Deinen Tino, der unsere Freundschaft akzeptiert und unterstützt.
- Danke, Mädels, an Euch: Heidi, Carin, Lisa, Tanja, Martina und Jule. Ihr seid mit mir nicht nur durch die schönen Tage gegangen. Ihr seid wahre Freundinnen!
- Danke an Christine in den USA. Deine Briefe halfen und helfen mir immer – durch Freud und durch Leid. Seit bald mal 40 Jahren!
- Dasselbe gilt für Dich, Sven: Schriftlich gingen und gehen wir zusammen durch dick und dünn. Seit über drei Jahrzehnten.
- Danke Benaja und Lena, Ihr habt mir ein geistiges Zuhause gegeben und seid zu Freunden geworden.
- Danke, Pastor Michi, Du hast immer an mich geglaubt und stehst hinter mir.
- Der größte Dank gilt Ingrid und Sarah: Ihr seid meine wahren Helden, für Euch schrieb ich dieses Buch …
- Danke an Dich, mein Emanuel: Du «siehst» mich! Ich freue mich, gemeinsam mit Dir bis ans Lebensende zu gehen. Ich liebe Dich von ganzem Herzen.
- Über allen und über allem steht Jesus Christus, der mein Leben auf einen völlig neuen Boden gestellt hat. Ohne ihn wäre alles nichts!